U0939831

教育部人文社会科学重点研究基地重大项目“中国参与全球教育治理战略研究”（课题编号：17JJD880004）

全球教育治理：

国际组织、民族国家与非国家行为体的互动

孙　进　等◎著

人民出版社

总　序

在党的十八届五中全会上，习近平同志系统论述了创新、协调、绿色、开放、共享“五大发展理念”，强调实现创新发展、协调发展、绿色发展、开放发展、共享发展。牢固树立并切实贯彻这“五大发展理念”，是“十三五”乃至更长时期我国社会主义事业的发展思路、发展方式和发展着力点，是全面建成小康社会的行动指南、实现“两个一百年”奋斗目标的思想指引，也为我国的教育未来发展指出了方向。为了贯彻落实党的十八届五中全会关于“开放发展”的精神，2016 年 4 月，中共中央办公厅、国务院办公厅印发了《关于做好新时期教育对外开放工作的若干意见》(以下简称《意见》)，要求坚持扩大开放，做强中国教育，推进人文交流，不断提升我国教育质量、国家软实力和国际影响力，为实现“两个一百年”奋斗目标和中华民族伟大复兴的中国梦提供有力支撑。《意见》对做好新时期教育对外开放工作进行了重点部署，要求加快留学事业发展，提高留学教育质量；鼓励高等学校和职业院校配合企业走出去，稳妥推进境外办学；拓展有关国际组织的教育合作空间，积极参与全球教育治理；发挥教育援助在“南南合作”中的重要作用，加大对发展中国家尤其是最不发达国家的支持力度；实施“一带一路”教育行动，促进沿线国家教育合作等。

为了配合国家发展的整体战略，教育部人文社会科学重点研究基地北京师范大学国际与比较教育研究院选择“扩大教育开放与国家发展”作为“十三五”乃至更长时期的主攻方向，强调新形势下通过教育的开放发展来服务于国家发展的研究目标，围绕国际教育援助、全球教育治理、海外办学、来华留学和“一带一路”教育行动等领域，分析我国推行教育开放的现状及其效果，梳理并分析当前世界各国扩大本国教育开放、参与国际教育市场竞争与合作的政策措施，总结国际社会扩大教育开放的经验教训，探索为推进我国国家与社会发展而应采取的扩大教育开放战略的政策、措施与机制。该研究方向一方面探索教育开放在服务于国家发展的背景下所能采取的因应措施，通过梳理世界各国通过教育开放推动本国社会发展的经验，提出我国扩大教育对外开放的政策建议，更好地服务于国家发展的现实战略；另一方面能够在理念上加深人们对于教育开放与国家发展的关系的认识，总结教育开放在服务国家与推动社会发展中的规律与模式，同时推动国际教育和发展教育研究，拓展比较教育学科的研究领域。

“教育与国家发展”是基地长期的主要研究方向，而“扩大教育开放与国家发展”是基地基于比较教育学科特色和世界教育的改革与发展趋势，根据我国教育乃至社会经济发展战略的需要而在“十三五”甚至更长时期设立的主攻方向。为了开展研究，我们立足新时期教育对外开放工作中具有全局意义、战略意义的核心问题、热点和难点问题，设立了“一带一路”沿线不同类型国家教育制度与政策研究、国际教育援助发展态势与中国的战略选择研究、中国参与全球教育治理战略研究、中国高校海外办学战略研究、扩大来华留学政策研究五个项目，试图从不同方面对目前我国教育开放与国家发展的现状、存在问题和原因，教育开放与国家发展理论，世界各国（或国际性组织）推进教育开放、促进国家发展的经验，对新形势下我国扩大教育开放、促进国家发展的政策与措施等问题，进行系统深入的研究，从整体上把握扩大教育开放与国家发展的关系。

经过五年的研究，基地项目取得了丰硕的成果。现在呈现给大家的这套丛书，就是基地“十三五”课题规划成果之一。顾明远先生主持的“‘一带一路’不同类型国家教育制度与政策研究”的系列成果，以“‘一带一路'不同类型国家教育制度与政策研究"丛书的形式单独出版，基地其他相关课题研究成果则以"扩大教育开放与国家发展丛书"的形式出版。2020 年 6 月，《教育部等八部门关于加快和扩大新时代教育对外开放的意见》正式印发，要求坚持教育对外开放不动摇，主动加强同世界各国的互鉴、互容、互通，形成更全方位、更宽领域、更多层次、更加主动的教育对外开放局面；并以"内外统筹、提质增效、主动引领、有序开放"为工作方针对新时代教育对外开放进行了重点部署。我们深知，加快和扩大新时代教育对外开放是新时代教育改革开放的时代命题，也是需要不断深化的研究课题。我们研究团队将不忘初心，牢记使命，再接再厉，砥砺前行，不断探索教育对外开放中的新问题、新思路、新方法。现在我们把团队研究的阶段性成果奉献给大家，敬请大家批评指正。在丛书出版过程中，人民出版社王萍女士付出了大量的心血，再次谨致以衷心的感谢。

北京师范大学国际与比较教育研究院
王英杰
2020 年 9 月

目　录

序　言……………………………………………………………………孙　进 1

第一章　何谓全球教育治理……………………………………………………1
　第一节　全球教育治理的概念……………………………………………1
　第二节　全球教育治理的主体……………………………………………13
　第三节　全球教育治理的目标……………………………………………25
　第四节　全球教育治理的客体……………………………………………28
　第五节　全球教育治理的机制……………………………………………36
　第六节　全球教育治理的效果……………………………………………44

第二章　全球教育治理的理论…………………………………………………50
　第一节　复合相互依赖理论………………………………………………52
　第二节　多层治理理论……………………………………………………79
　第三节　利益相关者理论…………………………………………………84
　第四节　多维权力理论……………………………………………………91
　第五节　世界文化理论……………………………………………………100

第三章　国际组织与全球教育治理…………………………………………108
　第一节　联合国教科文组织与全球教育治理…………………………108

第二节 联合国儿童基金会与全球教育治理 ……124
第三节 世界银行与全球教育治理 ……143
第四节 经合组织与全球教育治理 ……161
第五节 欧盟与全球教育治理 ……178
第六节 本章总结 ……200

第四章 世界主要国家与全球教育治理 ……203
第一节 美国与全球教育治理 ……205
第二节 俄罗斯与全球教育治理 ……230
第三节 中国与全球教育治理 ……255
第四节 德国与全球教育治理 ……308
第五节 英国与全球教育治理 ……329
第六节 法国与全球教育治理 ……348
第七节 日本与全球教育治理 ……370
第八节 本章总结 ……394

第五章 非国家行为体与全球教育治理 ……396
第一节 智库与全球教育治理 ……397
第二节 学术界与全球教育治理 ……411
第三节 跨国公司与全球教育治理 ……425
第四节 大众媒体与全球教育治理 ……435
第五节 本章总结 ……448

第六章 中国参与全球教育治理的战略 ……450
第一节 中国参加全球教育治理的战略层次 ……450
第二节 中国参与全球教育治理的战略主体 ……453
第三节 中国参与全球教育治理的战略对象 ……456
第四节 中国参与全球教育治理的战略举措 ……459

第五节　中国参与全球教育治理的战略建议 ……………………………461

第七章　总结与展望…………………………………………………………475

主要参考文献……………………………………………………………487

序　言

教育及其治理原本是属于民族国家管辖范围内的事务。不过，随着全球化进程的深入与全球互联互依程度的增加，教育跨越国家边界的现象越来越突出。一方面，主权国家不再是教育治理领域唯一重要的行为体，联合国教科文组织、世界银行、经合组织等超国家层面的国际组织对各国的影响显著增加，它们通过倡导新的教育理念、确定教育发展目标、制定国际教育规则和标准、开展教育成就评价、提供教育援助等方式影响到各国教育政策的制定与实施，国际非政府组织、智库、基金会、跨国公司和大众媒体等非国家行为体也越来越多地在国际、国内和地方等多个层面上介入各国的教育发展。这些非国家行为体分享了原属于主权国家的部分教育管理权限，成为教育政策领域不容忽视的重要力量。另一方面，主权国家内部的教育发展越来越多地具有了国际导向和影响，表现在教育国际化、跨境教育、对外教育援助与合作等诸多领域和方面。全球教育治理应时而生。

全球教育治理是指国际社会的利益相关方（国际组织、民族国家、跨国公民社会、跨国公司、大众媒体及其他非国家行为体）为了实现自身利益和全球共同利益，通过各种正式和非正式的机制以及倡议、谈判、协商、合作或是博弈等多种互动方式应对和解决全球教育问题，提升自身或他方教育治理能力和影响力，促进各国教育发展与交流的活动。从治理主体的角度来说，全球教育治理可被定义为国际组织、民族国家与非国家行为体以实现自身利益和全球共同利益为目的的互动。①

作为一种实践，全球教育治理最晚在二战结束后便随着国际组织的成立而产生。作为一个新的研究领域，全球教育治理最晚在20世纪末21世纪初得到了国内外研究者的关注和研究。目前，国内外的研究者主要侧重于研究国际组织的全球教育治理，例如联合国教科文组织、世界银行、经合组织、世界贸易组织、欧盟等主要政府间国际组织以及以G20为代表的非正式国际组织。相比而言，对跨国公民社会行为体（如国际非政府组织、跨国社会运动、跨国倡议网络、基金会、智库、认知共同体）、跨国企业、大众媒体等其他非国家行为体的相关研究则极少或完全找不到。对民族国家全球教育治理的系统性研究也比较少。不过，这里需要进行名与实的区分。虽然很少有发表物明确以某国的全球教育治理为题名，即没有明确使用全球教育治理的术语，不过，有不少发表物就其研究内容来看确实涉及了全球教育治理的某些侧面，例如教育国际化和对外教育援助。这一研究现状说明全球教育治理作为一个新的概念，尚没有在当前的学术话语中稳固确立起自己的地位。此外，国内外现有的研究基本上都是对全球教育治理实践的描述和分析，缺少对全球教育治理的基本理论研究，研究者既没有提出全球教育治理的专门理论，也很少在自己的研究中使用来自相关领域的理论。全球教育治理研究中的这种“无理论状态”也说明全球教育治理尚是一个学理基础尚不成熟的研究领域。

本书旨在弥补全球治理研究中的上述缺陷。为此，本书完成了对全球教育治理的本体论构建（第一章），分析了可用于全球教育治理的理论（第二章），系统地梳理和呈现了政府间国际组织（第三章）、主要民族国家（第四章）和其他非国家行为体（第五章）参与全球教育治理的情况。

除了理论贡献之外，本书也回应了与全球教育治理相关的实践诉求。目前，世界各国在全球教育治理中的决策权和话语权分布并不平衡。与占

① 国际组织也属于非国家行为体（non-state actors），不过，鉴于其地位和作用十分突出，本书将其单独列出。因此，这里所说的非国家行为体指的是国际组织之外的非国家行为体，即跨国公民社会行为体、跨国公司、大众媒体、个体等。

据着主导地位的西方发达国家相比，发展中国家明显处于劣势地位。我国在全球教育治理中的话语权也与其当前的国际地位不相称，在国际教育议程设置方面以及在制定国际教育规则方面的能力存在不足；此外，国际组织中中国籍职员与中国人在世界人口中的比例也不匹配。好在我国政府已经认识到了这一问题，并决心作出改进。2016 年出台的《关于做好新时期教育对外开放工作的若干意见》明确提出要大幅提升“参与教育领域国际规则制定能力”和“积极参与全球教育治理”①。2019年印发的《中国教育现代化 2035》提出要“积极参与全球教育治理，深度参与国际教育规则、标准、评价体系的研究制定。推进与国际组织及专业机构的教育交流合作。健全对外教育援助机制”②。目标既已确定，接下来要解决的问题便是如何去落实。为此，本书对国际组织、主要国家和其他非国家行为体参与全球教育治理的情况进行了分析，并总结出一些可资参考和借鉴的经验。此外，本书还有针对性地提出了中国参与全球教育治理的战略建议(第六章)。

当然，除了中国之外，其他新兴大国与发展中国家也同样面临着全球教育治理中权力不平等的问题，这是全球治理的“民主赤字”③问题在教育领域的表现。本书希望并呼吁这些国家能够一起努力，共同致力于构建更合理、更公正的全球教育治理秩序（第七章）。

全球教育治理虽然被视为全球治理的一个子领域，但是，到目前为止，仍是全球治理研究中一个受到冷落的领域。笔者查阅了一些以全球治理为书名的著作，其中都没有关于全球教育治理的章节。在蔡拓、杨雪冬、吴志成主编的《全球治理概论》一书中，作者谈到了全球教育，但只是将其作为实现全球治理的路径进行介绍，并没有把它当作全球治理的独

---

① 中共中央办公厅、国务院办公厅印发《关于做好新时期教育对外开放工作的若干意见》，2016 年 4 月 29 日，见 http：//www.gov.cn/home/2016-04/29/content_5069311.htm?from=groupmessage&isappinstalled=0。

② 教育部：《中共中央、国务院印发〈中国教育现代化 2035〉》，2019 年 2 月 23 日，见 http：//www.moe.gov.cn/jyb_xwfb/gzdt_gzdt/201902/t20190223_370857.html。

③ 庞中英：《全球治理的中国角色》，人民出版社 2016 年版，第 34 页。

立领域来分析。[①] 若从20世纪90年代开始算起，全球治理研究已开展了近30年的时间，至今未将全球教育治理纳入其研究项目之中，应该不是一时的疏忽所至，而是反映出一个根本性的定位与归属问题，即：全球治理研究者并没有将全球教育治理列入其研究范围。这可能和全球治理研究者主要来自政治学、经济学、管理学等领域有关。这样一来，便出现了一种全球教育治理研究的佯谬：全球教育治理虽然从逻辑上说是全球治理的一个子领域，但是对这个领域的研究至今却并非是由全球治理研究者来完成的，而主要是由国际与比较教育研究者来完成的。作为重点研究超越国家边界的教育现象的学科或者说跨学科研究领域，比较教育学为同样具有跨学科性的全球教育治理研究提供了一个十分契合的学术归属领地。全球教育治理也由此顺理成章地成为比较教育的一个新的研究领域。

本书是笔者在北京师范大学国际与比较教育研究院主持的一项科研课题的最终成果，即教育部人文社会科学重点研究基地重大项目“中国参与全球教育治理战略研究”（17JJD880004）。在滕珺教授的帮助下，笔者邀请到多年来专注于这一领域研究的学者担任此项目各子课题的负责人。他们是：阚阅（浙江大学教育学院），孔令帅（上海师范大学国际与比较教育研究院），乔鹤（首都师范大学教育学院），沈蕾娜（首都师范大学教育学院）和滕珺（北京师范大学国际与比较教育研究院）。

本书的内容分为七章，由课题组成员合作完成。全书由孙进拟定写作框架、统稿和撰写序言。各章的具体内容与撰写者情况如下：

第一章的内容是全球教育治理的概念、主体、目标、客体、机制与效果，重点回答什么是全球教育治理的本体论问题，由孙进撰写。

第二章的内容是全球教育治理的理论，由孙进组织撰写和统稿，重点介绍了五个可用于全球教育治理研究的理论：复合相互依赖理论（阚阅、徐冰娜），多层治理理论（燕环），利益相关者理论（燕环），多维权

① 蔡拓、杨雪冬、吴志成主编：《全球治理概论》，北京大学出版社2016年版，第146—154页。

力理论（燕环）和世界文化理论（孙进）。

第三章的内容是政府间国际组织的全球教育治理，包括其参与全球教育治理的历史、基本路径、保障机制和影响，由孔令帅主持撰写和统稿，其中有四节由孔令帅分别与刘娣（联合国教科文组织）、马文婷（世界银行）、李超然（经合组织）和方蓉（欧盟）合作完成，联合国儿童基金会一节由孙进与张灵铃合作完成。

第四章的内容是世界主要国家的全球教育治理，包括其参与全球教育治理的历史、主要机构、基本路径、经验与挑战。本章由乔鹤和孙进组织撰写和统稿，参与各节撰写者包括：乔鹤、王丽雪（美国），时月芹（俄罗斯），沈蕾娜、王一雪、毕思涵、邹丽丽、曹汐（中国），李响、陈鑫（德国），毕思涵（英国），陈鑫（法国），李宗宸、王一雪（日本），乔鹤（总结）。

第五章的内容是非国家行为体的全球教育治理，包括其在全球教育治理中的作用以及参与全球教育治理的基本路径，由孙进分别与赵喆、燕环（智库）、郭荣梅（学术界）、燕环（跨国公司）和牟春晓（大众媒体）合作完成。

第六章的内容是中国参与全球教育治理的战略，重点提出了中国参与全球教育治理的战略建议，由滕珺和曲梅撰写。

第七章是对全球教育治理实践及相关研究的总结、反思以及对未来的展望，由孙进撰写。

在本课题的研究过程中，我们得到了许多机构和人员的支持。除了我们团队的所有成员之外，我还想感谢北京师范大学的刘宝存教授、高益民教授、肖甦教授、阚维博士、殷惠娟女士、石玥女士所给予的支持。人民出版社的责任编辑郭星儿女士为本书的编辑出版作出了贡献，张灵铃、牟春晓、郭荣梅和燕环协助笔者完成了对参考文献和术语的整理，在此一并表示感谢。

学术研究是一个不断追求完善的过程，受到时间的限制，我们不得不在这一过程中的这个时间点上停下来，留下一些未竟的遗憾，比如对全球教育治理专属理论的构建，对更多国际组织、民族国家和非国家行为体的研究，对现有内容更深入更全面的分析等。因此，本书的完成既是结束，也意味着新的开始，因为发现还有更多值得研究的地方等待我们去探索。希望本书可以满足读者系统了解全球教育治理的需要，能够唤起更多人的兴趣，加入全球教育治理的研究队伍，与我们一起踏上新的学术征程。因能力和水平所限，书中难免有疏漏和不当之处，敬请读者朋友批评指正。

孙　进

2020年9月19日

北京师范大学国际与比较教育研究院

第一章　何谓全球教育治理

随着全球化进程的深入，世界各国在政治、经济、文化、教育等领域的相互交流与合作日益增多，人们迈入一个以全球互联和互依为特征的时代。人类所面临的许多问题就其产生根源和影响范围而言都超越了国家的边界，单靠一国之力已不足以应对全球性的问题和挑战，需要国际社会合作采取集体行动。全球治理作为一种强调国家之间以及国家与非国家行为体协商与合作的新的治理方式应运而生。在教育领域，这种新的治理方式即为全球教育治理。

作为现象与实践的全球教育治理最晚在二战之后便已经出现，但对全球教育治理的基本理论研究尚处于起步阶段。本章旨在回答有关全球教育治理的一系列基本理论问题，从六个方面完成对全球教育治理的本体论建构，包括：什么是全球教育治理？（概念问题）谁在进行全球教育治理？（主体问题）全球教育治理的目标是什么？（目标问题）全球教育治理治理什么？（客体问题）如何进行全球教育治理？（机制问题）全球教育治理有什么影响？（效果问题）

第一节　全球教育治理的概念

全球教育治理的概念译自西方。在英文中，全球教育治理有不同的表达方式，例如“全球教育治理”（Global Educational Governance 或

Global Education Governance），“教育的全球治理”（Global Governance of Education）和“教育中的全球治理”（Global Governance in Education）。值得注意的是，有些作者在其发表物中同时使用了多种概念表述。例如，迈耶尔（Heinz-Dieter Meyer）和比内沃特（Aaron Benavot）在其主编的《PISA、权力和政治：全球教育治理的出现》一书的导论章中就同时使用了这四种英文表述方式。[①] 这说明，全球教育治理的概念在英语学界尚没有发展成为固定的术语。不过，在中文的发表物中，学者们都倾向于使用“全球教育治理”这一种说法和译法。这也说明，这个概念在我国学界中已经基本确定下来，成为一个专门的术语。因为四种英文的概念表述所指的内容基本相同，因此这里统一将其翻译为全球教育治理。

全球教育治理可以被视为是治理（Governance）以及全球治理（Global Governance）的下位概念。因此，下面首先澄清治理和全球治理的概念，然后在此基础上界定全球教育治理的概念。

一、治理

从词源学角度来说，“治理”一词源自古希腊语的动词“kybernein”（κυβερνεῖν，不定式）或 kybernao（κυβερνάω，第一人称），其含义是“驾驶”（steering），“引导”（guiding）或“操控”（maneuvering）船只或地面车辆。柏拉图曾用这个词来比喻对人的统治（governing of men or people）。在现代英语中，“治理”与“统治”（government 或 govern）相关：“治理描述的是政府统治的方式。”因此，在早期的英语词典中，治理被视为政府统治的同义词。[②]

不过，在当前的学术讨论中，学者们已经不再认为两者是同义词了，

---

① Heinz-Dieter Meyer，Aaron Benavot，“PISA and the Globalization of Education Governance：Some Puzzles and Problems”，In Heinz-Dieter Meyer，Aaron Benavot (eds.)，*PISA*，*Power*，*and Policy. The Emergence of Global Educational Governance*，Oxford：Symposium Books，2013，pp.9-20.

② David F.J. Campbell，Elias G. Carayannis，*Epistemic Governance in Higher Education. Quality Enhancement of Universities for Development*，New York：Springer，2013，p.3.

因为治理的内涵在此期间已经得到了扩充。正如美国国际政治学者詹姆斯·罗西瑙（James N. Rosenau）在其主编的《没有政府的治理：世界政治中的秩序与变革》一书中所称的那样，“治理与政府统治并非同义词。尽管两者都涉及有目的的行为、目标导向的活动和规则体系，但是政府统治指的是由正式权威和警察力量支持的活动，以确保已经制定好的政策能够得到执行，而治理则是由共同认可的目标所支持的，这些目标或许并非出自合法的以及正式规定的职责，而且也不一定需要依赖警察力量来克服挑战并让别人服从。换句话说，治理是一种比政府统治内涵更加丰富的现象。它既包括政府机制，同时也包含非正式、非政府的机制，相关的人和组织通过这些机制在其范围内采取行动、满足其需要，并实现其愿望”①。

类似地，德国学者冯布鲁门塔尔（Julia von Blumenthal）也是通过突出两者的区别来界定治理的概念：“如果说政府统治所涉及的领域是宪法机构内部的正式决策，指的主要是国家政府单方面的调控，采用的方式主要是设定具有约束力的法律，那么，治理指的是各种国家行为体以及非国家行为体的相互协作，这种相互协作具有不同的程度，通常都包含着相互沟通或者谈判的成分。两者的区别不是在结果方面，而更多的是在对过程的设计和组织方面。”②

我国学者俞可平指出，治理与统治至少有四个基本的区别：(1) 统治的权威必定是政府，其主体一定是社会的公共机构。而治理的权威不一定是政府机关，其主体既可以是公共机构，也可以是私人机构，还可以是公共机构和私人机构的合作。(2) 政府统治的权力运行方向是自上而下的，它运用政府的政治权威，通过发号施令、制定和实施政策，对社会公共事务进行单一向度的管理。治理是一个上下互动的管理过程，主要通过合作、协商、伙伴关系、确立认同和共同的目标等方式对公共事务

① James N. Rosenau，Ernst-Otto Czempiel，*Governance Without Government：Order and Change in World Politics*，Cambridge：Cambridge University Press，1992，p.4.

② Julia von Blumenthal，“Governance-Eine kritische Zwischenbilanz”，*Zeitschrift für Politikwissenschaft*，Jg.15，H.4 (2005)，p.1151.

进行多元向度的管理。它依靠的主要是合作网络的权威，而非政府的权威。(3) 政府统治所涉及的范围是以领土为界的民族国家。而治理的范围既可以是特定领土界限内的民族国家，也可以是超越国家领土界限的国际领域。(4) 统治的权威主要源于政府的法规命令，以强制为主。即使没有多数人的同意，政府的政策也能付诸实施。而治理的权威则主要源于公民的认同和共识，以自愿为主，没有多数人的认可，治理就很难发挥真正的效用。①

德国学者麦恩茨（Renate Mayntz）区分了两种不同的对治理概念的理解方式：一种狭义的、带有隐含的规范性色彩的概念使用方式和一种广义的、偏分析性的概念使用方式。前者将治理理解为一种有别于等级式控制的新的调控形式："一种新的统治方式，有别于等级式控制模式，一种合作式模式，国家行为体和非国家行为体参与到混合式的公私网络中。"②这种概念使用方式之所以被认为具有规范性的色彩，是因为它突出强调了等级式调控与合作式规范的对立，将治理视为一种更为现代化的社会协调方式，认为应该以此取代旧的社会协调方式（如等级式调控）。治理由此成为等级式调控的对立概念。人们在谈论这种新的治理方式时常会提到其以下一些特征：从政府主导的调控转向市场主导的调控或者混合式调控；将负责战略性目标设定的机构与负责运作实施的、接受问责的机构相分离；强调参与式的协商和协调模式；更加重视有助于作出理性调控决策的诊断、评估和有效的系统信息。"善治"（good governance）、"企业治理"（corporate governance）和"新公共管理"（new public management）等概念都属于这种对治理的概念理解。③

另一种广义的、偏分析性的概念使用方式则将治理视为是"对社会

① 俞可平：《全球治理引论》，《马克思主义与现实》2002 年第 1 期，第 22 页。

② Renate Mayntz，*Über Governance：Institutionen und Prozesse politischer Regelung*，Frankfurt am Main：Campus Verlag，2009，p.13.

③ Herbert Altrichter，"Governance-Steuerung und Handlungskoordination bei der Transformation von Bildungssystemen"，In Hermann J. Abs et al.（Hrsg.），*Goverance im Bildungssystem*，Wiesbaden：Springer VS，2015，p.27.

行动的所有协调形式的统称"①。根据这一理解方式，国家单方面的调控只是社会协调形式的一种，除此之外还有合作式的协商形式以及社会自我调控的形式。这种广义的、分析性的概念的优势是，可以把等级式和非等级式、国家的和非国家的规范形式及其相互作用都考虑在内。② 笔者认为，全球教育治理的概念属于对治理概念的广义使用方式，兼容各种社会协调和规范形式。

研究治理问题的学者很多，但是很少有学者对这一概念的历史起源进行过系统的研究。奥地利开普勒大学的学者朗额（Roman Langer）是个例外，他通过专门的研究指出，"治理"概念有三种不同的起源（origins of the governance concept）：第一个起源是有关西方国家效率低和成本高的观念，这种观念引发了一系列以"新公共管理"为标签的改革；第二种起源是世界银行的发展援助政策的失败，这些失败促使人们探索新的路径，即以新制度经济学理论为基础的"善治"；第三个起源是全球化所带来的如何塑造和管理国际关系的问题，对这个问题的回应即为"全球治理"。③

二、全球治理

"全球治理"通常被认为是在冷战结束之后出现的理念，"其主旨是要建立全球治理机制，以处理世界共同面临的多种全球性问题，进一步加强国际合作与协调，动员多方面力量参与全球事务的管理"④。蔡拓等学者指出，全球治理最早由德国前总理威利·勃兰特（Willy Brandt）在 20 世

---

① Renate Mayntz，*Über Governance：Institutionen und Prozesse politischer Regelung*，Frankfurt am Main：Campus Verlag，2009，p.46.

② Herbert Altrichter，"Governance-Steuerung und Handlungskoordination bei der Transformation von Bildungssystemen"，In Hermann J. Abs et al.（Hrsg.），*Governance im Bildungssystem*，Wiesbaden：Springer VS，2015，p.27.

③ Roman Langer，"A Multi Purpose Tool? On the Genesis of the "Governance" Concept and Some Consequences for Theorizing Educational Governance"，In Roman Langer，Thomas Brüsemeister（Hrsg.），*Handbuch Educational Governance Theorien*，Wiesbaden：Springer VS，2019，p.16.

④ 蒋振西：《"全球治理"的中国视角》，《和平与发展》2015 年第 2 期，第 1 页。

纪 90 年代初提出和倡导。1992 年，勃兰特与瑞典前首相卡尔森（Gösta Ingvar Carlsson）等 28 位国际知名人士在联合国发起成立了全球治理委员会（Commission on Global Governance）。①

不过，也有研究者认为，战后的布雷顿森林体系机构（如世界银行、国际货币基金组织、联合国教科文组织、国际劳工组织）以及经合组织在二战之后便已经开始获得人们所说的“薄”的全球治理能力（“thin” global governing capability）。② 这也意味着，作为实践的全球治理最晚在二战之后便已经存在。

荷兰学者奥弗比克（Henk Overbeek）认为，全球治理的概念最早出现于 20 世纪 70 年代中期，几乎与“全球化”概念同时，稍晚于“可持续发展”或“国际经济新秩序”概念。在早期，这些概念通常都是属于规范性或说明性的，在很大程度上受到了罗马俱乐部（The Club of Rome）的启发。该俱乐部于 1972 年发表的研究报告《增长的极限》使人们注意到全球社会的许多问题超越了单个国家的治理能力，从而理所当然地需要“全球治理”。该报告的重点在于指出传统的国家政府在面对超越单个国家能力的各种问题时存在的不足，以及无论进行何种国际政策协调都内在地具有非民主的性质，因此需要进行改革，以建立人道的和民主的治理。在早期，全球治理一直是一个相对边缘性的概念。它激进的内涵使其不能为更广阔的领域所接受。不过，随着苏联的解体、冷战的结束以及作为政治工程的新自由主义的产生，国际政治讨论的话语也发生了转变。民族国家不再是唯一的或最重要的世界秩序的基本单位，许多其他的跨国行为体逐渐加入其中。随着替代性的全球体系不再被考虑，推动去政治化的、被弱化的“全球治理”作为一种理想的、各方都同意的、非对抗性的管理世界事务的方式，开始被人们普遍接受。这一进程随着全球治理委员会的报告

---

① 蔡拓、杨雪冬、吴志成主编：《全球治理概论》，北京大学出版社 2016 年版，第 4 页。

② Susan L. Robertson，“From Thin to Thickening Global Governance of Education”，In Norrag，*Education and Skills Post-2015 and the Global Governance of Education*：*Agendas and Architecture*，Norrag News 51，Geneva，Switzerland：Norrag，2014，p.24.

发表达到了顶峰。①

1995年，在联合国成立50周年之际，全球治理委员会发布了研究报告《我们的全球家园》（*Our Global Neighbourhood*，又译“天涯成比邻”和“我们的全球之家”），并在该报告的第一章对全球治理作出了如下的界定：治理是个体以及公共和私营机构管理其共同事务的多种方式的总和，是使彼此冲突的或各不相同的利益得到调和并促成各方合作采取行动的一个持续过程。它既包括可以强迫他方服从的正式的机构和机制，也包括得到民众和机构认可或者说符合其利益的非正式的安排。在全球层面上，治理在过去主要被视为是政府之间的关系，但是现在，人们必须认识到，治理还牵涉到非政府组织（non-governmental organizations）、公民运动（citizens' movements）、跨国公司（multinational corporations）、全球资本市场（global capital market）以及与它们保持互动的、影响力显著增加的全球大众媒体（global mass media）。② 全球治理委员会的这一描述性的定义在此后被人们广为引用。

1995年，联合国系统学术委员会（Academic Council on the United Nations System，ACUNS）创办了一份名为《全球治理》（*Global Governance*）的学术期刊，专门研究和讨论全球治理问题。罗西瑙在该刊创刊号撰文指出，全球治理可以被视为是包括通过控制行为来追求目标以产生跨国影响的、涉及各个层次的人类活动（从家庭到国际组织）的规则系统（systems of rule）③。因为这一期刊的创刊和全球治理委员会的报告发表都发生在1995年，因此，这一年也被视为全球治理发展的历史转折点。④

---

① ［荷］亨克·奥弗比克：《作为一个学术概念的全球治理：走向成熟还是衰落?》，《国外理论动态》2013年第1期，第22—23页。

② The Commission on Global Governance：Our Global Neighbourhood - The Report of the Commission，1995，见 http：//www.gdrc.org/u-gov/global-neighbourhood/chap1.htm。

③ James N. Rosenau，“Governance in the Twenty-First Century”，*Global Governance*，Vol.1，No.1（July 1995），p.13.

④ ［荷］亨克·奥弗比克：《作为一个学术概念的全球治理：走向成熟还是衰落?》，《国外理论动态》2013年第1期，第24页。

此后，“全球治理”这一概念的使用频率迅速增高，成为一个广受关注的热门概念。巴尼特（Michael Barnett）就此指出，“在不到十年多的时间里，这个概念从未知的行列变成了冷战之后国际事务实践与相关研究的中心议题之一”①。

经过这么多年的使用，全球治理如今已成为被国际社会广泛接受的概念（也可以说是理念）。遗憾的是，与治理的概念相似，学者们对全球治理的定义尚未达成统一的意见。②除了全球治理委员的定义之外，还存在着多种不同的对全球治理的定义。例如，俞可平认为，全球治理是“各国政府、国际组织、各国公民为最大限度地增加共同利益而进行的民主协商与合作，其核心内容应该是健全和发展一整套维护全人类安全、和平、发展、福利、平等和人权的新的国际政治经济秩序，包括处理国际政治经济问题的全球规则和制度”③。在这个定义中，俞可平将制定和发展全球规则和制度当作全球治理的核心，并将全球治理集中在政治和经济领域，未能将全球治理的其他内容和领域包括在内，因此具有一定的局限性。与其相比，蔡拓的定义更具有包容性。在他看来，全球治理“是以人类整体论和共同利益论为价值导向的，多元行为体平等对话、协商合作，共同应对全球变革和全球问题挑战的一种新的管理人类公共事务的规则、机制、方法和活动”④。

虽然国内外学者对于全球治理的定义不统一，但基本上都认同全球治理具有以下四个基本特征：第一，全球治理的目的是为了维护全球的共同利益；第二，全球治理的参与主体多元化，各国政府虽然仍扮演着至关重要的角色，但不再是垄断一切的权威；第三，全球治理的方式具有多样性，包括多方面、多层次、多主体的合作、协商、博弈、监督等，既借助

① Michael Barnett，Raymond Duvall (eds.)，*Power and Global Governance*，Cambridge：Cambridge University Press，2005，p.1.

② William H. Meyer，“Indigenous Rights，Global Governance，and State Sovereignty”，*Human Rights Review*，Vol.13，No.3 (June 2012)，p.331.

③ 俞可平：《全球治理引论》，《马克思主义与现实》2002 年第 1 期，第 30 页。

④ 蔡拓：《全球治理的中国视角与实践》，《中国社会科学》2004 年第 1 期，第 95—96 页。

正式的法律、协议和规章，也通过非正式的程序和规范来实施；第四，全球治理所涉及的领域非常广泛，包括政治、经济、军事、环境、跨国犯罪、安全、教育等诸多领域。① 本章所探讨的全球教育治理指的便是教育领域的全球治理。

三、全球教育治理

加拿大多伦多大学的学者卡伦·芒迪（Karen Mundy）是较早关注全球教育治理“现象”的代表人物之一。早在 1998 年，受鲁吉（John G. Ruggie）的“多边主义”概念的启发，芒迪提出了“教育多边主义”（educational multilateralism）的概念。芒迪用这一概念来分析国际组织所推动的国际教育合作 / 多边教育合作②。有意思的是，她在早期的发表物中虽然提到了全球治理，但是并没有使用“全球教育治理”这个概念。在她 2007 年发表的另一篇被广泛引用的文章《全球治理与教育变革》③ 中，芒迪虽然提到了全球治理和教育治理（educational governance）这两个概念，但仍没有明确使用“全球教育治理”的术语。这说明，至少到此时为止，全球教育治理尚没有作为专门术语在教育学话语体系中确立起来。

在过去的十年中，这一情况发生了根本的改变，在标题中使用全球教育治理这一术语的发表物明显增加。迈耶尔和贝那沃特主编的《PISA、权力和政治：全球教育治理的出现》（2013）④ 一书对此可能起到了推动作用，有关该书的许多书评以及引用该书的文章发表于各大期刊，产生了广泛的影响。

---

① 孙进、燕环：《全球教育治理：概念·主体·机制》，《比较教育研究》2020 年第 2 期，第 40 页。

② Karen Mundy，“Educational Multilateralism and World（Dis）Order”，*Comparative Education Review*，Vol.42，No.4（November 1998），p.452.

③ Karen Mundy，“Global Governance，Educational Change”，*Comparative Education*，Vol.43，No.3（August 2007），pp.339-357.

④ Heinz-Dieter Meyer，Aaron Benavot（eds.），*PISA*，*Power*，*and Policy. The Emergence of Global Educational Governance*，Oxford：Symposium Books，2013.

如今，虽有不少人使用全球教育治理的概念，但是对这一概念明确进行定义的人却很少。因此，有学者表示，学界“尚没有稳固地确立起全球教育治理的概念”①。这种使用概念却不界定的问题在西方学者的发表物中表现得尤其突出。有些文章的标题里虽有全球教育治理的概念，但在文中却找不到对这一概念的定义②。这说明，许多学者并没有将全球教育治理视为一个需要专门界定的专用术语，而只是将其当作治理或全球治理的一个适用领域。因此，我们至今能找到的国外学者对全球教育治理的定义非常有限。下面列举几个例子。

英国学者金（Kenneth King）和帕摩尔（Robert Palmer）认为，全球教育与培训治理（Global Governance of Education and Training）是一个用来讨论国家和非国家行动者如何在教育中获得政治权威和影响的组织框架，它涉及一系列影响民族国家的教育和培训体系的全球进程。③

费西特纳（Sarah Fichtner）将“全球教育治理分析性地理解为一种组织框架，通过该框架，国家和非国家行为体以确定和评估目标、标准和‘最佳实践’的方式让教育系统走向一个‘好’的方向”④。

德国学界在讨论与全球教育治理相关的现象时，例如，在分析

---

① Bong Gun Chun，In Sun Jeon，Rebekah H. Lee et al.，“Global Governance of Education and Training：As Reviewed From Jomtien via Incheon to New York”，*Asia Pacific Education Review*，Vol.19，No.3（June 2018），p.320.

② 例如：Karen Mundy，Antoni Verger，“The World Bank and Global Governance of Education in a Changing World Order”，*International Journal of Education Development*，Vol.40（January 2015），pp.9-18. Sam Sellar，Bob Lingard，“The OECD and Global Governance in Education”，*Journal of Education Policy*，Vol.28，No.5（April 2013），pp.710-725. Clara Morgan，Riyad A. Shahjahan，“The Legitimation of OECD's Global Educational Governance：Examining PISA and AHELO Test Production”，*Comparative Education*，Vol.50，No.2（April 2014），pp.192-205.

③ Kenneth King，Robert Palmer，*Post-2015 and the Global Governance of Education and Training*，Working Paper #7，Geneva，Switzerland：Norrag，2014，p.12.

④ Sarah Fichtner，“Global Governance by Numbers? A Local Perspective”，In Norrag，*Education and Skills Post-2015 and the Global Governance of Education*：*Agendas and Architecture*，Norrag News 51，Geneva，Switzerland：Norrag，2014，p.49.

国际组织参与全球教育事务的活动时，使用的主要是“国际教育政策”（Internationale Bildungspolitik）[①]这一概念。明斯特大学的学者阿玛拉尔（Marcelo Parreira Amaral）建议将国际上的教育治理研究同德国国际教育政策研究结合起来，并在这个意义上提出了“国际教育治理”（International Educational Governance）的概念[②]。除了阿玛拉尔之外，德国比较教育学者阿默斯（S. Karin Amos）出版了以这一概念命名的《国际教育治理》一书[③]。由此看来，德国学界似乎更倾向于使用国际教育治理这个概念。它可被视为是全球教育治理在德国学界的一个变体。到目前为止，德国学界对这一主题的研究仍非常少。

在国内学界，王晓辉属于是最早研究全球教育治理的学者之一。他在2008年便有以“全球教育治理”为标题的著作[④]和文章[⑤]问世，在时间上甚至早于绝大多数国外的相关研究。遗憾的是，他未对全球教育治理作出明确定义。目前，被我国学界引用较多的全球教育治理的定义来自杜越。他对联合国教科文组织的全球教育治理进行了分析，并提出了如下的概念界定：“全球教育治理是国际社会各行为体通过协调、合作、确立共识等方式参与全球教育事业的管理，以建立或维持理想国际秩序的过程。”[⑥]在其后来发表的专著中，杜越作出了更为详细的描述，指出全球教育治理“是指一种由来已久的、在全球化时代得到全面发展的特殊现象，

---

① 根据马塞洛·帕瑞哈·阿玛拉尔的定义，国际教育政策涉及所有那些对贯穿人的一生的教育和学习进程的政策设计和规划，它超越了地理空间和管理权限的边界，从机构、内容和过程等方面分析教育政策的制定、落实与评估。

② Marcelo Parreira Amaral，“Der Beitrag der Educational Governance zur Analyse der Internationalen Bildungspolitik”，*Bildung und Erziehung*，Vol.68，No.3（September 2015），p.380.

③ S. Karin Amos（ed.），*International Educational Governance*，Bingley，UK：Emerald Group，2010.

④ 王晓辉：《全球教育治理：国际教育改革文献汇编》，教育科学出版社2008年版。

⑤ 王晓辉：《全球教育治理：鸟瞰国际组织在世界教育发展中的作用》，《北京大学教育评论》2008年第3期，第153页。

⑥ 杜越：《联合国教科文组织与全球教育治理》，《全球教育展望》2011年第5期，第63页。

是各种社会主体（特别是各类国际性的组织实体）共同参与教育发展进程，通过各种相关的国际活动和项目实施而凝练成型的教育理念、教育原则、教育体制原则和教育发展战略，对一国教育政策和教育发展的框架、内容、形式和操作路径产生重大影响，并由此对全球教育发展趋势形成特定的导向作用。"①

国内其他学者对于全球教育治理的定义或多或少受到了杜越上述定义的影响，包括笔者此前对全球教育治理的一个定义："全球教育治理是指国际社会各利益相关方通过协商、合作及博弈等多种方式参与全球教育事务的管理、以维持或确立合理国际秩序的活动。"② 这个定义仅对杜越的定义进行了部分扩展，增加了"博弈"这一互动方式，并将全球教育治理界定为一种"活动"，除此之外，两者并没有实质性的区别。也正因为如此，这两个定义有着相似的局限性，即都是主要着眼于国际组织的全球教育治理活动，而未能充分地将民族国家和其他非国家行为体的全球教育治理实践考虑在内，例如主权国家出于本国利益考虑在国内所进行的教育国际化等。另外，主权国家参与全球教育治理的目标也未必都是想要建立或维持理想国际秩序，西方发达国家一直以来都在全球治理决策中占据主导地位，所谋求维系的是其自身的利益，未必是发展中国家的利益。因此，以上这种对全球教育治理的定义可以说是一种狭义的定义，仅适用于国际组织的活动。按照这种狭义的定义，国际组织所提供的多边框架之外的一些活动严格意义上说就不属于全球教育治理活动。若要把这些活动也包括进来，我们除了着眼于国际组织的狭义的全球教育治理概念之外，还需要有一个广义的、能够覆盖各个行为体的各种治理活动的全球教育治理概念。

阚阅对全球教育治理的定义在这个方向上前进了一步。他指出，"全

① 杜越：《联合国教科文组织与全球教育治理——理念与实践探究》，教育科学出版社2016年版，第6页。

② 孙进、燕环：《全球教育治理：概念·主体·机制》，《比较教育研究》2020年第2期，第41页。

球教育治理是指国际体系中以主权国家为核心的各个行为体的共同合作，通过正式的制度和非正式的安排，协调各自利益和政策，以应对全球化时代人类社会所面对的教育发展上的各种跨国和国际挑战，并支持各个国家实现国家治理水平提升的活动。"①

阚阅的这一定义包括了国家提升其治理水平的活动，这是一个重要的扩展。但是，笔者觉得这个全球教育治理的定义有些过于偏重主权国家，不完全符合本书的使用目的。因此，笔者在此提出一个新的定义：全球教育治理是指国际社会的利益相关方（国际组织、民族国家、跨国公民社会、跨国公司、大众媒体及其他非国家行为体）为了实现自身利益和全球共同利益，通过各种正式和非正式的机制以及倡议、谈判、协商、合作或是博弈等多种互动方式应对和解决全球教育问题，提升自身或他方教育治理能力和影响力，促进各国教育发展与交流的活动。这个新的定义覆盖了全球教育治理的主体、目的、机制、客体与影响，能够覆盖本书论及的各个治理主体的各种治理活动。此外，全球教育治理在此被视为一种实践活动，而不是有些学者所称的"规则体系"或"过程"，因为在笔者看来，规则体系和过程都是附着于实践活动的：作为实践活动的全球教育治理自然有其发生与发展的过程，也有其结果，而国际教育规则只能说是全球教育治理这一实践活动的核心要素，并非全球教育治理的全部。

第二节　全球教育治理的主体

全球教育治理的主体是在全球教育治理中起关键作用的行为体。全球教育治理的主体具有多元性的特点，它们活动在从国家之上到国家之下的多个层面上，而且在每个层面上都倾向于联合行动。麦克格鲁（Anthony McGrew）指出，全球治理是一种没有单一中心权威的、复杂的、多层次的系统（multi-layered system）。这一判断无疑也适用于全球教

① 阚阅：《如何向国际社会贡献教育治理中国方案?》，《中国教育报》2020 年 6 月 23 日。

育治理。

麦克格鲁形象地用一个蛋糕层次模型（the“layer cake”model）区分了全球治理的四个层次：超国家层次（the suprastate layer），国家层次（national layer），跨国层次（the transnational layer）以及次国家层次（the substate layer），并介绍了各个层次上的行为体。① 这一模型同时也为分析全球教育治理的主体提供了一个可供参考的框架。下面，笔者便按照这四个层次来介绍全球教育治理的主体。

一、超国家层次行为体——国际组织

超国家层次上的全球教育治理主体主要是指那些全球性或地区性的政府间国际组织（intergovernmental organizations），也被称为国际政府组织②。政府间国际组织可以被定义为“一种由来自两个或两个以上主权国家的（政府和/或非政府）成员根据协议而成立的正式的、持久性的组织，其目的是追求成员的共同利益”③。换句话说，政府间国际组织是由主权国家政府通过正式协议所创建并从政府那里获得授权的组织④，例如：联合国教科文组织，联合国儿童基金会，联合国开发计划署，世界银行，世界贸易组织，国际货币基金组织，国际劳工组织，经合组织，欧盟，非盟，亚太经济合作组织，二十国集团（G20）等。此类国际组织在全球舞台上扮演着越来越重要的角色，对各国教育发展发挥着越来越大的影响。受这些国际组织的影响，民族国家内部的教育改革和讨论有了一个超国家的国际维度或全球维度。这一发展直接导致了作为实践和理论的全球教育

① Anthony McGrew，“Power Shift：From National Government to Global Governance?”，In David Held (ed.)，*A Globalizing World? Culture*，*Economics*，*Politics*，New York：Routledge，2004，pp.137-142.

② 国际组织一般指的是政府间国际组织。这是对国际组织的狭义定义。从广义上来说，国际组织也包括国际非政府组织。本书使用的是狭义定义。

③ Clive Archer，*International Organizations*，London：George Allen and Unwin，1983，p.35.

④ Volker Rittberger，Bernhard Zangl，*Internationale Organisationen. Politik und Geschichte*，Opladen：VS Verlag für Sozialwissenschaften，2003，p.24.

治理的出现。不少学者在讨论全球教育治理时，所指的实质上便是这些政府间国际组织的活动。这也反映在以下我们所确认的一个事实，即：国内外现有的有关全球教育治理的文献主要集中于对联合国教科文组织、经合组织和世界银行等主要政府间国际组织的研究。目前，学界所讨论的全球教育治理，似乎指的就是这些国际组织发起和实施的活动，亦即狭义的全球教育治理。

在全球教育治理中，政府间国际组织，特别是联合国系统的国际组织为其他主体参与全球教育治理搭建协商与合作的平台、提出发展的方向、监控实施的进展，在全球教育治理中起着引领者的作用。

二、国家层次行为体——民族国家及其政府机构

国家层次上的全球教育治理主体指的主要是民族国家及其政府机构。自近代以来，民族国家（nation- state）[①] 一直是国际政治舞台上的核心行为体。民族国家建立在三个要素之上：领土、主权和人民。任何独立的政治体要成为一个国家，必须有独立而不容侵犯的领土；必须拥有一个代表国家意志的主权机关以及不容他国干预的主权；必须拥有一定数量的国民，其责任和权利仅受本国法律和本国政府的保护。直到现在，这样的民族国家仍然居于国际政治生活的中心，也是人们政治想象的基本依托所在。[②]

虽说全球教育治理的主体具有多元性，但是各个主体的重要性和影响力是不同的。在全球教育治理中，国际组织、跨国公民社会行为体、跨国企业等不同层级和不同领域的行为体虽然分享了一部分传统上由民族国家政府所承担的职能，在各自的领域内发挥着越来越重要的作用，但主权国家及其政府无疑仍是最重要的全球教育治理主体。主权国家是政府间国

---

① 民族国家用来描述一个政治疆域和文化边界相契合的区域，区域内绝大多数人群都保有同一认同，并共享相同文化。理想中的民族国家只有一个民族和一种文化传统，但目前绝大多数国家都属于多元族群国家。所以，也有人认为，现实中并不存在真正的民族国家。

② 俞可平：《全球治理引论》，《马克思主义与现实》2002 年第 1 期，第 28 页。

际组织的成员，不仅参与批准国际组织的项目，也为其提供资金、物质、人员和技术支持。国际非政府组织以及公民社会行为体也需要遵守所在国家的规范。所有其他治理主体的全球教育治理活动最终均需要在各个主权国家内部得到推行和落实，所以，需要得到主权国家政府的批准、配合和支持。主权国家在全球教育治理中扮演着参与者、设计者、支持者、实施者和被治理者的多重角色。

就主权国家在全球教育治理中的地位和作用而言，国与国之间存在着明显的区别。这一点，可以从各国对国际组织的资助额度、国际组织中来自各国的雇员人数、国际非政府组织等跨国公民社会行为体的数量、落实联合国全球教育治理目标的程度等方面看出来。就总体而言，北半球的国家、特别是以美国为首的西方发达国家在全球教育治理中占据着明显的优势。这一不平衡的问题已经引起了人们的注意，以中国为代表的发展中国家发出了改革的呼声，要求建立更合理、更公正的全球教育治理秩序。

除了政府机构之外，全国性的非政府行为体也属于这个层次上的行为体。

三、跨国层次行为体——跨国公民社会、跨国公司和大众媒体

跨国层次上的全球教育治理主体指的主要是跨国公民社会的行为体、跨国公司和全球性大众媒体等非国家行为体。

跨国公民社会（Transnational Civil Society）①，也被称为全球公民社会

① 跨国公民社会、世界公民社会和全球公民社会是常被提到的相近概念，所指的都是公民社会行为体的活动和影响跨越国界的社会事实。有的学者将三者视为同义词，有的学者则进行了区分。这其中，有的学者更偏爱跨国公民社会的概念，认为它准确地突出了“跨国”的特征。而有的学者则更偏爱全球公民社会的概念，认为它不只是强调跨越国界的特征，而且还指出，全球化如何改变了人们所面对的问题和议题，以及如何改变了公民社会在应对这些问题中所扮演的角色。参见 Mary Kaldor，Helmut Anheier，Marlies Glasius，“Introduction”，In Marlies Glasius，Mary Kaldor，Helmut Anheier（eds.），*Global Civil Society 2004/5*，London，Thousand Oaks and New Delhi：Sage，2005，p.2。

(Global Civil Society)，是从公民社会的概念演化而来的，可以被视为是公民社会在国际维度上的扩展。公民社会通常被视为是国家政府和市场之外的“第三部门”，其代理人（agents）是私下组织起来的公民，不是政府行为体或追求市场利润的行为体。与此相应，跨国公民社会指的是自我组织起来的倡议团体，自愿采取跨越国界的集体行动，追求他们认定为广泛的公共利益。除了有别于其他的跨国行为体如私有经济行为体和政府当局之外，跨国公民社会也有别于另外一些跨国行为体（如跨国恐怖主义分子和犯罪分子)，跨国公民社会行为体避免使用武装暴力实现自己的目标。① 我国有研究者认为，“跨国公民社会是指不同国家的公民为了追求整体或共同的利益，组成公民群体、非政府组织和社会运动等以和平的方式超出一国范围行动而构成的跨国社会领域”②。

跨国公民社会的行为体主要包括国际非政府组织、跨国社会运动、跨国倡议网络、基金会、智库、认知共同体等。

国际非政府组织（International Non-Governmental Organizations）是“非政府性的自治组织，不是政府的工具；它们是非营利性的，不将收益作为收入分配给所有者；它们是正式的、合法的实体”③。也有研究者指出，“任何不是根据政府间协定设立的国际组织都应被视为非政府组织……包括接受政府当局指定的成员的组织，但其前提是这种成员资格不干涉该组织自由表达其意见”④。许多国际非政府组织是专业性的组织，包括：(1) 运动性组织，如国际特赦组织（Amnesty International，又称大赦国

① Richard Price，“Transnational Civil Society and Advocacy in World Politics”，*World Politics*，Vol.55，No.4 (July 2003)，p.580.

② 易承志：《跨国公民社会参与全球治理的角色分析》，《东南学术》2011 年第 2 期，第 88 页。

③ Helmut Anheier，Marlies Glasius，Mary Kaldor，“Introducing Global Civil Society”，In Helmut Anheier，Marlies Glasius，Mary Kaldor (eds.)，*Global Civil Society 2001*，Oxford：Oxford University Press，2001，p.4.

④ Werner J. Feld，Robert S. Jordan，Leon Hurwitz，*International Organizations. A Comparative Approach*，Westport：Praeger，1994，p.22.

际）和绿色和平组织（Greenpeace）；(2) 专业团体，如国际雇主联合会或工会；(3) 慈善组织 / 基金会，如基督教救援会和乐施会（Oxfam）；(4) 智库；(5) 各种国际委员会（international commissions）。①

在关于国际非政府组织的文献中，人们至少可以发现三种类型的组织：真正的非政府组织、混合型非政府组织以及跨政府组织(transgovernmental organizations)。② 真正的国际非政府组织的特点是其成员完全是非政府成员，而混合型国际非政府组织则包括政府成员和非政府成员。跨政府组织发起并支持"不受其政府中央外交政策机构控制的政府行为者之间的关系"③。国际非政府组织的目标多种多样，活跃在国际和国内舞台上，谋求实现特定的利益。国际非政府组织支持、修改或反对联合国、联合国机构及附属机构的目标和 / 或国家政府推行的政策。④ 国际非政府组织是跨国公民社会的核心力量，与跨国社会运动和跨国倡议网络相比，国际非政府组织具有正式的组织构架和工作人员。

跨国社会运动（Transnational Social Movements）指的是"由个人和(或) 非政府组织所组成的一个跨国集体行动网络"，即"以共同认同或目标为基础的、在两个以上国家发动协调一致的和连续的动员和抗议活动以公开地影响社会变革的跨国行动者（其中包括个人、团体和 / 或正式组织）所组成的非正式社会活动网络"⑤。跨国社会运动的权力和影响力来自于它们能够跨越国界调动人和资源以实现集体目标的能力。跨国运动和

---

① Helmut Anheier，Marlies Glasius，Mary Kaldor，"Introducing Global Civil Society"，In Helmut Anheier，Marlies Glasius，Mary Kaldor (eds.)，*Global Civil Society 2001*，Oxford：Oxford University Press，2001，p.4.

② Clive Archer，*International Organizations*，London：George Allen and Unwin，1983，p.41.

③ Robert O. Keohane，Joseph S. Nye，*Transnational Relations and World Politics*，Cambridge，MA：Harvard University Press，1971，p.xv.

④ Arnd Bauerkämper，Christoph Gumb，*Towards a Transnational Civil Society：Actors in Europe and Concepts from the Late Eighteenth to the Twentieth Century*，Discussion Paper Nr. SP IV 2010-401. Berlin：WZB，2010，p.20.

⑤ 徐步华：《跨国社会运动对全球治理的影响——以减债、禁雷和反大坝运动为例》，《世界经济与政治论坛》2011 年第 4 期，第 68 页。

非政府组织的规模大小不一，其权力和政治影响也大小不一，难以一概而论。①

在全球教育治理领域，全球教育运动（Global Campaign for Education，GCE）是一个非常具有代表性的跨国社会运动，活跃在从地方到国家再到国际的三个层面之上，其宗旨是促进和保障作为基本人权的教育，呼吁和督促政府和国际社会为每一个人提供免费的、优质的公共教育。它代表着一百多个全国性或地方性的教育联盟、国际组织以及公民社会组织和团体，如教师组织、父母联合会、女性团体、残疾人组织、青少年和大学生团体、学术和科研机构、儿童权利倡导者等。②

跨国倡议网络（Transnational Advocacy Networks）是"主要以道德理念或价值为核心形成的活动者（activist）"的跨国网络③。在这个定义中，网络是一种组织形式，其特点是自愿、相互和横向的交流与交换。网络中的活动者之间具有"不固定而开放的关系"。"倡议"一词则说明了这一网络的独特之处，即："人们组织在一起是为了推进事业的发展，提出原则性的观念或规范，而且参与者所倡议的那些政策变化常常与他们的'利益'并无多少联系。"④跨国倡议网络包括那些通过共同的价值观、共同的话语和密切的信息及服务交流而结合到一起、围绕某一问题在国际范围内开展活动的行为体。⑤跨国倡议网络的主要行为体包括：（1）国际或国内的非政府组织、研究或倡议机构；（2）当地社会运动；（3）基金会；

① Anthony McGrew，"Power Shift：From National Government to Global Governance?"，In David Held（ed.），*A Globalizing World? Culture*，*Economics*，*Politics*，New York：Routledge，2004，p.141.

② The Global Campaign for Education（GCE）：About Us，https：//www.campaignforeducation.org/en/who-we-are/about-gce/。

③ ［美］玛格丽特·E. 凯克、凯瑟琳·辛金克：《超越国界的活动家：国际政治中的倡议网络》，韩召颖、孙英丽译，北京大学出版社 2005 年版，第 1 页。

④ ［美］玛格丽特·E. 凯克、凯思琳·西金克：《国际和地区政治中的跨国倡议网络》，《国际社会科学杂志》（中文版）2019 年第 3 期，第 75 页。

⑤ ［美］玛格丽特·E. 凯克、凯思琳·西金克：《国际和地区政治中的跨国倡议网络》，《国际社会科学杂志》（中文版）2019 年第 3 期，第 73 页。

（4）媒体；（5）教会、工会、消费者组织、知识分子；（6）部分地区或国际政府间组织；（7）部分行政和立法部门的分支机构。这些行为体并不会都在每一个倡议网络中同时出现。①

基金会（foundation），也称慈善基金会，是利用自然人、法人或者其他组织捐赠的财产，从事慈善、公益事业的非营利性组织。在全球教育治理领域，盖茨基金会（Bill & Melinda Gates Foundation）和休利特基金会（William and Flora Hewlett Foundation）是比较活跃的基金会代表。

智库（Think Tanks）也被称为“思想库”或“智囊团”。②迪克森（Paul Dickson）把智库界定为一种社会组织，指那些稳定的、相对独立的政策研究机构，其研究人员运用科学的研究方法对广泛的公共政策问题进行跨学科的研究，并就政府、企业以及与大众密切相关的政策问题提出咨询建议。③在全球教育治理领域，比较知名的智库有：美国布鲁金斯学会（Brookings Institution）的环球教育中心（Center for Universal Education），兰德公司（RAND Corporation）的教育劳工研究部（RAND Education and Labor），以及加利福尼亚大学伯克利分校的全球教育高级研究中心（The Center for Advanced Studies in Global Education）等。

认知共同体（epistemic community）是“由专业人员构成的网络，他们在一个特定的领域拥有公认的专业知识和能力，对于该领域或议题范围内的与政策相关的知识而言，他们有权威的判断”④。认知共同体的成员包括大学和研究机构的专家、学者等研究人员以及自由知识分子。他们为国际组织、政府机构、智库等行为体提供最核心的智力支持，可以说是这些机构的“头脑”。

---

① ［美］玛格丽特·E.凯克、凯思琳·西金克：《国际和地区政治中的跨国倡议网络》，《国际社会科学杂志》（中文版）2019年第3期，第75—76页。

② James McGann，Kent Weaver（eds.），*Think Tanks and Civil Societies：Catalysts for Ideas and Action*，New Brunswick，NJ：Transaction Publishers，2000，p.4.

③ Paul Dickson，*Think Tanks*，New York：Atheneum，1971，p.1.

④ Peter Haas，“Introduction：Epistemic Communities and International Policy Coordination”，*International Organization*，Vol.46，No.1（Winter 1992），p.3.

有必要指出的是，以上这些跨国公民社会的行为体并不是截然有别的互斥关系，而是多有重叠和交叉。非政府组织包括基金会和智库，非政府组织同时是跨国社会运动和跨国倡议网络的骨干力量。跨国社会运动和跨国倡议网络的区别也不是那么明显，两者发挥影响的做法很相似。

除了跨国公民社会行为体之外，跨国公司无疑是跨国层次上另一个十分重要的全球教育治理主体。跨国公司（Transnational Corporations）是指"在两个或两个以上国家（地区）设立分支机构，由母公司统筹决策和控制，从事跨国界生产经营活动的经济实体"①。因为有着雄厚的资金实力、先进的技术和知识、高效的管理体系、遍布全球的生产和销售网络以及受到良好教育训练的管理者和雇员，跨国公司被视为是解决全球问题的重要合作伙伴。相应地，国际社会期待跨国公司承担更多的社会责任，积极参与全球教育治理。另一方面，跨国公司的顺利运行离不开和平和安全的国际社会环境，因此，跨国公司对于建立更好的国际社会秩序有自身的利益需求和社会责任。在全球教育治理领域比较活跃的跨国公司有：英特尔、微软、培生、诺基亚、惠普、麦肯锡公司、宜家、华为等。

大众媒体是指运用一切技术手段向广大受众传播信息的所有媒介形态。大众媒体并不属于跨国公民社会的一部分，因为大众媒体受到国家和/或市场的控制或影响。不过，大众媒体对于跨国公民社会的形成和发挥作用都具有重要的作用，在全球教育治理中也扮演着重要的角色，例如影响全球公共舆论，形成全球认同，呼吁全球行动，通过传播和推广特定的教育理念与发展策略，影响世界各国的政策讨论和决策。当然，并非是所有的大众媒体都能在跨国层次上发挥影响。对于提供多语资讯的路透社（Reuters）、英国广播公司（BBC）等大型国际传媒以及许多全球知名的出版社、学术期刊和报刊来说，其作为跨国行为体的角色是无可争议的，它们是全球治理委员会所说的"全球大众媒体"，不过，更多的大众媒体活跃在国家及次国家层次上。

---

① 黄河等著：《跨国公司与全球治理》，上海人民出版社 2018 年版，第 3 页。

四、次国家层次行为体——地方政府与非政府行为体

麦克格鲁所指的次国家层次行为体主要是指地方政府，它们在全球舞台上推广地方的文化、经济和政治利益。地方政府还可以和其他国家的地方政府结成国际联盟，例如国际地方政府联盟（International Union of Local Authorities）。英国的很多地方政府就在布鲁塞尔设立了地方代表处，影响欧盟的政策议题。①

在全球教育治理中，政府间国际组织、国际非政府组织、跨国公司等主体在世界各地都设有分支机构或办事处，它们所组织的活动和项目，都需要当地的地方政府和教育主管部门的协助和配合。因此，地方政府机构也是全球教育治理的一个主体，是其他全球教育治理主体的重要合作伙伴。除了地方政府机构之外，地方上的非政府组织、其他公民社会行为体、私人部门和大众媒体等非政府行为体也扮演着重要参与者的角色，是国际组织实施其全球教育治理项目的支持者和合作伙伴。

除了上述主体之外，个体是否也是全球教育治理的主体呢？在上述全球治理委员会对全球治理的定义中，个体是全球治理的主体。魏斯（Thomas G. Weiss）在对全球治理的定义中将个体（individuals）列为与国家、政府间国际组织、公民社会、跨国企业并列的全球治理行为体。② 在《全球治理概论》中，个人也被视为全球治理的行为体。③ 这样的个人包括：具有政治光环和政治影响力的个人；社会名流、社会活动家和科学家等社会公共人物；社会运动的个体参与者和日常生活中全球治理的身体力行者。④ 以此类推的话，全球教育治理的主体无疑也包括个体行为体。只

---

① Anthony McGrew，“Power Shift：From National Government to Global Governance?”，In David Held (ed.)，*A Globalizing World? Culture*，*Economics*，*Politics*，New York：Routledge，2004，p.140.

② Thomas G. Weiss，*Global Governance*：*Why*? *What*? *Whither*? Cambridge：Polity Press，2013，p.2.

③ 蔡拓、杨雪冬、吴志成主编：《全球治理概论》，北京大学出版社 2016 年版，第 10 页。

④ 蔡拓、杨雪冬、吴志成主编：《全球治理概论》，北京大学出版社 2016 年版，第 122—124 页。

不过，因为普通的个体比较分散，因此不易作为独立的分析单位，而部分个体（比如政治精英、商业精英和学术精英）会通过参与其他主体的活动在全球教育治理中发挥作用，例如作为跨国社会运动的支持者，作为国际组织和智库的专家和顾问，所以，已被其他主体所覆盖。因此，作为全球治理主体的个体很少得到研究者的专门论述，基本上处于一种隐身的状态。

这里有必要指出的是，在参与全球教育治理时，各个主体并非是孤立地行动，而是在多个层面上以多种方式进行协商、合作或竞争、博弈，共同发挥作用。从这个意义上来说，全球教育治理可被定义为国际组织、民族国家与非国家行为体（跨国公民社会行为体、跨国公司、大众媒体等）以实现自身利益和全球共同利益为目的的互动。例如，联合国教科文组织于 2015 年 11 月 4 日在巴黎通过的《2030 年教育行动框架》便是多个国际组织、跨国公民社会行为体和私营部门进行合作的结果。参与这一框架制定的机构有：联合国开发计划署（United Nations Development Programme，UNDP）、联合国人口基金会（United Nations Population Fund，UNFPA）、联合国儿童基金会（United Nations Children's Fund，UNICEF）、联合国难民事务高级专员公署（The United Nations High Commissioner for Refugees，UNHCR）、联合国妇女署（UN Women）、世界银行、全球教育伙伴关系（Global Partnership for Education，GPE）、经济合作与发展组织（Organization for Economic Cooperation and Development，OECD）、教育国际（Education International）、全球教育运动（GCE）、非洲全民教育网络运动（Africa Network Campaign on Education for All，ANCEFA）、亚洲及南太平洋地区基础教育和成人教育协会（Asia South Pacific Association for Basic and Adult Education，ASPBAE）以及英特尔公司（Intel）。①

全球教育治理主体之间虽说是以协商和合作为主，但是也存在竞争、

① 联合国：《可持续发展目标 4——2030 年教育行动框架》，见 https：//unesdoc.unesco.org/ark：/48223/pf0000245656_chi。

冲突和博弈的问题。万秀兰指出，全球教育治理主体之间客观存在着潜在的观念和价值冲突，全球教育治理话语体系（特别是在意识形态领域）存在一定程度上的竞争。不同的教育理念出自不同的社会文化背景，这些文化产生于不同的社会意识形态，意识形态又与一定的政治和经济利益相关联。有些国家通过其掌控话语霸权的媒体和学者，把自己的意识形态伪装成或者拔高为全球的普世价值，作为一种武器，夺取其他文化和意识形态的阵地，谋求自身的政治和经济利益。这说明在全球教育治理中同样存在着争夺话语权的竞争问题，其背后是国家软实力的竞争。总之，全球教育治理是一个十分复杂的问题。在不同的国家、民族和文化之间，既有合作、互助，也有话语权争夺和软实力竞争。①

除了不同的主体之间存在冲突的可能之外，同一主体所扮演的不同角色之间也可能存在着矛盾和冲突。例如，美国佛罗里达国际大学的研究者艾隆（Lynn Ilon）指出了世界银行的双重角色之间的矛盾：一方面作为全球市场的代理，另一方面作为穷人利益的代理，两者并不总是能够兼容。② 跨国公民社会行为体所扮演的角色之间也存在张力。跨国公民社会行为体的影响力和道义权威建基于其宣称的独立性和中立性。不过，跨国公民社会行为体因为得到来自政府、政府间国际组织、企业和私人团体的资助，并不能完全说它们是独立和自主的。③ 芒迪指出，当非政府行为体利用道德作为其影响政策的首要权威来源之时，它们也频繁地被自我利益（包括其对于其他资源的依赖）所驱使。公民社会组织还可能受党派的意

① Xiulan Wan，“The Complexity of Global Governance of Education and Training（GGET）：Competition Behind Cooperation”，In Norrag，*Education and Skills Post-2015 and the Global Governance of Education：Agendas and Architecture*，Norrag News 51，Geneva，Switzerland：Norrag，2014，p.43.

② Lynn llon，“Agent of Global Markets or Agent of the Poor？ The World Bank's Education Sector Strategy Paper”，*International Journal of Educational Development*，Vol.22，No.5（September 2002），p.475.

③ Richard Price，“Transnational Civil Society and Advocacy in World Politics”，*World Politics*，Vol.55，No.4（July 2003），p.582.

识形态（包括支持暴力的意识形态）所驱使。[①] 这与其所声称的独立性和中立性显然存在着冲突。

第三节　全球教育治理的目标

全球教育治理的目标是全球教育治理主体通过其活动所希望达到的状态和结果。全球教育治理的目标可以分为内部目标和外部目标。内部目标是指全球教育治理主体对自己的目标和要求，即希望自己通过全球教育治理活动所达到的状态，而外部目标指的是全球教育治理主体希望通过其活动对治理对象所产生的影响，希望治理对象所达到的状态。

全球教育治理的内部目标因治理主体不同而有不同的侧重，外部目标则具有一定的交叉和重合。国际组织的内部目标是实现自己的组织承诺，外部目标是促进全球教育的发展和进步。例如，就内部目标而言，联合国教科文组织希望把自己打造成"思想的实验室""标准的制定者""信息交流中心""成员国的能力建设者"和"国际合作的促进者"[②]；而就外部目标而言，联合国教科文组织则是希望促进世界和平和发展，保证和实现人权和公平等基本权利，促进全球教育发展，特别是那些落后国家和地区的教育发展，扶持弱势群体，实现全民教育。

主权国家参与全球教育治理所追求的内部目标是提高本国的国际地位、文化软实力、国际影响力、教育治理能力等，外部目标则是促进本国与其他国家的教育发展，建立国际友好关系，促进世界和平。

跨国公司参与全球教育治理的内部目标是提升企业品牌形象，获得利益和声望，或满足利他主义的动机需求，履行社会责任等，外部目标则是创设更加和平和稳定的环境，促进所在地区和社区的教育发展和进步。

---

① ［加］卡伦·芒迪：《全球治理与教育变革：跨国与国际教育政策过程研究的重要性》，《北京大学教育评论》2011 年第 1 期，第 144 页。

② UNESCO，*Medium-Term Strategy for 2002-2007*：*Contributing to Peace and Human Development in an Era of Globalization through Education*，*the Sciences*，*Culture and Communication*，Paris：UNESCO，2002，p.6.

智库参与全球教育治理的内部目标是提高自身的知名度和影响力，外部目标则是促进教育政策的完善和教育实践的改进。

学术界参与全球教育治理的内部目标是创造知识、分享知识、应用知识和发挥知识批判的作用，谋求个人的声望和自我价值实现，外部目标是促进所在国家及全球教育事业的进步和发展。

大众媒体在全球教育治理中也是一方面谋取扩大自己的影响（内部目标），另一方面推动全球教育问题的讨论、推广特定的全球教育治理的理念和实践，促进全球教育的发展和进步（外部目标）。

就全球教育治理的目标而言，我们还可以区分国家中心主义和全球主义两种取向。① 民族国家及次国家的行为体（包括地方政府、智库）更多地表现出国家中心主义取向，即首先关心的是本国的利益，如解决本国教育发展问题，提升本国的国际地位、声望和竞争力等。例如，有学者指出，美国高校智库参与全球教育治理，就是要在教育领域传播美国的价值观念，获取美国需要的利益，配合美国的全球战略。② 国际组织和跨国公民社会行为体则具有更为明显的全球主义取向，关心并致力于推动全球性教育问题的解决。这两种取向并不必然是相互矛盾和冲突的，而是可以得到协调和统一。

全球教育治理的目标不仅因主体的不同而有所区别和偏重，而且还具有历史性和发展性。在不同的时期，全球教育治理的目标有所变化。例如，2000 年，联合国千年首脑会议提出了“消灭极端贫穷和饥饿”“实现普及初等教育”“促进性别平等并赋予妇女权力”等八项千年发展目标（Millennium Development Goals），并计划在 2015 年实现这些目标。2015 年，联合国可持续发展首脑会议又提出了 17 项有待实现的新的目标，即可持续发展目标。笔者不想在这里逐一展现各个主体在各个时期的全球教育治理目标，而是想将重点放在当前的、凝聚着跨主体共识的全球教育治

① 蔡拓、杨雪冬、吴志成主编：《全球治理概论》，北京大学出版社 2016 年版，第 428 页。

② 欧阳光华、胡艺玲：《全球命运与国家立场：全球教育治理中的美国高校智库探析》，《高教探索》2010 年第 8 期，第 97 页。

理目标上。

笔者认为,《变革我们的世界：2030 年可持续发展议程》(*Transforming our World*：*The 2030 Agenda for Sustainable Development*）中所确定的可持续发展目标可以被视为目前所有全球教育治理主体都认同的目标。联合国所有会员国于 2015 年一致通过的这一议程为世界各国确定了 17 项可持续发展目标，呼吁全世界所有国家（不论该国是贫穷、富裕还是中等收入）共同采取行动，消除贫困、保护地球、改善所有人的生活和未来。因为教育对其中多个目标的实现都能起到积极的促进作用，因此，有多个目标都包含教育元素，其中，可持续发展目标 4 更是专门指向教育领域："确保包容和公平的优质教育，让全民终身享有学习机会。"这目标包含 10 个分目标，分别对应教育的不同方面，其中 7 个分目标是希望达成的预期成果，3 个分目标是实现这些目标的手段（见表 1–1)。

表 1–1：全球教育治理的目标——可持续发展目标 4

4.1 普及中小学教育	到 2030 年，确保所有男女童完成免费、公平和优质的中小学教育，并取得相关和有效的学习成果。
4.2 幼儿发展和普及学前教育	到 2030 年，确保所有男女童获得优质幼儿发展、看护和学前教育，为他们接受初级教育做好准备。
4.3 公平的职业技术教育和高等教育	到 2030 年，确保所有男女平等获得负担得起的优质技术、职业和高等教育，包括大学教育。
4.4 获得体面工作的相关技能	到 2030 年，大幅增加掌握就业、体面工作和创业所需相关技能，包括技术性和职业性技能的青年和成年人数。
4.5 性别平等和教育包容	到 2030 年，消除教育中的性别差距，确保残疾人、土著居民和处境脆弱儿童等弱势群体平等获得各级教育和职业培训。
4.6 青少年扫盲	到 2030 年，确保所有青年和大部分成年男女具有识字和计算能力。
4.7 教育推动可持续发展和全球公民意识	到 2030 年，确保所有进行学习的人都掌握可持续发展所需的知识和技能，具体做法包括开展可持续发展、可持续生活方式、人权和性别平等方面的教育、弘扬和平和非暴力文化、提升全球公民意识，以及肯定文化多样性和文化对可持续发展的贡献。

续表

4.a 有效的学习环境	建立和改善兼顾儿童、残疾和性别平等的教育设施，为所有人提供安全、非暴力、包容和有效的学习环境。
4.b 奖学金	到 2020 年，在全球范围内大幅增加发达国家和部分发展中国家为发展中国家，特别是最不发达国家、小岛屿发展中国家和非洲国家提供的高等教育奖学金数量，包括职业培训和信息通信技术、技术、工程、科学项目的奖学金。
4.c 教师和教育工作者	到 2030 年，大幅增加合格教师人数，具体做法包括在发展中国家，特别是最不发达国家和小岛屿发展中国家开展师资培训方面的国际合作。

资料来源：联合国：《可持续发展目标 4——2030 年教育行动框架》，见 https：//unesdoc.unesco.org/ark：/48223/pf0000245656_chi。

因为国际组织、民族国家、公民社会行为体、跨国公司和大众媒体等行为体都参与了 2030 年可持续发展议程的讨论和制定，所以，该议程所确定的以上目标也凝聚着所有利益相关者的共识，因此，我们可以将其视为是全球教育治理各个主体当前都支持和认同的全球教育治理目标。正如该议程所指出的那样："与我们一起踏上征途的有各国政府及议会、联合国系统和其他国际机构、地方当局、土著居民、民间社会、工商业和私营部门、科学和学术界，还有全体人民。数百万人已经参加了这一议程的制订并将其视为自己的议程。"① 当然，在落实这些目标时，各个主体会根据自己的特点和所长有所侧重，通过协作实现全球教育治理的目标。

第四节　全球教育治理的客体

全球教育治理的客体是指全球教育治理活动所要应对和尝试解决的问题，既包括一国内部的教育问题，特别是那些仅靠一国之力难以解决的

① 联合国：《变革我们的世界：2030 年可持续发展议程》，2015 年 9 月 25 日，见 https：//www.un.org/zh/documents/view_doc.asp？symbol=A/RES/70/1。

教育问题（如因经费缺乏导致的辍学失学问题，教育机会不平等问题），也包括影响超出一国边界的区域性或全球性教育问题，尤其是那些需要多国进行协商和规范的问题（如学历文凭互认，国际教育交流与合作）。全球教育治理的客体问题亦即治理主体治理什么的问题，涉及全球教育治理的对象、内容和领域。

总的来看，全球教育治理的客体覆盖了从学前教育到继续教育、从普通教育到职业教育、从正规教育到非正规教育的各级各类教育中需要国际社会共同努力解决的问题。不过，因为全球教育治理的主体不同，其在治理对象和领域上既有交叉，亦有不同的选择和偏重，所以，下面对全球教育治理客体的分析也按照全球教育治理的主体进行区分。

（一）国际组织的全球教育治理客体

参与全球教育治理的国际组织很多，最有影响的国际组织无疑是联合国教科文组织、经合组织和世界银行。这里以其为例进行介绍。

联合国教科文组织是唯一一个肩负教育领域各个层面任务的联合国机构。教科文组织认为，教育是全民享有的一项终身人权，在保障教育机会的同时，还必须保障教育质量。因此，教科文组织大力推进终身教育、全民教育、全纳教育和可持续发展教育的工作。它被赋予通过可持续发展目标 4（SDG4）引领《2030 年教育议程》的职责。教科文组织在全球和区域范围内引导教育发展，强化世界各地教育体系，通过以性别平等为基本原则的教育应对当代全球挑战。教科文组织的工作涵盖了从学前教育到高等教育及其他层面的教育发展问题，主要内容和议题包括：（1）帮助各国构建终身学习体系，帮助各国为全民提供优质教育；（2）推进全球扫盲工作，努力实现全世界全民识字的愿景；（3）改善教师的培训、招聘、留任、地位、工作环境和积极性，大幅增加合格教师的数量；（4）帮助各国提升其技术和职业教育与培训；（5）监测与协调教育发展；（6）支持妇女和女童教育，在教育系统内并通过教育体系来推动性别平等；（7）推动健康教育，为所有成员的学校社区创造健康且有包容度的学习环境；（8）引领 2030 年教育，通过政策咨询、技术援助、能力建设以及全球、区域和国家层面的进展监测支持和帮助各国实现可持续发展目标4，即“确保包容和公平的优质教育，让全民终身享有学习机会”；(9) 保障受教育权，支持各国建设坚实的国家法律和政策框架，确保为所有人提供优质教育。①

经合组织的全球教育治理内容包括：(1) 测量获得教育和技能的机会和成就，例如设计和实施“国际学生评价项目”(Programme for International Stutent Assessment，PISA)、“高等教育学习成果评价项目”(Assessment of Higher Education Learning Outcomes，AHELO) 及“成人能力国际评估项目”(Programme for the International Assessment of Adult Competencies，PIAAC)、《教育概览：OECD指标》等大规模国际评估，对全球学校系统进行诊断和评价，并为各国和地区提供政策建议；(2) 打开学习过程的“暗箱”，理解学生如何学习和教师如何教学，将其作为教育政策的核心，例如教师教学国际调查 (The Teaching and Learning International Survey，TALIS)，初任教师准备研究 (Initial Teacher Preparation Study)，教师知识调查 (Teacher Knowledge Survey)；(3) 评估成员国和合作伙伴国的教育系统，帮助各国制定和落实改进其教育系统的政策，例如国家教育政策审查 (Reviews of National Policies for Education)，学校资源审查 (School Resources Review)，教育政策展望 (Education Policy Outlook)；(4) 帮助教育决策者理解创新方式和路径的变迁，以及其对于教育和培训政策的影响，例如教育2030倡议 (Education 2030 initiative) 旨在确认今天的学生需要掌握的知识、技能、态度和价值，以便于在21世纪取得成功；(5) 与成员国及成员国之外的国家建立新的伙伴关系。②

世界银行的目标是以可持续的方式消除极端贫困和促进共享繁荣，

---

① 联合国教科文组织：《教育改变生活》，见 https：//zh.unesco.org/themes/education。笔者根据此网页及相关链接网页中的信息综合整理。

② OECD：OECD Work on Education&Skills，见 https：//www.oecd.org/education/OECD-Education-and-Skills-Brochure-2019.pdf。

是面向发展中国家的世界最大的资金和知识来源①，也是发展中国家最大的教育资助者②。世界银行的全球教育治理活动所涉及的领域有：学前教育，初等教育，中等教育，高等教育，成人教育、基础教育和继续教育，劳动力发展和职业教育，教育公共管理，其他类别教育等。世界银行的全球教育治理项目所覆盖的议题有：全民教育，社会性别，公民参与，知识经济教育，改善劳动力市场，农村服务与基础设施，冲突防范与冲突后重建，分权化，社会分析和监测，营养与食品安全，儿童保健，社会安全网 / 社会救济以及社会关怀服务，改善劳动力市场等。③

在 2020 年初新冠肺炎疫情在全球爆发后，这些国际组织也相继出台了相应的应对性措施。联合国教科文组织与受疫情影响的国家教育部门合作，为其提供远程教育解决方案，推荐免费数字教育资源供政府、学校、教师和家长使用，对全国和局部学校停课情况和受影响学生人数进行全球监测等。④ 经合组织收集和分析新冠疫情对社会、经济和人类生活的影响和后果，并提出应对之策，例如发布《在线教育对成年人的潜力：来自新冠疫情危机的早期经验》（*The potential of online learning for adults*：*Early lessons from the COVID-19 crisis*）以及《对抗 COVID-19 对儿童的影响》（*Combatting COVID-19's effect on children*）。⑤ 世界银行收集和发布有关国家应对疫情的教育举措供其他国家参考，推动远程教育和数字化教育等。⑥

其他国际组织也会采取符合自身特色和定位的全球教育治理活动。

---

① 世界银行：《我们是谁》，见 https：//www.shihang.org/zh/who-we-are。

② The World Bank：Education，见 https：//www.worldbank.org/en/topic/education。

③ 世界银行：《我们做什么》，见 https：//projects.shihang.org/zh/projects-operations/project-sector？lang=zh&page=。笔者根据此网页及相关链接网页中的信息综合整理。

④ 联合国教科文组织：《教科文组织提供的支持：应对新冠疫情的教育行动》，见 https：//zh.unesco.org/themes/education-emergencies/coronavirus-school-closures/support。

⑤ OECD：Key policy responses from the OECD，见 http：//www.oecd.org/coronavirus/en/policy-responses。

⑥ The World Bank：Education and COVID-19，见 https：//www.worldbank.org/en/data/interactive/2020/03/24/world-bank-education-and-covid-19。

例如，国际劳工组织（International Labour Organization，ILO）的宗旨是促进社会公正和保障劳工权益，其在教育领域的活动聚焦于消除童工劳动和发展职业技能和就业能力，例如出版《高质量学徒制系列工具》，为改善学徒制体系和项目的设计与实施提供资源，为参与高质量学徒制设计的政策制定者和实施者提供全面而精准的关键信息、指导方针与实践工具。① 二十国集团（G20）是一个国际经济合作论坛，其全球教育治理议题主要集中于通过金融教育与反腐败教育提升现代公民素养、通过教育与技能培训改善人力资本以及在妇女与女童教育方面确保性别平等。②

（二）主权国家的全球教育治理客体

主权国家的全球教育治理客体一方面包括主权国家在本国内部采取的具有国际乃至全球性影响的教育政策和措施，例如教育国际化政策，包括课程、教学、师资的国际化，加强国家间学术交流，增加留学生和访问学者的派遣与接收，开展国际合作研究与联合办学；另一方面包括超出本国国界范围的教育行动和教育发展项目，如对外教育援助，海外办学，在海外推广本国文化和语言等。

此外，作为政府间国际组织的成员，主权国家会参与国际组织框架下的全球教育治理项目，包括：响应国际组织的号召，签订相关协议和公约，参与实施国际组织的教育项目，落实国际组织的发展目标和行动倡议，例如落实全民教育的目标，青少年扫盲，签订高等教育资历互认全球公约，支持和参与联合国教科文组织的全球教育监测以及经合组织的各类国际评价项目，为世界银行提供资金或实施世界银行的教育发展项目等。

（三）跨国公民社会行为体的全球教育治理客体

跨国公民社会行为体主要是在国际政府组织的平台和框架下参与全球教育治理，一方面作为其合作伙伴发挥作用，因此，其治理对象与这些

---

① 国家劳工组织：《高质量学徒制系列工具》，见 https：//www.ilo.org/beijing/what-we-do/publications/WCMS_711984/lang--zh/index.htm。

② 付睿、周洪宇：《G20 与全球非正式教育治理》，《清华大学教育研究》2019 年第 8 期，第 71 页。

国际组织的治理对象具有一定的重叠，例如促进实现全民教育的目标、联合国千年发展目标以及可持续发展目标 4；另一方面，也因为其非国家性和非市场性的身份，侧重于关注被国家和市场行为体所忽略或未得到其应有重视的教育议题，例如教育不公平、贫困、歧视、社会排斥，与此相应地，也更为关注女童、移民、少数民族、土著儿童、残疾儿童等弱势群体的教育问题。因为跨国公民社会行为体非常多，这里以全球教育运动和教育国际这两个跨国公民社会行为体为例进行说明。

作为著名的公民社会运动，全球教育运动（The Global Campaign for Education，GCE）旨在促进和捍卫教育作为基本的人权，要求政府和国际社会努力保证每个人享有免费的、优质的公共教育。全球教育运动的治理客体即其为自己确定的六个战略领域：(1) 优质教育——加强对优质教育的政治和政策关注，以权利和社会公正作为其核心；(2) 通过教育实现教育中的公平、非歧视和全纳——揭示并唤起决策者关注教育准入和质量方面的不平等、歧视和排斥；(3) 教育部门中强大的公共系统、领导力和治理——呼吁国家应高效和迅速地承担起自己作为教育的主要责任者的角色，强调私有化的负面影响；(4) 资助公共教育——呼吁将国内教育经费增加到至少占预算的 20% 和占 GDP 的 6%，并通过税收正义（tax justice）扩大国内收入基础；(5) 透明度、问责制和公民社会在教育部门中的角色——要求政府提高透明度和信息的无障碍共享，包括预算和支出数据，同时扩大公民社会在各个层次上的参与空间；(6) 在冲突或灾难情况下的教育——提醒人们注意为紧急情况下的教育投资，并在冲突或灾难情况下支持公民的声音。①

教育国际（Education International）是全球教师工会联合会，由 178 个国家和地区的 384 个成员组织组成，代表了从学前教育到大学的超过 3250 万教师和教育工作人员。这使其成为世界上最大的、最具有代表性

① The Global Campaign for Education（GCE）：About Us，见 https：//www.campaignforeducation.org/en/who-we-are/about-gce/。

的部门性全球工会联合会。教育国际代表全球教育工作者发声，致力于促进优质教育，维护教师和其他教育工作者的利益，促进社会公平。为此，教育国际协助发展独立的民主组织，以代表教师和其他教育雇员，并在他们之间促成团结与合作，支持教师资格的发展和对教师的认可，支持民主、和平、社会公正和人权，包括工会权利和受教育权，倡导社会公平，与种族主义和仇外心理做斗争，反对一切形式的（基于年龄、残疾、种族或土著、性别、性别认同或性取向、语言、婚姻状况、移民身份、政治活动主义、宗教、社会—经济状况、工会隶属关系）歧视。①

教育国际的全球教育治理客体覆盖了广泛的教育活动和议题，其确定的五个优先任务是：(1) 保护学校免受债务危机和经济危机的影响；(2) 抵抗去专业化的趋势；(3) 反抗对于教育工会的攻击；(4) 执行权利和公平议程；(5) 加强教育国际的成员身份。这其中，第一个和第二个优先任务反映了教育国际的工作议程，通过战略发展来落实教育国际的教育政策，并监督各国政府和国际社会对全民教育目标的落实情况。第三个和第四个优先任务涉及应对对教育工会的攻击、对普遍的民主和社会标准的削弱以及持续存在的不平等，呼吁成员有效利用联合国（UN）和区域机构提供的申诉机制，帮助保护教育者和学生的权利和地位。为了进一步推进上述四个优先任务，第五个优先任务旨在通过能力建设和组织项目来增强教育国际成员的能力。②

（四）跨国公司的全球教育治理客体

在全球教育治理领域，跨国公司通过捐献资金和实物补充所在国家、特别是发展中国家的教育经费，改善教育基础设施，帮扶贫困儿童和女童等弱势群体，并且利用自己的技术和能力专长参与推动各国的教育发展。范·福利特对美国的世界五百强企业所完成的调查显示，跨国公司参与支

---

① Education International：About Education International，见 https：//www.ei-ie.org/en/detail_page/4350/about-ei。

② Education International：Our Priorities，见 https：//www.ei-ie.org/en/detail_page/4407/our-priorities。

持的教育领域和主题有 50 多个，在一年之内平均会参与支持 12 个教育领域和主题。[①] 其中，得到最多捐助资源的主题和领域依次是：科学、技术、工程和数学教育（STEM），创业教育，就业、劳动力发展、就业市场和技能培训，性别、女性和女童，受教育机会（不分层次），进入初等教育的机会，教学材料和教科书，儿童识字，教室中的科技，教师培训，进入中等教育的机会，灾后教育，金融素养，高等教育，以及基础设施。这些领域和议题几乎覆盖了从学前教育到继续教育的各个阶段和各个方面，从学生学习和教师发展的个体层面到学校改进的机构层面再到教育体系完善的系统层面，涉及从教育观念、学习文化等软件到技术装备、基础设施等硬件，从传统的课堂教学到在线教育等方方面面。

（五）大众媒体的全球教育治理客体

大众媒体主要是作为其他全球教育治理主体的发声平台参与全球教育治理，所以，其全球教育治理的客体与其他主体的治理客体具有对应性。通过传播相关信息，扩大其他主体参与全球教育治理的影响，引起全球公众关注特定的教育问题和议题，接受其他主体所倡导的观点和理念。例如，通过传播 PISA 测试的结果，将表现优秀的国家和表现落后的国家公之于众，令后者感受到压力，从而着手开始教育改革；通过传播和推广特定的教育模式和教育理念，例如全民教育、终身教育、全纳教育、可持续发展教育、教育作为人权、教育平等的理念，令其得到全球公众的认同和接受，为全球的教育发展奠定思想基础。

当然，大众媒体也有自己的目标定位和价值立场，并非只是简单地充当其他主体的传声筒。它们既会根据自己的价值观对他方提供的信息进行选择，也会独立收集、生成和传播特定的教育信息，对目标受众施加特定的影响。例如，受到中国学生在 PISA 测试中的优异表现的触动，英国广播电视台（BBC）在 2015 年制作了《我们的孩子足够坚强吗？中式学

---

① Justin W. van Fleet，*A Global Education Challenge*：*Harnessing Corporate Philanthropy to Educate the World's Poor*，Working Paper 4，Washington，DC：Center for Universal Education，2011，p.20.

校》(*Are Our Kids Tough Enough? Chinese School*)[①]，旨在通过国际比较认识和反思英国教育中存在的问题和不足，促使教育决策者推行教育改革，并为此营造支持性的舆论环境。英国在学习和借鉴中国上海的数学教学经验方面比较积极。据报道，中英两国于2014年启动了中英数学教师交流项目，到2023年，上海的数学教学方法将辐射到英格兰的1.1万所学校。[②]因为大众媒体的主要任务是批判和监督，因此，侧重关注和揭露存在的问题，特别是那些容易引起公众关注的问题（如教育不公平问题）。此外，大众媒体主要是在议程设置方面发挥作用，较少直接参与对问题的解决。

第五节 全球教育治理的机制

全球教育治理的机制是指全球教育治理赖以发生和实现的规则、规范、路径和方式。在本书中，全球教育治理的机制指的主要是全球教育治理主体参与和开展全球教育治理活动的方式、路径或程序。全球教育治理的主体不同，其参与全球教育治理的方式和路径也会有别。

金（Kenneth King）和帕摩尔（Robert Palmer）在分析全球教育治理过程时区分了利益相关者参与全球教育治理活动并发挥影响的两种机制：一种是正式机制（formal mechanisms），另一种是非正式机制（informal mechanisms）。其中，正式机制包括法律、规章、协议、宣言、协定、条约、目标约定、伙伴关系、政策倡议等；而非正式机制主要有三种：(1)通过“最佳实践”来治理，即：通过将最佳的实践路径变成全球典范来影响各国政府的政策或国际组织的工作安排；(2)通过财政方面的“胡萝卜加大棒”来治理，即：通过资金刺激来对民族国家或国际组织施加影响；(3)通过数字来治理，即：通过测量和评价（包括TIMSS、PISA等跨国

① BBC：Are Our Kids Tough Enough? Chinese School，见 https://www.bbc.co.uk/programmes/b06565zm。

② 新华网：《2023年上海数学教学方法将辐射英国1.1万所学校》，2019年11月12日，见 http://sh.xinhuanet.com/2019-11/12/c_138548037.htm。

测试和世界大学排名）所获得的数据和指标来施加影响。[①] 在全球教育治理中，非正式机制的规范作用尽管是非强制性的，但也在很大程度上影响了各国的教育政策走向，是全球教育治理机制的重要组成部分。

日本早稻田大学的教授黑田一雄（Kazuo Kuroda）在分析全球教育治理活动时区分了四类全球教育治理[②]，对应着四种全球教育治理的机制：

（1）通过国际法律、公约和宪章确定原则进行全球治理（传统机制）。例如，《联合国教科文组织宪章》（1945）和《世界人权宣言》（1948）确定了教育作为一项基本人权这一教育原则。《儿童权利公约》（1989）和《残疾人权利公约》（2006）保障了儿童和残疾人的受教育权，其内容被许多国家的国内法采纳。《承认高等教育资历全球公约》（2019）以及亚太地区、欧洲地区、非洲国家、阿拉伯国家承认高等教育学历、文凭和学位的地区公约促进了区域和全球的学术流动。

（2）通过发展和提出新的具有国际影响力的观念进行全球治理（传统机制和当代机制）。国际组织及其他行为体在过去发展和提出了一些新的具有国际影响力的教育观念和发展方向，尽管这些观念不像国际公约那样具有法律约束力，但是也通过形成政策趋势对许多国家的教育政策和改革产生了巨大影响。这方面的例子包括联合国教科文组织和世界银行等国际组织提出的“终身教育”“全民教育”“全纳教育”“国际理解教育”等。联合国教科文组织发表的系列报告《学会生存：教育世界的今天和明天》（1972）、《教育：财富蕴藏其中》（1996）[③]、《反思教育：向“全球共同利益”的理念转变?》（2015）也是通过提出新的教育观念进行全球治理的代表性例子。

---

① Kenneth King，Robert Palmer，*Post-2015 and the Global Governance of Education and Training*，Working Paper #7，Geneva，Switzerland：Norrag，2014，pp.12-13.

② Kazuo Kuroda：Globalization and Development of Global Governance in Education：Implications for Educational Development of Developing Countries and for Japan's International Cooperation. 11th Japan Education Forum：International Cooperation toward self-reliant educational development，2014 年 2 月 19 日，见 https：//home.hiroshima-u.ac.jp/cice/wp-content/uploads/2015/09/JEF-E11-8.pdf。

③ 这两个报告也被翻译为《学会做人：教育世界的今天和明天》和《学习：内在的财富》。

（3）通过在国际会议和多边论坛上进行政策对话、就国际政策的目标达成共识以及通过制定政策和金融合作框架进行全球治理（当代机制）。这是当前最常用的全球教育治理机制。这方面最著名的例子是：1990 年，在联合国教科文组织、世界银行、联合国儿童基金会（UNICEF）和联合国开发计划署（UNDP）于泰国宗滴恩联合举办的世界全民教育大会上，提出了全民教育的计划。1994 年，联合国教科文组织主办了世界特殊需要教育大会，通过了《萨拉曼卡声明》和《行动框架》，提出将“全纳教育”作为制定教育政策的原则。这一原则对许多国家的教育政策产生了重大影响。它不仅适用于特殊教育，也适用于其他领域，以促进社会多元融合。2000 年，在达喀尔举行的世界教育论坛通过了《达喀尔行动纲领》（*Dakar Framework for Action*），确认了全民教育的六项目标。[①] 同年，联合国召开了千年首脑会议，制定了千年发展目标，成功地让国际社会共同推动全民教育。2015 年，联合国所有会员国在“联合国可持续发展峰会”上通过了《变革我们的世界：2030 年可持续发展议程》，为世界各国确定了 17 项有待实现的可持续发展目标。这种以国际会议为基础的机制不仅包括全球性的倡议，也包括区域性倡议。这样的区域性行动有许多，特别是在欧洲，受到了欧盟这一超国家组织的推动。此外，还有 G7、G20 和金砖国家峰会等非正式的国际协作机制。

（4）通过建立国际指标和标准并实施监测进行全球治理（新机制）。近年来，建立用于监测的国际教育指标和标准在全球教育治理中发挥着越来越大的作用。教科文组织和其他组织多年来都在收集和出版教育统计资料，将其作为全球治理的重要工具。根据这些统计数字，人们已经提出了新的指标并用于全民教育和千年发展目标的政策制定，包括全民教育发展指数（EFA Development Index）、千年发展目标官方指标（MDGs Official

---

① World Education Forum：Dakar Framework for Action，Education for All：Meeting our Collective Commitments，2000 年 3 月 9 日，见 https：//www.right-to-education.org/sites/right-to-education.org/files/resource-attachments/Dakar_Framework_for_Action_2000_en.pdf。

Indicators）和人类发展指数（Human Development Index）。随着国际数学与科学教育成就趋势调查（Trends in International Mathematics and Science Study，TIMMS）、PIRLS 和经合组织的国际学生评价项目（PISA）的出现，这种大型的国际比较测试对各国的教育政策的影响已经大大增加。尤其是 PISA，作为全球教育治理工具，其成功程度远远超出了经合组织的预期。经合组织还开发了针对成人和高等教育的监测工具，如成人能力国际评估项目（PIAAC）和高等教育学习成果评价项目（AHELO）。它们在国际社会中也发挥了重要作用。在区域的层面上，人们也正在采取类似的行动。

这种通过建立指标和标准来进行全球治理的做法现在不仅被用于研究学习成就，也被用于评估教育政策。世界银行与多个国际合作伙伴合作的测评项目“获得更好教育成果的系统方法”（Systems Approach for Better Education Results，SABER）也致力于引入用于评估教育政策的参照标准。此外，《泰晤士报高等教育》增刊、QS①、上海交通大学和其他机构基于各自的测算标准发布的世界大学排名，不仅对于确定大学层面的发展方向有重大影响，也影响到国家层面的发展政策。②

以上这四种全球教育治理机制可以描述由国际组织、特别是联合国教科文组织发起和牵头、主权国家、公民社会、跨国企业等其他各类主体共同参与的全球教育治理活动。但是，这四种机制未能涵盖其他治理主体在多边框架下的特定治理方式，也不能涵盖特定治理主体在多边框架之外的一些治理活动。例如，世界银行通过提供贷款促进其他国家教育发展的

---

① “QS”是“Quacquarelli Symonds”的简称，是英国一家专门负责教育及升学就业的公司。QS 是在 1990 年由当时还在沃顿商学院修读工商管理硕士的 Nunzio Quacquarelli 成立，从 2004 年开始与泰晤士高等教育组织合作，共同推出世界大学排名，即泰晤士高等教育—QS 世界大学排名，在 2009 年宣布与泰晤士停止合作，并开始推出自己独立的世界大学排名。

② Kazuo Kuroda：Globalization and Development of Global Governance in Education：Implications for Educational Development of Developing Countries and for Japan’s International Cooperation. 11th Japan Education Forum：International Cooperation toward self-reliant educational development，2014 年 2 月 19 日，见 https：//home.hiroshima-u.ac.jp/cice/wp-content/uploads/2015/09/JEF-E11-8.pdf。

活动，主权国家政府在国际组织框架之外的治理活动，非政府组织参与全球教育治理的方式。因此，上述的全球教育治理机制，只能说是狭义的全球教育治理机制，即当我们将全球教育治理限定于国际组织、特别是联合国教科文组织框架下的多边治理活动时。下面笔者有针对性地再补充一些其他治理主体的全球教育治理方式。

经合组织开展全球教育治理的方式：一是基于教育观念建构的认知式治理（epistemic governance）；二是基于教育指标研发的数字式治理（digital governance）；三是基于教育政策评议的规范式治理（normative governance）。[①] 这一分类部分借鉴了伍德沃德（Richard Woodward）研究经合组织的治理活动时所做的一个分类。他区分了经合组织的四种治理机制：认知式治理（cognitive governance）、规范式治理（normative governance）、缓和式治理（palliative governance）和法律式治理（legal governance）。[②] 经合组织通常不使用具有法律约束力的治理工具（法律式治理），主要是通过共享的价值观（认知式治理），利用同伴压力和监督（规范式治理）发挥影响。缓和式治理[③] 被定义为“一种对更广泛的全球治理进程的润滑剂”[④]，可以为“全球治理的车轮”提供润滑剂。这方面的例子是：经合组织可以提供一个论坛，用于讨论不太适合其他国际论坛的政策问题，可以支持世界贸易组织、八国集团（G8）和二十国集团（G20）的工作。[⑤]

---

① 丁瑞常：《经济合作与发展组织参与全球教育治理的权力与机制》，《教育研究》2019 年第 7 期，第 65 页。

② Richard Woodward，*The Organisation for Economic Cooperation and Development*，London：Routledge，2009，p.6.

③ 这个概念无法让人读后便知道其明确含义，是个不太成功的概念命名，从作者所提供的例子来看，将其翻译成“辅助式治理”似乎更为合适。

④ Richard Woodward，*The Organisation for Economic Cooperation and Development*，London：Routledge，2009，p.6.

⑤ Bob Lingard，Sam Sellar，“The Changing Organizational and Global Significance of the OECD’s Education Work”，In In Karen Mundy，Andy Green，Bob Lingard，Antoni Verger (eds.)，*The Handbook of Global Education Policy*，West Sussex，UK：Wiley，2016，p.360.

另有研究者在此基础上指出，经合组织的全球教育治理机制包括两种相互关联的治理机制，即：认识论治理（epistemological governance）和基础设施性治理（infrastructural governance）。认识论治理合并了伍德沃德所说的认知式治理和规范式治理，而基础设施性治理则包括了缓和式治理，与经合组织使用统计数据及配套工具和技术的能力有关。①

二十国集团（G20）开展全球教育治理的方式包括：G20 成员联合发布公报推动全球教育治理进程，召开部长会议发布相关教育声明引导各国教育议题设置，召开外围会议对全球教育议程产生积极影响。②

主权国家一方面是通过参加已有的或联合创建新的国际组织，并利用国际组织所搭建的多边合作框架和平台参与全球教育治理，例如参与制定国际教育规则，批准并在本国落实国际组织所确定的发展目标和教育合作项目，为国际组织的教育援助和发展项目出资和出力，承办相关的国际会议，为国际组织培养和输送具备全球教育治理能力的人才。另一方面，主权国家还通过双边框架参与全球教育治理，例如双边的对外教育援助，推进教育国际化，开展跨境教育，在其他国家推广本国的语言、文化和培养模式，开展海外志愿服务项目。许多国家都设立了相关的机构，负责协调和实施全球教育治理的项目和活动，例如美国国际开发署（United States Agency for International Development，USAID）、英国国际发展部（The Department for International Development，DFID）、法国开发署（French Development Agency，FDA）、德国国际合作机构（Deutsche Gesellschaft für Internationale Zusammenarbeit，GIZ）、日本国际协力机构（Japan International Cooperation Agency，JICA）以及我国的国家国际发展合作署（详见本书第四章）。

---

① Bob Lingard，Sam Sellar，“The Changing Organizational and Global Significance of the OECD’s Education Work”，In In Karen Mundy，Andy Green，Bob Lingard，Antoni Verger (eds.)，*The Handbook of Global Education Policy*，West Sussex，UK：Wiley，2016，pp.368-369.

② 付睿、周洪宇：《G20 与全球非正式教育治理》，《清华大学教育研究》2019 年第 8 期，第 71 页。

跨国公民社会行为体（如国际非政府组织和跨国社会运动）参与全球教育治理的方式一方面是通过政府间国际组织的平台，另一方面是独立开展全球教育治理活动。跨国公民社会行为体缺少政府的行政权力和军事权力，也缺少跨国公司的经济权力，同时拒绝使用类似恐怖分子的暴力。他们的权威性来自其专业性（专业知识和判断）、道德影响（以客观中立的立场维护他人的利益）和政治合法性（代表受忽略的群体和社区发声）。① 它们参与全球教育治理的活动方式亦即其发挥影响的方式，包括：（1）议程设定（agenda setting）——确定国际上关心的问题并提供相关的信息；（2）提供解决方案——制定规范或提出改革的政策建议；（3）组建网络和联盟；（4）实施解决方案——采用说服和施加压力的策略以改变实践或鼓励相关方遵守规范。② 麦克格鲁也指出，跨国运动和非政府组织通过以下方式发挥影响：影响塑造公众的态度、兴趣和认同；改变地方、国家和全球政策的议程；为社区和公民提供一个参与全球和地方决策论坛的渠道；运用道德、精神或技术上的权威；努力让政府、国际组织和企业集团为其行为和决策负责任。③ 它们在很多全球议题上扮演着道德权威或技术权威的角色。

本书第五章介绍的智库和学术界都属于公民社会行为体的范畴。其中，智库以提出或确立政策议题与方案、培养、储备和输送专业人才、搭建和提供交流平台、塑造和引导社会公共舆论等方式参与全球教育治理。学术界成员则主要以生产、应用、传播和批判与全球教育治理相关的知识等方式，通过政府间国际组织、主权国家、公民社会、跨国企业、大众媒体等平台参与全球教育治理。此外，作为一个基金会，全球教育伙伴

---

① Richard Price，“Transnational Civil Society and Advocacy in World Politics”，*World Politics*，Vol.55，No.4（July 2003），p.587.

② Richard Price，“Transnational Civil Society and Advocacy in World Politics”，*World Politics*，Vol.55，No.4（July 2003），p.584.

③ Anthony McGrew，“Power Shift：From National Government to Global Governance?”，In David Held（ed.），*A Globalizing World? Culture*，*Economics*，*Politics*，New York：Routledge，2004，p.141.

关系组织（GPE）也属于跨国公民社会的行为体，其参与全球教育治理的方式包括：召开 GPE 会议，在合作伙伴国内建立国际共识；提供财政和技术支持，提升发展中国家合作伙伴的能力；加强监督问责，构建合作伙伴关系。①

跨国公司参与全球教育治理的方式包括：作为资助者为各国教育发展提供资金和物质支持，作为实施者参与设计并落实全球教育项目，作为推广者在全球宣传教育政策或议题，作为促成者推动教育政策讨论和教育改革。此外，跨国公司与所在地区 / 社区的教育机构有着多种形式的合作，参与其教学和科研活动，为其提供各方面的人力和物力支持。有些跨国公司还开办了自己的教育机构，作为办学者直接提供教育服务。

一方面，大众媒体作为其他全球教育治理主体的信息媒介参与其全球教育治理的活动；另一方面，大众媒体也独立或者与其他治理主体合作参与全球教育治理，发挥自己作为全球教育治理主体的作用。大众媒体发挥影响的方式包括：(1) 监测教育环境——通过收集和传播有关教育发展情况（特别是问题）的资讯引起公众和教育决策者对特定教育议题的关注和讨论；(2) 社会地位赋予——通过将表现优异的国家公之于众，给其带来更高的国际地位和声望；(3) 社会规范强制——通过揭露和公开不遵守国际规范和未达到国际标准的表现，向偏离者施加作出改变的压力；(4) 全球教育文化传承——通过报道让全球公众了解、认同和接受有关教育的全球共识，如教育作为人的基本权利和教育作为全球共同利益等。

从以上的分析可以看出，全球教育治理的主体并非只是通过单一的机制在行动，而是会结合使用各种正式的和非正式的机制以及传统机制和新机制。从治理机制的角度来说，全球教育治理是一种多元机制相结合的新型治理活动。

---

① 王建梁、单丽敏：《全球教育治理中的“全球教育伙伴关系组织”：治理方式及成效》，《外国教育研究》2017 年第 8 期，第 69 页。

第六节 全球教育治理的效果

全球教育治理的效果是指全球教育治理所带来的影响。这样的影响既包括积极影响，也包括消极影响；既包括对治理客体的影响，也包括对治理主体的影响；既包括实践层面的影响，也包括理论上的影响。

从严格的意义上来说，有关全球教育治理效果的问题需要以实证的方式来回答。这需要从各个治理主体的治理活动入手，通过对比初始的状况和当前的状况，辨明治理活动的效果。这说起来简单，但却不易做好。因为即便研究者能够发现前后两次调查结果的差异，也很难肯定地将其归因于特定治理活动的影响，因为多个治理活动会同时发挥作用，而且研究者很难鉴别并排除环境中其他因素的影响。考虑到这一复杂性，再加上众多的全球教育治理主体及其实施和参与的数量众多的治理活动，要逐一地查明其治理的效果无疑是一项耗时、耗力、甚至说难以完成的工作。迄今为止，笔者尚没有见到有人完成这样的工作。

这自然并不意味着我们应该放弃这样的工作，而是说我们可以考虑放弃归因的诉求，满足于通过收集信息了解相关工作进展的情况。目前，联合国教科文组织、世界银行和经合组织等国际组织都在完成这样的工作。例如：联合国在2000年提出千年发展目标之后，制定了千年发展目标指数，并定期发布《千年发展目标报告》来监控各国在落实千年发展目标方面的进展情况。① 在2015年提出可持续发展目标之后，联合国教科文组织每年发布《全球教育监测报告》，用数据说明各国和各地区落实可持续发展目标的进展情况②，作为其补充的SCOPE信息网站，也能够让用户以与数据互动的方式了解各国和各地区在实现具体目标时取得的成就和面临的挑战③。经合组织每隔三年完成的PISA调查，也可以让人看出参与国

① 联合国：《千年发展目标指数》，见 https：//www.un.org/zh/millenniumgoals/stats.shtml。

② UNESCO：Reports，见 https：//zh.unesco.org/gem-report/allreports。

③ SCOPE：SDG4 指标，见 https：//www.education-progress.org/zh/indicators/。

家和地区的教育进展情况。例如，德国在2000年PISA调查之后，经历了PISA冲击，然后开启了全面的教育改革。[①]如今，德国学生的测试成绩已经从最初的低于OECD国家平均水平提升到了高于OECD国家的平均水平。这一变化可以被视为是全球教育治理的效果。尽管人们无法精确地将其归因特定的教育政策，但是，应该没有人会否认，PISA对德国教育改革和发展产生了深刻的影响。

笔者在此并不想呈现上述调查的数据，而是想概括总结一下全球教育治理在各方面的影响。这里对全球教育治理效果的分析实际上是对以下问题的理论性回答：与没有全球教育治理的情况相比，全球教育治理给世界带来了什么或可以带来什么？

首先，在全球教育治理的舞台上，政府间国际组织成为应对全球教育问题的重要行为体，承担起因缺少“世界政府”而产生的协调和引导工作，并产生了深远的影响。

以联合国教科文组织为代表的国际组织所提出和倡导的“终身教育”“终身学习”“全民教育”“全纳教育”“可持续发展教育”等教育理念，以及通过《儿童权利公约》《反对教育歧视公约》等国际公约所确定的教育作为人的基本权利的教育原则，经过大众媒体的传播和学术界的研究和讨论，已经在世界范围内得到广泛的认同，成为全球共享的教育价值和理念，并成为各国教育法律和政策的组成部分，促进了全球范围内教育思想和教育观念的进步。国际组织所提出的千年发展目标和可持续发展目标，也为世界各国、特别是发展中国家的教育发展指出了方向，推动了全球教育事业的发展和进步。

除了教育理念和原则之外，国际组织还为世界各国提供教育发展所需要的知识、资金、物质、技术和人员援助，并出于授人以渔的考虑帮助成员国家提升教育规划和治理能力。例如，教科文组织在亚的斯亚贝巴创

---

① 孙进：《变革中的教育体制：新世纪德国普通中等教育改革》，《比较教育研究》2010年第7期，第36—37页。

建国际非洲能力建设研究所（International Institute for Capacity Building in Africa，IICBA），致力于提升非洲成员国在教师政策和教师专业发展方面的能力。① 联合国儿基会也在提供物质支持的同时通过提供教育分析工具、指导政府制定教育政策提升该国的教育治理能力。②

国际组织所牵头制定的质量保证措施（如教育资格框架和质量保证标准）促进了各国教育质量保障体系的发展。例如，2007 年联合国教科文组织与世界银行合作发起“全球质量保证能力建设计划”（GIQAC），其主要目标是在世界范围内支持、改善和提升发展中国家和转型国家的高等教育质量保证能力。联合国教科文组织在质量保证方面开展标准制定的一个重要举措是与经合组织合作完成的《教科文组织 / 经合组织跨境高等教育质量保证指导意见》（UNESCO/OECD Guidelines for Quality Provision in Cross-border Higher Education）。③ 此外，联合国教科文组织推动签订了一系列关于承认高等教育学历、文凭和学位的地区公约和全球公约，为世界各国的教育交流和跨境教育的开展创造了便利。④

国际组织所定期发布的教育统计数据和教育监测结果成为衡量各国发展的重要指标，也成为推动各国教育改革的动因。以 TIMMS、PIRLS 和 PISA 为代表的基于教育指标和教育标准的数字式治理，对于世界各国的教育治理和教育改革与发展产生了深远的影响，推动了基于实证的教育决策。另一方面，跨国测试因为在测试设计、测试指标选择方面的局限性无法对各国教育的情况作出客观准确的评价，也因为对结果诠释的不严谨存在误导教育决策者和社会公众的危险。以经合组织实施的 PISA 测试为例，它对各国教育产生的积极影响包括：树立兼顾公平与质量的标杆效

① IICBA：Who We Are，见 http：//www.iicba.unesco.org/？ q=node/134。

② UNICEF，*Goal Area 2 Every Child Learns*，*Global Annual Results Report 2018*，New York：UNICEF，2019，p.65.

③ 阚阅：《联合国教科文组织对高等教育国际化全球治理：质量保证和文凭互认的视角》，《比较教育研究》2012 年第 7 期，第 73—74 页。

④ 孔令帅、张民选、陈铭霞：《联合国教科文组织全球高等教育治理的演变、角色与保障》，《教育研究》2016 年第 9 期，第 128 页。

应，推动各国设置或修订课程标准，促使各国更加重视教育绩效。它的消极影响则包括过于强调教育的经济功能，助长教育政策急功近利的风气，忽视各国社会文化背景的差异。① 另有研究者指出，世界银行的新自由主义思想、经济理性和市场倾向对于全球教育治理有不利的影响。② 这也说明全球教育治理的影响既有积极的方面，也有消极的方面。

政府间国际组织对全球教育治理的另外一个重要的贡献是为全球教育治理的主体提供了一个相互交流与合作的平台，为非政府组织和跨国社会运动提供了一个发挥和放大其影响的关键途径。

其次，在全球教育治理的框架下，主权国家需要与国际组织、国际非政府组织等全球教育治理主体分享部分原本属于主权国家的教育管理权限，"虽然民族国家仍是当今世界舞台上最重要的行为体，但越来越多的非国家行为体正在分享原本属于国家行为体的权力和合法性，在各自专长的领域行使自身特有的功能"③。主权国家受到了其他全球教育治理主体的监督、约束或限制；另一方面，其他全球教育治理主体也给各国带来了更多的资源，为其发展提供了额外的资金、技术和智力支援，帮助主权国家做到了其单独无法做到的事情，促进了主权国家教育的发展以及教育治理能力的提高。对于一些西方发达国家来说，可以借助全球教育治理的平台对其他发展中国家施加影响，根据自己的偏好和需要影响全球教育的发展，让其发展符合和服务于西方发达国家的利益和需要。这也带来了全球教育治理中的权力不公平问题。

主权国家通过国际组织的多边框架和国与国之间的双边框架所实施的对外教育援助给世界带来了积极的影响，改善了受援助国的教育设施和教育条件，促进了全人类的福祉以及援助国和受援助国之间友好关系的发

---

① 邵江波：《PISA 与全球教育治理：路径、影响和问题》，《全球教育展望》2016年第8期，第 102 页。

② 阚阅、陶阳：《向知识银行转型——从教育战略看世界银行的全球教育治理》，《比较教育研究》2013 年第 4 期，第 81 页。

③ 蔡拓、杨雪冬、吴志成主编：《全球治理概论》，北京大学出版社 2016 年版，第 3 页。

展，加深了不同国家之间的情感，让世界更加团结和和平；另一方面，教育对外援助也导致有些国家产生对外来援助的依赖，缺少内生性的发展动力。主权国家教育国际化的政策促进了全球范围内学生、教师和知识的交流，促进了国际理解；另一方面，这也导致发展中国家的人才流向发达国家，影响到发展中国家的发展和进步。

主权国家对国际组织所倡导和推广的全球教育模式的模仿和借鉴带来了教育在全球范围内的标准化和趋同化的发展，至少就结构而言出现了结构同形（isomorphism）的现象，正如社会学新制度主义学者所指出的那样。① 这对于世界各国基于各自民族文化传统的多样化发展是一种不利的影响。

再次，全球教育治理为其他非国家行为体提供了发挥其影响的平台，它们的全球治理活动也以不同的方式促进了全球教育的发展和进步。跨国公民社会行为体（如国际非政府组织，跨国社会运动等）为落后地区和受忽视的群体发出了声音，照顾到了弱势群体的需求，让世界各国教育变得更加公平、更加均衡、更有人性化。例如，全球教育伙伴关系组织（GPE）专门致力于为最贫穷国家的更多儿童（特别是女童）提供他们所需的教育。②

智库和学术界参与全球教育治理为国际组织和主权国家的教育决策提供了额外的智力支持，提高了决策的科学性。跨国企业为发展中国家提供了额外的教育经费和技术支出。以美国为基地的（U.S.-based）跨国公司每年对教育的慈善投入为5亿美元。③ 就对发展中国家的教育援助而言，美国的跨国公司作为一个整体是第七大援助方，排在世界银行、法国、德

---

① John W. Meyer，Francisco O. Ramirez，“The world institutionalization of Education”，In Jürgen Schriewer（ed.），*Discourse Formation in Comparative Education*，2nd edition，Frankfurt am Main：Lang，2003，p.127.

② GPE：About GPE，见 https：//www.globalpartnership.org/who-we-are/about-gpe。

③ Justin W. van Fleet，*A Global Education Challenge：Harnessing Corporate Philanthropy to Educate the World's Poor*，Working Paper 4，Washington，DC：Center for Universal Education，2011，p.24.

国、美国、荷兰和日本之后。[①] 此外，跨国公司还通过师资培训、实验室共建、合作研究、学生竞赛、奖学金、学生实习、校园讲座等合作项目参与人才培养，促进所在国家的教育发展。[②] 大众媒体为全球教育思想和观念的交流提供了重要的平台。众多治理主体的参与促进了全球教育治理机制和方式的多样化，提高了全球教育治理的合法性。

最后，除了实践影响之外，全球教育治理作为一种新的管理全球教育事务的视角或理念也在理论层面上发挥了影响，拓展了传统教育研究的视野，一方面促使研究者将关注点从国家政府扩展至国际组织、跨国公民社会行为体、跨国公司、大众媒体等众多的行为体；另一方面也促使研究者关注教育发展中本土和全球的辩证关系，从全球视角思考和规划各国教育发展，并注意本国教育的全球影响。此外，作为一种理念，全球教育治理也呼吁人们要秉持心系世界的全球主义的取向，超越国家中心主义取向，并谋求两者的协调统一，这样才能提出具有全球共识的教育价值、理念和规则，更好地推动全球教育治理的世界潮流，为全人类教育事业的发展作出贡献。

总而言之，全球教育治理给我们这个世界带来的更多的是积极的影响。我们应该更好地认识、研究和完善全球教育治理，让其更好地服务世界各国的发展。

---

① Justin W. van Fleet，*A Global Education Challenge*：*Harnessing Corporate Philanthropy to Educate the World's Poor*，Working Paper 4，Washington，DC：Center for Universal Education，2011，p.9.

② 周满生、熊建辉：《密切大学与跨国公司合作，促进国际化人才培养》，《世界教育信息》2011 年第 2 期，第 29 页。

第二章　全球教育治理的理论

理论是有关认知客体的描述性和解释性陈述，通常由多个假设或法则组成，符合逻辑且可用科学的方法加以检验。[①] 全球教育治理的理论是有关全球教育治理的描述性和解释性陈述。

理论具有交流功能、框架功能、解释功能和预测功能。[②] 使用和发展理论是一个研究领域走向成熟的标志和途径。作为一个新的研究领域，全球教育治理至今尚没有自己的专属理论，即由全球教育治理研究者专门针对全球教育治理问题所提出的理论。值得注意的是，在全球治理研究中，不少学者将"全球治理"视为一种理论。例如，这一领域的权威学者俞可平将全球治理视为一种国际政治理论，并将詹姆斯·罗西瑙视为全球治理理论的主要创始人。[③] 若照此推理的话，全球教育治理是否也是一种理论呢？如果是的话，它的内容是什么？俞可平认为全球治理理论的基本内容包括五个要素：全球治理的价值、全球治理的规制、全球治理的主体或基本单元、全球治理的对象或客体，以及全球治理的结果。[④] 若照此推理的

---

① Martin Kornmeier，*Wissenschaftstheorie und wissenschaftliches Arbeiten. Eine Einführung für Wirtschaftswissenschaftler*，Heidelberg：Physica-Verlag，2007，p.84.

② Norbert Konegen，Klaus Sondergeld，*Wissenschaftstheorie für Sozialwissenschaftler. Eine problemorientierte Einführung*，Oplanden：Lseke Verlag und Budrich，1985，p. 61.

③ 俞可平：《全球治理引论》，《马克思主义与现实》2002 年第 1 期，第 20—21 页。

④ 俞可平：《全球治理引论》，《马克思主义与现实》2002 年第 1 期，第 25 页。

话，全球教育治理理论是否也包括这五个方面的内容？如果是的话，那么本书在第一章对全球教育治理主体、客体、目标、机制、效果等所做的陈述是否便是全球教育治理的理论？

学界目前尚缺少对这些问题的探讨。笔者在第一章中将全球教育治理定义为一种实践活动，所以，比较难以认同全球教育治理是一种理论的说法。[①] 在笔者看来，全球教育治理是一种有待于通过理论加以解释和说明的社会现象和实践。全球教育治理虽然尚没有自己的专门理论，但是因为有着广阔的问题域，因此与许多学科和领域存在交叉，这些学科和领域的理论都可以经过调适用来分析全球教育治理中的问题，例如国际关系理论中的现实主义、新现实主义、制度主义、自由主义、新自由主义、建构主义和批判理论（马克思主义、依附理论、世界体系理论、女权主义理论、后殖民主义理论）等[②]，经济学领域的人力资本理论、委托—代理理论、博弈论、理性选择理论等，社会学领域的世界社会理论、风险社会理论、社会系统理论和交往理性理论等，还有被多个研究领域使用的国际机制理论、公共选择理论、新公共管理理论和协商民主理论等。这样的理论还有很多。因为每个理论都聚焦于特定的问题或方面，有些理论甚至提供了相互矛盾的竞争性解释。因此，要全面分析和理解全球教育治理，研究者需要结合使用不同的理论。

笔者认为，以上的讨论实际上涉及两种不同的对全球教育治理理论的理解：一种是关于全球教育治理的理论，即关于其主体、对象 / 客体、目的 / 价值、机制与影响的理论；另一种是全球教育治理中的理论，或者说是用于全球教育治理的理论，即用来分析全球教育治理中各种社会实践、现象和问题的理论。本书在第一章呈现的是关于全球教育治理的理论。本章的任务则是展示可用于分析全球教育治理问题的理论。本章开篇

---

① 如果全球（教育）治理是一种理论的话，那么，从严格的意义上来说，全球（教育）治理理论应是一种元理论，即关于理论的理论。

② Hubert Zimmermann，Milena Elsinger，*Grundlagen der Internationalen Beziehungen*，*Eine Einführung*，Stuttgart：Kohlhammer，2019，pp. 50-121.

所说的全球教育治理尚缺少自己的专属理论，指的便是这里第二种意义上的理论。

本章介绍了五个可以或已经被用于全球教育治理研究的理论。第一节介绍的复合相互依赖理论和软权力理论可被用来分析全球教育治理的产生动因、治理主体之间的关系、基本特征和运行机制等一系列问题；第二节介绍的多层治理理论可被用来分析全球教育治理的多层协调问题；第三节介绍的利益相关者理论可被用来分析全球教育治理的主体多元性及其对话的重要性；第四节介绍的多维权力理论可被用来分析全球教育治理的机制；第五节介绍的世界文化理论可以用于解释全球化和全球教育治理带来的一个结果，即教育在全球范围内的制度化、标准化和同质化。

当然，这五个理论只是众多相关理论中的一部分。研究者需要根据自己具体的研究问题和研究目的去选择适合的理论或理论组合。我们也希望有研究者可以在借鉴和综合现有理论的基础上构建出专门针对全球教育治理的专属理论。

第一节　复合相互依赖理论

美国国际关系与国际政治学者罗伯特·基欧汉（Robert Keohane）和约瑟夫·奈（Joseph Nye）是新自由制度主义（Neoliberal Institutionalism）学派的代表人物。他们关注被现实主义（Realism）所忽略的跨国关系、相互依赖以及国际机制等议题，提出“复合相互依赖”（Complex Interdependence）理论。该理论重视国际制度对于国家行为的影响，探究无政府状态下国际合作的可能和条件，提出国际政治中不同于传统的“国家中心范式”的“世界政治范式”（World Politics Paradigm），探究国际机制的变迁以及全球主义的治理。他们通过对复合相互依赖、国际机制和全球治理三大主要议题的探究，建立了以制度主义为核心的世界政治理论体系，使新自由主义成为西方国际关系学中颇具影响力的理论流派，能够与新现实主义在理论方面展开哲学辩论。①

在复合相互依赖理论的基础上，出于维系相互依赖关系的考虑以及回应美国霸权衰落的需要，约瑟夫·奈提出“软权力”（Soft Power）理论，立足权力变迁和美国国家利益，围绕权力与相互依赖、全球化与全球治理等问题展开论述，阐述了国家层面该如何通过软权力资源和软权力行为来实现国际政治的目标。然而，对于全球治理来说，它虽是一个得到广泛使用但却是至今缺乏广泛认同的概念，也缺乏完整的逻辑分析框架和一套浓缩理论以及方便对话交流的概念体系。② 本部分尝试立足于复合相互依赖理论对全球教育治理进行分析，以期能为全球教育治理提供新的考察视角与分析路径。

一、复合相互依赖理论的概念内涵

（一）复合相互依赖的概念

事实上，“相互依赖”这个名词并非是基欧汉和奈首创的。20 世纪 60 年代和 70 年代以来，不论是现实主义学者还是新自由主义学者都关注到了相互依赖的现象，也都在某种程度上使用“相互依赖”这一词语来描述时代特征，例如“我们生活在一个相互依赖的时代”。③ 秉持传统理论的亨利·基辛格（Henry Kissinger）也承认“我们正在进入一个新的时代，旧的国际关系格局正在土崩瓦解；旧的解释已徒劳无益。这个世界各国在经济、通讯和人类欲望等方面变得相互依存了”④。

为更好地理解“相互依赖”的概念，我们首先需要区别现实主义的依

① 石斌：《相互依赖·国际制度·全球治理——罗伯特·基欧汉的世界政治思想》，《国际政治研究》2005 年第 4 期，第 31 页。

② 张宇燕、任琳：《全球治理：一个理论分析框架》，《国际政治科学》2015 年第 3 期，第 2 页。

③ ［美］罗伯特·基欧汉、约瑟夫·奈：《权力与相互依赖》，门洪华译，北京大学出版社 2012 年版，第 1 页。

④ 金应忠、倪世雄：《国际关系理论比较研究》（修订本），中国社会科学出版社 2003 年版，第 335 页。

赖和复合相互依赖的不同内涵。现实主义认为“依赖”是为外力所支配或受其巨大影响的一种状态，而“复合相互依赖”是指以国家之间或不同行为体之间相互影响为特征的情形。[①] 复合相互依赖反驳了相互依赖减少利益冲突、合作能解决所有世界问题的言论，认为当相互依赖普遍存在时，国际冲突会以新的方式出现，而传统的解决世界政治冲突的理论不足以解释相互依赖背景下的国际冲突。复合相互依赖理论同传统依赖的理解有以下几点的不同：(1) 相互联系不能等同于相互依赖。相互依赖源于国际交往和合作，即跨国界货币、商品、人员和信息流动，但是这种联系并不等同于相互依赖，两者最大的区别是相互依赖意味着交往的各方都需要付出代价。(2) 相互依赖并不局限于互利（mutual benefit）的情境，相互依赖的各方存在着相对获益和分配问题。(3) 相互依赖并不意味着“非零和”。传统的国际政治学将国际政治视为“零和”（即一方所得为另一方所失）。(4) 不能将相互依赖局限于均衡的相互依赖。在相互依赖的各方中，存在着依赖的非对称性，世界上几乎不存在纯粹的对称和纯粹的依赖，大多都是处于这两个极端之间的，这也是国际政治中相互依赖政治谈判进程的核心。[②]

复合相互依赖理论反驳了现实主义的三个核心假设，其中最核心的驳论是否定了国家是主导国际行为主体这一根本假定，并提出了复合相互依赖的三个假设（见表 2–1）。复合相互依赖具有以下三个基本特征：(1) 国家不是唯一的国际行为体，非国家行为体也能直接参与世界政治，这也就表示各个社会之中有多渠道的联系方式，不仅包括国家间的联系，也包括非国家行为体之间的联系；(2) 各问题之间不存在明确的等级区分，国家间关系的议程也包含诸多没有明确或固定等级之分的问题；(3) 在复合相互依赖广泛存在的背景下，武力并非有效的政策工具。[③]

---

① [美] 罗伯特·基欧汉、约瑟夫·奈：《权力与相互依赖》，门洪华译，北京大学出版社 2012 年版，第 9 页。

② [美] 罗伯特·基欧汉、约瑟夫·奈：《权力与相互依赖》，门洪华译，北京大学出版社 2012 年版，第 9—11 页。

③ 刘颖：《相互依赖、软权力与美国霸权：小约瑟夫·奈的世界政治思想研究》，中国社会科学出版社 2010 年版，第 67 页。

表 2–1：现实主义和复合相互依赖的三个核心假设

假设	现实主义	复合相互依赖
假设一	国家是国际政治最重要的行为体	非国家行为体直接参与世界政治
假设二	军事力量是一种可用且有效的政策工具，使用武力或武力威慑是行使权力的最有效工具	武力并非有效的政策工具
假设三	世界政治中的问题有等级之分，作为“高级政治”的军事安全主导着经济和社会事务等“低级政治”	各问题之间不存在明确的等级区分

资料来源：根据相关内容整理而成。

从行为体目标、政府政策工具、议程形成、问题的联系以及国际组织的作用五个维度来看，复合相互依赖勾画了与现实主义截然不同的政治进程（见表 2–2），这些政治进程将权力资源转化为控制结果的权力。① 尤其值得关注的是，在复合相互依赖的条件下，国际组织将在世界政治中发挥重要的作用，尤其是在协助制定国际议程、促动联盟的建立、为弱国的政治活动提供场所等方面，国际组织是适合弱国的组织结构，关注社会公平、经济公平和国家平等。②

表 2–2：现实主义和复合相互依赖条件下的政治进程

维度	现实主义	复合相互依赖
行为体的目标	军事安全是首要的国家目标	国家的目标因问题领域而异；跨政府政治的存在导致目标难以确定；跨国行为体将追求自身的目标
政府的政策工具	军事力量是最有效的政策工具	适用于具体问题领域的权力资源最为相关。相互依赖、国际组织和跨国行为体的管理将是主要的手段

① ［美］罗伯特·基欧汉、约瑟夫·奈：《权力与相互依赖》，门洪华译，北京大学出版社 2012 年版，第 28 页。

② ［美］罗伯特·基欧汉、约瑟夫·奈：《权力与相互依赖》，门洪华译，北京大学出版社 2012 年版，第 35 页。

续表

维度	现实主义	复合相互依赖
议程形成	势力均衡的潜在转变和安全威胁将确定高级政治领域的议程，并将对其他议程产生重大影响	议程受到如下因素的影响：各问题领域内权力资源分配的变化；国际机制地位的变化；跨国行为体重要性的变化；与其他问题的联系以及敏感性相互依赖增强而导致的政治化
问题的联系	联系将降低问题领域间后果的差别，增强国际等级区分	武力的效用难以发挥，强国实行联系战略将愈加困难。弱国通过国际组织推行联系战略将衰落而非增强国际等级区分
国际组织的作用	受制于国家权力和军事力量的重要性，国际组织的作用有限	国际组织将设置议程，促动联盟的建立，并为弱国的政治活动提供场所。选择处理某问题的组织论坛并争取支持票的能力将是重要的政治资源

资料来源：[美] 罗伯特·基欧汉、约瑟夫·奈：《权力与相互依赖》，门洪华译，北京大学出版社 2012 年版，第 32—35 页。

（二）复合相互依赖与权力

权力是国际政治分析的重要概念，是塑造国际行为的核心工具，也是国际关系中最难定义的术语之一。① 目前，国际关系领域仍缺乏一个共同的权力概念。② 奈本人也表示，权力犹如爱情，易于体验却难以衡量。③ 著名政治学者罗伯特·达尔（Robert Dahl）将“权力”（power）界定为“能使其他人做其不愿意做的事情的能力”，奈在其系列作品中也表示出对达尔的权力概念的认同，认为“权力是一个人实现其意图或目标的能力”，④ 是指对他人的行为施加影响以达到自己所期望结果的能力，并表明影响他人的方式可有多种方式——威逼、利诱或通过吸引和拉拢使对方想

① [美] 罗伯特·达尔、布鲁斯·斯泰恩布里克纳：《现代政治分析》，吴勇译，中国人民大学出版社 2012 年版，第 17 页。

② [澳] 克里斯蒂安·罗伊·斯米特、[英] 邓肯·斯尼达尔主编：《牛津国际关系手册》，方芳等译，译林出版社 2019 年版，第 678 页。

③ Joseph Nye，“The Changing Nature of World Power”，*Political Science Quarterly*，Vol.105，No，2 (Summer 1990)，p. 177.

④ Joseph Nye，“The Changing Nature of World Power”，*Political Science Quarterly*，Vol.105，No，2 (Summer 1990)，p. 177.

你所想；[①] 也能被视为一种能力，既能促使某行为体去做其原本不愿意去做的事情，也能将之视为对结果进行控制的能力。[②]

复合相互依赖理论将权力同相互依赖结合起来，指出“非对称相互依赖”（asymmetries independence）也是一种权力资源，并且提出了两个用以分析相互依赖的变量——“敏感性”（Sensitivity）和“脆弱性”（Vulnerability）。[③]“敏感性”测量的是“一个行为体环境的变化在多大程度上影响其他行为体”，这表示，“个体行为面对的结果是被集体控制；某政策框架内作出反应的程度，也就是一国变化导致另一国家发生有代价变化的速度有多快？所付出的代价多大？”而“脆弱性”测量的是“行为体终止一种关系需要付出的代价”，也就是在一段时间内，行为体为有效适应变化了的环境作出调整应付的代价。敏感性更接近于相互依赖的实质意义，脆弱性则是决定国家怎样去响应并行动的关键因素。敏感性指的是某政策框架内作出反应的程度——速度和代价程度，而脆弱性则是一段时间内行为体有效适应变化了的环境作出调整应付出的代价。[④] 非对称相互依赖也是行为体一种无形的权力资源，是国际政治中相互依赖政治谈判进程的核心，这种框架可以用于分析各行为体之间的关系。操纵相互依赖关系可以成为权力工具，尤其是在相互依赖关系中，一方对另一方的依赖性较小，只要双方看重相互依赖的关系，依赖性较小的一方就拥有了某种权力，因此，依赖性较小的行为体常常将相互依赖作为一种权力来源。

---

① ［美］约瑟夫·奈：《软力量：世界政坛成功之道》，吴晓辉、钱程译，东方出版社 2005 年版，第 2 页。

② ［美］罗伯特·基欧汉、约瑟夫·奈：《权力与相互依赖》，门洪华译，北京大学出版社 2012 年版，第 11 页。

③ 石斌：《相互依赖·国际制度·全球治理——罗伯特·基欧汉的世界政治思想》，《国际政治研究》2005 年第 4 期，第 33 页。

④ ［美］罗伯特·基欧汉、约瑟夫·奈：《权力与相互依赖》，门洪华译，北京大学出版社 2012 年版，第 12—13 页。

二、复合相互依赖理论视角下的全球治理

下面我们从复合相互依赖的理论视角来分析一下全球治理的动因、基本要义以及国家参与全球治理的路径。

（一）复合相互依赖理论视角下全球治理的动因

全球治理的动因主要包括以下四个方面的因素：国际政治和权力的变迁，国际相互依赖的加强，非国家行为体活跃以及“俱乐部模式”受到挑战。

1. 国际政治和权力的变迁

复合相互依赖理论将相互依赖同权力结合起来，随着国际政治的变化，权力本身也在经历着重大变化，更加关注权力的软性维度。在相互依赖的时代，权力的可转换性、有形性和强制性在降低，① 以军事等有型的力量来衡量国家权力的方法早已过时，诸多国家都发现相比于前几个世纪，诉诸武力的代价太过高昂，② 传统的权力工具确实不足以应对世界政治的新困境，相反的，技术、教育和经济增长等因素在国际权力领域越发得到关注。③ 但奈并未完全否定军事力量的运用，终止使用武力是绝不可能发生的，尤其是在某些利益攸关的紧急关头，国家不惜代价动用武力是必要的，④ 但诉诸武力比以往的代价要高得多，而其他工具，例如交流合作、建立国际组织或国际制度等变得越来越重要。⑤ 而原有的规则体系虽然也在寻求改革，但是并没有从根本上将这种权力的变迁考虑在内，因此，如果国际体系规则要继续发挥有效的作用，就必须要充分反映国际权

---

① Joseph Nye，*Bound to lead*：*The Changing Nature of American Power*，New York：Basic Books，1990，p.188.

② Joseph Nye，“The Changing Nature of World Power”，*Political Science Quarterly*，Vol.105，No，2（Summer 1990），p. 180.

③ Joseph Nye，“Soft Power”，Foreign Policy，No.80，*Twentieth Anniversary*（Autumn，1990），p. 154.

④ Joseph Nye，“The Changing Nature of World Power”，*Political Science Quarterly*，Vol.105，No，2（Summer，1990），p. 181.

⑤ Joseph Nye，“Soft Power”，Foreign Policy，No.80，*Twentieth Anniversary*（Autumn，1990），p. 158.

力的发展和变迁趋势。①

世界权力性质的变革促使学者重新思索传统权力观念的适用性，开始从军事等有形的物质性权力，关注到“权力的另一面”——不同于传统硬权力的一面，这就是奈口中的“软权力”。国际政治性质的变化使无形的权力变得更为重要，国家凝聚力、普世文化、国际制度正在被赋予新的意义，这预示着传统权力之外更有吸引力的权力运用方式——软权力。②相对于硬权力通过军事威胁、经济制裁或金钱收买等强制性手段从而迫使别国屈服于自己的行为，一个行为体能在国际政治中获得其所期望的结果，通过吸引力而非强迫或收买的手段来达己所愿，软权力的手段能影响“他者”的偏好和倾向以及说服“他者”，由此左右世界政坛的发展方向，摒弃用“武力征服世界”的方式，而改用软权力达到“武力所达不到的目的”。③软权力的实施结果是权力受动者的自愿合作，这种合作行为不是基于一时的权衡，而是在较长时期内具有的合作倾向。④

2. 国际相互依赖的加强

随着世界相互依赖的加深，全球人民的福祉和命运越来越紧密地联系在一起，国家间所存在的诸多问题都是国际性的，其范围超越了国界，这需要国际社会各行为体开展多维度、跨领域、跨国界、不同于传统应对方式的合作。奈指出，“恐怖主义是对所有国家的一个威胁……全球气候变暖将使美国与其他国家海岸线上升；传染病可以经由轮船或飞机传播到全球的各个角落；金融动荡会损害整个世界经济。”⑤全球性问题需要通过

① 俞可平、[美] 阿里夫·德里克主编：《中国学者论中国与全球治理》，重庆出版社 2018 年版，第 107 页。

② Joseph Nye，“Soft Power”，Foreign Policy，No.80，*Twentieth Anniversary*（Autumn，1990），p. 167.

③ 郭洁敏：《软权力新探：理论与实践》，上海社会科学院出版社 2014 年版，第 39—42 页。

④ 秦亚青：《观念、制度与政策：欧盟软权力研究》，世界知识出版社 2008 年版，第 46 页。

⑤ Joseph Nye，“The American National Interest and Global Public Goods”，*International Affairs*，Vol.78，No.2（April 2002），p.236.

国际行动来解决，而要解决诸多涉及跨国相互依赖的问题，就必须要采取集体的行动，加强国际合作，传统的国际关系权力结构早已不存在，这些问题有着国内的根源却又有着跨国界的复杂性，不可能单凭一个权力中心解决所有问题。[①] 由此可见，全球治理源于相互依赖背景下各国为共同解决全球性问题而产生的政治需要。

全球化就是国际社会相互依赖的一种表现形式，全球化交流的广度和深度加大了全球治理的挑战。全球化是“由多大陆之间形成的相互依存网络构成的一种世界状态。这些相互依存的网络可能是通过资本和货物、信息和思想、人员和暴力，以及在环境上和生物上相关的物质（比如酸雨或各种病原体）连接起来的”[②]。全球化的加强与相互依赖网络的深化——这不仅是意味着相互依赖程度的变化，还意味着不同领域的相互依赖关系在更多的环节上进一步交织。[③]

3. 非国家行为体活跃

20 世纪 60 年代后期，国际社会政治形势发生了重大的变化，跨国交往日益扩大，国际组织、非政府组织和跨国公司等非国家行为体在国际社会的作用日益显著，这对传统国家主权造成了一定的冲击，迫切需要新的维持世界秩序以及世界治理的方式。[④] 各类新兴的非国家行为体不仅活跃在世界政治的舞台上，其在国际关系中的作用也令人瞩目。[⑤] 而由发展中国家非政府组织发起的行动已经足以影响国际政策和项目，一些机构的影响范围甚至远远地超出了某个国家或地区，国际非政府组织或非政府组织

---

① Joseph Nye，“Soft Power”，Foreign Policy，No.80，*Twentieth Anniversary*（Autumn 1990），pp. 163-164.

② ［美］约瑟夫·奈、约翰·唐纳胡主编：《全球化世界的治理》，王勇、门洪华等译，世界知识出版社 2003 年版，第 1 页。

③ Robert Keohane，Joseph Nye，“Globalization，What's New？What's Not（And So What?）” *Foreign Policy*，No.118（Spring，2000），p.112.

④ 刘颖：《相互依赖、软权力与美国霸权：小约瑟夫·奈的世界政治思想研究》，中国社会科学出版社 2010 年版，第 45 页。

⑤ Joseph Nye，“Soft Power”，Foreign Policy，No.80，*Twentieth Anniversary*（Autumn，1990），p.157.

联盟正在帮助制定和实施许多国际性决策和政策，这些组织主要通过引导和约束国际实践、改革国际制度、协商解决跨国冲突与争执的方法等方式改变国际事务。① 这些新的世界政治现象导致传统的以国家为中心探究世界政治的研究方法受到了挑战。

复合相互依赖理论关注到了被传统的国际关系理论忽略的跨国关系和非国家行为体，认为需要一种"新的方法"来描述"世界政治中互动的模型以及研究国际机制是如何发挥作用的"，② 并构建了不同于传统的"国家中心"范式的"世界政治"范式。"国家中心"范式是以国家为中心的互动模式（见图 2–1），研究的是"国家间互动"，国际互动形式较为单一，仅存在国家间政治和国内政治，且国家间政治和国内政治相分离；而"世界政治"范式（见图 2–2）描述了世界体系中重要的行为体之间的所有的互动，增加了各行为体之间的跨国互动，明确了跨国关系是如何对国家间政治和国际政治产生影响的，强调了世界政治研究中的跨国互动。

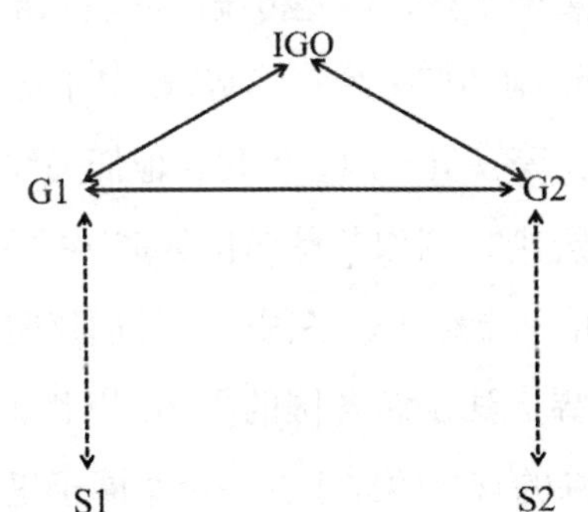

注：---表示国家间政治；—表示国内政治；G表示政府；S表示社会；IGO表示政府间组织。

图 2–1：以国家为中心的互动模式

资料来源：刘颖：《相互依赖、软权力与美国霸权：小约瑟夫 · 奈的世界政治思想研究》，中国社会科学出版社 2010 年版，第 56 页。

---

① ［美］约瑟夫 · 奈、约翰 · 唐纳胡主编：《全球化世界的治理》，王勇、门洪华等译，世界知识出版社 2003 年版，第 233—235 页。

② Robert Keohane，Joseph Nye，*Transnational Relations and World Politics*，Cambridge：Harvard University Press，1972，p. vii.

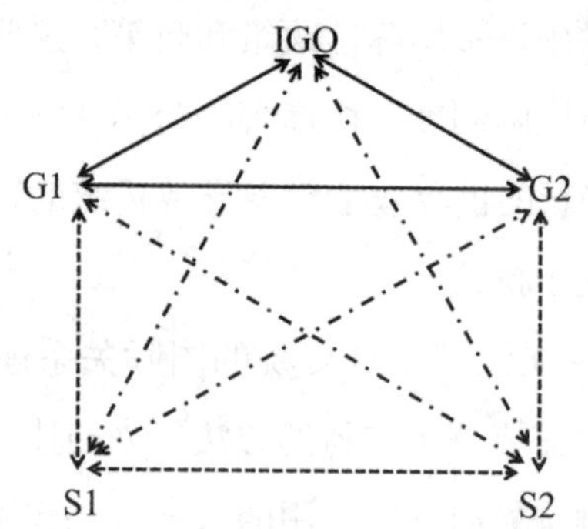

注：---表示传统的国家间政治；—表示国内政治；-·-·-·-表示跨国互动；G表示政府；S表示社会；IGO表示政府间组织。

图 2–2：世界政治的互动模式

资料来源：刘颖：《相互依赖、软权力与美国霸权：小约瑟夫·奈的世界政治思想研究》，中国社会科学出版社 2010 年版，第 56 页。

4. 面临挑战的“俱乐部模式”

20 世纪 90 年代以来，国际学者逐渐意识到通过国际制度进行合作是进行全球治理的一种重要手段，但是传统的“俱乐部模式”（Club Model）已无法适应新的权力结构和权力变迁形势。“俱乐部模式”主要由来自少数发达国家的内阁部长等官员控制着议程，他们关注一个领域的问题，召开会议并制定相关的规则，例如贸易部长负责《关税和贸易总协定》，财政部长则主导国际货币基金组织，各国的官员们秘密谈判，协议文本提交给各国立法机构，外界无法了解各国的立场。① 因此，“俱乐部模式”具有高度的排他性，谈判的官员倾向于在一个小圈子里进行谈判，排除了社会公众和其他相关领域的参与。“俱乐部模式”缺乏透明性，谈判的官员倾向于将谈判的内容视为私密，并采取系列承诺方式，谈判的结果交由各国的立法部门通过，只能作出批准或不批准的决定，无法做任何删减或修改，② 不管谈判中多么强烈地坚持自己的立场，谈判的机制最终都会产生

① ［美］约瑟夫·奈、约翰·唐纳胡主编：《全球化世界的治理》，王勇、门洪华等译，世界知识出版社 2003 年版，第 23 页。

② ［美］罗伯特·基欧汉、约瑟夫·奈：《多边合作的俱乐部模式与世界贸易组织：关于民主合法性问题的讨论》，《世界经济与政治》2001 年第 12 期，第 59 页。

妥协。[①] 而且由这些国家操纵的俱乐部企图扩大成员的范围，将发展中国家吸纳进去，然而这些发展中国家对“俱乐部模式”秉持怀疑的态度，他们对发达国家的领导表示怀疑，也不愿意遵循发达国家制定的“俱乐部”规则。[②]

表 2–3：21 世界权力的分散

	私人部门	政府部门	第三部门
超国家层面	跨国公司	国家间政府间组织	非政府组织
国家层面	全国性公司	21 世纪中央政府	全国性非营利组织
次国家层面	地方企业	地方政府	地方组织

资料来源：［美］约瑟夫·奈：《美国霸权的困惑——为什么美国不能独断专行》，郑志国、何向东等译，世界知识出版社 2002 年版，第 50 页。

传统的“俱乐部模式”是分解的等级体制，成员国将相关问题领域与整体体系分解开来，管理特定问题领域，但随着全球化的深入，世界在经济、政治、文化等各个领域的相互依赖逐渐加深，全球化的发展使得诸多个问题领域的相关性愈发紧密，问题领域之间的联系日益加强，这就使得原来分散关注各自领域的“俱乐部模式”受到了极大的冲击。[③]

全球公民社会的兴起也导致了“俱乐部模式”的合法性危机和“民主赤字”（democratic deficit）问题。全球化发展和全球公民社会兴起，权力逐渐分散，对以旧的多边主义为主导的国际制度产生了巨大的冲击，尤其是随着发展中国家和非政府行为体在国际舞台上作用的凸显，政府行为同时在纵向和横向上进行扩散（见表 2–3）。各非政府行为体在治理方面也扮演着十分关键的角色，越来越活跃地参加多边机构的决策过

① ［美］约瑟夫·奈、约翰·唐纳胡主编：《全球化世界的治理》，王勇、门洪华等译，世界知识出版社 2003 年版，第 23 页。

② ［美］约瑟夫·奈、约翰·唐纳胡主编：《全球化世界的治理》，王勇、门洪华等译，世界知识出版社 2003 年版，第 24 页。

③ 刘颖：《相互依赖、软权力与美国霸权：小约瑟夫·奈的世界政治思想研究》，中国社会科学出版社 2010 年版，第 240 页。

程，要求国际机构实行问责制和透明化的呼声也日益高涨，然而这些要求与“俱乐部模式”相矛盾。体现富国主导制度涉及的“内嵌式自由主义”（embedded liberalism）的“俱乐部模式”愈发遭遇到了民主赤字的危机。①为此，基欧汉强调在全球主义的治理中，应关注国际机制的民主赤字问题，着力加强国际机制的合法性。②

（二）复合相互依赖理论视角下全球治理的基本要义

全球治理是一个得到广泛使用但至今仍缺乏广泛认同的概念，如果要定义全球治理，需要综合概括全球治理各维度的内容，包括治理主体、治理对象、治理手段和实现形式等。③虽然在有关全球治理的概念问题上，国内外学者并未达成共识，但是在有关全球治理的基本要义上还是达成了一定的共识的，相关学者将其归纳为五个问题：为什么要进行治理？如何治理？谁来治理？治理什么？治理得怎么样？④而这五个问题恰好对应了全球治理的五个要素，俞可平将其概括为：全球治理的价值、规制、主体（基本单位）、客体（对象）以及效果。⑤纵览各类有关全球治理的表述，全球治理五要素相对而言比较全面地概括了全球治理理论的基本要义，因此以下部分以全球治理五要素为基础对复合相互依赖视角下的全球治理做了系统的梳理。

1. 全球治理的价值

全球治理的价值是全球治理在全球范围内要达到的理想目标，应当是超越国家、种族、宗教、意识形态、经济发展水平之上的全人类的共同价值取向，对全球治理具有导向作用，是全球治理的思想基础。奈和基欧

---

① 潘忠岐主编：《多边治理与国际秩序》，上海人民出版社 2006 年版，第 53 页。

② Robert Keohane，“International Institutions：Can Interdependence Work?”，*Foreign Policy*，No.110（Spring 1998），p. 91.

③ 张宇燕、任琳：《全球治理：一个理论分析框架》，《国际政治科学》2015 年第 3 期，第 3 页。

④ 程早霞、曲晓丽主编：《当代世界政治经济与国际关系》，哈尔滨工程大学出版社 2005 年版，第 180 页。

⑤ 俞可平主编：《全球化：全球治理》，社会科学文献出版社 2003 年版，第 13 页。

汉认为，全球化在改变世界面貌的同时，也带来前所未有的全球治理的问题。全球主义的加强以及相互依赖网络的深化——这不仅意味着是全球化和相互依赖程度的变化，还意味着不同的相互依赖关系在更多的环节上进一步交织在一起。① 在对秩序的维护上，奈肯定了军事力量和传统均势对维护秩序的作用，也强调国际制度和全球治理的重要性。他认为，“维护秩序既要根据主权国家间的传统均势，从长远来看，也要建立国际制度，促进民主价值观和人权”②。

从全球的角度来看，全球治理其实就是全球社会的各种制度与进程如何有效地、合法地编织起来发挥其作用。③ 在奈和基欧汉的眼中，全球治理是以共同利益为价值导向，共同应对全球问题。在未来，全球化是否能够继续推进，不仅取决于核心国家能否有效地开展合作，协调政策，也取决于它们能否克服彼此之间的利益冲突，取决于它们能否有效地解决全球化带来的负面效应。全球化如果无法恰当应对挑战、无法确立公正而有效的全球治理机制，这将会使全球化走向没落。而能否创造出适应全球化现实的有效治理模式决定着全球化的前途与命运。④ 全球治理旨在聚焦与全球化密切相关、需要国际行动来解决的问题——协调问题、公共问题以及核心价值观问题，尤其是核心价值观问题，诸如平等、自由和民主等道德原则是优于现有的政治惯例，全球治理旨在创造条件，使重要的社会价值观能被全世界更为广泛地接受。⑤

2. 全球治理的规制

全球治理的规制即维护国际社会正常秩序，为国际社会建立起规则

---

① Robert Keohane, Joseph Nye, “Globalization, What's New? What's Not (And So What?)” *Foreign Policy*, No.118 (Spring 2000), p.112.

② Joseph Nye, “What New World Order”, *Foreign Affairs*, No.71 (Spring, 1992), p.96.

③ ［美］罗伯特·基欧汉、约瑟夫·奈：《权力与相互依赖》，门洪华译，北京大学出版社2012年版，前言第8页。

④ ［美］约瑟夫·奈、约翰·唐纳胡主编：《全球化世界的治理》，王勇、门洪华等译，世界知识出版社2003年版，第1页。

⑤ ［美］约瑟夫·奈、约翰·唐纳胡主编：《全球化世界的治理》，王勇、门洪华等译，世界知识出版社2003年版，第249—250页。

体系，包括用以调节国际关系和规范国际秩序的所有跨国性的原则、规范、标准、政策、协议、程序等。国际社会处于无政府状态，不存在一个中央政府权威或者所谓的“世界政府”，要想实现全球治理，就必须要制定出一套能被所有国际行为体认可、能对各国各公民都具有约束力的全球行为规范。① 国际规则和制度是全球治理的重要手段，全球治理理论的主要创始人之一詹姆斯·罗西瑙（James N. Rosenau）表示“全球治理是人类活动从家庭到国际体系等各个层次的规则体系”，认为全球治理理论旨在进一步拓展和健全国际规则和制度，构筑起一个能调整国家间利益的框架体系。②

复合相互依赖理论高度重视国际组织和国际制度在全球治理中的作用，认为国际组织和国际制度能作为相对独立的机制起作用，能够调和国家权力的等级结构，能通过设置议程，促动联盟的建立，并为弱国的政治活动提供场所。奈和基欧汉将“治理”定义为“指导并限制一个团体集体行动的正式的以及非正式的程序和机制”③，因此，从全球的角度来看，全球治理其实就是指导全球行为体行动的正式和非正式的程序和机制，探究的也就是全球社会的各种制度与进程如何有效地、合法地发挥其作用。

相互依赖、国际制度和全球治理这三大议题关联紧密——相互依赖是国际制度运行的宏观环境以及国际合作的重要前提，相互依赖会催生某些规则和制度安排，这种规则和制度被称为国际机制（更广泛意义上被称为国际制度）。④ 国际制度建设是国际合作与全球治理的主要途径，全球治理则是理论的最新方向乃至最终目的。⑤ 我们非常有必要区分复合相互

---

① 程早霞、曲晓丽主编：《当代世界政治经济与国际关系》，哈尔滨工程大学出版社 2005 年版，第 180 页。

② 樊勇明：《西方国际政治经济学》，上海人民出版社 2017 年版，第 34 页。

③ [美] 约瑟夫·奈，约翰·唐纳胡主编：《全球化世界的治理》，王勇、门洪华等译，世界知识出版社 2003 年版，第 11 页。

④ [美] 罗伯特·基欧汉、约瑟夫·奈：《权力与相互依赖》，门洪华译，北京大学出版社 2012 年版，前言第 6 页。

⑤ 石斌：《相互依赖·国际制度·全球治理——罗伯特·基欧汉的世界政治思想》，《国际政治研究》2005 年第 4 期，第 31 页。

依赖视角下的“机制”（regime）与“制度”（institution）这两个概念。斯蒂芬·克拉斯纳（Stephen Krasner）提出了迄今为止较为权威的“国际机制”的概念界定——“在国际关系特定问题领域里行为体愿望汇聚而成的一整套明示或默示的原则（principles）、规范（norms）、规则（rules）和决策程序（decision-making procedures）”，① 但基欧汉和奈认为这个界定中原则、规范、规则等之间的区别较为模糊，不够明确，他们认为“国际机制”是政府通过创制或接受某些活动的程序、原则或制度（institutions）来调节和控制跨国关系、国家间关系的控制性安排。② 他们还明确了国际制度（international institutions）的三种形式。第一种是正式的政府间国际组织（IGOs）或国际非政府组织（INGOs），它们是基于明确的协议、有明确目的的组织。第二种是国际机制，它们建立在国家所认可的、涉及特定问题的明确规则基础之上，由此也可见，基欧汉和奈将“国际机制”视为“国际制度”的一部分。第三类是国际惯例（conventions）。可见，他们将国际机制的概念扩展到国际制度，将与国际机制难以区分的国际组织也囊括进国际制度概念中。③

国际机制能提供国际经济进程赖以产生的政治框架，认识国际机制的发展和崩溃，是理解相互依赖政治的关键，④ 因此复合相互依赖理论着重研究了国际机制的变迁问题，并提出了经济进程、总体权力结构、问题结构和国际组织四种解释模式。在国际组织解释模式中，世界政治中各国政府间、跨政府间的多层次联系、规范和制度被概括为“国际组织”（international organization），这是一个比国际机制更为宽泛的概念范畴，

① ［美］罗伯特·基欧汉、约瑟夫·奈：《权力与相互依赖》，门洪华译，北京大学出版社2012年版，前言第7页。

② ［美］罗伯特·基欧汉、约瑟夫·奈：《权力与相互依赖》，门洪华译，北京大学出版社2012年版，第6页。

③ 石斌：《相互依赖·国际制度·全球治理——罗伯特·基欧汉的世界政治思想》，《国际政治研究》2005年第4期，第38页。

④ 石斌：《相互依赖·国际制度·全球治理——罗伯特·基欧汉的世界政治思想》，《国际政治研究》2005年第4期，第33页。

包括宽泛意义上的网络、规范和制度，也包括与特定国际机制相关的规范；该解释模式的基本假设是："网络、规范和制度一旦建立，就难以根除或者作出重大调整。如果与既有网络或制度中的既定行为模式发生冲突，即使（总体上或在某问题领域内）具有超强能力的国家政府也难以实现其意愿。"① 但国际组织的解释模式也有它自身不可避免的局限性，在一个相互依赖且复杂万分的世界中，在分析世界政治时不存在一种适合一切的普遍模式，"没有任何一种模式能够完美无瑕地解释世界政治。"②

而全球治理的国际制度应当如何设计？民族国家会选择用何种方式去应对全球问题以及全球治理的需求？主要有六种主要的应对全球问题的制度形式（见表 2–4）——各国可能通过非国家行动、内部控制、相互承认、一致性规则、委托代理和放弃等方式来应对和解决国际问题，在这六种制度形式下，民族国家保留的法定权力情况差距甚大。第一种是非国家行动，也就是各民族国家不在国家层面采取任何行动，非国家行为体可能会介入来解决全球问题，但没有民族国家以及国际机制的干预，此类创建的行为规范很容易为国际社会所忽视，成效不明显，无法轻易地解决国际协调的问题。第二种是内部控制，旨在通过各民族国家的内部立法程序来应对全球问题，这种制度形式能最大限度地保留各民族国家的法定权力，但也无法轻易解决国际协调的问题。第三种是相互承认，即各民族国家同意在某些特定的条件下认可其他国家的国内政策，同时自己的政策也得到互惠性认可，但相互承认存在的最大的挑战是能够实现承认那些已在管制方面取得某种程度上一致的民族国家，并非适用于所有国家，而且在公共问题和核心价值观问题等国际问题的处理上很难发挥重大作用。第四种是一致性规则，即条约，强调各民族国家认可通过与其他民族国家谈判而形成的国际政策，这是国际合作常用的制度形式，但不一定能得到正式的强

① ［美］罗伯特·基欧汉、约瑟夫·奈：《权力与相互依赖》，门洪华译，北京大学出版社 2012 年版，第 52 页。

② ［美］罗伯特·基欧汉、约瑟夫·奈：《权力与相互依赖》，门洪华译，北京大学出版社 2012 年版，第 55 页。

制机制的支持和认可，且条约中的内容需要征求各民族国家的同意，因此在实际操作时，民族国家的决策可能会受到限制。第五种是委托代理，即各民族国家将政策权委托给国际机构，将权力让渡给国际组织（联合国、欧盟以及世界贸易组织等），由其采取国际行动。第六种是放弃，民族国家完全放弃其政策权，完全让渡给另一个国家或机构，但这只是一种理论层面的极端现象，在现实情况下，民族国家不可能将其法定权力完全让渡。在民族国家对全球问题作出反应时，它们可能会选择上述的一种方式甚至是几种方式的组合。①

表 2–4：应对全球问题的制度形式

制度形式	制度形式的描述	民族国家仍保留的法定权力
非国家行动	由非国家组织或政策网络来创建行为规范	所有权力
内部控制	民族国家通过国内政策来行使权力	所有权力
相互承认	民族国家同意在某些特定的条件下认可其他国家的国内政策，同时自己的政策也得到互惠性的认可	所有权力，但在某些条件下民族国家默认其他民族国家的权力
一致性规则	民族国家认可通过与其他民族国家谈判而形成的国际政策	所有权力，但权力因与其他民族国家的谈判过程而受到限制
委托代理	民族国家将政策权委托给国际机构。代理权可以是宽松的，也可以是受到严格约束的	某些
放弃	民族国家完全抛弃或放弃其政策权，交给另一个国家或机构	无

资料来源：［美］约瑟夫·奈，约翰·唐纳胡主编：《全球化世界的治理》，王勇、门洪华等译，世界知识出版社 2003 年版，第 252 页。

3. 全球治理的主体

全球治理的主体是指制定和实施全球规制的各类国际关系行为体，

① ［美］约瑟夫·奈、约翰·唐纳胡主编：《全球化世界的治理》，王勇、门洪华等译，世界知识出版社 2003 年版，第 251—256 页。

它们在全球治理中起着举足轻重的作用。奈将治理的主体分为三类，即政府和政府间组织，私人部门（包括私人企业、企业联合会）以及第三部门（包括非政府组织、非政府组织联合会等）。非政府行为体都能参与全球治理，与政府携手创造全球治理机制，但不可否认的是民族国家的作用在更为复杂的格局中正被其他角色如私人部门和第三部门所补充，不过民族国家是全球政治舞台上最重要的角色，只是它并不是唯一的重要角色。① 正如"世界政治范式"包括跨国互动、国家间互动、跨政府间互动三个类型，囊括了世界体系中重要的行为体之间所有的政治互动，他也据此勾画出全球治理活动的矩阵（见表 2–5），指出更多的治理行动将发生在民族国家方格之外。在全球化和信息时代，治理的格局变得更加复杂，治理的三个层次的形态也变得越来越复杂。

此外，对于上述提及的三个层次的治理，我们不能孤立地分析三大部门在治理问题上的关系，它们之间的关系不是"等级制"的，而是"网络性"的；它们存在相互竞争和相互合作的关系，它们的关系远非零和游戏，② 这种竞争和合作的关系为全球政治中的某些问题提供了治理的形式。在这些治理机制中形成了强制性较小的"软法"（soft law）机制，例如软法规和软规范等，其发展速度已远远超过所谓"硬法"机制的发展。③ 在面对国际问题的行动上，非国家行为体的活动是对国家行为体的补充，虽然有些与国家行为体产生了竞争，但不可否认的是它们补充了国家行为体的行为。因此，从全球治理的主体来看，全球治理要求各国际治理的主体在利益方面进行协调，通过合作制定共同的目标，并形成相应的治理机制，并凭借这些国际机制来发挥治理功能，调整各方利益。

---

① ［美］约瑟夫·奈、约翰·唐纳胡主编：《全球化世界的治理》，王勇、门洪华等译，世界知识出版社 2003 年版，第 11 页。

② ［美］约瑟夫·奈、约翰·唐纳胡主编：《全球化世界的治理》，王勇、门洪华等译，世界知识出版社 2003 年版，第 20—21 页。

③ ［美］约瑟夫·奈、约翰·唐纳胡主编：《全球化世界的治理》，王勇、门洪华等译，世界知识出版社 2003 年版，第 22 页。

表 2–5：全球治理活动矩阵

	私人部门	政府部门	第三部门
超国家层面	跨国公司	国家间政府间组织	非政府组织
国家层面	全国性公司	中央政府	全国性非营利组织
次国家层面	地方企业	地方政府	地方组织

资料来源：［美］约瑟夫·奈、约翰·唐纳胡主编：《全球化世界的治理》，王勇、门洪华等译，世界知识出版社 2003 年版，第 11 页。

4. 全球治理的客体

全球治理的客体是指已经影响或者将要影响全人类的、很难依靠单个国家或组织得以解决、必须依靠国际社会的共同努力的国际性问题，探究的是治理什么的问题。需要国际性行动来解决的全球问题主要包括三类：协调问题、公共问题以及核心价值观问题。

第一类协调问题是指要对全球各种联系以及对跨国界的信息、产品、服务和资金交流等方面的协调活动，因为全球联系以及跨国界的活动需要面对互不兼容的要求或技术，这在一定程度上会影响人们的交流，因此需要协调相关的技术和要求等方面。①

第二类是全球公共问题，也就是要保护公共资源和公共物品。因为公共物品和公共资源是非排他性的物品，任何人都可以使用又不会削弱其他行为体获取此种物品的能力，因此用纯粹的自由市场制度来配置公共产品的使用是不合适的，也不能从过于狭隘的利益出发去使用公共物品。②全球公共问题还包括原本属于国内性质活动的跨境影响，例如生态环境、跨国犯罪、全球恐怖主义等领域的问题，使得原本属于国内性质活动给其他国家带来了负面的影响。奈认为，冷战后世界上没有一个国家像美国这般在军事、经济和软权力上同时占有得天独厚的优势，美国无疑是处于世

① ［美］约瑟夫·奈、约翰·唐纳胡主编：《全球化世界的治理》，王勇、门洪华等译，世界知识出版社 2003 年版，第 248—250 页。

② Joseph Nye，“The American National Interest and Global Public Goods”，*International Affairs*，Vol.78，No.2（April 2002），p.239.

界霸权地位的，但是美国的霸权也存在悖论——美国拥有足够的力量，以致没有一个国家能够对它提出挑战，但是即便是美国这样的霸权国家，它又不够强大，无力单独解决诸如全球恐怖主义、核扩散等问题，仍需要其他国家的帮助和尊重。如果美国得不到帮助和尊重，将陷入困境。① 在信息革命和全球化的影响下，世界政治正在发生变化，这意味着任何一个国家无法独自解决全球公共问题，实现所有的国际目标，是需要各国齐心协议共同来解决的。②

第三类是核心价值观或先验价值的保护问题，“诸如平等、自由和民主等道德原则可以说优先于现有的政治惯例。作为一种原则性要求，受到有尊严的对待的权利是人作为人本身所固有的，而不是成为某一特定国家的公民后才能有的。因此，确保对人权最低限度的尊重本身就是一个全球性问题”③。不得不承认的是，即使某些国家已经实现对公民权利的保护，部分民族国家仍未能一视同仁地保障正义和人民的权利，因而需要有效的国际制度来确保所有国家对人权最低限度的保护。④ 全球化目前也正在积极创造条件，使这些社会价值观能被全社会更为广泛地接受，在这个方面，公民社会组织已经发挥了举足轻重的作用，国际非政府组织和联盟的出现是为了应对全球性问题的，尤其是管理那些易引起误解和冲突的规范以及多元的价值观，国际非政府组织和非政府组织联盟通常对于价值观是高度敏感的，它们能够帮助建立国际价值观和规范，引导未来的国际政策和实践。⑤

---

① Joseph Nye，*Paradox of American Power*：*Why the World's Only Superpower Can't Go It Alone*？New York：Oxford University Press，2002，p.40.

② [美] 肯尼迪·沃尔兹：《国际政治理论》，胡少华译，中国公安大学出版社 1992 年版，第 254 页。

③ [美] 约瑟夫·奈、约翰·唐纳胡主编：《全球化世界的治理》，王勇、门洪华等译，世界知识出版社 2003 年版，第 250 页。

④ [美] 约瑟夫·奈、约翰·唐纳胡主编：《全球化世界的治理》，王勇、门洪华等译，世界知识出版社 2003 年版，第 250 页。

⑤ [美] 约瑟夫·奈、约翰·唐纳胡主编：《全球化世界的治理》，王勇、门洪华等译，世界知识出版社 2003 年版，第 234—235 页。

5. 全球治理的效果

全球治理的效果涉及对全球治理绩效的评估，集中体现为国际规制的有效性，具体包括国际规制的透明度、完善性、适应性、政府能力、权力分配、相互依存和知识基础等，探讨的是治理得怎样的问题。全球治理源于相互依赖背景下国际社会为共同解决全球性问题而产生的政治需要，全球化现实的有效治理模式的创建决定着全球化的前途与命运。①

奈提出“制度形式的有效性”和“制度的政治合法性”两个概念。“制度形式的有效性”是指“国际制度的设计对解决它原本要帮助解决的全球性问题所做贡献的大小（即政策有效性）”，而“制度的政治合法性”就是指“它从各国政府及其国内公众那儿获得的支持（即政治有效性）”，在对“制度的政治合法性”进行界定的时候，是将合法性作为有效性的一个方面的，因为“缺乏合法性的制度不大可能有效地发挥作用”。② 复合相互依赖理论高度关注国际治理的民主、合法性、有效性、透明等方面的问题，他们聚焦多边合作“俱乐部模式”中民主合法性的问题，探究了世界贸易组织的“民主赤字”问题，他们表示“俱乐部模式”使得局外人难以了解谈判中的实际情况，限制了国内政治对谈判的作用，缺乏对局外者的透明，其他行为体参与渠道有限，也缺乏能将国际组织和选民联系起来的政治家，即使能够制定约束性规则的国际组织也缺乏民主合法性，其合法性也难以得到保障。整体来说，“俱乐部模式”的国际组织缺少使民主成为可能和促进责任形成的关键要素。因此，他们指出要设计灵活有效的国际制度，使其遵循适当的、经过修改的民主标准，在加强国际合作、实现政策协调的同时增强透明度、民主合法性和责任，这是21世纪政治设计的关键性问题。③

① ［美］约瑟夫·奈、约翰·唐纳胡主编：《全球化世界的治理》，王勇、门洪华等译，世界知识出版社2003年版，第1页。

② ［美］约瑟夫·奈、约翰·唐纳胡主编：《全球化世界的治理》，王勇、门洪华等译，世界知识出版社2003年版，第258页。

③ ［美］罗伯特·基欧汉、约瑟夫·奈：《多边合作的俱乐部模式与世界贸易组织：关于民主合法性问题的讨论》，《世界经济与政治》2001年第12期，第62页。

奈认为，治理主体的扩大在一定程度上有助于解决国际制度的合法性问题。更多的国家、私人部门和非政府组织等非国家行为体参与到全球治理的过程中，它们补充了国家行为体的行为。解决“民主赤字”的另一个途径是加强政府间组织、公司和非政府组织的责任感。奈和基欧汉指出，在考虑国际制度的合法性问题时，需要区分民主政府的输入（Inputs）和输出（Outputs），输入和输出都影响着合法性。在输入方面，问题的关键是责任，并指出在国家间层次上，加强选举责任途径有以下三种：(1) 通过代表团加强国家控制，并同时确保有效的透明度存在，使公众能够判断政府在国际机构里的活动是否按照授权行事；(2) 增强民主责任；(3) 增强立法机构在超国家层次上对政策的控制力。而输出因素同样影响合法性、安全和认同等问题。如果没有实质性的输出，输入程序的民主也会无效。①

（三）复合相互依赖理论视角下国家参与全球治理的路径

全球治理作为一种国际制度安排，实质上是国家之间利益与权力博弈的过程，拥有绝对权力优势的发达大国主导着制度变迁的方向，制度也将随着各参与主体拥有权力大小的消长变化而不断演进。② 而各国际行为体随着自身实力的增长，必然会更积极地参与国际事务，在世界舞台上发挥日益重大的作用，这些国际行为体也会尝试将自身的文化和理念带入国际社会，以期影响国际规则的改革和创新。③ 复合相互依赖理论关注国际政治的变迁，强调相互依赖对权力、国际合作和国际机制的影响。但值得关注的是，复合相互依赖理论的提出者——基欧汉和奈“研究权力的根本目的是为美国的霸权地位和世界战略所服务的，其权力观是阐述美国世界

① ［美］罗伯特·基欧汉、约瑟夫·奈：《多边合作的俱乐部模式与世界贸易组织：关于民主合法性问题的讨论》，《世界经济与政治》2001 年第 12 期，第 62 页。

② 邓若冰、吴福象：《权力博弈、制度变迁与全球治理》，《国际经贸探索》2016 年第 6 期，第 87 页。

③ 俞可平、［美］阿里夫·德里克主编：《中国学者论中国与全球治理》，重庆出版社 2018 年版，第 107 页。

领导权的基础，美国霸权观是其权力观的发展和目的”。① 因此，他们立足于美国国家利益，从美国的视角阐述了国家如何参与全球治理、如何在国际舞台上增强自己的软权力和话语权。

亨利·基辛格表示美国目前面临的最严峻的考验是如何将主导世界的实力转化为国际共识，将本国原则转化为能被国际社会广泛接受的规范，② 而要做到这一点，美国必须在维护国际秩序、提供全球公共产品等参与全球治理方面发挥举足轻重的作用。③ 为了克服国际政治市场失灵的危机，由霸权国家来主动承担并领导其他个体共同实现这些共同利益，是一条有效的途径。实现这些共同利益的主要的路径是承担并领导国际机制的建设，诸如，美国积极参与战后的机制建设（例如布雷顿森林体系）。④ 在复合相互依赖视角下，国际制度是重要的权力资源，如果一个国家能够通过建立和主导国际规范以及国际组织，借此左右世界政治的议事日程，那么它就可以影响他人的偏好和对本国国家利益的认识，也能增强本国行为的合法性，因此就可以避免代价高昂的“大棒”和“胡萝卜”。⑤ 因此，美国要运用国际制度实现国际合作，与其他国家尽可能按照多边主义的方式共同处理全球问题，美国无法秉持我行我素、独来独往的战略来指导美国的外交政策，美国必须依靠国际机构和国际合作来处理全球公共问题。⑥

---

① 刘颖：《相互依赖、软权力与美国霸权：小约瑟夫·奈的世界政治思想研究》，中国社会科学出版社 2010 年版，第 177 页。

② Henry Kissinger：“Our Nearsighted World Vision”，*Washington Post*，2000 年 1 月 10 日，见 https：//www.washingtonpost.com/archive/opinions/2000/01/10/our-nearsighted-world-vision/1698abf4-63d9-4580-b8bd-2a33e53b3625/。

③ Joseph Nye，“The American National Interest and Global Public Goods”，*International Affairs*，Vol.78，No.2 (April 2002)，p.239.

④ [美] 罗伯特·基欧汉：《霸权之后：世界政治经济中的合作与纷争》，苏长和、信强等译，上海人民出版社 2001 年版，前言第 8—9 页。

⑤ Joseph Nye，*Bound to lead*：*The Changing Nature of American Power*，New York：Basic Books，1990，pp. 33-34.

⑥ Joseph Nye，*Bound to lead*：*The Changing Nature of American Power*，New York：Basic Books，1990，pp. 254-257.

美国要克服相互依赖世界中狭隘的地区主义，重视国际政治的变化，要同其他国家进行协商，将国家利益同更广泛的全球目标协调一致，而这其中最为重要的举措就是提供公共服务。提供公共产品对美国来说意味着双重收益：一方面，美国能够从全球公共物品本身获得收益；另一方面，通过此路径，美国的实力也能被其他国家视为合法的。① 而合法性是软权力的重要指标，“从理论上讲没有合法性基础的政策是难以具有软权力内涵的”。② 美国应着重提供以下的公共产品：(1) 协助发展和维持国际机制和制度，组织各领域的国际行动，这些领域包括传统的贸易和环境，也包括武器扩散、维和、人权、恐怖主义等新兴的领域，保护国际公共领域；(2) 国际发展援助是重要的全球公共产品，不论是出于深谋远虑还是构建软权力的考究，都应将国际发展援助置于优先地位；(3) 充当调解人，美国通过外交调解地区冲突，维持重要地区的力量平衡，这有助于塑造既有利于自身也有利于其他国家的国际秩序。③

三、复合相互依赖理论对全球教育治理研究的启发

全球治理的概念自詹姆斯·罗西瑙提出以来，并经联合国全球治理委员会（UN Commission on Global Governance）的提倡，已成为国际政治中的核心议题。全球教育治理是全球化发展的结果，也是治理理念从经济领域拓展至教育领域的结果。④ “全球治理”这一词虽然已经成为国际关系和国际政治领域中使用频率极高的词汇，但全球教育治理在国内外还属于一个新兴的研究领域，学界对全球教育治理的理论和实践的探讨都需要进行更多的探索和完善。同全球治理一样，全球教育治理是一个得到广

---

① Joseph Nye, “The American National Interest and Global Public Goods”, *International Affairs*, Vol.78, No.2 (April 2002), p. 241.

② 秦亚青：《观念、制度与政策：欧盟软权力研究》，世界知识出版社2008年版，第18页。

③ Joseph Nye, “The American National Interest and Global Public Goods”, *International Affairs*, Vol.78, No.2 (April 2002), pp. 242–243.

④ 王晓辉：《全球教育治理——鸟瞰国际组织在世界教育发展中的作用》，《北京大学教育评论》2008 年第 3 期，第 152 页。

泛使用但至今仍缺乏广泛认同的概念，也缺乏完整的逻辑分析框架和一套浓缩理论以及方便对话交流的概念体系。奈和基欧汉是全球治理领域颇具影响力的学者，他们提出的复合相互依赖理论是全球化世界中理解全球治理的重要视角和维度。复合相互依赖也是厘清全球教育治理的重要理论和视角，能为更好地理解和更准确地把握全球教育治理的概念内涵、基本特征和作用机制等提供了新的考察视角与分析路径。

本节在前面部分梳理的复合相互依赖的两个方面的内容对于分析全球教育治理的现象、必要性与迫切性、概念内涵、作用机制等也是十分有用的。这其中，第一部分论述的复合相互依赖的概念以及相互依赖与权力的关系，尤其是敏感性和脆弱性这两个概念，为分析国际组织等行为体在全球化进程中的角色以及在教育政策领域中的作用提供了方向，可以用于分析国际组织或其他行为体导致另一个行为体教育发展有代价变化的速度有多快以及分析另一个行为体对其他行为体教育政策变动的感知程度和依赖程度。国内外部分学者也有在国际教育政策研究中使用这两个概念。例如国内学者沈蕾娜在研究世界银行的高等教育政策及其影响时便使用了敏感性和脆弱性这两个概念，探讨了世界银行在对亚非四国高等教育政策方面的权力运用的关系，她指出世界银行和亚非四国之间的权力关系是不平等，这种非对称相互依赖也就是世界银行一种无形的权力资源，非对称相互依赖的程度会影响世界银行对发展中国家的权力运用方式——针对相互依赖非对称性越小的国家，世界银行倾向于使用非强制性权利运用方式，但针对相互依赖非对称性越大的国家则更倾向于使用强制性权力运用方式。①

第二部分阐述的复合相互依赖理论视角下的全球治理，也可以用于分析全球教育治理的动因、概念和路径机制。首先，可以用于分析和研究全球教育治理的必要性和迫切性的问题。在相互依赖的时代，全球教育问

① 沈蕾娜：《隐形的力量：世界银行的高等教育政策及其影响》，高等教育出版社 2011 年版，第 206 页。

题的兴起，这并非是单个国家的问题，而是国际社会共同面临的问题，原本属于典型的国内事务和传统的主权国家政府政策领域的教育问题亦表现出明显的全球化发展的取向，全球教育问题的整体性、相互依赖性以及超国家属性有赖于超国家层面的管理和协调，需要对全球教育问题进行治理；① 全球教育问题也并非是单个国家能解决的，因此，要解决诸多涉及跨国相互依赖的问题，就必须要采取集体的行动，加强国际合作。此外，非国家行为体，例如联合国教科文组织、世界银行等，在解决全球教育问题上扮演着越来越重要的角色。传统的教育治理方式被证明越来越无效，源于旧国际秩序和国际体制下的全球教育治理也同样面临着治理的危机，存在诸多失灵的现象，面临着权力分配、民主赤字、合法性、有效性等挑战；全球教育治理问题，也就是如何治理全球教育问题，当前治理赤字是摆在全球治理和全人类面前的严峻挑战。这些危机制约着全球教育治理的效力，以及新的国际秩序的构建与发展。在未来，全球教育问题是否能够有效解决，主要取决于核心行为体能否有效地开展合作和协调政策，也取决于它们能否克服彼此之间的利益冲突。其次，第二部分也论述了复合相互依赖理论视角下要如何理解和进行全球治理，对全球治理的价值、规制、主题、客体以及效果进行了分析，这对于分析全球教育治理的本质和内涵，探究全球教育治理的价值、规制、主题、客体以及效果也是适用的。全球教育治理是全球治理在教育领域的延伸，也是全球教育问题和全球教育挑战不断累积的结果。作为一种在国际社会和教育现实中衍生的新生事物，正确理解全球教育治理的概念和内涵是有效参与全球教育治理的前提和关键。复合相互依赖理论回答了为什么治理、如何治理、谁治理、治理什么以及治理得怎么样的五个问题，这对于探究全球教育治理的概念内涵给予了启示。尤其值得关注的是，复合相互依赖理论指出民族国家并非全球治理的唯一角色，政府和政府间组织，私人部门（包括私人企业、

---

① Karen Mundy，“Educational Multilateralism in a Changing World Order：UNESCO and the Limits of the Possible”，*International Journal of Educational Development*，Vol.19，No.1 (January 1999)，p.27.

企业联合会）以及第三部门（包括非政府组织、非政府组织联合会等）都是全球治理的参与者，其中非政府行为体和政府行为体是竞争且合作的关系，非政府行为体的行为是对政府行为体的补充。复合相互依赖理论还格外关注国际组织和国际制度在全球治理中的作用，认为国际组织和国际制度能作为相对独立的机制起作用，能够调和国家权力的等级结构，能通过设置议程，促动联盟的建立，并为弱国的政治活动提供场所，这为研究全球教育治理中国际组织的作用提供了思路。复合相互依赖理论视角下对全球治理要义的论述能为我们探究全球教育治理的要义提供借鉴。

总之，全球教育治理是一个新兴的学术研究领域，本节所介绍的复合相互依赖理论可被用来确定全球教育治理的分析框架，进一步厘清全球教育治理的特定属性和内涵，为认识和理解全球教育治理的国际机制等方面作出积极的贡献。

第二节 多层治理理论

"多层治理"（Multi-level Governance）理论起源于20世纪90年代的欧洲，欧盟从一体化经验出发提出以多层治理为核心的地区治理概念，在"治理"和"全球治理"兴起的大背景下为阐释欧洲一体化提供了新的视角。① 它试图超越政府间主义与超国家主义在欧洲一体化问题上的争论，而把理论的关注点放在欧盟政治实体的具体运转上，认为欧盟既不是国际组织也不是准联邦国家而是国家、超国家、次国家行为体共同参与、共享权力的多层治理体制。② 如今，多层治理已经成为理解国家和非国家行为体在地域性总体网络中动态关系的一个重要概念。

多层治理理论已经引起多方的关注，但学界对多层治理概念的界定

① 朱贵昌：《多层治理理论与欧洲一体化》，《外交评论》（外交学院学报）2006年第6期，第49页。

② 朱贵昌：《多层治理理论与欧洲一体化》，《外交评论》（外交学院学报）2006年第6期，第49页。

仍莫衷一是。盖里·马尔克斯（Gary Marks）于1988年欧盟（欧共体）进行重大改革后提出多层次治理的概念，将多层治理定义为“多个地区层级的嵌套政府之间的持续谈判体系”①。他借鉴了对国内政治的分析，特别是政策网络（policy networks）的方法，描述了在多层治理中“超国家、国家、地区和地方政府是如何融入地域支配性的政策网络中的”②。多层治理概念包含纵向和横向两个层面。“多层”指的是在不同地区层面运作的政府之间的相互依存性增加，而“治理”则表明政府和各地区层面的非政府行为体之间的相互依存性增加。

在欧洲的政治语境下，多层治理是指构成欧盟政治网络系统的多个国家和非国家行为体在政策形成过程中的相互作用。托马斯·里塞–凯本（Thomas Risse-Keppen）从概念上把欧盟界定为一种“多层治理结构”，私人、政府、跨国家和超国家角色在这个密度、深度和广度都不断变化的复杂网络中相互交往。③ 马尔克斯和胡格（Liesbet Hooghe）认为，欧盟这样一个多层治理体系反映了欧洲一体化是一个政体创建的进程，其中权威和对决策的影响被多重政府（次国家的、国家的和超国家）分享。国家政府是欧盟政策制定的参与者，与此同时，部分控制已从它们手中滑向了超国家机制。④ 国家已丧失了一些它们早先的对其各自领土上的个体的权威控制。⑤ 也就是说，政治的中心已发生了变化，国家主权已稀释在欧盟的集体决策中，包括成员国政府，以及自主的欧洲议会、欧洲委员会和欧洲

① Ian Bache，Matthew Flinders，*Multi-level Governance*，Oxford：Oxford University Press，2004，p.3.

② Ian Bache，Matthew Flinders，*Multi-level Governance*，Oxford：Oxford University Press，2004，p.3.

③ Thomas Risse-Keppen，“Exploring the Nature of the Beast：International Relations Theory and Comparative Policy Analysis Meet the European Union”，*Journal of Common Market Studies*，Vol.34，No.1（March 1996），p. 305.

④ Henrik Enderlein，Sonja Wälti，Michael Zürn（eds.），*Handbook on Multi-level Governance*，Cheltenham：Edward Elgar，2011，pp.17-18.

⑤ Henrik Enderlein，Sonja Wälti，Michael Zürn（eds.），*Handbook on Multi-level Governance*，Cheltenham：Edward Elgar，2011，p.17.

法院。①

胡格和马尔克斯将多层治理分为两种类型，他们将之称为第一类多层治理（Type I multi-level governance）和第二类多层治理（Type II multi-level governance）②。第一类多层治理以一般性管辖为特征，包含少量的管辖层级，成员之间一般不互相交叉，整个治理系统内部有较为固定的结构，即权力的分散仅限于“有限数量层次上有限数量的不重叠的管辖边界”③。这种观点认为，权威是相对稳定的，分析的重点是单个政府，而不是具体的政策。第二类多层次治理提供了一个治理愿景，即“一个由无数重叠的辖区组成的复杂而流动的体系”④。在这种情况下，往往以完成某项特定任务为宗旨，不对其中所包含的管辖层级与主体数量加以限制，各成员之间可以互相交叉重叠，治理结构往往会变得更加灵活。这两种类型的划分以及对两种类型的结合使用表明，多层治理可以运用到区域性治理和全球治理之中。⑤

表 2–6：多层治理的两种类型

类型 I	类型 II
多种任务治理	具体任务治理
治理层级排斥、不重叠	治理层级交叉重叠
治理层级数量有限	治理层级数量不受限制
治理机制相对稳定持久	治理机制相对灵活易变

资料来源：朱贵昌：《多层治理理论与欧洲一体化》，《外交评论》（外交学院学报）2006 年第 6 期，第 53 页。

① Gary Marks et al.，“European Integration from the 1980s：State-Centric VS Multi-level Governance”，*Journal of Common Market Studies*，Vol.34，No.3（March 1996），p. 356.

② Ian Bache，Matthew Flinders，*Multi-level Governance*，Oxford：Oxford University Press，2004，pp.16-17.

③ Ian Bache，Matthew Flinders，*Multi-level Governance*，Oxford：Oxford University Press，2004，p. 5.

④ Ian Bache，Matthew Flinders，*Multi-level Governance*，Oxford：Oxford University Press，2004，p. 5.

⑤ Ian Bache，Matthew Flinders，*Multi-level Governance*，Oxford：Oxford University Press，2004，p. 5.

韦恩·桑德霍兹（Wayne Sandholtz）和亚历克·斯通斯·斯维特（Alec Stone Sweet）认为，“多层治理”就是各成员国在不断互动过程中所发展出来而被共同接受的模式或结构，是典型的“非政府式的治理”。[①] 罗西瑙（James N. Rosenau）则考虑多层治理是否可以作为一个“主要机制”引导“碎片一体化”（Fragmegration）的紧张局势朝着建设性方向发展。Fragmegration 是“碎片化”和“一体化”两个词语的合写，意指“全球化、集中化和一体化与本地化、分散化和碎片化之间的冲突中可以概括的各种矛盾力量”[②]。这种碎片化进程刺激了对新的相关治理形式的需求。[③]

专门研究欧盟治理的学者科勒·科赫（B. Kohler-Koch）借由比较政治学的角度提出多层治理的四个理念类型的分析架构[④]：(1) 国家主义——以“多数规则”为基础，依靠对“共同目标”的忠诚来维护；(2) 多元主义——包括不同的社会利益，他们在同一结构中寻找共同的利益；(3) 法团主义——将多数规则和个人对利益的追求结合在一起；(4) 网络治理——其基础也是利己的行为体，目的在于在整个政策博弈过程中增加共同利益。[⑤] 根据科勒 - 科赫的观点，欧盟多层级结构的特殊之处在于，它拓展了超越民族国家边界的整治范围，但其权力特征又与民族国家特有的主权不同，在治理过程中不存在垄断公共事务的政府角色，使得欧盟比一般的国际组织“走得更远”。[⑥]

---

① Wayne Sandholtz，Alec Stone Sweet，*European Integration and Supranational Governance*，Oxford：Oxford University Press，1998，pp.1-4.

② Ian Bache，Matthew Flinders，*Multi-level Governance*，Oxford：Oxford University Press，2004，p.34.

③ Ian Bache，Matthew Flinders，*Multi-level Governance*，Oxford：Oxford University Press，2004，p.34.

④ Beate Kohler-Koch，“The Evolution and transformation of European Governance”，*HIS Political Science*，Vol.4，No.58（March 1998），p.213.

⑤ Beate Kohler-Koch，“The Evolution and transformation of European Governance”，*HIS Political Science*，Vol.4，No.58（March 1998），p.213.

⑥ Beate Kohler-Koch，“The Evolution and transformation of European Governance”，*HIS Political Science*，Vol.4，No.58（March 1998），p.213.

上述学者关于多层治理的定义尽管表述不同，但都特别强调了欧盟/欧共体内多种行为体（国家、超国家、次国家）的互动以及由此产生的复杂的相互联系的机构网络。也就是说，多层治理是在欧洲一体化进程中形成的一种新型区域性合作协调机制，欧盟本身就是多层治理这一理念的全方位体现。多层次治理理论已经与新功能主义、国家中心主义并列为欧盟研究的三大基础性理论。[①] 多层治理理论包含三个方面的内容：第一，政府无法垄断公共权威。主权国家权力扩散至非政府组织、工会商会、社区及公民个人；第二，横向与纵向的公私合作（Public-Private cooperation）不断增加，政策网络（Policy networks）通过提供不同层级间的灵活联动机制（Flexible linkages mechanism）与信息成为治理过程中的关键；第三，通过指导与协调而非强制达到合作，并最终加深欧洲一体化程度。[②]

总的来说，多层治理这一政治结构主要具有以下特点[③]：首先，多层治理强调治理参与主体的多元性。在多层治理模式中，相互独立又相互依存的诸多行为体如超国家、国家和次国家、非政府组织等共同参与政策的制定和执行，这些行为体都没有专断的决策能力，他们之间也不存在固定的政治等级关系之分，如隶属关系等，相关议题的决策权更不会被国家权力所垄断，而是由多个具有影响力的行为体共享，其目的在于实现参与合作各方利益。[④]

其次，多层治理强调治理过程的多层级性。对某一议题的决策权分布在不同层级之中，各层级拥有多样化的决策方式，针对不同议题，超国

---

① 朱贵昌：《多层治理理论与欧洲一体化》，《外交评论》（外交学院学报）2006 年第 6 期，第 62 页。

② Arthur Benz, "The European Union as a loosely coupled multi-level system", In Henrik Enderlein, Sonja Wälti, Michael Zürn (eds.), *Handbook on Multi-level Governance*, Cheltenham: Edward Elgar, 2011, p.224.

③ 参见朱贵昌《多层治理理论与欧洲一体化》，《外交评论》（外交学院学报）2006 年第 6 期，第 61 页。

④ 王再文、李刚：《区域合作的协调机制：多层治理理论与欧盟经验》，《当代经济管理》2009 年第 31 期，第 48 页。

家、国家和次国家、非政府组织等行为体可以通过不同的路径表达和协调其诉求，虽然不同的行为体发挥的影响力各有差异，但它们彼此之间存在功能互补、职权交叠和互相依赖的现象。

最后，多层治理体系处于动态发展之中。[①] 由于治理是一个进行公共管理的动态过程，因此各层级和各行为体的功能会随着时间和政策领域的变化而发生变化。在面对共同目标和利益追求时，各行为体会持续协调行动，甚至进行集体决策，将各层级的活动有机连接，推进治理体系不断走向完善。[②]

综上所述，多层治理提出一种区域合作的协调机制，强调拥有一定自主权的主体可以建立相互关联且彼此依赖的复杂机制进行治理，具有包容性和多层次性。[③] 全球教育治理也是一种多层治理，因此也具有这里所分析的参与主体多元性、治理过程多层级性、治理体系动态发展性等特征。因此，多层治理理论也适合用来分析和解释全球教育治理的问题。

第三节　利益相关者理论

“利益相关者”（stakeholder）这一概念的萌芽可以追溯至 20 世纪 60 年代，最早是被商业和管理领域的学者提出和使用。根据弗里曼（R. Edward Freeman）等人的分析，斯坦福研究院（Stanford Research Institute）在 1963 年的内部备忘录中首次使用了“利益相关者”一词，用来表示与企业有密切关系的所有人。[④] 弗里曼等人对利益相关者的定义是：“对企业来说存在这样一些利益群体，如果没有他们的支持，企业就无法

① 王再文、李刚：《区域合作的协调机制：多层治理理论与欧盟经验》，《当代经济管理》2009 年第 31 期，第 50 页。

② 王再文、李刚：《区域合作的协调机制：多层治理理论与欧盟经验》，《当代经济管理》2009 年第 31 期，第 50 页。

③ Ian Bache，Matthew Flinders，*Multi-level Governance*，Oxford：Oxford University Press，2004，p.36.

④ R. Edward Freeman，Jeffrey S. Harrison，Andrew C. Wicks，Bidhan L. Parmar，Simone de Colle，*Stakeholder Theory：The State of the Art. Cambridge University Press*，2010，pp.30-31.

生存”①，包括股东、员工、客户、供应商、债权人和社团等。虽然这种界定方法是从非常狭义的角度来看待利益相关者的，但是它毕竟使人们认识到企业存在的目的并非只为股东服务，在企业的周围还存在许多关乎企业生存的利益群体，这对传统的股东至上观念带来了前所未有的冲击。

自斯坦福研究院 1963 年提出利益相关者概念以来，以弗里曼（R. Edward Freeman）、多纳德逊（Thomas Donaldson）、琼斯（David Joens）、科林斯（James Collins）、卡罗尔（Archie B. Carroll）、布莱尔（Tony Blair）和米切尔（Ronald K. Mitchell）等学者为代表的一批经济学家和管理学家致力于利益相关者理论的发展和完善，并在战略管理和企业社会责任等研究领域取得了丰硕成果。

最早正式将“利益相关者”一词引入管理学界和经济学界的是美国学者伊戈尔·安索夫（Igor Ansoff），他认为“要制定出一个理想的企业目标，必须综合平衡考虑企业的诸多利益相关者之间相互冲突的索取权，他们可能包括管理者、员工、股东、供应商以及销售商”②。在 20 世纪 70 年代，利益相关者理论（Stakeholder theory）开始逐步被西方学术界和企业界所接受。宾夕法尼亚的沃顿学院（Wharton School）于 1977 年开设了名为《利益相关者管理》的课程，将利益相关者的概念应用于企业的战略管理之中，并形成了一个初步的分析框架。③

进入 20 世纪 80 年代以后，随着经济全球化的发展以及企业间竞争日趋激烈，企业的经营活动也受到越来越多外部因素的影响，有关企业的利益相关者理论得到进一步拓展与深化。1984 年，弗里曼出版的《战略管理：利益相关者管理的分析方法》一书指出，“利益相关者是能够影响一个组织目标的实现，或者受到一个组织实现其目标过程影响的所有个体

---

① R. Edward Freeman et al., *Stakeholder Theory: The State of the Art*, Cambridge: Cambridge University Press, 2010, p. 31.

② 付俊文、赵红：《利益相关者理论综述》，《首都经济贸易大学学报》2006 年第 2 期，第 18 页。

③ 付俊文、赵红：《利益相关者理论综述》，《首都经济贸易大学学报》2006 年第 2 期，第 18 页。

和群体”①。这一定义将利益相关者的研究范围进一步拓宽，从“利益相关者是谁”及“为什么要考虑其利益”转向“利益相关者利益的实现机制”，认为在组织战略决策时必须进行利益相关者分析，将其利益融入制定组织战略目标中。②

弗里曼不仅将影响企业目标达成的个体和群体视为利益相关者，同时也将受企业目标达成过程中所采取的行动影响的个体和群体看作利益相关者，并正式将当地社区、政府部门、环境保护主义者等实体纳入利益相关者管理的研究范畴，大大扩展了利益相关者的内涵。同时，弗里曼还从所有权（ownership）、经济依赖性（economic dependence）和社会利益（social interest）三个不同的角度对利益相关者进行了分类③：(1）持有公司股票的一类人，如董事会成员、经理人员等，称其为所有权利益相关者；(2）与公司有经济往来的相关群体，如员工、债权人、内部服务机构、雇员、消费者、供应商、竞争者、地方社区、管理结构等称为经济依赖性利益相关者；(3）与公司在社会利益上有关系的利益相关者，如政府机关、大众媒体以及特殊群体等，称为社会利益相关者。④这一研究方法也为利益相关者理论的发展作出了开创性的贡献。

还有一些学者提供了其他的对于利益相关者的分类方式。弗雷德里克（William Frederick）从利益相关者对企业产生影响的方式来划分，将其分为直接的和间接的利益相关者。⑤直接的利益相关者就是直接与企业发生市场交易关系的利益相关者，主要包括股东、企业员工、债权人、供

---

① R. Edward Freeman，*Strategic Management*：*A stakeholder Approach*，Boston：Pitman Publishing，1984，p.11.

② R. Edward Freeman，*Strategic Management*：*A stakeholder Approach*，Boston：Pitman Publishing，1984，p.120.

③ R. Edward Freeman，*Strategic Management*：*A stakeholder Approach*，Boston：Pitman Publishing，1984，p. 125.

④ R. Edward Freeman，*Strategic Management*：*A stakeholder Approach*，Boston：Pitman Publishing，1984，p.137.

⑤ William Frederick，*Values*，*Nature*，*and Culture in the American Corporation*，New York：Oxford University Press，1995，p.16.

应商、零售商、消费商、竞争者等；间接的利益相关者是与企业发生非市场关系的利益相关者，如中央政府、地方政府、外国政府、社会活动团体、大众媒体和一般公众等。①

惠勒（David Wheeler）从相关群体是否具备社会性以及与企业的关系是否直接由真实的人来建立两个角度，将利益相关者分为四类：(1) 首要的社会性利益相关者，他们具备社会性和直接参与性两个特征；(2) 次要的社会利益相关者，他们通过社会性的活动与企业形成间接关系，如政府、社会团体、竞争对手等；(3) 首要的非社会利益相关者，他们对企业有直接的影响，但却不作用于具体的人，如自然环境等；(4) 次要的非社会利益相关者，他们不与企业有直接的联系，也不作用于具体的人，如环境压力集团、动物利益集团等等。②

米切尔评分法（score-based approach）是由美国学者米切尔等人于 1997 年提出来的，它将利益相关者的界定与分类结合起来，受到学术界和企业界的推崇，逐步成为利益相关者分类中最常用的方法，促进了利益相关者理论的应用与实践。③ 米切尔评分法操作简便，从合法性（legitimacy）、权力性（power）以及紧迫性（urgency）三个属性，对企业所有可能的利益相关者进行评分，然后根据分值高低判断其是否是企业的利益相关者及哪一类利益相关者。合法性指某一群体是否被赋予法律上的、道义上的或特定的对于企业的索取权，权力性指某一群体是否拥有影响企业决策的地位、能力和相应的手段，紧迫性是指某一群体的要求能否立即引起企业管理层的关注。④

---

① William Frederick，*Values*，*Nature*，*and Culture in the American Corporation*，New York：Oxford University Press，1995，p.16.

② David Wheeler，Maria Sillanpaa，“Including the stakeholders：the Business Case”，*Long Range Planning*，Vol.31，No.2，(April 1998)，pp. 205-206.

③ 付俊文、赵红：《利益相关者理论综述》，《首都经济贸易大学学报》2006 年第 2 期，第 19 页。

④ Ronald K. Mitchell，Bradley R. Agle，Donna J. Wood，“Toward a Theory of Stakeholder Identification and Salience：Defining the Principle of Who and What Really Counts”，*The Academy of Management Review*，Vol.22，No.4 (October 1997)，pp. 872-873.

根据米切尔评分法，要成为一个企业的利益相关者，必须满足和符合以上一个属性。从上述三个特性上评分以后，根据分值将企业的利益相关者分为三种类型：(1) 确定型利益相关者 (definitive stakeholders)，同时拥有合法性、权力性和紧迫性三个属性。他们是企业首要关注和密切联系的对象，典型的确定型利益相关者包括股东、雇员和顾客。(2) 预期型利益相关者 (expectant stakeholders)，拥有三种属性中的任意两种，与企业保持较密切的联系。例如：同时拥有合法性和权力性的群体有投资者、雇员和政府部门等；同时拥有合法性和紧急性的群体包括大众媒体和社会组织等；同时拥有紧急性和权力性、却没有合法性的这类群体 (如一些政治和宗教的极端主义者、激进的社会分子) 往往会通过一些比较暴力的手段来达到其目的。(3) 潜在型利益相关者 (latent stakeholders)，他们只具备三种属性中的其中一种。①

利益相关者概念和理论被提出后，逐渐被应用于与企业分析之外的领域。

1996 年，时任英国首相托尼·布莱尔在新加坡发表演讲时提到建立一种“利益相关者经济” (stakeholder economy)，在这种经济中，大家相互信任，并为之共同努力，从而实现共同受益。他认为，所有人都有机会通过贡献取得发展，没有哪个群体或阶级受到优待或排斥。② 通过布莱尔的演讲，利益相关者这一概念被更多的人所知晓和接受，同时也将利益相关者同国际关系结合起来。具体的表现之一是美国外交决策也受此影响，时任美国副国务卿罗伯特·佐利克 (Robert B. Zoellick) 于 2006 年 1 月访华期间曾发表言论称中美互为利益相关者③ (也被译为“利益攸关方”)。

---

① Ronald K. Mitchell, Bradley R. Agle, Donna J. Wood, “Toward a Theory of Stakeholder Identification and Salience- Defining the Principle of Who and What Really Counts”, *The Academy of Management Review*, Vol.22, No.4 (October 1997), pp. 873-878.

② 毛艳枫：《新工党国内经济政策中的布莱尔主义》，硕士学位论文，上海外国语大学国际关系专业，2007 年，第 60 页。

③ 澎湃新闻：《世行前行长佐利克：中美仍互为“利益攸关方”》，见 https://www.thepaper.cn/newsDetail_forward_6230807。

在国际关系领域，主权国家类似于市场中的企业，是一个具有特定利益目标（确保国家正常运转、经济发展和国家安全）的组织，在以国际法、国际机制和权力分配为基础的国际体系中自主进行外交决策、承担后果与风险，国家决策者作为主权国家重要的利益相关者代表国家进行决策，以确保国家利益得以实现。[①] 在经济学和管理学领域中，利益相关者受利害关系驱动，在国际关系领域，可以将这种利害关系类推为国际利益或行为体利益。

克劳斯·施瓦布（Klaus Schwab）认为，公司管理的利益相关者模式在更广泛的意义上也有助于推动全球治理，在解决问题时——无论是在一家公司、一个民间社会组织、一个民族国家、一个地区，还是在全球范围内——都可以通过考虑所有利益相关者在相关问题中的利益，并鼓励所有利益相关者参与解决问题的过程，以促进最有效地完成。[②] 多方利益相关者治理和解决问题的方法的挑战在于，不同的利益相关者是不同类型的团体或实体，它们所代表的利益不同，与其他实体沟通的方式也不同。例如，一家中型企业、一个工会、一个环保组织、一个县级政府、一所大学和一个商业协会，都是不同类型的实体，但它们都可能在某个特定的问题或情况下，因其所在的地点或重点而产生利害关系。因此，它们需要相互交谈和倾听。施瓦布据此设计了世界经济论坛（World Economic Forum）的雏形，使这种利益相关者之间的交流合作变成现实。[③] 施瓦布设计的这个平台使各方利益相关者之间的沟通成为可能，提供了一个让它们讨论共同责任的场所。在应对全球事件和在全球治理时应该集各方之力，包括主权国家政府、全球私营部门、企业、国际及地区组织、非政府组织、学术界等。然而，在多方利益相关者治理中，一个紧迫的问题是，任何一方都

---

① 高尚涛：《外交决策分析的利益相关者理论》，《社会科学》2016 年第 1 期，第 25—26 页。

② Klaus Schwab，Hein Kroos，Moderne Unternehmensführung im Maschinenbau，Frankfurt/Main-Niederrad：Maschinenbau-Verlag，1971.

③ Geoffrey Allen Pigman，*World Economic Forum. A Multi-Stakeholder Approach to Global Governance*，New York：Routledge，2007，p.10.

没有义务承诺提供资源，以执行某项承诺的成果，对于如何与全球公众分享审议和结果，也没有任何明确的规定。①

综上所述，利益相关者理论为经济学的企业管理和决策分析领域提供了一种分析框架，在企业治理领域的理论研究和实践中得到了广泛应用。在利益相关者理论成为经济学界和管理学界的研究热点以后，也逐渐被用于社会学和政治学等社会科学领域，包括对全球治理的研究。

全球教育治理作为全球治理的子领域，也是一种多元主体参与的治理，是多元主体追求公共利益，形成良性互动的关系的过程。任何治理如国家治理、地区治理抑或是公司治理都具有利益相关者多元协同治理的共同特征。② 全球教育治理也不例外，其治理主体具有多样性和多元化的特点，包含诸多利益相关者。全球教育治理各利益相关者有不同的利益诉求，他们之间相互制约、相互作用、相互联系、相互依存，结成了相对稳定和动态的体系网络。因此，利益相关者理论也可被用来分析全球教育治理的一些问题。

利益相关者理论能够使我们客观看待全球教育治理中主权国家、国际组织、跨国公司与其他行为主体之间的关系及利益冲突，构建一个全面协调且均衡的全球教育治理体系。以米切尔评分法提供的工具来看，主权国家是确定型利益相关者，具备合法性、权力性和紧迫性三个属性；国际组织是预期型利益相关者，合法性来自国际法、规章、协议、宣言、协定、条约、合作伙伴关系和政策倡议等，权力性是指他们追求的教育使命通常是国际社会珍视的目标③，国际组织可以在教育领域运用权威，产生广泛影响力；跨国公司和智库等是全球教育治理中的潜在型利益相关者，因为他们的种类多，数量大，对全球教育治理影响的内容和程度不同，通

① Harris Gleckman：Multi-stakeholderism：a corporate push for a new form of global governance，January 19，2016，见 https：//www.tni.org/es/node/22749。

② 陈伟光：《全球治理与全球经济治理：若干问题的思考》，《教学与研究》2014 年第 2 期，第 54 页。

③ 薄燕：《环境治理中的国际组织：权威性及其来源——以联合国环境规划署为例》，《欧洲研究》2007 年第 1 期，第 90 页。

常情况下只具备合法性、权力性和紧迫性三个维度之中的一个。①

这几类主体就是全球教育治理的核心利益相关者，通过合作互动共同参与全球教育政策讨论、制定与实施的活动，在全球教育治理中起着关键性作用。每个利益相关者都处于全球教育治理之中，只有通过所有参与者的互动与沟通，才能促进共同利益。全球教育治理的价值理念需要各利益相关者去倡导和拥护，全球教育治理的规则需要各利益相关者去制定和执行，全球教育治理的客体需要各利益相关者去规定和协商，全球教育治理各利益相关方付出的努力决定着全球教育治理的效果，决定全球教育治理的目标在多大程度上能得以实现。因此，在全球教育治理主体多元化的背景下，只有合理解决利益相关者的利益关切，优化利益相关者及其之间的关系，全球教育治理机制才能得以建构和发展，全球教育治理的目标才能得到更好的实现。

第四节　多维权力理论

如果说每个学科研究都有自身的第一要义，那么经济学以利益为重，社会学以公平为先，而权力则是政治学、国际关系与国际政治学领域的核心概念。随着全球治理的兴起，主权国家之外的各种治理主体以各种形式参与、掌控着各议题的治理活动，并与主权国家产生了深度互动。由此，权力的概念和作用扩展到主权国家的范围之外，主权国家之外的各类行为体在全球教育治理中拥有了相应的治理权力。本节介绍国际关系领域的多维权力理论，并指出其对分析全球教育治理问题的适用性。

多维权力理论最早源于美国著名政治学家史蒂文·卢克斯（Steven Lukes）1974 年提出的“三维权力观”。他在批判罗伯特·达尔（Robert Dahl）的一维权力观、彼特·巴卡拉克（Peter Bachrach）与摩尔顿·巴拉

① 薄燕：《环境治理中的国际组织：权威性及其来源——以联合国环境规划署为例》，《欧洲研究》2007 年第 1 期，第 91 页。

兹（Morton S. Baratz）的两维权力观的基础上提出了三维权力观，指出权力具有“三张面孔”（three faces of power）。

根据达尔的一维权力观，权力是这样一种能力：当A能够迫使B去做B本来不愿意去做的事情时，就可以说A对B有统治权。达尔的一维权力观集中关注的是那些体现在明显可见的冲突与遵循行为中的权力行为，它们存在于真实的决策或行动选择中①，这种权力观被卢克斯称为权力的“第一张面孔（the first face of power）”。巴卡拉克和巴拉兹认为权力具有“第二张面孔”，是通过“不决策”（non decision-making）、“动员偏见”（mobilization bias）和“议程控制”（agenda control）等途径让某些行为体获益而让另外一些行为体受损的权力。② 与达尔的权力观不同，这种权力观注意到了有意或无意地将某些问题排除出决策程序的权力，这是对达尔一维权力观的补充。

卢克斯对上述的一维权力观和两维权力观并不满意，原因有以下三点：一是二者受到了行为主义的过分约束。确切地讲，它依旧过多地受到那种对公开的“实际行为”进行研究的束缚，决策是个人在可供选择的办法之间自觉地进行选择，尽管那种体制的倾向性可能通过各种方式（这些方式既不是有意被选择的，同时也不是那些特定个体的选择所预期的结果）被动员、重构与加强。③ 二是“两维权力观”将权力与实际的、可以观察到的冲突联系起来。卢克斯认为，这种将实际冲突作为权力的本质要素的主张是不适当的，它忽略了一种状况，即最有效和最隐蔽的权力运用开始就会预先防止诸如此类的冲突产生。三是“两维权力观”强调的不决策的权力仅仅存在于那些被拒绝以各种议题的形式进入政治过程的愤恨之中。根据卢克斯的观点，通过塑造人们的感觉、认知与偏好使他们在像这

① Robert A. Dahl，“The Concept of Power”，*Systems Research and Behavioral Science*，Vol.2，No.3（February 1957），p.202.

② ［美］史蒂文·卢克斯：《权力：一种激进的观点》，彭斌译，江苏人民出版社2008年版，第13页。

③ ［美］史蒂文·卢克斯：《权力：一种激进的观点》，彭斌译，江苏人民出版社2008年版，第15页。

样的方式中接受他们在现存秩序状态中的角色，无论是在何种程度上防止人们形成愤恨，都是一种最为隐形的权力运用。① 由此，卢克斯在二者基础上引入另一个关键词“利益”，希望通过行为、结构、利益这三种维度来更加精确地研究权力。换而言之，他认为权力具有“第三张面孔”，即指那些通过塑造、影响人们的愿望、希望、认知、偏好等来控制人们的权力，也可称为“引起误导的权力（the power to mislead)”。② 在实际的政治生活中，这三种类型的权力都是客观存在的。

卢克斯的三维权力观注意到权力的多种表现形式，既包括那些可观察到的、表面的、与主观利益相联系的权力，也包括那些隐蔽的、潜在的、与客观利益相关的权力。③ 所以，这种多维权力观既适用于分析某个具体的行为体，也同样适用于分析全球治理这样的国际机制。④ 但是卢克斯的三维权力观没有注意到权力是一种关系，可以在非直接和扩散性的关系得以体现。也就是说，忽视了结构性权力的存在。⑤

在卢克斯三维权力观的启发下，费利克斯·贝伦斯科特（Felix Berenskötter）提出了国际关系研究中的“三维权力观”，即“赢得冲突”的权力、“限制替代方案”的权力和“塑造规范标准”的权力⑥，并试图以此来解释许多复杂的国际政治现象，在学界产生了重要的影响。

迈克尔·巴尼特（Michael Barnett）和雷蒙德·杜瓦尔（Raymond

---

① ［美］史蒂文·卢克斯：《权力：一种激进的观点》，彭斌译，江苏人民出版社 2008 年版，第 17—18 页。

② ［美］史蒂文·卢克斯：《权力：一种激进的观点》，彭斌译，江苏人民出版社 2008 年版，第 22 页。

③ Steven Lukes，“Nobody to shoot? Power，Structure and Agency：A dialogue”，*Journal of Power*，Vol.1，No.1（February 2008），pp. 5-20.

④ Steven Lukes，“Nobody to shoot? Power，Structure and Agency：A dialogue”，*Journal of Power*，Vol.1，No.1（February 2008），pp. 5-20.

⑤ Stefano Guzzini，“Structural Power：Limits of Neorealist Power Analysis”，*International Organization*，Vol.47，No.3（May 1997），pp. 443-478.

⑥ Felix Berenskötter，“Thinking about Power”，in Felix Berenskötter，Michael J.Williams（eds.），*Power in World Politics*，New York：Routledge，2007，p.1.

Duvall）将权力形式多样化的思想引入到全球治理的分析之中，并进一步提出了“四维权力观”，分别是：(1) 强制性权力（compulsory power），指那些因拥有某种资源优势而直接控制他人的权力，一些最著名和最广泛使用的权力定义（如韦伯的权力观）属于此种类型；(2) 制度性权力（institutional power），指那些通过规则、程序、制度来间接控制他人的权力；(3) 结构性权力（structural power），指那些可以定义他人的自我认知、能力和兴趣的结构及制度关系的权力；(4) 生产性权力（productive power），也被称作话语权，指通过系统的知识和话语体系的建构在更广的范围内实现控制的社会权力。①

表 2–7：巴尼特和杜瓦尔的“四维权力观”

		关系特异性	
		直接、特定的	间接、弥散的
权力的实现方法	特定行为者的互动	强制性权力	制度性权力
	社会关系的构成	结构性权力	生产性权力

资料来源：Michael Barnett，Raymond Duvall (eds.)：*Power in Global Governance*，Cambridge：Cambridge University Press，2005，p.12.

强制性权力显然是国际政治和全球治理中一种极为重要的权力形式。对许多现实主义和批判主义的学者来说，研究国际关系中的权力，就是要考虑一个国家如何能够利用物质资源来促进其利益，而这与另一个国家的利益是直接对立的。这种方法把研究注意力转向大国，特别是超级大国，能够利用其决定性的物质优势来决定全球治理的内容和方向，不仅可以决定要治理的领域，还可以直接“协调”较小国家的行动，使它们与自己的利益一致。② 强制性权力要求一个行为体直接控制另一行为体的条件和行

① Michael Barnett，Raymond Duvall (eds.)，*Power in Global Governance*，Cambridge：Cambridge University Press，2005，p. 12.

② Michael Barnett，Raymond Duvall (eds.)，*Power in Global Governance*，Cambridge：Cambridge University Press，2005，p.13.

为，而制度性权力则是行为体以间接方式控制其他行为体；结构性权力是在行为体之间直接的结构关系中进行的行为体身份与利益的建构，关注结构内部的相互建构性关系对行为体社会身份的界定。① 这使得它与制度性权力有很大不同。制度性权力侧重于对利益寻求行为的制约，而结构性权力则关注社会能力和利益的决定。②

生产性权力和结构性权力在一些重要方面存在着相互交叉重叠，两者都关注构成性的社会过程，这些过程本身不受特定行为者的控制，但只有通过行为者有意义的实践才能实现。两种权力都关注行为者的社会能力是如何在社会中产生的，以及这些过程如何塑造行为者的自我理解和感知的兴趣。两种权力概念都不依赖于表达冲突的存在，尽管二者都认为抵抗对于理解变化至关重要。有所不同的是，结构性权力通过直接的结构性关系发挥作用，而生产性权力则需要更广泛和分散的社会过程。③

德国学者巴贝特·纳夫尔（Babette Never）在分析全球气候治理时将多元化治理主体的权力形式分为三种：（1）手段性权力，即那些直接影响其他主体的权力运行或采取强制手段实现自身目的的权力，具有直接性和强制性特点；（2）结构性权力，指那些按照自己意图改变其他行为体的权力运行的环境以及必须遵循的机构规则的权力，具有间接性特点；（3）话语权，意味着间接塑造其他行为体对自身的认知、感受或影响其他行为体确定权力运行领域先后排序的权力，具有隐蔽性、扩散性的特点。④

苏珊·斯特兰奇（Susan Strange）从国家与市场、政治与经济的互

① Michael Barnett，Raymond Duvall（eds.），*Power in Global Governance*，Cambridge：Cambridge University Press，2005，p.13.

② Michael Barnett，Raymond Duvall（eds.），*Power in Global Governance*，Cambridge：Cambridge University Press，2005，pp.13-14.

③ Michael Barnett，Raymond Duvall（eds.），*Power in Global Governance*，Cambridge：Cambridge University Press，2005，p.15.

④ Babette Never，"Power in global climate governance"，In Oliver Ruppel，Christian Roschmann，Katharina Ruppel-Schlichting（eds.），*Climate change：international law and global governance*，Baden-Baden：Nomos Verlag，2013，pp. 217-234.

动关系及权力的来源角度出发，将全球政治经济中的权力分为两种——联系性权力（relational power，也被译为“关系性权力”）和结构性权力（structural power）。她认为，联系性权力是指 A 靠权力使 B 去做他本来不愿意做的事；结构性权力则是形成和决定全球各种政治经济结构的权力。通俗地说，结构性权力就是决定办事方法的权力，也就是构造国家之间的关系，国家与人民之间关系或者国家与公司企业框架的权力。[①] 比如说，在拳击比赛中，身强力壮的选手靠力量把弱小的选手打败，我们可以说他拥有联系性权力；如果某位选手掌握了制定比赛规则的权力，那么他就拥有了结构性权力。在这两种权力中，斯特兰奇认为结构性权力比联系性权力更为重要，具有“优先性”[②]。结构性权力是分散和隐含的，不存在于单一的结构中，而是存在于安全、生产、金融与知识四个各不相同但互相联系的结构组成。

对此，斯特兰奇巧妙地设计了一个棱锥型四面体来展示她的结构性权力理论模型，这个四面体的每一个面代表安全结构、生产结构、金融结构与知识结构中的一种，每一个面都与其他三个面相接触，权力是通过这四种结构对特定关系产生影响的，每一面都需要受到其余三个面的支持、参与和阻碍。[③]

多维权力理论指明了权力表现形式具有多样性的特点。除此之外，上述多维权力理论还隐含着权力的另外两个特点[④]：其一，要考察权力的具体表现形式，必须与特定的议题结合才有意义，即权力不是绝对的，而是有具体使用领域的。例如，在全球经济治理中，经济大国通常拥有绝对

---

① ［英］苏珊·斯特兰奇：《国家与市场》，杨宇光译，上海人民出版社 2002 年版，第 20 页。

② ［英］苏珊·斯特兰奇：《国家与市场》，杨宇光译，上海人民出版社 2002 年版，第 23 页。

③ ［英］苏珊·斯特兰奇：《国家与市场》，杨宇光译，上海人民出版社 2002 年版，第 20—21 页。

④ Michael Barnett，Raymond Duvall (eds.)，*Power in Global Governance*，Cambridge University Press，2005，pp.16-17.

权力，而在全球教育治理中，经济大国的权力往往是相对的。其二，权力使用的状态（意愿）是有差别的。有学者以使用权力的状态为依据，将权力分为积极权力和消极权力。也就是说，存在这样的情况：在某一领域或议题上拥有某种形式的权力，却不积极运用权力去影响他人，而是采取消极姿态。综上所述，多维权力理论的权力分析是由权力形式、权力作用具体领域和权力使用的意愿三维“坐标轴”构成的。

由此可见，多维权力理论可以被用来分析全球教育治理的相关问题。在多维权力理论视角下，全球教育治理表现为治理主体在具体教育治理领域中的权力表现形式，以及权力使用意愿的变化或权力作用的互动和博弈。在此，借鉴纳夫尔的治理权力分析框架，权力的表现形式大致可以分为三种：手段性权力、结构性权力和话语权。① 权力使用意愿有积极和消极之分。对于权力作用具体领域而言，当前的全球教育治理不单指国家治理主体为应对教育问题采取集体治理行动，而是扩展为超越民族国家的全球治理，是包含主权国家和非国家行为体在内的，多层次、分散化地应对全球教育问题的治理行动。

自国家体系诞生以来，不论国际格局如何变迁，主权国家永远是国际舞台上不可忽视的主角。由于其在资源掌控性和合法性（有资格签署国际条约 / 宣言的合法身份）与行动实践能力上具有其他主体难以比拟的优越性，国家成为参与全球教育治理的主导型力量，同时承担着全球教育治理的主要责任和义务。

在全球教育治理中，发达国家的手段性权力强。例如，作为世界最大的经济体和军事强国，美国在教育治理上具有其他国家无法比拟的资源优势，因此，美国在全球教育中拥有强大的手段性权力和结构性权力。然而。至今美国并未在解决全球教育问题中积极、妥善、合理地使用其先天性的权力。2017 年 10 月，美国退出联合国教科文组织（UNESCO）破坏

---

① Babette Never，“Power in global climate governance”，In Oliver Ruppel，Christian Roschmann，Katharina Ruppel-Schlichting（eds.），*Climate change：international law and global governance*，Baden-Baden：Nomos Verlag，2013，pp. 217-234.

了美国长久以来的领导地位，同时动摇了美国在文化遗产保护和国家间教育的地位。[①] 这是继 1984 年 12 月之后美国第二次直接宣布退出联合国教科文组织，反映出美国对国际社会共同关注的重点教育问题缺乏治理意愿，也说明美国有脱离前期治理成果和“另起炉灶”的意图。目前，美国参与全球教育治理的做法趋于提供国际教育援助，态度较为消极和保守，美国没有发挥权力大国的力量，引领和从正面推动全球教育治理，构建世界教育新秩序，而是扮演“拖后腿”的角色，是治理权力强大但却消极使用权力的典型代表。

教育问题的全球性特征决定了任何法律、规章、协议、宣言、协定、条约和政策倡议如果没有发展中国家的积极参与，都无法达到预期目标。虽然发展中国家的经济和军事等“硬实力”与发达国家仍然存在很大差距，但是随着发展中国家经济的快速发展及其对教育问题的持续重视，可以说发展中国家在教育议题上也已经拥有了越发强大的结构性权力。涉及全球教育治理的政策和措施一旦制定，需要各主权国家的政府来落实执行，涉及全球教育治理的具体项目也都需要主权国家提供支持和响应。

除主权国家以外，国际组织也在全球教育治理中发挥着举足轻重的作用。随着全球教育治理的不断深入，国际组织的结构性权力和话语权呈上升趋势，但权力领域较为有限，权力意愿趋于分化。根据巴尼特等学者的观点，国际组织的权力来源于自身被赋予的理性——合法性权威，而这种权威使得它们能够利用话语资源和制度资源，劝诱其他行为主体尊重其理念和行动。[②]

政府间国际组织是全球教育治理领域的关键主体，其促进全球教育治理的最早努力可以追溯到联合国教科文组织宪章（Constitution of UNESCO）和《世界人权宣言》（*Universal Declaration of Human Rights*）。

---

① 观察：《美国宣布退出联合国教科文组织：不满教科文对以色列有偏见》，2017 年 10 月 12 日，见 http：//www.xinhuanet.com/world/2019-01/03/c_1210028955.htm。

② ［美］迈克尔·巴尼特、玛莎·芬尼莫尔：《为世界定规则：全球政治中的国际组织》，薄燕译，上海人民出版社 2009 年版，第 29 页。

这两项章程均阐明了教育的基本原则，即教育是一项基本人权，教育有助于实现世界和平。此后，教育作为一项基本人权的原则一再在各种法律框架得到确认，包括《儿童权利公约》(1989）及《残疾人权利公约》(2006）等，并对许多国家的国内法及教育政策的制定产生了重大影响。[①] 联合国教科文组织自成立以来对国际教育作出了突出贡献，在国际教育界占据权威地位，是联合国系统中在国际教育领域中的“牵头机构”或“枢纽机构”。[②] 它在全球范围内拥有众多地区、次地区及国家办事处，其会员国均设有专门的处理联合国教科文组织工作事务的全国委员会。[③]

由此可见，联合国教科文组织不仅具备参与和推动全球教育治理的结构性权力，还拥有提出同特定规范性主张相关的合法性话语的能力，旨在推进新的治理政策与规范在全球范围内扩散，具有较强的号召力与影响力。此外，联合国教科文组织等政府间国际组织还通过严谨的科学研究和发布系统性追踪报告来提升其认知性影响力。更有越来越多的国际非政府组织开始通过正式和非正式的互动渠道提升自身在全球教育治理中的影响力，不仅提升了各方信息交流的透明度，而且为全球教育问题提供大量新的解决方案。作为全球化最重要的载体之一，跨国公司在参与全球教育治理时掌握着“决定办事方法”和在全球体系中“谁获得什么”的结构性权力。[④] 依照苏珊·斯特兰奇结构性权力分析框架，跨国公司具备安全结构权力、生产结构权力、金融结构权力与知识结构权力。在功能领域，例如金融、经济、环境和教育问题上，跨国公司往往比有些主权国家具有更强

---

① Kazuo Kuroda：Globalization and Development of Global Governance in Education：Implications for Educational Development of Developing Countries and for Japan's International Cooperation. 11th Japan Education Forum：International Cooperation toward self-reliant educational development，2014 年 2 月 19 日，见 https：//home.hiroshima-u.ac.jp/cice/wp-content/uploads/2015/09/JEF-E11-8.pdf。

② 杜越：《联合国教科文组织与全球教育治理——理念与实践探究》，教育科学出版社 2016 年版，第 140 页。

③ 杜越：《联合国教科文组织与全球教育治理——理念与实践探究》，教育科学出版社 2016 年版，第 140 页。

④ 黄河等著：《跨国公司与全球治理》，上海人民出版社 2018 年版，第 21 页。

大的专业知识储备；其次，跨国公司比主权国家更具有价值中立的优势①。

第五节 世界文化理论

世界文化理论（World Culture Theory），又称“世界社会理论”（World Society Theory）、“社会学制度主义”或“新制度主义”理论②，是一种用来分析和解释教育在世界范围得到制度化、标准化、趋同化的社会学新制度主义理论流派，其主要代表人物是斯坦福大学的迈耶尔（John W. Meyer）和拉米瑞兹（Francisco O. Ramirez）。以他们为首的研究团队（笔者下面将其称作斯坦福学派）通过大规模的（覆盖数十个甚至上百个国家和地区）、历时性（跨越很长的历史时期）的跨国比较调查和数据分析发现，教育在全球范围内出现了趋同化和标准化的现象，亦即他们所说的制度化。这种现象很难通过传统的功能主义理论、世界体系理论和文化主义理论得到合理的解释。为此，斯坦福学派提出了社会学新制度主义的理论解释，即：将此视为是源自西方的世界文化模式以及作为其构成部分的教育在世界范围内得到制度化的结果。换句话说，民族国家为了得到国际社会的认可，主动模仿和借鉴国际组织和知识共同体所推广的世界文化模式（包括国家模式和教育模式），因此出现世界范围内教育趋同发展的情况。下面，我们具体看一下他们所发现的教育在全球范围内标准化和制度化的

---

① 蔡翠红：《高科技跨国公司的全球影响力探究》，《人民论坛》2019 年第 12 期，第 34—37 页。

② “世界文化”和“世界社会”都是对“world polity”一词的“翻译”或者说解读，因为迈耶尔等人使用的“world polity”概念并不是指世界政治，而是将其理解为一种源自西方社会的普世的文化秩序或模式，而且新制度主义者所说的“制度”不仅包括正式规则、程序、规范，而且还包括为人的行动提供“意义框架”的象征系统、认知模式和道德模板等，接近于“文化”的含义，所以，“世界文化”这一译法更为妥当。德国对于迈耶尔等人著作的翻译使用的便是世界文化（Weltkultur）的译法，参见 John W. Meyer，*Weltkultur. Wie die westlichen Prinzipien die Welt durchdringen*，Frankfurt am Main：Suhrkamp，2005，p. 9. 有意思的是，虽然许多外部的学者将其理论称为“世界文化理论”，但是，斯坦福学派自己却很少使用这个概念，而是更倾向于使用社会学制度主义或新制度主义理论或视角等表述。

表现及其理论解释。

一、教育在世界范围内标准化的表现

教育在世界范围内的制度化（institutionalization）、标准化（standardization）、同质化（homogenization）表现在民族国家教育体系的基本结构、内容与教学和教育组织与管理等多个方面。

就基本结构而言，绝大多数国家都把教育视为基本的人权，主张教育公平，禁止各种类型的歧视，致力于普及义务教育和大众教育；各国都出现了从中等教育到高等教育阶段的教育扩张；女性参加高等教育的比例在世界范围内普遍增加；要求保证平等受教育权利和禁止歧视成为世界性趋势；各国普遍采用联合国教科文组织推荐的"6–3–3"式初级和中级教育学制，排挤了各国对学制阶段的不同划分。①

就内容与教学而言，世界各国的教育越来越多地向全球标准化的课程靠近，不仅学校的授课科目，而且各科目所分配的时间惊人的相似；数学和自然科学作为中小学教学科目的设立和普及，以及在科学教学法上普遍更注重将孩子作为主动学习者，远离先前科学教育注重将科学作为标准事实传授给学生的做法；告别传统的历史和地理科目，转向美国式的"社会研究"；公民教育的课程内容从完全聚焦本国转为同样重视全球问题和国际组织；大学的历史课程从聚焦西方文明转向关注国际、世界历史和本地历史，从关注政治和军事精英转向市民社会的行为者；② 中学社会科学课程更多地关注人权话题等。③

---

① John W. Meyer，Francisco O. Ramirez，"The world institutionalization of Education"，In Jürgen Schriewer (ed.)，*Discourse Formation in Comparative Education*，2nd edition，Frankfurt am Main：Lang，2003，pp.121-122.

② John W. Meyer，Francisco O. Ramirez，"The world institutionalization of Education"，In Jürgen Schriewer (ed.)，*Discourse Formation in Comparative Education*，2nd edition，Frankfurt am Main：Lang，2003，pp.123-124.

③ John W. Meyer，Patricia Bromley，Francisco O. Ramirez，"Human Rights in Social Science Textbooks：Cross-National Analyses，1970-2008"，*Sociology of Education*，Vol.83，No.2 (May 2010)，p.111.

就教育组织和管理而言，目前尚缺少有关教育资助和治理的标准化模式的扩散以及随之而来的全球相似性的证据。不过，国家控制教育的模式仍是长期的趋势，随着时间的推移，设立教育部负责教育管理的国家比例提高了，教育部变成一种在全球范围内普遍采用的制度。此外，在地方学校和教室中可以看到教育管理的核心方面。这里的趋同性趋势表现在以下方面：与组织教学的其他形式相比，班级授课的原则遍布全球，尝试改变这一原则的做法都失败了。人们几乎在世界各地都可以看到经受过专业训练的、在某种程度上独立工作的教师。专业化教师培养的标准化模式取代了淡化教学技能的努力，越来越高水平的毕业证书越来越得到重视。①

此外，教育发展的目标在全世界变得相似，对于重要问题的界定和对通过教育计划达到的解决方案也变得全球相似。例如，有关权利、公平和正义的讨论源自对种族、性别、民族、阶级、残疾的多样性的尊重。有关成就的讨论强调标准、努力、表现、卓越，并注重产出。全世界对参与、权利和良好公民的重视带来了对公民教育课程的兴趣。受到经济全球化、国际竞争和提高生产力对于国家的价值等力量和观念的影响，当前各国教育改革议程中都重视科学和科学成绩。②

二、教育在世界范围内标准化的理论解释

如何解释世界范围内出现的教育趋同化和标准化的现象呢？斯坦福学派在作出新制度主义的理论解释之前，先是指出了现有理论的不足。他们所批评的现有理论主要包括功能主义理论、世界体系理论和文化主义理论。

在功能主义理论中，偏右的“社会秩序理论”认为，特定民族国家

① John W. Meyer，Francisco O. Ramirez，“The world institutionalization of Education”，In Jürgen Schriewer (ed.)，*Discourse Formation in Comparative Education*，2nd edition，Frankfurt am Main：Lang，2003，pp.125-126.

② John W. Meyer，Francisco O. Ramirez，“The world institutionalization of Education”，In Jürgen Schriewer (ed.)，*Discourse Formation in Comparative Education*，2nd edition，Frankfurt am Main：Lang，2003，p.127.

的需求和利益决定教育的性质、发展和变迁。而偏左的“阶级或精英再生产理论”则指出，教育服务于统治阶层或精英阶层的利益和需求。不同的社会或统治精英有不同的人员要求，教育体系培养下一代以满足这一需要。不过，两者的共同之处在于，它们都将国家视为是一种边界清楚的社会系统，而教育紧紧地嵌入国家社会文化系统中。因为国家与国家之间在经济、政治和文化方面存在着巨大的差异，他们的教育也该相互存在差异，而非是相同。因此，功能主义理论不能解释教育在全球范围内的标准化现象。①

在世界体系理论（World System Theories）框架下，社会和教育都被组织在一种全球的政治经济体系之中，并受到这一体系中不平衡的权力、利益和需求的影响。这种理论强调基于世界经济的全球不平等，处在世界社会中心的教育和处在边缘的教育发展存在差异。有观点甚至认为，中心国家会压制边缘地区的教育发展。根据这种理论，全球的力量会带来世界不同地区有不同教育的结果。因此，这种理论自然难以解释教育在全球范围内的标准化现象。②

文化主义理论保留了国家的分析单位或者国家层面以下的分析单位，但是以文化主义或现象学的理解方式取代了现实主义的理解。这种理论认为，教育体系反映出民族国家社会特有的文化价值观念，并不必然反映功能性的要求或者权力 / 利益体系。一大部分历史性的教育研究都是采取这种工作方式。它们倾向于强调民族国家教育体系的独特性（uniqueness of national educational systems）和一个国家独特的发展路径，并将其归因于不同国家在宗教、政治、文化等方面的差异。因此，这种理论也无法解释

① John W. Meyer，Francisco O. Ramirez，“The world institutionalization of Education”，In Jürgen Schriewer（ed.），*Discourse Formation in Comparative Education*，2nd edition，Frankfurt am Main：Lang，2003，pp.112-113.

② John W. Meyer，Francisco O. Ramirez，“The world institutionalization of Education”，In Jürgen Schriewer（ed.），*Discourse Formation in Comparative Education*，2nd edition，Frankfurt am Main：Lang，2003，pp.113-114.

教育的全球趋同现象。①

与这些理论相比，社会学新制度主义理论将民族国家视为嵌入世界社会（即民族国家体系）之中。这些国家在资源、权利和文化方面存在差异，但是拥有形式上相同的权利（责任、追求、目标与策略）。例如，所有的国家都追求经济发展，而且对经济发展的衡量也是以标准化的方式来进行，比如以人均国民收入来衡量。几乎每个国家都有宪法，赋予其国民正式的权利，将其视为有权获得发展的公民。所有的国家都重视教育，将其视为实现所希望的国家发展和个人发展的重要手段。这一点与全球范围内标准化的观念相一致。教育是现代社会或现代民族国家之文化模式的一个核心的组成部分。教育并不是对当地的独特的社会现实的一种回应，而是遵循着相似的发展目标以及相似的实现目标的策略，因此世界各国的教育变得趋同。教育政策和当地现实之间的松散连接是可以预期出现的结果，甚至可以说下述进程的一个必然结果，即：作为民族国家标准化和教育同质化的全球压力的一种不可避免的后果。②

随着时间的推移，趋向民族国家标准化的全球压力毫无疑问在增大，其原因有以下五点：第一，就交流和交往而言，世界比以往更多地融合在一起。第二，有关民族国家的规范模式，包括其恰当的目标、本质、公民权利等得到了进一步加强，进而影响到了教育。第三，有关目标和手段影响链的社会科学观念（例如教育领域的人力资本革命）象征性地将教育更加紧密地与个人和集体的目标追求联系在一起。第四，有关教育体系的专业化模式随着时间进一步扩大了影响，引起了全球范围内在专业和组织方面的融合。第五，有关民族国家、公民、人权和教育的信条作为个人和集体的善已经在具体的全球性组织中得到了制度化，如世界银行、联合国教

① John W. Meyer，Francisco O. Ramirez，"The world institutionalization of Education"，In Jürgen Schriewer (ed.)，*Discourse Formation in Comparative Education*，2nd edition，Frankfurt am Main：Lang，2003，p.114.

② John W. Meyer，Francisco O. Ramirez，"The world institutionalization of Education"，In Jürgen Schriewer (ed.)，*Discourse Formation in Comparative Education*，2nd edition，Frankfurt am Main：Lang，2003，pp.115-116.

科文组织、联合国的其他组织、经合组织及其他全球性和区域性组织，还有数量不断增加的政府间国际组织和国际非政府组织。①

迈耶尔和拉米瑞兹分析了那些有助于教育模式在全球范围内得到扩散的机制：首先，在一个等级化的世界体系，发达国家的教育模式成为供其他国家复制的典范。历史上，美国和欧洲国家对德国教育制度的借鉴，欧洲对美国教育制度的借鉴，和世界对日本教育制度的借鉴都是这方面的例子。其次，国际组织大力推广明确定义的教育模式，这些教育模式被认为可以更好地解决教育问题。这自然也会影响到民族国家的教育政策和实践。最后，也是最重要的一点就是，教育作为一个理性化的制度变得更加科学化，教育实践者变得更加专业化。对教育的专业化的精细分析扩散到全球，带来标准化。对教育的专业化和科学化加快了世界范围内的沟通和标准化，后者进而促进了前者的发展。这些进程相互影响和加强。②

迈耶尔和拉米瑞兹将自己的论点总结如下：(1) 19 世纪和 20 世纪出现的有关民族国家、大众教育、高等教育的理性化模式生成了一系列的制度，其所具有的跨国同质性超过了人们基于民族国家社会和文化现实差异所设想的样子。(2) 全球模式随着时间的推移对民族国家教育体系发挥着越来越大的影响，这带来了越来越快的扩散和标准化。(3) 教育模式越来越多地由国际组织和教育科学专业人士扩散，越来越少地直接从中心国家向边缘国家扩散。(4) 特殊的、内部的、民族国家的政治、社会和经济特征对民族国家教育体系的影响随着时间在下降。(5) 民族国家教育体系的变迁在很大程度上越来越多地取决于该国与世界社会联系的强度和性质。一个国家与世界社会越多地联系在一起，与其组织上的承载者联系在一起，其教育体系就越多地与全球模式相一致，并且其变迁也会与世界模式

---

① John W. Meyer，Francisco O. Ramirez，“Die globale Institutionalisierung der Bildung”，In John W. Meyer，*Weltkultur. Wie die westlichen Prinzipien die Welt durchdringen*，Frankfurt am Main：Suhrkamp，2005，p.218.

② John W. Meyer，Francisco O. Ramirez，“Die globale Institutionalisierung der Bildung”，In John W. Meyer，*Weltkultur. Wie die westlichen Prinzipien die Welt durchdringen*，Frankfurt am Main：Suhrkamp，2005，pp.219-220.

变迁的方向相一致。①

斯坦福学派的研究引起了学界广泛的关注，也受到了许多学者的批评。学者们认为他们忽视了不同国家和文化之间在教育方面的显著差异。② 斯坦福学派并不否认差异的存在，只是将其视为是对“普世性的全球模式”的一种偏离。这种现象被他们称为“松散的连接”（loose coupling）。民族国家仅仅是出于合法化的需要想要表明自己采用了全球模式，但落实的结果出现了偏离。迈耶尔和拉米瑞兹指出，教育标准化（educational standardization）是一个手动的剪切和粘贴的过程，至于具体什么被剪切和多么准确地得到了粘贴呈现出多样性。鉴于不同国家和不同时代之间的区别，各种所观察到的趋向于教育同型（educational isomorphism）的趋势就越发显得醒目了，它们指向了教育在全球的制度化。③ 斯坦福学者还援引全球本土化（Glocalization）的概念来说明教育模式扩散和传播过程中被本土调适的机制。④

这里需要指出的是，世界范围内的教育出现趋同发展的现象并不是始于全球教育治理的出现。不过，全球教育治理无疑对此进程起到了推动和加速的作用。正如两位作者所说：在世界社会的框架下，想要成为一个民族国家以及想要和其他民族国家竞争的努力导致民族国家采用非常相似的做法，而且都喜欢采用非常相似的策略，例如教育。这一过程在 19

① John W. Meyer，Francisco O. Ramirez，“Die globale Institutionalisierung der Bildung”，In John W. Meyer，*Weltkultur. Wie die westlichen Prinzipien die Welt durchdringen*，Frankfurt am Main：Suhrkamp，2005，p.221.

② Kathryn M. Anderson-Levitt，A World Culture of Schooling? In Kathryn M. Anderson-Levitt (ed.)，*Local Meaning*，*Global Schooling. Anthropology and World Culture Theory*，New York：Palgrave Macmillan，2003，pp. 1-26.

③ John W. Meyer，Francisco O. Ramirez，“The world institutionalization of Education”，In Jürgen Schriewer (ed.)，*Discourse Formation in Comparative Education*，2nd edition，Frankfurt am Main：Lang，2003，p.128.

④ John W. Meyer，Francisco O. Ramirez，“The world institutionalization of Education”，In Jürgen Schriewer (ed.)，*Discourse Formation in Comparative Education*，2nd edition，Frankfurt am Main：Lang，2003，p.19.

世纪和 20 世纪出现了导致制度同型发展（institutional isomorphism）的压力。二战后有影响力的国际组织的出现以及世界范围内共同的科学和专业团体及意识形态权威的确立，极大地增强了教育模式国际扩散和标准化的压力。①

本节介绍的世界文化理论与前面介绍的四种理论有所不同，它不需要从外部移植过来，本身已经包含对全球教育发展问题的分析和解释。虽然它并非专门针对全球教育治理提出，作者也没有使用全球教育治理的概念，但是，他们所分析的确实是全球教育治理的问题，涉及全球教育治理的影响机制和效果，即全球教育治理所加强的全球教育趋同发展的影响以及作为世界文化倡导者和推动者的国际组织和非政府组织在其中所发挥的作用。

---

① John W. Meyer，Francisco O. Ramirez，“The world institutionalization of Education”，In Jürgen Schriewer (ed.)，*Discourse Formation in Comparative Education*，2nd edition，Frankfurt am Main：Lang，2003，p.130.

第三章　国际组织与全球教育治理

当前，全球化进程不可避免，教育交流日益广泛，教育政策制定不再仅仅是民族国家内部的事情，教育全球治理势在必行。全球教育治理是国际组织、各国政府以及公民为最大限度地实现共同教育利益而进行的民主沟通、协商与合作，其中国际组织是全球教育治理的重要参与主体。在解决全球性教育问题、促进世界教育发展方面，国际组织的作用日益提升，已成为21世纪人类教育发展的重要力量。在当前，对国际组织和教育发展的研究逐渐得到比较教育学者的重视，研究成果也在不断增多。本章选取了五个具有较大影响力的政府间国际组织，对其全球教育治理的活动进行了研究，它们是：联合国教育、科学及文化组织（United Nations Educational，Scientific and Cultural Organization，以下简称UNESCO，“联合国教科文组织”或“教科文组织”）、联合国儿童基金会（United Nations Children's Fund，以下简称UNICEF或“儿基会”）、世界银行（World Bank，以下简称“世行”）、经济合作与发展组织（Organization for Economic Cooperation and Development，以下简称OECD或“经合组织”）以及欧洲联盟（European Union，以下简称“欧盟”）。

第一节　联合国教科文组织与全球教育治理

在众多国际组织中，无论是从法律地位方面还是从政策影响上来讲，教科文组织都扮演着全球领导者的角色。教科文组织在全球教育治理方面也发挥了极大的作用，不仅为全球教育治理提供了交流和协商的平台，而且其原创性思想理论，如终身教育、全民教育，也一直引领着全球教育的发展方向。

一、联合国教科文组织参与全球教育治理的历史

教科文组织的自我定位是“教育思想的实验室、教育信息交流中心、教育标准的制定者、教育能力的建设者以及教育国际合作的促进者”①。回顾历史，成立70多年来，教科文组织对教育领域的关注始终一脉相承，但各个时期均呈现出不同特点。

（一）20世纪40—50年代：从价值性目的出发，提出“基本教育”理念

1945年11月伦敦会议的胜利展开标志着教科文组织的正式诞生，该组织的诞生与第二次世界大战有着密不可分的关系，因此，教科文组织自诞生之日起便被赋予了和平和自由的含义。作为教科文组织第一任总干事，朱利安·赫胥黎（Julian Huxley）认为“教科文组织应赋予所有个体人的尊严、相互的尊重和均等的受教育机会。”②一时间，教科文组织的自由精神吸引着满怀希望的来自世界各地的知识精英，他们积极推动着教科文组织对自由和平等的追求。根据这一初衷，教科文组织一直坚持不懈地致力于“促进男女平等、建立男女心中的和平”。

1945年，教科文组织成立了“基本教育”专门委员会，同时强调“基本教育不仅仅是一场扫盲运动，而且应该含纳社会中的所有成员（儿童、成人、妇女和男人），为他们提供与人类基本活动相关的最为基本的教育。”③

---

① 杜越：《联合国教科文组织与全球教育治理——理念与实践探究》，教育科学出版社2016年版，第43页。

② Julian Huxley，UNESCO：*Its Purpose and Its Philosophy*，Washington，D.C.：The Public Affairs Press，1948，pp.5-6.

③ 滕珺：《价值理性与工具理性的抉择——联合国教科文组织教育政策的话语演变》，《教育研究》2011年第5期，第92—100页。

1952 年 7 月，由教科文组织和国际教育局（International Bureau of Education）召集的国际公共教育第 15 届大会认为“每个人不分性别，应当享有《世界人权宣言》赋予的所有权利和自由，并且这种平等性适用于各个领域，尤其是教育领域”。大会还向各国教育部提出了关于促进女童和妇女接受各类教育的建议和计划，具体包括基础教育、职业教育和高等教育。① 1960 年，教科文组织在巴黎举行的第十一届会议上回顾了 1948 年联合国提出的《世界人权宣言》中“人人享有接受教育的权利”及“确保所有儿童接受小学免费义务教育的权利”等规定，同时通过了《反对教育歧视公约》。该公约提出“联合国教育、科学及文化组织在尊重各国不同教育制度的同时，不但有义务禁止任何形式的教育歧视，而且有义务促进人人在教育上的机会平等和待遇平等”。② 教科文组织自其成立到 20 世纪五六十年代，一直坚持平等、自由的初衷，致力于促进个人的人权受到普遍的尊重。

（二）20 世纪 60 年代：从工具性目的出发，提倡教育的经济价值

20 世纪 60 年代左右，声势浩大的民族独立运动在世界范围内开展，大批新独立的民族和国家要求加入教科文组织。截止到 1962 年，共有 26 个新独立的国家加入教科文组织，占其会员国总数的近 1/4。③ 但政治的独立并不等于社会和经济的独立，要想获得真正的独立，这些国家必须解决经济和社会发展的问题。与此同时，西奥多·威廉·舒尔茨（Theodore William Schultz）的“人力资本理论”正在西方社会广为流传。舒尔茨认为，人力资本（Human Capital）主要指凝集在劳动者本身的知识、技能及其所表现出来的劳动能力，这是现代经济增长的主要因素，是一种有效

① 赵中建：《全球教育发展的历史轨迹：联合国教科文组织国际教育大会建议书专集》，教育科学出版社 2005 年版，第 102—107 页。

② UNESCO：Convention against Discrimination in Education，1960 年 11 月 4 日，见 https：//unesdoc.unesco.org/ark：/48223/pf0000132598/PDF/132598eng.pdf.1960-11-04/。

③ 滕珺：《价值理性与工具理性的抉择——联合国教科文组织教育政策的话语演变》，《教育研究》2011 年第 5 期，第 92—100 页。

率的经济。[①] 因此，教育被认为是经济增长的重要投资，教科文组织教育政策的制定更倾向于促进独立国家经济和社会发展。

在此背景下，教科文组织开始了针对亚非拉的扫盲活动，先后发布了“卡拉奇计划”（Karachi Plan，1960）、“亚的斯亚贝巴计划”（Addis Ababa Plan，1961）和“圣地亚哥计划”（Santiago Plan，1966）。该时期的行动纲领一开始以“基础性扫盲”为主要目标，旨在通过读写算技能的获取满足个人最基本的学习和生活需求。[②]1965 年由教科文组织和国际教育局召集的国际公共教育大会第 28 届会议在日内瓦（Geneva）召开，会议正式提出“要积极努力提高扫盲教育和成人教育。由于文盲中女性所占比例较高，因此应重视女童和妇女的扫盲教育，并应该为此而创造各种必需的条件，以确保尽可能在相同的条件下给予女性与男性以同样的教育。”[③] 20世纪60年代后期，扫盲目标开始呈现出“功能性扫盲”的特征，并开始着重强调扫盲是追求社会经济发展的关键战略。

（三）20 世纪 70—80 年代：随着终身教育和女性主义的兴起，价值理性回归

终身教育（Lifelong Education）最早出现在 1965 年 12 月教科文组织成人教育计划处处长保尔·朗格朗（Paul Lengrand）向第三届国际成人教育会议提交的一份报告中，他认为“终身教育所意味的，并不是指一个具体的实体，而是泛指某种思想或原则，或者说是指某种一系列的关系与研究方法。概括而言，也即指人的一生的教育与个人及社会生活全体的教育的总和。”[④] 此后，终身教育理论在教科文组织内部兴起，并逐渐占据主流地位。与此同时（20 世纪 60—70 年代），国际上正在兴起第二次女性主义思潮。与第一次女性主义思潮单纯强调教育权利平等不同的是，第二次

---

① 段钢：《人力资本理论研究综述》，《中国人才》2003 年第 5 期，第 26—29 页。

② 欧阳忠明、黄慧：《扫盲教育：逐渐走向时代终结？——基于联合国〈阅读过去，书写未来——扫盲五十年〉的思考》，《现代远程教育研究》2018 年第 2 期，第 53—64 页。

③ 赵中建：《全球教育发展的历史轨迹：联合国教科文组织国际教育大会建议书专集》，教育科学出版社 2005 年版，第 205—300 页。

④ ［法］保罗·朗格朗：《终身教育导论》，滕星等译，华夏出版社 1988 年版，第 16 页。

女性主义思潮不仅强调女性的教育权利，而且力图去除关于“两性差异”本质上的不平等，主张实现课程内容、课程价值取向和课程控制等方面的性别平等。

在这一背景下，促进女性的权利和地位的平等成为当时教科文组织教育工作的重点，同时也受到了联合国的重点关注。1979 年，联合国大会上通过了《消除对妇女一切形式歧视公约》（*Convention on the Elimination of all Forms of Discrimination Against Women*），其中第三部分第十条专门提到了女性教育问题，即“缔约各国应采取一切适当措施以消除对妇女的歧视，并保证妇女在教育方面享有与男子平等的权利，特别是在男女平等的基础上保证在学前教育、普通教育、技术、专业和高等技术教育以及各种职业训练方面的男女平等；接受成人教育（包括成人识字和实用识字教育）的机会相同。”① 这一时期，在终身教育理论和女性主义思潮的影响下，联合国和教科文组织都十分重视平等接受教育的权利，并通过会议和公约的形式保障所有人平等的受教育权。

（四）20 世纪 90 年代—21 世纪初：随着全民教育理论的发展，同时提倡价值理性与工具理性并重

在 20 世纪 80 年代，教科文组织仍然致力于教育扫盲工作，同时还和儿基会一起致力于为儿童，特别是农村地区的儿童提供教育。在 20 世纪 80 年代初，欧洲南部国家扫盲普及比例超过了 90%，拉美的几个主要国家识字率为 97.8%，东亚和东南亚国家也达到了 85% 以上。② 但 1990 年《世界全民教育宣言》（*World Declaration on Education for All*）显示，“全球仍然有 1 亿多儿童，其中至少有 6000 万女童，没有机会接受初等小学教育；成人文盲高达 9.6 亿，其中三分之二为女性，并且在所有国家功能

① UN：The Convention on the Elimination of All Forms of Discrimination against Women，1979 年 12 月 8 日，见 http：//www.un.org/womenwatch/daw/cedaw/text/econvention.htm.1979-12-08/。

② Gabriel Cárceles：“World Literacy Prospects at the Turn of the Century：Is the Objective of Literacy for All by the Year 2000 Statistically Plausible?”，*Comparative Education Review*，Vol.34，No.1（February 1990），pp.4-20.

性文盲是一个很大问题。”①

全民教育（Education for All）第一次出现在教科文组织的会议上是在 1983 年，但直到 1990 年 3 月在泰国宗滴恩（Jomtien）召开的世界全民教育大会（World Conference on Education for All）上，全民教育的概念才被各国政府、国际组织以及教育专家所接受。全民教育的基本目标是要满足人基本的学习需求，以帮助人们获得生存和发展的能力，并有尊严地生活。与“基本教育”有所不同的是，全民教育不再仅仅强调人的价值理性，而是从人生存和发展需求的角度，将人的价值理性与工具理性融合于“人的基本受教育权”这一概念之中。《世界全民教育宣言》第三条提出，“普及入学机会并促进平等，其中最为紧迫之事就是要确保女童和妇女的入学机会，改善其教育质量，并消除阻碍她们积极参与的一切障碍，同时应该摈弃教育中任何有关性别的陈规陋习。”②

2000 年世界教育论坛（World Education Forum）通过的《达喀尔宣言》（*Dakar Declaration*）明确提到了到 2015 年要实现的全民教育六大目标，其中目标五对女童接受教育的情况作出了规定，重点要求解决性别问题，呼吁在 2005 年之前取消中小学教育中的性别差异，并在 2015 年以前实现教育方面的男女平等，重点是确保女童有充分和平等的机会接受和完成高质量的基础教育。同年，联合国还提出“千年发展目标”（MDGs），其中目标二和目标三分别提到“普及小学教育，确保不论男童或女童都能完成全部初等教育课程”，“促进两性平等并赋予女性权利，最好到 2005 年在小学和中学教育中取消两性差距，至迟于 2015 年在各级教育中消除此种差距。”自此，教科文组织的女童教育政策不仅强调教育权利的平等，也非常注重教育机会的均等，同时一直致力于为女童创造良好的教育条件。

---

① UNESCO：Towards Lifelong Education for All- Education of Girls and Women，1990 年 3 月 9 日，见 http：//www.unesco.org/education/educprog/50y/brochure/tle/148.htm.1990-03-09/。

② UNESCO：Towards Lifelong Education for All- Education of Girls and Women，1990 年 3 月 9 日，见 http：//www.unesco.org/education/educprog/50y/brochure/tle/148.htm.1990-03-09/。

二、联合国教科文组织参与全球教育治理的基本路径

迄今为止，世界全民教育运动是国际社会发起的最大规模的全球性教育运动，也是当前教科文组织参与全球教育治理的主要途径。1990 年，教科文组织在泰国召开了世界全民教育大会，明确提出了“全民教育”的概念。“全民基础教育意味着所有人——不论他们年龄大小——都有机会单独地或集体地发挥自己的潜能。这不只是一项权利，而且对于他人和整个社会来说，这也是一项义务和责任。在认识到接受终身教育是一项权利的同时，必须为行使这种权利创造所需的条件。”[①] 随着“教育是一项基本人权”在全世界范围逐步得到肯定和认同，20 世纪后半期教育开始从精英教育向大众教育和普及教育转变，在此基础上教科文组织顺应历史发展的趋势，借助各大国际组织的支持发起了将教育作为一项基本人权的全民教育运动，开启了全球教育治理的新征程。

教科文组织倡导的全民教育运动主要是通过新型合作关系、全球监测机制和多边国际援助等形式进行。

（一）新型合作关系

新型合作关系不仅指联合国系统内部的多边组织，而且还涉及政府间的国际组织、非政府国际组织、民族国家等层次。世界全民教育大会对全球教育治理具有非常重要的意义。首先，该会议由五个联合国系统的多边组织在宗滴恩共同举办，这五个联合国系统内部机构是这次会议的主要倡导者和组织者。其次，前面已经提到这次世界全民教育大会涉及政府间国际组织、非政府间国际组织、民族国家三个层次，共有 162 个国家和地区、31 个政府间组织和 135 个非政府组织的 1350 多人参加，而且这次会议还包含一系列不同级别、不同规模的小型会议。具体来说，由全会、24 个国别圆桌会议、23 个专题圆桌会议和 66 个展览四大部分组成。此外，除了上述的国际组织和民族国家层面的努力之外，教科文组织还特别发起

---

① Brunswic Etienne，Ochs René，Pauvert Jean Claude，Ryan John，*50 Years for Education*，Paris：UNESCO，1997，p.67.

和建立与民族国家之间的对话，如 1993 年 10 月教科文组织通过一项大会决议将孟加拉国、巴西、中国、埃及、印度尼西亚、墨西哥、尼日利亚和巴基斯坦九个文盲率最高的发展中国家作为其全民教育运动的优先对象。这九个国家在全民教育方面也取得了不错的成就，在努力推动国际社会向全民教育的最终目标前进。如中国政府不仅颁发各种政策性文件和规定，而且特别在普及初等教育和扫盲教育领域，政策的决策、管理、实施和监控坚决有力。中国是全民教育运动中的一个领先国家，无论是国内政策还是国际合作方面都走在世界前列。①

（二）全球监测机制

对世界全民教育运动实施全面的监测评估是教科文组织参与全球教育治理的重要部分。该监测评估一直存在，如 1996 年进行了“全民教育十年”行动计划的中期评估并发布了《安曼重申》。2000 年对全民教育过去十年进行了中期评估，最终形成了《达喀尔宣言》，明确规定了 2015 年之前要达到的全民教育六大目标。2000 年，国际社会加大了对世界全民教育发展状况的监测力度，为此教科文组织主张每年都发布一份年度报告，每份年度报告都有不同的主题。年度报告首先对上一年度世界全民教育六个目标的进展情况进行更新和分析，之后根据每年的特有主题着重分析。迄今为止，一共出版了 15 部，记录了 2000 年以来全民教育的发展轨迹。如《2003/2004 年度报告》着重分析了性别与全民教育的问题，报告认为“在教育领域内，性别完全平等意味着机会平等指的是男童和女童进入学校的机会相同；学习过程中的平等也就是男童和女童在课程、教学方面受到同样的对待；结果平等也就是学习结果、受教育年限、学术资格和文凭不因性别而不同。”② 简言之，教科文组织所倡导的两性教育公平包括

① 周一、熊建辉、张鹤：《全球教育治理：联合国教科文组织的作用与中国的参与：联合国教科文组织教育助理总干事尼古拉斯·伯内特专访》，《世界教育信息》2009 年第 3 期，第 16—19 页。

② UNESCO，*Launching of the EFA Global Monitoring Report 2003/2004*：*Gender and Education for All*，Paris：UNESCO，2006，p.78.

教育机会公平、教育过程公平和教育结果公平，其中教育机会公平和教育过程公平是其结果平等的重要基础。再如 2013—2014 年度报告主要讨论了教学与学习的问题，提出要改善教师教育质量、提高教师性别意识，有利于为更多的孩子提供优质教育。教科文组织发布的一系列年度报告涵盖了历时性评估和深度评估，为全球教育治理提供了一个有效的监测框架。

（三）多边国际援助

教科文组织全球教育治理的过程中必须要解决的一个问题是经费问题，尤其是一些贫困发展中国家的经费问题。研究显示，发展中国家基础教育经费的来源主要有四个方面：国家预算、快车道倡议、双边援助和多边援助。“全民教育快车道倡议”（Education for All–Fast Track Initiative）发起于 2002 年，目的是为了促进 2015 年普及基础教育的“千年发展目标”的实现。2012 年，在快车道的倡议下设立了两个基金——种子基金和教育项目发展基金，有超过 60 个发展中国家以国家项目和地区项目的形式获得资助。再如，为了促进更多的女童和妇女接受教育，教科文组织于 2011 年启动了“更好的生活，更好的未来”（Better future，Better life）全球女童和妇女教育伙伴关系，参与这一伙伴关系的成员国包括中国、法国、意大利、日本、巴基斯坦和美国等国家，参与的国际机构主要包括联合国促进两性平等和妇女赋权实体（United Nations Entity for Gender Equality and the Empowerment of Women，简称为“联合国妇女署”）、联合国人口基金（United Nations Population Fund）和世界银行，参与的私营企业包括韩国 CJ 集团、中国海南航空集团、美国宝洁集团（Procter & Gamble）等。教科文组织全球教育治理主张通过发动多方力量来获得更多的经济资助从而为各教育项目的开展提供重要经济支持，从根本上加快了全民教育运动的发展进程。

三、联合国教科文组织参与全球教育治理的保障机制

根据《联合国宪章》（*The Charter of the United Nations*）第 2 条规定，“各会员国应一秉善意，履行其依本宪章所负担之义务”。教科文组织《组

织法》第 4 条第 4 款规定：大会在通过提交各会员国之提案时，应区分建议案与提交各会员国批准之国际公约，前者过半数即可通过，后者须三分之二多数通过。由此可见，教科文组织通过的多边国际公约、建议、宣言具有约束力，这也是其参与全球教育治理重要保障机制。

建议一般以现存国际法或大会已经通过的具有法律效力的决议为依据。联合国的建议一般由教科文组织大会先通过，再向会员国发出。虽然建议一般情况下没有约束力，但是它能对成员国法律和政策的制定产生一定的影响。而且大多数时候，建议的制定能给后期公约的形成做铺垫，如 1964 年教科文组织通过的《关于技术与职业教育的建议》，几经修改后于 1989 年通过了《技术与职业教育公约》（*Convention on Technical and Vocational Education*）。由于建议具有立法动机，教科文组织决定"任何旨在以国际公约或对会员国建议的形式就某一问题制定的国际规章而初步研究的建议应作为决议草案向大会提出"。①

宣言的形式会对各国法律更加适用，如 1990 年通过的《世界全民教育宣言》，既是对当时特定情势的反应，也是对未来发展趋势的一种期望，同时也包含了对各成员国的承诺。学者阿胡贾·佩特尔（Ahuja Patel）认为，这些国际组织通过的宣言具有法律效力，而且很多国家甚至国际社会会把宣言当作法律来遵守。如 1975 年通过的《关于妇女的平等地位和她们对发展与和平的贡献的宣言》（*Declaration of Mexico on the Equality of Women and their Contribution to Development and Peace*，简称"《墨西哥宣言》"）、1993 年通过的《德里宣言》（*Delhi Declaration*）在当时来说都被认为是有法律效力的宣言，而且很多国家愿意接受并主动承担宣言提出的义务。这更有利于教科文组织全球教育治理的进行。

国际组织一般用"公约"来表示由会员国参加制定并通过的条约，即公约是各个国家缔结的条约，具有明确的法律效用。到目前为止，由教科文组织主持或由其参与制定的公约已达 30 多个，其中比较著名的教育

① UNESCO，*20C/Resolution 32.1*，Paris：UNESCO，1978，p.45.

公约有：1960年《反对教育歧视公约》以及亚洲、非洲、欧洲、拉丁美洲、地中海地区和阿拉伯国家的《承认高等教育学历、文凭与学位地区公约》等。当然公约的制定必须符合大多数国家、甚至所有国家的基本要求和愿望，而公约的法律效力并不仅仅取决于公约本身，而且还包括成员国对参加国际法律关系的认识和履行国际法的意愿。

四、联合国教科文组织参与全球教育治理的影响

教科文组织在全球教育治理方面发挥了极大的作用，具有非常重要的地位，作出了自己的独特贡献。同时教科文组织参与全球教育治理不仅影响了全球教育的总体发展方向，而且会对国际法律及成员国的法律产生不同程度的影响。

（一）在全球教育治理中居于领导地位

一般来说，国际组织是由三个或三个以上的国家通过协议而成立的机构，“它们拥有不同级别的机构，有时候能够采取具有影响力的行动而不需从成员国那里获得明确的授权”①。国际组织为何能推行全球教育治理？究其原因，主要包括两个方面：首先，国际组织创建了广泛的跨国网络和强大的专业系统支持，具有更全面的眼光和把握共同趋势的能力；其次，国际组织可以推动制定具有约束力的国际公约或宣言，而且国际组织可以通过资金和技术援助鼓励相关国家接受和遵循国际准则。②因此，国际组织在教育领域的影响力在不断加大，也为教科文组织开启全球教育治理模式提供了基础。

教科文组织在所有国际组织中拥有最特殊的地位，按照《联合国宪章》规定，教科文组织主要在教育、科学、文化和传播领域开展国际活

① Kerstin Marterns，Alessandra Rusconi，Kathrin Leuze (eds.)，*New Arenas of Education Governance*：*The Impact of International Organizations and Markets*，New York：Palgrave Macmillan，2002，p.18.

② 杜越：《联合国教科文组织与全球教育治理——理念与实践探究》，教育科学出版社2016年版，第29页。

动，因此相对而言，教科文组织具有明显的教育治理功能。加拿大学者卡伦·芒迪（Karen Mundy）指出，“教科文组织在其成立之初，即成为构建和主管全球教育的权威组织，并以其独特的方式协调着联合国系统内全球政治与安全、经济、文化和社会以及人权的关系”①。换言之，在众多国际组织中，无论是从法律地位还是从政策影响来讲，教科文组织一直扮演着全球领导者的角色，为全球教育治理提供了交流、协商、谈判和博弈的平台。同时，教科文组织在全球教育治理结构中的特殊地位还表现在其与非政府国际组织和会员国的关系方面，其主要成员是主权国家，但是同时又有许多非政府国际组织参与其活动。时至今日，教科文组织仍然是世界上唯一一个涉及各级各类教育的国际智力合作组织。

（二）为全球教育治理提供了发展平台

教科文组织为全球教育治理提供了交流、协商、谈判和博弈的平台，作为政府间的国际组织，教科文组织拥有确立国际准则的力量，能将各方团结在一起，致力于实现共同的目标。就 1990 年世界全民教育大会来说，此次会议涉及政府间国际组织、非政府间国际组织、民族国家三个层次，共有 162 个国家和地区、31 个政府间组织和 135 个非政府组织的 1350 多人参加。② 这是一次全球范围的联合教育行动，参与的国家及组织的数量之多和范围之广也是前所未有的。各大国际组织、主权国家和非政府组织借助这个机会一同讨论全民教育的问题，也为后期教科文组织实施全民教育计划和全球参与这个计划奠定了基础。

（三）影响全球教育的发展方向

自其成立以来，教科文组织就对全球教育的发展非常关注，各个时期都有各种教育政策以促进世界教育的进步，提出的很多教育政策及教育思想对全球教育的发展产生了重要影响。其中最重要的包括终身教育理

---

① Karen Mundy，“Education for All and the New Development Compact”，*International Review of Education*，Vol.52，No.1/2（March 2006），pp.23-48.

② 杜越：《联合国教科文组织与全球教育治理——理念与实践探究》，教育科学出版社 2016 年版，第 98 页。

论、全民教育运动。

举世瞩目的两大教育报告《学会生存：教育世界的今天和明天》（*Learning to Be*：*The World of Education Today and Tomorrow*）和《教育：财富蕴藏其中》（*Learning*：*The Treasure Within*）确立了终身教育和终身学习的理念，并促进了这些理念在全世界范围的传播。终身教育理念突破了正规学校的框架，把教育看成是个人一生中连续不断的学习过程，是人们在一生中所受到的各种培养的总和，实现了从学前期到老年期的整个教育过程的统一，既包括正规教育，又包括非正规教育，是教育体系的各个阶段和各种形式。在终身教育理念的影响之下，学习型社会成为很多国家追求的目标。

全民教育是1990年泰国宗滴恩会议上提出的全球性行动计划，2000年世界教育论坛通过的《达喀尔宣言》明确了到2015年要实现的全民教育六大目标。全民教育的基本内涵是，扫除成人文盲、普及初等教育以及消除男女受教育之间的差别。实行全民教育，其目标就是满足全民的基本教育要求，向民众提供知识、技术、价值观和人生观，使他们能自尊、自立地生活，通过不断学习来改善自己的生活并为国家和人类发展作出贡献。为了响应《达喀尔行动纲领》的号召，世界各国采取了一系列实现全民教育目标的举措。中国也公布了《中国全民教育国家报告》，并在首都北京举办了教科文组织第五届全民教育高层会议。

（四）影响国际及成员国法律的制定和实施

1. 对国际法律产生的影响

教科文组织对国际法贡献主要体现在它所通过的决议中。随着其参与活动的日益增加，教科文组织越来越引起各会员国的重视。而在教科文组织主持下的许多文件对国际关系演变产生了重要的影响。例如1960年《反对教育歧视公约》、1974年《关于促进国际了解、合作与和平的教育以及关于人权与基本自由的教育建议》（*Implementation of the 1974 Recommendation concerning Education for International Understanding, Cooperation and Peace and Education relating to Human Rights and*

Fundamental Freedoms）等决议由于受到了会员国的广泛承认，被认为是教科文组织对国际法的重要贡献。

教科文组织的决议适用国际法的规则，并作为法律依据维护国家和个人的利益，例如《关于教师地位的建议》被认为是法律性文件，许多国家的个人据此向教科文组织申诉个人的权利被侵害。由教科文组织以决议形式制定出的国际社会需要的法律规范对国际法的修改以及改善国际合作关系具有非常重要的意义。

2. 对成员国产生的影响

各国在实施教科文组织决议过程中的实践情况是不同的，但总的来讲，都是给予正面理解，并对本国的法律作出相应的调整。一些会员国会遵循决议进行相应的国内立法以表明国家承担责任的决心。就终身学习理论的推广来说，很多国家通过立法，确立了终身学习理论为本国教育发展的重点方向之一。如日本在 1990 年颁布的《终身学习振兴整备法》、美国 1976 年制定并颁布的《终身学习法》、法国在 1971 年通过了《终身职业教育法》及 1984 年通过了新的《职业继续教育法》，韩国于 20 世纪 80 年代初把终身教育写进宪法。① 教科文组织的决议还会对会员国政府产生直接的影响。正如教科文组织在其《1996—2001 中期战略》中所指出的，“教科文组织能够动员政界领导人，而且是最高领导人，激励他们制定目标和行动规划，并在采取措施实现这些目标方面作出坚决的承诺，这是它的一张与政府性质有关的主要王牌”。②1993 年的《德里宣言》中，九国领导人都承诺大量增加教育在国民总收入的投入比例。总而言之，教科文组织在全球教育治理中的作用就在于它能够通过国际论坛对会员国政策的制定和实施产生一定的影响。

---

① 学习型社会建设研究课题组：《学习型社会建设的理论与实践：学习型社会建设研究子课题报告集》，新华出版社 2010 年版，第 86 页。

② UNESCO：Mid-decade Meeting on EFA 1996，见 http：//www.UNESCO.org/education/efa/ed_for_all/background/mid_decade_amman.shtml。

五、总结

教科文组织自1945年成立以来，对教育领域的关注始终一脉相承，但各个时期呈现出不同特点。20世纪40—50年代从价值性目的出发，教科文组织提出“基本教育”理念。20世纪60年代教科文组织从工具性目的出发提倡教育的经济价值，其教育政策的制定更倾向于促进独立国家经济和社会发展。20世纪70—80年代随着终身教育和女性主义的兴起，教科文组织主张价值理性回归，即联合国和教科文组织更加重视平等接受教育的权利，并注重通过会议和公约的形式保障所有人平等的受教育权。20世纪90年代至21世纪初随着全民教育理论的发展，教科文组织提倡价值理性与工具理性并重，全民教育的基本目标是要满足人基本的学习需求，以帮助人们获得生存和发展的能力，并过得有尊严。

按照《联合国宪章》规定，教科文组织主要在教育、科学、文化和传播领域开展国际活动，因此教科文组织具有明显的教育治理功能。而且教科文组织在全球教育治理方面确实发挥了极大的作用，不仅表现在为全球教育治理提供了交流、协商、谈判和博弈的平台，而且其原创性思想理论，如终身教育、全民教育，也一直引领着全球教育的发展方向。迄今为止，世界全民教育运动是国际社会发起的最大规模的全球性教育运动，也是当前教科文组织参与全球教育治理的主要途径。全民教育运动主要是通过新型合作关系、全球监测机制和多边国际援助等形式进行。

教科文组织通过的多边国际公约、建议、宣言具有约束力，这也是其参与全球教育治理的重要保障机制，其中公约是各个国家缔结的条约，具有明确的法律效用。教科文组织参与全球教育治理不仅影响了全球教育的总体发展方向，而且会对国际法律及成员国的法律产生不同程度的影响。教科文组织对成员国的影响主要体现在国内法律和政府行为这两个方面，就终身学习理论的推广来说，很多国家通过立法，确立了终身学习理论为本国教育发展的重点方向之一。教科文组织的决议还会对会员国政府产生直接的影响。如《德里宣言》中，九国领导人都承诺大量增加其国民总收入中教育的投入比例。

就中国参与教科文组织的全球教育治理而言，在相当长的时间里，教科文组织的教育理念与思想对中国教育思想乃至教育政策都起到了推动的作用。近些年，双方的合作不断加深，教科文组织不再是简单的影响中国教育政策，双方互动不断拓展，中国政府也在更加积极地参与到教科文组织的全球教育治理事业之中。例如，2016 年中国政府提议并开始资助教科文组织的“女童和妇女教育特别奖”，该奖项是教科文组织在女童和妇女教育领域设立的首个奖项，旨在表彰为女童和妇女教育事业作出杰出贡献的个人和机构，以鼓励更多人投身这项事业。该奖项主张每年产生两位获奖者，每人奖励 5 万美元，中国政府承诺提供这一奖励基金。同时，中国还通过在教科文组织设立基金、奖项等多种方式，支持发展中国家开展扫盲、教师培训，共同促进世界教育的发展。

但同时我们也要认识到，教科文组织在进行全球教育治理的时候也存在着一些不容忽视的问题。首先，就现实而言，教科文组织的成员国之间教育水平和质量参差不齐，这也就意味着其提出的教育标准和目标并不能够在每个成员国国内都得到很好的贯彻和实行。例如，教科文组织在《可持续发展教育：问题和趋势》中倡导了以行动为导向、以学习者为核心、参与式的转化教学法，详细阐释了该教学法的优点及理论基础，但并未提供实用的操作意见。而对于教育发展相对滞后的国家和地区而言，其教育系统并不一定具备开展学习者为核心的教学法或参与式课堂的文化、人力或经济条件。[①] 其次，虽然教科文组织居于全球教育治理的领导地位，已经建立起了比较完善的全球教育合作伙伴网络，但是在国际协作的过程中仍存在一定困难。尤其是在全球教育治理中强调多层级的行为主体通过合作协商的方式来有效管理国际教育事务，这其中不论是全球性机构、国家、区域型机构等都是全球教育治理的重要环节。然而世界各国在教育、经济等方面都存在着较大的差异。对于一些教育发展较为落后，甚至温饱

---

① 潘南：《联合国教科文组织的可持续发展教育治理研究》，硕士学位论文，北京外国语大学国际组织系，2019 年，第 46 页。

问题都没能解决的国家或地区，根本没有足够的精力投入到全球性议题中去。总而言之，在全球教育治理的背景下，国家以及地区之间存在的教育差异给教科文组织带来了很大的挑战。教科文组织必须能够作出更多的努力去兼顾到不同国家或地区的差异，让更多教育发展较为落后的国家和地区也能尽快参与到全球教育治理的环节中来。

第二节　联合国儿童基金会与全球教育治理

联合国儿童基金会自成立以来，致力于保障所有儿童生存、受保护及发展的权利。在全球教育治理方面，儿基会以保障儿童的受教育权为原则，在世界各地开展工作，为所有儿童，特别是处于弱势地位的儿童，提供优质的教育支持。

一、联合国儿童基金会参与全球教育治理的历史

1946 年 12 月 11 日，联合国大会创立了联合国国际儿童紧急救援基金会（United Nations International Children's Emergency Fund，简称 UNICEF），向在第二次世界大战中受害的儿童提供紧急的人道主义援助，满足其基本生存需求。1953 年，它正式成为联合国的永久性常设机构，更名为联合国儿童基金会，但其简称“UNICEF”一直沿用至今。儿基会始终为保障儿童的受教育权而努力，但自其 1961 年将援助范围拓展至教育领域起，它在不同时期关注的教育问题和进行教育治理的方式都呈现出了不同的特点。

（一）20 世纪 60 年代：初涉教育时期

儿基会自成立以来，在世界各地开展的工作主要体现在营养与卫生方面的援助。20 世纪 50 年代末，随着各国在二战结束后逐步恢复生产秩序、儿基会组织自身的日渐成熟和资源的不断丰富，它试图将援助范围拓展至教育领域。1959 年儿基会执行局（UNICEF Executive Board）会议讨论并决定要致力于促进教师在学生健康、营养上的培训，不过此时的教师培训仍以保障儿童的健康、营养及卫生为目的。进入 60 年代以后，许多

发展项目的评估报告明确指出教育对发展具有重要的影响力。此外，受舒尔茨的“人力资本理论”影响，教育问题获得了联合国及国际社会的关注。于是，1961年的执行局会议决定将儿基会的援助范围正式拓展到教育领域。①

在初涉教育时期，儿基会在治理方式上主要通过教育设施等物资的援助，配合教科文组织等联合国机构开展教育治理活动，延续其最初作为紧急救助机构的角色，提供了大量物资援助。1961—1967年，教育设施设备援助金额占其教育项目支出总额的55.2%。② 此外，在这阶段，联合国教科文组织是儿基会的重要合作伙伴，前者提供专家咨询和技术支持，后者则提供资金及物资上的援助。儿基会也与国际劳工组织（International Labor Organization）合作开展职业技能培训项目，与联合国粮食与农业组织（Food and Agricultural Organization of the United Nations）、世界卫生组织（World Health Organization）共同为农村学校儿童的健康和营养提供保障。

在治理内容上，儿基会关注教师培训、职前培训与为儿童成年后的生活做准备（Prepare for adult life），尤其是农村地区的儿童教育。儿基会通过提供奖学金、补助、津贴等形式吸引更多教师参加培训，并提供相应的教育物资。③ 此外，儿基会特别关注儿童教育与生活的密切联系，认为应对儿童进行生活技能上的培训，使其能够更好地适应成年后的工作及生活。为此，它主张进行初等和中等教育课程体系改革，增加与生活相关的科目，并给予科学教育更多的援助，包括提供科学设备、对科学教师进行培训。④

---

① Phillips Herbert Moore，*UNICEF in Education*：*A Historical Perspective*，New York：UNICEF，1987，pp.2-5.

② Phillips Herbert Moore，*UNICEF in Education*：*A Historical Perspective*，New York：UNICEF，1987，p.20.

③ 乔鹤：《联合国儿童基金会的教育政策及其实践研究——儿童权利认同的视角》，博士学位论文，北京师范大学比较教育学专业，2011年，第89—90页。

④ Phillips Herbert Moore，*UNICEF in Education*：*A Historical Perspective*，New York：UNICEF，1987，p.24.

（二）20 世纪 70—80 年代：普及教育时期

进入 20 世纪 70 年代后，儿基会由“人才开发”转移至“社会公正”和“消灭贫困”，采纳了“关注弱势群体的基础教育”的基本理念，并认识到了非正规教育（non-formal education）的价值。① 这一时期，儿基会进行全球教育治理的侧重点落在非正规教育、普及初等教育和扫盲教育上。

非正规教育作为正规教育（formal education）的补充形式，可以满足校外群体的基本教育需求，对于发展中国家，尤其是农村贫困地区的发展有重要的意义。因此，儿基会扩大了对非正规教育的援助，通过开办速成班和业余学习班，使校外的儿童及青年能够在最短的时间内掌握基本的读写能力和基础知识。② 但就教育投入的规模而言，儿基会对正规教育的投入一直明显高于非正规教育，而在正规教育中，初等教育始终高于中等教育。具体而言，儿基会对初等教育的援助主要通过以下几种方式：为受战争及自然灾害影响的地区，或新独立的国家重建学校；提供教学物资；帮助国家进行教科书的生产；资助教师及管理人员的在职培训；推行课程改革等。③ 此外，儿基会关注成人文盲问题，注重成人基本能力的培养，尤其是妇女的教育。因为接受教育能够使母亲有能力认识儿童疾病以及营养不良现象的基本症状，从而抚养儿童健康成长。④

（三）20 世纪 90 年代：全民教育时期

1990年，儿基会作为五个⑤ 倡议机构之一，在泰国宗滴恩参与举办了世界全民教育大会。会议讨论并通过了《世界全民教育宣言》和《满足基本学习需要的行动纲领》（*Framework for Action to Meet Basic Learning*

---

① 陆石彦、方明生：《联合国儿童基金会教育援助的发展历程》，《外国中小学教育》2013 年第 2 期，第 22 页。

② Phillips Herbert Moore，*UNICEF in Education*：*A Historical Perspective*，New York：UNICEF，1987，p.47.

③ Phillips Herbert Moore，*UNICEF in Education*：*A Historical Perspective*，New York：UNICEF，1987，p.51.

④ UNICEF，*For Every Child*，*Hope*，New York：UNICEF，2016，p.56.

⑤ 其余四个机构分别为：联合国教科文组织、世界银行、联合国开发计划署和联合国人口基金。

Needs)，发起“全民教育”倡议，要求“向所有儿童、青年和成年提供基础教育。首要任务就是要保证女童和妇女的入学机会，改善其教育质量，并消除阻碍她们积极参与教育的因素”①。

儿基会积极倡导并实践“全民教育”，在延续普及基础教育、开展扫盲教育的基础上，积极开展与女童教育相关的项目，致力于减少以至消除教育中的性别不平等现象。② 其次，为保障受战争或自然灾害影响地区的儿童能够在紧急状态下接受教育，儿基会与联合国教科文组织共同推出“盒子里的学校”（School-in-a-Box）项目，为他们提供临时教育资源。在“全民教育”倡议的框架下，儿基会还特别关注儿童早期教育、残疾儿童教育、教育环境等。

（四）21 世纪：优质教育时期

进入 21 世纪以后，儿基会以实现更公平、更优质的基础教育为目标，参与全球教育治理。千禧年伊始，国际社会对世界教育的发展提出了新要求。《达喀尔行动纲领》重申了全民教育的目标；时任联合国秘书长科菲·安南（Kofi Annan）发起“联合国女童教育倡议”（United Nations Girls’ Education Initiative）；“千年发展目标”和“可持续发展目标”（Sustainable Development Goals）定义了21世纪国际社会共同的战略目标，后者提出要“确保包容和公平的优质教育，让全民终身享有学习机会”。③

近 20 年来，儿基会重点关注教育质量和女童教育。目前约有 58% 的小学和初中学龄儿童不具备基本的计算能力和读写能力，且其中相当一部分是接受学校教育的学生。因此，人们不仅要保障儿童参加学习的权利，还要保障教育的质量。④ 儿基会为此在许多方面开展了工作，如建立“爱生学校”（Child-friendly school）。爱生学校具有包容性、高效学习、健康

---

① 《世界全民教育宣言》，世界全民教育大会，1990 年，第 4 页。

② UNICEF，*1999 UNICEF Annual Report*，New York：UNICEF，2000，p.10.

③ 《变革我们的世界：2030 年可持续发展议程》，联合国大会，2015 年，第 19 页。

④ UNICEF，*Goal Area 2 Every Child Learns*，*Global Annual Results Report 2018*，New York：UNICEF，2019，p.10.

安全、性别平等、家庭及社会参与这五个特征，旨在实现爱生、公平和优质的基础教育，促进儿童在体格、道德、社会情感和智力等方面获得全面发展。① 此外，儿基会延续 20 世纪末对女童教育的关注，在 21 世纪更加关注教育中的性别平等问题，提出“性别平等行动计划”（Gender Action Plan），在教育领域促进女童的中学教育，支持其接受科学、技术、工程和数学（STEM）教育。②

二、联合国儿童基金会参与全球教育治理的基本路径

儿基会主要通过推动制定具有约束力的国际文书、合作开展教育治理行动、发布研究报告、发起国际倡议这四个基本路径，在 190 多个国家和地区开展工作，参与全球教育治理。

（一）推动制定具有约束力的国际文书

1989 年 11 月 20 日，在联合国儿童基金会的推动下，联合国大会通过了《儿童权利公约》（*Convention on the Rights of the Child*，以下简称“《公约》”），这是第一部有关保障儿童权利且具有法律约束力的国际性约定。截至 2020 年 4 月，共有 196 个缔约国加入《公约》。③ 尽管有一些国家对其持有保留意见，但它仍是历史上获得最广泛批准的人权公约。《公约》代表着近乎全世界达成的一种共识——儿童时期是区别于成年时期的，儿童的人权需要获得特别的关注和保护。④《公约》第二十八条规定，“缔约国确认儿童有受教育的权利，应在机会均等的基础上逐步实现此项权利。”⑤

① UNICEF：Child Friendly Schools，2012 年 5 月 25 日，见 https：//www.unicef.org/lifeskills/index_7260.html#A%20Framework%20for%20Rights-Based，%20Child-Friendly。

② UNICEF：Girls' Education，见 https：//www.unicef.org/education/girls-education。

③ 2015 年 10 月 2 日，索马里向联合国递交《儿童权利公约》批准书，成为第 196 个缔约国。

④ UNICEF，*For Every Child*，*Every Right*，*The Convention on the Rights of the Child at a Crossroads*，New York：UNICEF，2019，p.6.

⑤ 联合国：《儿童权利公约》，见 https：//www.un.org/zh/documents/treaty/files/A-RES-44-25.shtml。

儿童权利是儿基会所有工作的核心，其所有行动以《公约》为根本依据。

除此之外，儿基会还推动制定了一系列具有约束力的国际文书，为缔约国的儿童权利发展提供法律框架。《儿童生存、保护和发展世界宣言》（*World Declaration on the Survival*，*Protection and Development of Children*）促使各国通过国际合作和国别行动，减少文盲，为所有儿童提供教育机会，并使儿童为生产性就业做好准备；① 《适合儿童生活的世界》（*A World Fit for Children*）的议程以"教育每一个孩子"为原则，概述了未来10年的规划和目标，包括减少50%的小学适龄失学儿童、小学入学率到2010年达到90%、到2015年成人文盲率降低50%等；② 《安全学校宣言》（*Safe Schools Declaration*）则敦促缔约国承诺在武装冲突期间更好地保护学生、教室、学校，使学生能够继续接受教育，并保证学校的非军事化。③

（二）合作开展教育治理行动

在世界各地开展教育治理行动是儿基会参与全球教育治理的最主要的路径之一。在行动过程中，儿基会充分利用其建立的全球合作伙伴关系，与主权国家政府、联合国机构、政府间国际组织、非政府机构、跨国企业等合作伙伴展开项目协作。

1. 教育物资援助行动

目前，全球约有2.64亿儿童和青少年受战乱、自然灾害、贫困、残疾或歧视的影响，没有接受或完成学校教育。为保障这些儿童的受教育权，儿基会向有需要的地区提供教育物资，包括玩具、娱乐设备、学习材料、临时学校帐篷等，帮助建设适合儿童学习、玩耍的空间。④2018年，在儿基会的支持下，690万名儿童获得人道主义教育援助，1130万名儿童

① 国务院妇女儿童工作委员会：联合国《儿童生存、保护和发展世界宣言》，2017年4月7日，见 http://www.nwccw.gov.cn/2017-04/07/content_147301.htm。

② *A World Fit for Children*，General Assembly，2002年10月11日，pp.2；12.

③ 《安全学校宣言》，奥斯陆安全学校大会，2015年，第1—3页。

④ UNICEF Supply Division：Education，见 https://www.unicef.org/supply/education。

获得了儿基会提供的学习材料。①

儿基会还开发了一系列教育工具包（education kits），用于世界各地的教育物资援助项目，例如“盒子里的学校”“早期儿童发展工具包”（Early Childhood Development Kit）、“体育娱乐工具包”（Recreation Kit）等。“盒子里的学校”最初是为了解决卢旺达危机中儿童的教育问题，现已成为人道主义教育援助中的关键组成部分，在自然灾害或战乱发生时，确保儿童在紧急情况发生后的72小时内能够继续接受教育。②盒子里包含了所有教师及学生所需要的学习用品，比如笔记本、铅笔、粉笔、练习本、尺子、橡皮、计时器、地球仪、剪刀，而盒子本身则可以直接转变为黑板。③“早期儿童发展工具包”包含拼图游戏、多米诺骨牌、玩偶、海绵球、积木等，旨在促进儿童早期认知及情感发展。④宜家（IKEA）公司从2012年开始向该项目捐赠学习材料。目前，已有超过9000个装有宜家捐赠物资的“早期儿童发展工具包”被分发至阿富汗、伊拉克、黎巴嫩、尼日利亚等国家和地区。⑤

2. 国别教育合作项目

儿基会始终坚持，与直接的资金投入相比，通过国别项目引导或支持受援助国家建构相应的公共服务机制和教育政策更能够促进国家儿童的发展和教育。⑥儿基会与国家政府签订国别合作方案，为维护儿童的各方面权利制定行动纲领，通常为期5年左右。至今，儿基会已与140多个国家及地区签订国别合作方案。中国政府与儿基会的教育合作项目始于

① UNICEF，*Annual Report 2018*，For Every Child，Every Right，New York：UNICEF，2019，p.20.

② UNICEF，*For Every Child*，*Hope*，New York：UNICEF，2016，p.58.

③ UNICEF，*Revised School-in-a-Box Guidelines for Use*，New York：UNICEF，2017，pp.2-3；7.

④ UNICEF，*Early Child Development Kit*：*Activity Guide*，New York：UNICEF，2017，p.iii.

⑤ UNICEF：UNICEF Corporate and Philanthropic Partnerships-IKEA Foundation，2019年4月23日，见https：//www.unicef.org/corporate_partners/index_ikea.html。

⑥ 何慧华、李雪莹：《全球治理视野下联合国儿基会援助教育的特征分析与政策思考》，《外国中小学教育》2017年第4期，第3页。

1982年，到目前为止双方已进行了9个周期（2016—2020）的合作。[①] 根据《中国政府—联合国儿童基金会2016—2020年国别合作方案》，儿基会将向中国提供1.3亿美元的资金支持，用于中国儿童生存、保护、发展、参与领域的合作项目。在教育领域，该方案致力于确保所有中国儿童，特别是最贫困和边缘化群体，包括残疾儿童，能够获得并完成素质教育。此外，还将促进所有0—6岁儿童获得可负担的、高质量的早期幼儿保育及发展。[②]

在国别合作方案的框架指导下，儿基会与国家及地方教育管理部门合作，开展教育治理项目。2018年，儿基会与肯尼亚教育部及肯尼亚课程开发研究所（Kenya Institute of Curriculum Development）合作，开展“数字课本获取计划”（Digital Accessible Textbook Initiative），为残疾儿童开发易于使用的电子课本。[③] 同年，为提高越南幼儿教育质量，儿基会指导越南教育部在最贫困省份的200所幼儿园试行“社会情感学习”课程。[④] 在中国，儿基会与政府合作，在全国试点建立儿童早期发展中心、建设“爱生学校”、在试点地区为校内外青少年提供生活技能教育并开发职业教育课程等。

（三）发布研究报告

儿基会的一系列出版物对于其在世界范围内倡导保障儿童权利、参与各国的教育政策讨论、进行教育治理活动发挥了关键作用，并且展现了它在儿童权利问题上的领导力和专业性。

《世界儿童状况报告》（*The State of the World's Children*）是儿基会的年度旗舰报告，涵盖了影响当今世界儿童最重要的问题。它是以研究为基

---

① 聂明磊：《与联合国儿童基金会（UNICEF）合作情况简介》，见 http：//www.moe.gov.cn/s78/A20/gjs_left/moe_859/201005/t20100513_87659.html。

② UNICEF，*Country Programme Document China*，New York：UNICEF，2015，pp.1，5-6.

③ UNICEF，*Goal Area 2 Every Child Learns*，*Global Annual Results Report 2018*，New York：UNICEF，2019，p.25.

④ UNICEF，*Goal Area 2 Every Child Learns*，*Global Annual Results Report 2018*，New York：UNICEF，2019，p.19.

础的倡议性报告，提供了关于世界各国、各地区儿童生存、发展和保护的最新统计数据。最新发布的《2019年世界儿童状况》虽然以“儿童、食物和营养”为主题，但其提供的教育方面的数据清楚地呈现了各国儿童教育的现状。①

儿基会因诺琴蒂研究中心（UNICEF Innocenti Research Centre）的教育团队在全球范围内开展教育专题研究、发布研究报告，涉及教育公平、校园霸凌、学前教育、游戏教育等多类主题。联合国教科文组织也是儿基会在进行全球教育研究中的重要合作伙伴。2012年，联合国教科文组织统计研究所（UNESCO Institute for Statistics）与儿基会共同推出全球失学儿童项目研究（Out-of-School Children Initiative），利用数据界定导致儿童失学的障碍因素，向合作伙伴政府提供使更多儿童上学、完成学业的相关政策意见。② 自项目启动以来，已有90多个国家加入该研究计划。2018年在阿富汗进行的失学儿童项目研究表明，该国60%的失学儿童为女童，其中6个省的女童失学比例高达85%。这一研究结果为政府制定干预性政策提供了数据支持和目标导向。③

（四）发起国际倡议

1990年，世界全民教育大会提出的“全民教育”倡议确认对实现普及教育的承诺。儿基会积极宣传并普及“全民教育”理念，倡导关注女童教育、儿童早期教育和全纳教育这三个领域。

在许多国家中，贫困、学校的缺乏以及社会规范等因素造成的性别歧视将女童关在校门之外。儿基会作为“联合国女童倡议”的领导机构和秘书处，积极为女童争取权利，呼吁各国为实现性别平等教育消除学习障

---

① UNICEF，*The State of The World's Children 2019*，New York：UNICEF，2019，pp.224-231.

② UNICEF，*Formative Evaluation of The Out-of-School Children Initiative*（*OOSCI*），New York：UNICEF，2018，p.5.

③ UNICEF，*Goal Area 2 Every Child Learns*，*Global Annual Results Report 2018*，New York：UNICEF，2019，p.50.

碍，如学费及其他教育费用。①

幼儿阶段是儿童智力发展的重要阶段，对未来的教育影响深远，并被认为是促进社会平等的重要途径之一。“可持续发展目标”也明确指出要促进儿童早期教育的发展。② 为此，儿基会呼吁各国政府至少将一年的免费学前教育纳入国家教育计划；建议增加对学前教育的财政投入，至少将教育财政支出的 10% 用于学前教育领域；鼓励捐赠者将 10% 的教育援助用于学前教育。③

在全纳教育领域，为缩小残疾儿童的教育差距，儿基会在讨论会、高级别活动及其他面向决策者和社会公众的宣传活动中呼吁大家关注残疾儿童的教育需求。儿基会执行主任亨丽埃塔·福尔（Henrietta H. Fore）在 2018 年全球残疾人峰会（Global Disability Summit）上以全纳教育为主题发表演讲。演讲指出，“为实现可持续发展议程中关于‘提供包容和公平的优质教育’的目标，我们不仅要让他们走出校门，更要提高他们的教育质量。”④

三、联合国儿童基金会参与全球教育治理的保障机制

儿基会在参与和推进全球教育治理的过程中形成和确立了一系列保障机制，包括法律保障、机制保障、资金保障以及全球合作伙伴关系的构建。

---

① 联合国儿童基金会：《联合国儿童基金会女童教育倡议》，2009 年 8 月 31 日，见 https：//www.unicef.org/chinese/education/index_44871.html。

② 联合国：《可持续发展目标》，见 https：//www.un.org/sustainabledevelopment/zh/education/。

③ UNICEF，*A World Ready to Learn：Prioritizing Quality Early Childhood Education-Advocacy Brief*，New York：UNICEF，2019，pp.29，11-12.

④ UNICEF：UNICEF Executive Director Remarks at the Global Disability Summit，as Prepared，2018 年 7 月 24 日，见 https：//www.unicef.org/press-releases/unicef-executive-director-remarks-global-disability-summit-prepared。

（一）法律保障

《儿童权利公约》作为具有法律约束力的国际公约，规定了缔约国应履行的义务以及儿基会的职责与权利。一方面，批准《公约》的国家即承诺“采取一切适当的立法、行政和其他措施”以确保儿童权利的全面落实，[①] 这就要求缔约国政府通过法律政策等手段切实将“保护儿童权利”的原则转化为行动；另一方面，儿基会是《公约》唯一指定的专家援助和建议提供单位，即经授权保护所有儿童，尤其是处境最不利儿童的权利的联合国机构。儿基会有权在联合国儿童权利委员会（Committee on the Rights of the Child）[②] 的组织下，对《公约》条款的实施情况进行审议、提供专家意见并提交研究报告。[③]

（二）机制保障

1. 设立地区性机构

儿基会的主要组织机构有执行局、区域办事处（Regional Offices）和国家办事处（Country Offices）。执行局是儿基会的领导机构，根据联合国大会和经济及社会理事会的政策指导，负责指导和监测联合国儿童基金会的所有工作，包括制订政策、审批计划及决定行政和财务方针及预算。为保障在前线的实地工作，儿基会设有 7 个区域办事处[④] 和 156 个国家办事处。区域办事处根据区域发展特点，与国家办事处协调工作，提供现状及需求分析报告、指导项目的进行、为国家办事处提供必要的技术援助。[⑤] 国家办事处从国家层面出发，考虑儿童的教育需求，落实具体项目，并使

① 联合国：《儿童权利公约》，见 https：//www.un.org/zh/documents/treaty/files/A-RES-44-25.shtml。

② 联合国儿童权利委员会根据《儿童权利公约》第四十三条而设立，旨在审查缔约国在履行《公约》所述权利的义务方面取得的进展。

③ 联合国：《儿童权利公约》，见 https：//www.un.org/zh/documents/treaty/files/A-RES-44-25.shtml。

④ 分别是东亚和太平洋办事处、东非和非洲南部办事处、西非和中非办事处、中东和北非办事处、拉丁美洲和加勒比海办事处、欧洲和中亚办事处、南亚办事处。

⑤ UNICEF：How UNICEF Works，2017 年 10 月 2 日，见 https：//www.unicef.org/about/structure/。

儿基会能够与国家及地方教育部门、学校和社区建立密切的合作关系。①

2. 规范项目流程

为确保其全球教育治理项目符合规定、顺利开展、取得成效，儿基会制订了《项目政策与流程指导手册》（*Programme Policy and Procedure Manual*），为国家办事处、区域办事处及其与其他合作伙伴开展项目提供流程框架。② 按照这一手册，所有的项目需经历三个阶段。下面以国别项目为例，简要概述其项目流程。

（1）准备阶段：首先，政府与儿基会就保障儿童及妇女的优先性问题达成协议，进行项目前评估，分析项目面临的挑战、可利用的资源以及预估的结果。其次，项目相关主体需就合作及责任分配达成共识，并由国家办事处与政府拟定《国别项目文件》（*Country Programme Document*），提交执行局审核。项目一旦获得通过，双方须拟写《国别项目行动计划》（*Country Programme Action Plan*），内容包括项目预期的合作成果、实施战略、方案结构、资源分配及主要合作伙伴应履行的义务。③

（2）实施阶段：儿基会将与政府及其他合作伙伴制定《年度工作计划》（*Annual Work Plan*），旨在规划和协调项目参与主体（政府、非政府组织）的具体工作及活动的开展，以及儿基会在技术、资金、信息、物资援助等方面提供的支持。儿基会通常会与非政府组织及社区组织签订《项目合作协定》（*Project Cooperation Agreement*）以确定具体的行动条款及预算方案。办事处通过项目管理系统（Programme Manager System）进行项目的规划与实施，并报告执行情况。该系统产生的所有事务需遵循标准业务流程。④

---

① UNICEF，*Goal Area 2 Every Child Learns*，*Global Annual Results Report 2018*，New York：UNICEF，2019，p.12.

② UNICEF，*Programme Policy and Procedure Manual*，New York：UNICEF，2007，p.1.

③ UNICEF，*Programme Policy and Procedure Manual*，New York：UNICEF，2007，pp.40-41.

④ UNICEF，*Programme Policy and Procedure Manual*，New York：UNICEF，2007，pp.88；121.

（3）评估阶段：儿基会评估办事处（UNICEF Evaluation Office）负责项目评估，并发布评估报告。评估政策总体上遵循联合国评估小组（United Nations Evaluation Group）制定的评估标准。评估办事处也为区域办事处、国家办事处制定了具体的评估标准，规定了项目的评估频次、负责部门等。国别项目应至少每两轮进行一次评估；若监测和审计信息显示项目环境有重大变化或风险水平明显上升，则每轮至少进行一次评估。国别项目的评估由区域评估顾问负责，而评估报告的质量保证评定（Quality Assurance Assessment）[①]则由评估办事处负责。[②]

3. 确立审计制度

儿基会设有内部审计及调查办公室（The Office of Internal Audit and Investigations），下设两个部门。调查部门负责调查涉及工作人员所有不正当行为的指控。[③]内部审计部门，顾名思义，负责对国家办事处、区域办事处、总部及特定领域进行内部审计工作，向执行主任直接汇报，旨在提高机构在组织管理、风险管理及过程掌控方面的能力。[④]内部审计办公室经评估认证，符合执行内部审计任务的标准，且内部审计报告均对外公布，接受国际社会的监督。

外部审计则由联合国审计委员会（United Nations Board of Auditors）[⑤]负责，涵盖采购、预算、项目管理、人力资源、差旅管理、财务控制、现

---

① 评估办事处规定，对于项目评估报告需进行质量保证评定，由项目评估主体的上一级评估单位负责。如：国家办事处负责项目评估，则由区域办事处负责质量保证评定。若项目评估由评估办事处负责，则由联合国儿童基金会以外的第三方组织进行质量保证评定。

② UNICEF，*Revised Evaluation Policy of UNICEF*，New York：UNICEF，2018，pp.5-7，11.

③ UNICEF：The Office of Internal Audit and Investigations（OIAI）-Investigations，2020 年 2 月 11 日，见 https：//www.unicef.org/auditandinvestigation/index_65761.html。

④ UNICEF：The Office of Internal Audit and Investigations（OIAI）-Internal Audit，2012 年 9 月 6 日，见 https：//www.unicef.org/auditandinvestigation/index_65753.html。

⑤ 联合国审计委员会根据联合国大会 1946 年 12 月第 74（I）号决议，负责审计联合国各组织及其各基金和方案的账目。

金援助、信息系统、资产管理等十余个具体领域。[①] 联合国审计委员会撰写《财务报告及财务审计报表》（*UNICEF financial report and audited financial statements*），提交联合国大会公开审议，并通过行政和预算问题咨询委员会（Advisory Committee on Administrative and Budgetary Questions）向大会报告其审计结果和建议。

（三）资金保障

儿基会开展各项活动所需的经费全部来自于政府、政府间国际组织、基金会、国际金融机构、非政府组织、私营企业以及个人的自愿捐助。2018 年儿基会共获得 67 亿美元的资金捐助，其中 50 亿美元来自于各国政府、政府间组织和合作伙伴组织等公共部门，约占捐助总金额的四分之三。世界银行等国际金融机构也是儿基会重要的资金来源之一。除资金支持之外，世界银行还通过技术援助和知识生产与儿基会共同参与教育治理。私营企业、个人及慈善组织等非营利组织通过国家委员会（National Committees）[②] 和儿基会国家办事处捐赠的金额达 15 亿美元，约占 2018 年年度经费的三分之一。[③]

企业通过国家办事处和国家委员会与儿基会建立合作伙伴关系，从自身定位出发，利用企业优势，在捐助资金的同时与其进行教育项目的合作，共同参与全球教育治理。儿基会目前的重要企业合作伙伴有：宜家、H&M、乐高（LEGO）、巴塞罗那足球俱乐部（Fútbol Club Barcelona）、微软（Microsoft）、肌肤之钥（Clé de Peau Beauté）、联合利华（Unilever）、潘多拉（Pandora）、万宝龙（Montblanc）等。[④]

此外，儿基会在全球组织贺卡及礼品的售卖活动以募集善款，并在

---

① 李庭燎、王洁：《联合国儿童基金会信息系统审计的实施与特点》，《南京审计学院学报》2012 年第 1 期，第 60 页。

② 国家委员会是一些经济较为发达的国家在本国设立的非政府组织，负责在所在地区宣传儿童权利、募集资金。目前全球共有 37 个国家委员会。

③ UNICEF：Funding to UNICEF，见 https：//www.unicef.org/partnerships/funding。

④ 例如，宜家发起“毛绒玩具教育义卖活动”；乐高集团资助儿童早期教育项目；巴塞罗那足球俱乐部向学校捐赠体育运动器材及设施；肌肤之钥资助女童教育项目。

世界各国设立亲善大使，希望发挥名人的社会影响力，呼吁广大公众关注与儿童权利保护相关的问题，并且能够募集到一部分资金。

（四）建立全球合作伙伴关系

全球合作伙伴关系是儿基会各项行动计划的核心所在，包括国家政府、联合国机构、金融机构、全球教育基金会及教育伙伴关系、私营企业和公民社会。国家政府、金融机构和企业与儿基会的合作伙伴关系在上文已有提及，这里主要介绍联合国机构、全球教育基金及教育伙伴关系、公民社会在与儿基会合作过程中扮演的角色及发挥的作用。

1. 联合国机构

儿基会作为联合国的附属组织，与联合国系统内其他国际组织合作密切，旨在提高联合国整体的工作效率及效力。[①] 在教育治理方面，儿基会主要通过与联合国教科文组织、国际劳工组织、联合国难民署（United Nations High Commissioner for Refugees）、世界卫生组织等合作召开会议、制订教育指导手册、开展教育项目。

2. 全球教育基金会及教育伙伴关系

全球教育基金会及教育伙伴关系与儿基会的合作主要体现在支持项目计划、提供项目资金、召开项目会议三方面。[②] 儿基会是“全球教育伙伴关系”（Global Partnership for Education）的理事会成员。它一方面作为协调机构，促进国家政府与其他合作伙伴间的合作；另一方面，作为执行赠款的代理机构，负责部分国家及地区的物资捐赠及使用。通过全球教育伙伴关系提供的资金，儿基会在 2018 年共发放了 540 万份教材，培训了 4 万余名教师，建立或重建了 267 所教室。[③] 此外，儿基会还与“教育不能等”（Education Cannot Wait）基金、救助儿童会（Save the Children）等组织在全球教育治理方面进行密切合作。

---

① UNICEF：UNICEF and UN Partnerships，2018 年 3 月 29 日，见 https：//www.unicef.org/unreform/。

② UNICEF，*UNICEF Education Strategy 2019-2030*，New York：UNICEF，2019，p.48.

③ UNICEF，*Goal Area 2 Every Child Learns*，*Global Annual Results Report 2018*，New York：UNICEF，2019，p.65.

3. 公民社会

包括非政府组织、专业组织、学术界、基金会等在内的公民社会通过提供服务、意见咨询、配合执行等方式与儿基会进行合作。① 大学作为学术机构，与儿基会在教育研究项目上展开合作。例如，2018 年，儿基会与微软公司、剑桥大学（University of Cambridge）合作，推出“学习护照”（learning passport）的数字化平台，为流离失所的儿童与青少年提供学习机会。②

四、联合国儿童基金会参与全球教育治理的影响

儿基会在参与全球教育治理中始终为保障所有儿童的受教育权而努力，经过了近 60 年的全球教育治理行动，儿基会对世界教育的发展产生了深刻的影响。

（一）推动弱势儿童接受优质的基础教育

目前，儿基会在残障儿童的教育、性别平等、儿童早期发展、紧急情况下的教育、教育创新、技能培训等各方面展开全球教育治理行动，努力实现“确保包容和公平的优质教育，让全民终身享有学习机会”。儿基会通过资金、物质及服务的直接援助为弱势儿童提供教育支持，尤其是为受战乱及自然灾害影响的儿童提供人道主义教育援助。2014—2018 年，儿基会为 4350 万处于紧急状况的儿童提供了教育支持，且超过 7000 万的儿童获得了学习材料。③

儿基会自 20 世纪 90 年代开始关注女童教育，两次发起“性别平等行动计划”④，促进了女童教育的发展。与 1998 年相比，2018 年小学阶段的

---

① UNICEF，*UNICEF Education Strategy 2019-2030*，New York：UNICEF，2019，p.48.

② UNICEF：UNICEF Announces New Partnership with Microsoft to Address Education Crisis Affecting Displaced and Refugee Children and Young People，2018 年 9 月 26 日，见 https：//www.unicef.org/press-releases/unicef-announces-new-partnership-microsoft-address-education-crisis-affecting。

③ UNICEF，*UNICEF Education Strategy 2019-2030*，New York：UNICEF，2019，p.43.

④ 儿基会基于《2014—2017 年战略规划》和《2018—2021 年战略规划》连续两次发起“性别平等行动计划”。

失学女童数量从6510万下降到3230万，初中阶段由5250万下降到2980万，高中阶段则由9080万下降到6700万；男女童小学入学率的差距从6%下降到2%，中学入学率中的性别差距已基本消除；15—24岁的女性青年的文盲数量从1995年的1亿人下降到5600万。尽管如此，在部分国家及地区，女童入学率大幅度低于男童；世界范围内仍有10%的女性青年是文盲；女童缺乏数字技能或STEM教育。[①] 因此，教育的性别平等问题仍然将是儿基会在较长一段时间内的工作重点。

（二）影响各国在儿童教育政策上的制定

儿基会进行全球教育治理的方式已从最初提供资金、物质、服务的直接援助转变为双管齐下，即在提供资源支持的同时通过提供教育分析工具、指导政府制定教育政策及规划教育方案，以提升国家的教育治理能力。

儿基会支持塔吉克斯坦教育及科学部门利用“教育行业分析”（Education Sector Analysis）[②] 指南，从整体及个别层次审视国家教育体系的公平、质量及有效性，以便拟定2020年后的教育发展战略。[③] 儿基会还在具体教育问题上指导发展中国家政府制定相关政策。例如，儿基会在圣多美和普林西比帮助教育部修订《教育政策宪章》（*Carta de política educative*），普及两年制的免费优质学前教育；在巴西向政府提供技术援助以支持其制定“国家校园环境政策”（National School Environment Policy），旨在减少校园暴力、推动建设包容性学习环境；在塞尔维亚帮助政府进行学前教育课程改革，采取儿童中心、基于游戏的学习和教学方式。[④]

---

① UNICEF，*A New Era for Girls*，*Taking Stock of 25 Years of Progress*，New York：UNICEF，2020，pp.11-15.

② 由联合国儿童基金会、联合国教科文组织、全球教育伙伴关系及世界银行共同制定，是进行教育计划的第一步，通过对趋势和现状进行全面、深入的分析以明确已经达到的成就和面临的突出挑战。

③ UNICEF，*Goal Area 2 Every Child Learns*，*Global Annual Results Report 2018*，New York：UNICEF，2019，p.65.

④ UNICEF，*Goal Area 2 Every Child Learns*，*Global Annual Results Report 2018*，New York：UNICEF，2019，pp.20，39-40.

（三）提高各界对儿童教育的关注度

儿基会经联合国大会授权，以《儿童权利公约》为准则，在世界范围内倡导保护儿童权利，帮助儿童满足其基本的生存需求，并扩大弱势儿童的机会以充分发挥他们的潜力。[①] 儿基会在参与全球教育治理过程中，积极倡导"全民教育""女童教育""儿童早期教育""全纳教育"等有利于保障儿童权利、促进儿童健康发展的教育理念，主要通过发布研究报告、召开讲座及研讨会、在重要会议上发表演讲等方式，为宣传并普及上述理念作出努力，旨在呼吁社会各界共同关注儿童教育问题。

儿基会重视构建全球合作伙伴关系，将其视为实施教育战略的关键之一。[②] 除国家政府、国际组织以外，儿基会还致力于集结跨国及本地企业、公民社会及个人等各方力量，共同保障儿童受教育的权利，也因此为其提供了参与全球教育治理的平台。

五、总结

综上所述，自 1961 年决定将援助范围拓展到教育领域以来，儿基会始终致力于保障所有儿童的受教育权。在不同的历史时期，其关注的教育领域和实施教育治理行动的方式都呈现出不同的特点。20 世纪 60 年代，它主要通过教学设施等物资的援助，配合教科文组织等联合国机构开展教育治理活动，关注教师培训、职前培训与为儿童成年后的生活做准备。20 世纪 70—80 年代，它重点关注非正规教育、普及初等教育和成人扫盲教育。20 世纪 90 年代，它积极响应并实践"全民教育"倡议，将侧重点置于女童教育和紧急情况下的教育。21 世纪，它以实现更公平、更优质的基础教育为目标参与全球教育治理，关注女童教育和教育质量。

儿基会目前通过四个基本路径参与全球教育治理：第一，推动制定《儿童权利公约》等具有法律约束力的国际文书，要求缔约国履行相应义

---

① UNICEF：UNICEF's mission state，2003 年 4 月 25 日， 见 https：//www.unicef.org/about/who/index_mission.html。

② UNICEF，*UNICEF Education Strategy 2019-2030*，New York：UNICEF，2019，p.44.

务。第二，利用全球合作伙伴关系，通过教育物资援助行动和国别教育合作项目开展全球教育治理行动。第三，发布各类出版物，在世界范围内倡导保障儿童权利并为儿基会参与各国的教育政策讨论、进行教育治理活动提供支持。第四，发起国际倡议以呼吁世界关注儿童教育权利的问题。为保证工作的顺利开展和有效运行，儿基会在参与全球教育治理过程中确立了一系列保障机制，例如法律保障、机制保障、资金保障，而构建全球合作伙伴关系则是其各项行动计划的核心所在。

经过了近 60 年的全球教育治理行动，儿基会为促进世界儿童教育的发展作出了重要的贡献，具体包括：通过直接援助保障弱势儿童接受教育的权利，支持儿童接受优质的基础教育；指导政府制定教育政策、规划教育方案，提升国家的教育治理能力；在全球积极倡导“全民教育”“女童教育”等教育理念，并为企业、公民社会及个人提供了参与全球教育治理的平台。

尽管成绩显著，儿基会在参与全球教育治理方面尚面临着一些问题和挑战。首先，儿基会以保障儿童生存、受保护及发展的权利为使命，因此，教育并不是它唯一关注且最优先考虑的问题。2018 年，儿基会的直接项目支出为 53.94 亿美元，教育领域支出 11.92 亿美元，次于生存及成长领域的 21.06 亿美元。① 理查德 · 霍顿（Richard Horton）曾在世界权威医学杂志《柳叶刀》（*The Lancet*）上发表社论，质疑儿基会在无法保障儿童基本健康的情况下，过度关注教育、歧视、暴力等其他领域。② 至今，每年仍有 500 多万的 5 岁以下的儿童去世，其中新生儿的比例近 50%。③ 因此，保障儿童基本的生存权仍然是儿基会的首要任务。其次，人力资源不足也是儿基会面临的困难之一。2016 年，负责教育领域的工作人员仅

---

① UNICEF，*Annual Report 2018*，*For Every Child*，*Every Right*，New York：UNICEF，2019，p.9.

② Horton Richard，“UNICEF Leadership 2005–2015：A Call for Strategic Change”，*The Lancet*，Vol.364，No.9451（December 2004），p.2071.

③ WHO：Children：reducing mortality，2019 年 9 月 19 日，见 https：//www.who.int/news-room/fact-sheets/detail/children-reducing-mortality。

占总数的16%，较2006年还下降了4%，且工作人员普遍缺乏数据分析、管理、部门决策等方面的技能。[①] 第三，向紧急状态下的儿童以及其他弱势儿童提供物资援助仍是儿基会目前主要的教育治理活动。这一方面是因为用于紧急状况的捐赠金额较多，另一方面则是因为“物资援助者”是该机构成立以来在保障儿童权利问题上扮演的最主要的角色。[②] 放眼未来，如何进行资源分配以及开展跨领域的治理活动，如何提高工作人员的数量和素质以保证治理活动的质量，如何实现传统的“物资捐助者”角色的转变，是有待儿基会克服的挑战。

第三节　世界银行与全球教育治理

世界银行成立于1945年，由国际复兴开发银行（International Bank for Reconstruction and Development）、国际开发协会（International Development Association）、国际投资争端解决中心（International Center for Settlement of Investment Disputes）、国际金融公司（International Finance Corporation）、多边投资担保机构（Multilateral Investment Guarantee Agency）五个机构组成，是世界上最大的发展援助机构之一。

一、世界银行参与全球教育治理的历史

世界银行的全球教育治理政策在不同的历史阶段具有不同的政策优先领域。根据世界银行内外相互作用因素的发展动态，世界银行全球教育治理政策的历史发展可分为四个关键时期：(1) 1963—1981年，战后经济、社会重建；(2) 1981—1995年，世界银行内部贷款结构调整、华盛顿共识及高层领导、专家的聘任；(3) 1995—2008年，冷战结束后后华盛顿

---

① UNICEF，*UNICEF Education Strategy 2019-2030*，New York：UNICEF，2019，p.54，47.

② Jones Phillip，“Elusive Mandate：UNICEF and Educational Development”，*International Journal of Educational Development*，Vol.26，No.6（November 2006），p.602.

共识及全球化迅猛发展；(4) 2008 年至今，金融危机导致全球权力结构发生了变化。

(一) 1963—1981 年：尊崇教育的经济价值

自 1963 年乔治·伍兹（George Woods）行长任职到 1981 年罗伯特·麦克纳马拉（Robert McNamara）行长卸职期间，世界银行参与到助力全球教育发展的行列，为贫困国家的教育基础设施及职业教育与培训等提供了无息贷款。尤其是麦克纳马拉时期，世界银行从教育的整体性和系统性加以考量，为教育发展提供了较为全面的贷款援助。然而，这十几年间，世界银行并没有认识到教育发展的本质含义及价值，偏离了教育发展理念的核心，对世界银行来说教育的经济价值是其唯一价值。

具体来看，伍兹行长任职期间，世界银行关注教育完全是基于经济学的相关理论，这就不难理解世界银行始终站在“工具理性”的价值理念上看待教育，将教育视为经济发展及减贫的一个手段。体现在世界银行教育财政事务上，主要集中在两个方面，一是教育项目的投资侧重于教育系统的学校、图书馆、实验室和研讨会等基础设施，对教师工资及教科书费用等均没有给予回应。二是对教育领域中可以促进经济发展的职业技术教育有着浓厚的兴趣，例如关注中等教育中的实用性课程，以此培训社会需要的技术工人。由此可见，世界银行初步涉足教育领域时，就对教育的财政项目进行了严格的限制，其标准始终是能否促进经济的发展与繁荣。

麦克纳马拉行长对教育发展的贡献在于，使教育在世界银行借贷中具有了合法性的地位，使之成为借贷国与世界银行政策联系的一部分。①但是，教育资金的运作依然是在人力规划理论框架内进行，并需要得到控制世界银行贷款服务主要国家经济团队的支持。例如，1971 年世界银行第一份《教育部门工作报告》(*Education Sector Working Paper*)，虽然重

① Stephen P. Heyneman，“The history and problems in the making of education policy at the World Bank 1960-2000”，*International Journal of Educational Development*，Vol.23，No.3 (May 2003)，pp.315-337.

新审视了教育的整体性和系统性问题，但就每个阶段的教育而言，世界银行坚持基础教育对社会经济发展的重要作用，并对发展中国家过度投资高等教育的问题提出否定。①1974年的《教育部门工作报告》指出“应该首先投资能够促进经济生产的教育项目，或是为经济发展提供所需要的各类人才”，“坚持这项政策，世界银行优先关注与国家发展相关的教育项目，重点是培养社会发展急需的各类人才。”②

（二）1981—1995年：进行教育结构调整贷款

里根政府时期，世界银行内部推动了一种严厉的新自由主义观念，同时在世界银行新聘任首席经济学专家乔治·萨卡罗普洛斯（George Psacharopoulos）的指导下，采用新的经济学理论——“成本效率分析”理论进行教育结构政策调整。

萨卡罗普洛斯以“成本效益分析法”作为教育政策制定新的角度，放弃以往教育是“减贫”的人力资本来源理念，鼓励教育私有化、提倡教育回报率，提出了很多教育财政政策建议：(1) 根据发展中国家教育水平与工资差异的相关性研究，投资于初等教育的“回报率”明显高于高等教育投资，并且这一投资效率显著；(2) 接受高等教育的人应该承担部分教育费用；(3) 为家庭经济困难者提供贷款学费，待其毕业后有所回报时归还贷款。(4) 使用合同教师、鼓励从幼儿园到高中学校教育的效率驱动政策改革等。③结构调整阶段，世界银行教育部门的工作人员开始采用标准技术，对世界银行教育投资进行“成本效益”估算，注重投资的效率和回报率。

此外，“回报率分析”理论为世界银行教育政策的有效领域提供了明确的战略方向，也即短期教育政策菜单（Short-term education policy

① World Bank，*Education Sector Working Paper*，Washington，D.C.：World Bank，1971，p.8.

② World Bank，*Education Sector Working Paper*，Washington，D.C.：World Bank，1974，pp.48-49.

③ Springer：The World Bank and Education.World Bank Poetry：How the Education Strategy 2020 Imagines the World，见 https：//link.springer.com/content/pdf/10.1007%2F978-94-6091-903-9.pdf。

menu），以此作为贷款国主要的教育政策建议：基础教育回报率高于高等教育回报率；学制教育回报率高于职业技术类教育回报率；增加高等教育个人负担成本，并由个人进行成本分担。

（三）1995—2008 年：建设教育知识管理系统

20 世纪 90 年代中期，詹姆斯 · 沃尔芬森（James Wolfensohn）任世界银行行长（任期 1995—2005 年），强调了政策的证据性能及世界银行可以提供技术建议的功能，向“知识银行”转型，使其业务更加多样化。在教育领域，世界银行贷款发展融资规模不断扩大，逐渐成为全球教育改革最大的融资者；其次，教育政策报告显示，世界银行不断进行着教育领域自我存在价值的探索，教育的经济指导理念趋于“价值理性”，世界银行认识到教育的重要作用，将教育发展分为两个主题，即“全民教育”及“知识教育”（Education for Knowledge）。

期间，沃尔芬森行长及其团队创新开发出“教育知识管理系统”（Education Knowledge Management System），构建知识发展的平台，立志要在发展中国家激发知识革命，充当“创建、共享及应用减贫和经济发展所需先进知识的全球催化剂”。这一愿景带来了世界银行内部结构的重组，以期成为世界的“知识管理者”。在《1998—1999 年度世界发展报告》（World Development Report 1998/1999）多次出现“知识管理”“教育发展”及“减贫”等词汇，更是强调了“教育知识管理系统”的重要作用，称其能够生产、创造、储存并传播教育发展的知识，包括世界银行相关的教育活动和经验及全球最佳的教育发展知识。① 世界银行这种“知识转向”（knowledge turn）的“知识银行”（Knowledge Bank）角色，结合了世界银行一系列内部管理和对外运作的战略，不仅包括知识管理系统的供应和使用，还涉及世界银行所有的投资领域，尤其是教育领域，对知识研究进行了大量的投资。

① World Bank，*World Development Report 1998/1999*，Washington，D.C.：World Bank，1998.09，pp.56-70.

（四）2008 年至今：提出“全民学习”教育战略

金融危机之后，国家教育合作交流与双边援助系统逐渐进入正轨，世界银行教育工作部门发现，各国在世界银行的教育贷款总额在银行贷款总额中的比例大幅度下降。为了应对借贷国需求下降的危机，世界银行进行了一系列磋商，起草并采用了新的教育部门战略，即《全民学习：世界银行 2020 教育战略》（*Learning for All*：*Education Sector Strategy 2020*），在此战略中，世界银行承诺将重点放在整个教育系统的改革上，同时还承诺发挥政策咨询和专业知识提供者的角色作用。世界银行利用软实力机制，如基准测试、技术援助和思想传播，作为构建和影响成员国偏好的一种方式。

为了实现全民学习并保证全民学习的质量，一方面，世界银行致力于在全球层面构建一个高质量的知识数据库，即“教育管理信息系统”（Education Management Information System）。该系统的主要功能在于，通过可进行比较的数据来衡量学业成果，并监测教育系统的运作效率；为国家政策制定提供理论建议、政策咨询即实践数据，指明国家教育系统运行的正确方向。

另一方面，世界银行提出了“更好的教育成果系统”倡议（Systematic Approach to Better Education），致力于在教师管理、国家学习评估、权力下放和问责制及私人服务领域提供标准化基准和政策工具。世界银行认为，良好教育系统的要素包括三个方面：一是提供学习机会，主要由政府机构、公立学校与私立学校、社区、宗教团体及个人提供；二是学习机会获得，主要是指为青少年儿童、成年人提供学习机会；三是提供学习课程，包括正式课程和非正式课程。[①] 与此同时，世界银行意识到，过去主要投资学校基础设施、教师培训等做法只能增加学生入学的人数及在校学习时间，不能保证教育系统的运行效率，因此要加强教育系统的管理和治理。

---

① World Bank，*Education Sector Strategy 2020*：*Tertiary Education. Background Paper for the Education Sector Strategy 2020*，Washington，D.C.：World Bank，2010，p.32.

二、世界银行参与全球教育治理的基本路径

世界银行以金融力量和知识力量为依托进行全球教育治理，鉴于外部发展的多样性和杠杆作用，该全球性组织代表了许多特别优秀的机制和做法，其教育资金、教育研究数量和影响，使得世界银行已经成为世界上最具生产力和影响力的教育研究机构，尤其是在全球教育的政策讨论方面具有极大的影响力，特别是在教育基础设施薄弱的国家。

（一）为全球教育发展提供资金支持

1. 为各级各类教育发展提供资金支持

从各级各类教育领域来看，作为全球三大经济组织之一，世界银行从一开始就以“金融银行”的角色参与到助力全球教育发展的行列。自1963年世界银行涉足教育领域以来，教育贷款金额额度总数呈上升趋势，教育贷款额度占总贷款的比例呈曲折上升趋势。从各阶段世界银行的教育优先投资领域来看，早期教育工作优先考虑基础设施和人力资源培训，20世纪70年代和80年代世界银行将其重点和发展的话语逐渐向基础教育和幼儿教育转移，1981年到20世纪90年代中期世界银行在教育领域的贷款活动大幅度增加，为基础教育的发展提供了巨大的推动力。21世纪以来，世界银行的教育建议对公共教育系统和学习机会产生了影响。作为主要的全球贷款机构，其贷款条件与教育改革有系统性关联。① 迄今为止，世界银行是世界上最大的教育资助机构，涵盖了包括幼儿教育到高等教育、职业技术教育、终身学习的所有教育领域。综合来看，世界银行教育优先发展项目数量及资金额度以初等教育领域最多，所有教育领域均涉及“全民教育”及“知识经济教育”两大主题。

2. 为各地区及国家教育发展提供资金支持

从地区及国家维度来看，其一，世界银行在各地区的教育项目数量

---

① Steven J. Klees，D. Brent Edwards Jr.：Knowledge Production and Technologies of Governance，见 https：//www.researchgate.net/profile/D_Brent_Edwards_Jr/publication/282878847_Knowledge_production_and_technologies_of_governance/links/5621512408ae70315b58cc9a.pdf。

及资金额度排名从高到低依次是非洲（794 个项目，占总额度的 28%）、拉丁美洲和加勒比（454 个项目，占总额度的 22%）、东亚及太平洋地区（346 个项目，占总额度的 18%）、南亚（231 个项目，占总额度的 18%）、欧洲和中亚（238 个项目，占总额度的 10%）、中东及北非（178 个项目，占总额度的 4%）。① 纵观各地区的各级各类教育项目投资力度，世界银行一直重视教育投资的回报率，坚持投资于初等教育领域的回报率高于高等教育领域，因此初等教育领域的教育资金额度比例最高，这一点尤其体现在中东及北非地区。

其二，世界银行在各国的教育项目数量及资金额度排名前五位的分别是印度尼西亚、巴西、印度、中国及巴基斯坦。自 1990 年的“全民教育”倡议以来，教育贷款在世界银行的两个主要机构（国际复兴开发银行和国际开发协会）中一直保持着稳定且显著的增长，其教育项目大幅度增加，包括发达国家和发展中国家。其中，为实现“减贫”及“繁荣”两大目标，世界银行积极关注贫困地区及国家的基础教育。例如，2014 年，世界银行董事会批准了印度 10 亿美元的第三个小学教育项目，该项目在三年内实施。该基础教育项目是世界上最大的教育项目，世界银行称可满足 2 亿儿童和 450 万名教师的需求。② 可见，在世界银行与各个国家的合作中，教育领域已经成为世界银行投资组合中的关键组成部分。

（二）提供全球教育知识交流与互动平台

20 世纪 90 年代以来，世界银行积极关注教育领域的议程设置和政策设计等机制，逐渐向“更软治理”（softer governance）的方向倾斜，最具代表性的是“知识库”战略。③ 自 1996年“知识银行”角色的新定位以来，世界银行实施了一系列举措，通过进行全球“知识合作”，致力于构建

① 作者根据世行数据库网站（https：//data.worldbank.org.cn/）数据整理。

② World Bank：Projects：Third Elementary Education，见 http：//www.worldbank.org/projects/P004602/third-elementary-education？lang=en。

③ Mike Zapp，“The World Bank and Education：Governing (Through) Knowledge”，*International Journal of Educational Development*，2017.3（53），pp.1-11.

“知识银行”的形象。目前，世界银行是“发展知识的最大单一来源”[①]，为全球教育知识的交流与互动提供平台，参与全球教育治理。

“知识银行”形象确定后，创造、管理和分享知识的新理念影响了世界银行在全球实践中的工作方式，尤其是在教育方面。不久，世界银行随即开始实施“全球知识伙伴”内部改革战略，并于1997年启动国际远程高等教育项目，建立非洲虚拟大学（African Virtual University），致力于通过互联网、卫星技术等提供全球最优质的教育服务。目前，该组织拥有19个成员国，在27个合作国家拥有超过53个合作院校。[②]此外，从1998年开始，世界银行内部试点部门将其关注点集中在教育领域，构建了“教育知识管理系统”，致力于组织、创建、寻找、提取和传播教育相关发展知识，积累了大量的教育实践案例及最新的教育知识。2010年以来，世界银行实施“知识开放议程”，不断更新其数据库的报告、数据及研究成果，力图提供全面、广泛的知识内容。

（三）推行知识分享、技术援助等“软治理”机制

近年来，世界银行教育知识数据不断获得发展与完善，“知识银行”的角色也得以构建和树立。2011年，世界银行在其教育部门战略中指出，“世界银行不仅需要足够强大的指导者——‘全球知识库’，而且需要将新知识和旧知识合成的‘发电机’”[③]，这对世界银行在教育战略的把握乃至全球教育战略格局方面都具有重要的影响。2014年，世界银行推出“更好的教育成果系统”，该系统包含知识研究、科学产出、知识科学化、知识组合和应用、教学组合等多个层面，因其详细的指标和全面的数据收集成为世界上最全面的国家级教育数据和政策信息账户。2017年，世界银行发布了40年以来首次以教育为主题的年度发展报告《2018世界发展报

---

① World Bank：About The World Bank Open Knowledge Repository，　见 https：//openknowledge.worldbank.org/about。

② African Virtual University：AVU AT A GLANCE，见 https：//avu.org/avuweb/en/avu-at-a-glance/。

③ World Bank，Education Sector Strategy，Washington，D.C.：World Bank，2011，p.9.

告——学习以实现教育的诺言》(*World Development Report 2018*：*Learning to Realize Educations Promise*)，标志着教育政策方向转变，即从注重教育投入到注重教育质量与学习结果，同时也是世界银行“知识银行”角色进行“软治理”的重要体现。①

三、世界银行参与全球教育治理的保障机制

世界银行的全球教育治理根植于其功能定位、目标定位、性质及组织机制的逻辑架构，其中功能与目标是世界银行各个领域发展和治理的使命，是世界银行全球教育治理的价值归途，世界银行的性质直接影响着其全球教育治理角色的认知和作用的发挥，而功能、目标及全球教育治理作用的发挥，都会受到世界银行组织机制的影响。

（一）功能与目标保障

世界银行的全球教育治理，跟其功能定位和目标定位有着重要的联系。其中，功能定位是指，在不同的发展时期，世界银行本身“是什么”？目标定位是指，在不同的发展阶段，世界银行的政策是“为了什么”？

自成立至今，世界银行从最初只用资金手段致力于“稳定、恢复战后经济发展”，转变为以资金、咨询、技术、知识等手段促进全球经济发展、应对全球性问题，都体现出世界银行作为金融机构的本质功能和目标取向。然而，跟国际货币基金组织不同，世界银行不仅具有提供贷款的功能，正如布雷顿森林会议（Bretton Woods Conference）规定的，世界银行还具有促进发展的功能。这就不难理解，世界银行的政策重点，自成立以来，逐渐从“投资生产事业、资助成员国的经济复苏与建设，继而促进战后成员国的重建与发展”转变为“世界银行机构与合作伙伴及成员国、客户国的密切合作，致力于全球各项事业的发展与经济减贫”。从其优先事项领域来看，世界银行已经逐渐发展成为一个“以促进发展为宗旨的金融

① World Bank，*World Development Report 2018*：*Learning to Realize Educations Promise*，Washington，D.C.：World Bank，2017，p.25.

机构”。

目前，世界银行作为面向发展中国家的世界最大的资金和知识来源，其功能定位是“发展援助机构”，其目标定位是“减少贫穷”“促进繁荣”，以保证可持续性发展。为此，世界银行以资金、人才、知识三大基础，帮助最贫困的发展中国家，同时对其借贷国提出相应的要求：(1) 投资于人，尤其是卫生和教育等基础服务；(2) 重视社会发展、参与、良政和建设，这是实现“减贫”的关键；(3) 加强政府的职能建设，以提高效率、增加透明度，提供高质量的服务；(4) 保护环境；(5) 支持、鼓励民营企业的发展；(6) 促进改革，创造稳定的宏观经济环境。① 简单来说，就是通过向借贷国提供赠款、无息贷款或者低息贷款的方式，支持贫困的发展中国家的教育、基础设施及卫生等领域的发展。

（二）世界银行属性特征保障

从源头来看，根据布雷顿森林会议的协议，世界银行从一开始就具有双重属性，即“银行性”和“非银行性”。正是这两种属性，建构了 20 世纪 90 年代世界银行参与全球教育治理的不同角色，也就是具有“银行性”的“金融银行”角色以及具有“非银行性”的“知识银行”角色。

其一，世界银行全球教育治理的“金融银行”角色，从第一笔教育贷款援助项目开始就有所体现，但是基于世界银行对教育本质及功能的片面认识，这一角色至 20 世纪 80 年代世界银行结构贷款调整时期才开始真正发挥作用。具体来说，世界银行通过金融手段促进贫困发展中国家的基础教育、职业技术教育及教师教育等的发展。当然，作为一个金融机构，世界银行每项教育援助的背后都有一个经济目的，或将教育作为一个促进经济发展和繁荣的手段、工具，或计算教育投资的回报率和效率以获取资金投入的最大化。总体来说，世界银行“金融银行”的角色，完全是在其“银行性”的性质驱动下建构的。追溯其本源，理论指导或价值指导均来自经济学领域，缺少价值理性的关怀。

---

① 张民选：《国际组织与教育发展》，上海教育出版社 2009 年版，第 227 页。

其二，世界银行全球教育治理的“知识银行”角色，始于1996年沃尔芬森行长提出将世界银行构建成一个“知识库”的倡议。严格来说，世界银行“非银行性”的属性自其成立以来就一直存在，在20世纪90年代中期以前，这一属性具体体现在“促进发展”这一功能上，然而囿于世界银行“金融银行”角色的限制，“发展”的内容更加偏向于经济发展。因此，世界银行基于“非银行性”的属性，从“知识银行”转向开始才更加具有全球教育治理的意义。近年来，世界银行以其多年积累的发展经验和研究成果为依据，在咨询顾问、技术援助、知识生产、储存与传播等方面发挥着越来越重要的作用，“知识银行”的属性在新时代下日益得以突出与强化，同时它的影响力也已经延伸到经济领域之外，比如教育领域。

（三）组织机制保障

世界银行组织结构、资金优势、信息收集与知识咨询功能，一起构成了世界银行全球教育治理的保障机制。其一，世界银行集团由国际复兴开发银行、国际开发协会、国际投资争端解决中心、国际金融公司、多边投资担保机构五个相关的机构组成。五者之间相互配合、各司其职，共同承担着世界银行集团的使命。其中，国际复兴开发银行和国际开发协会对亚、非、拉等中等及贫困国家提供贷款和发展援助，致力于减少世界贫穷率；国际投资争端解决中心的功能主要是以调解、仲裁等方式解决投资者和发展中国家的争端；国际金融公司以其金融资源、全球经验和技术专长，帮助合作伙伴应对资金及政治等层面的挑战，是专注于发展中国家私营部门的全球发展机构；多边投资担保机构的功能主要是吸引、鼓励各国政府及商业团体在发展中国家进行投资，同时为投资者提供资金担保，避免非商业风险造成的损失。①

其二，世界银行作为一个金融机构，有着灵活、充足的资金链，用以支持庞大的资金援助规模。世界银行公布的数据显示，2000—2014年，

---

①　World Bank：About，见https：//www.worldbank.org/en/about。

国际复兴开发银行、国际开发协会、国际金融公司承诺提供的发展资金支持总规模为5508亿美元。同一时期，美国提供的官方援助规模为3946亿美元，中国提供的规模为3500亿美元。[①]世界银行大部分资金来源于国际金融市场，股东国家缴纳的资本约为140亿美元。自1959年以来，世界银行始终保持着3A级信用等级，使其得以低成本借债并向中等收入国家提供借贷，确保项目实施的可持续性，同时辅以或调动私人资本及少量的贷款盈利，以此支付世界银行的运作经费，改善收支平衡，及每年给国际开发协会拨款。

其三，世界银行以专门的信息搜集机构——世界银行学院（World Bank Institute）设计知识项目，为发展中国家提供获取并应用全球性知识和经验的机会。该学院合理、充分利用了世界银行搜集团队、工具及数据库资源，不但公开分享教学和信息服务，并且与借贷国相关的培训和教学机构合作以强化其数据开发技能。

其四，世界银行设有为各个领域提供知识咨询的专业部门，如经济、司法、环境、卫生与教育等。世界银行的知识咨询功能以其丰富的发展经验及硕大的研究成果为依据，在经济领域、全球化进程研究、减少贫穷等领域一跃成为最大的研究机构之一。另一方面，世界银行每一项贷款项目的审批都经历了严格的调研，在此过程中，世界银行专家团队与借贷国一起讨论本国各个方面的发展状况及需求，为借贷国相关领域的发展提供贷款使用途径及政策建议。

四、世界银行参与全球教育治理的影响

世界银行作为一个具有“金融银行”和“知识银行”双重属性的国际组织，其教育实践和教育知识加起来形成了一种独具特色的全球教育治理。它通过教育系统知识、教育政策等系统化生产、加工、传播和使用的

---

① 宋锦：《世界银行在全球发展进程中的角色、优势和主要挑战》，《国际经济评论》2017年第6期，第23—33页。

途径对全球的教育发展产生较大影响。

(一) 金融影响力：为全球教育发展提供资金支持

作为一个金融机构，世界银行为发展中国家教育发展提供了相应的资金支持，以“金融银行”的身份参与到全球教育发展，是国际教育援助的领军者。此外，世界银行不断超越教育资金提供者的身份，为全球教育发展提供了技术理念等支持。

自1963年世界银行初涉发展中国家教育领域以来，直到今日一直是“世界上最大的教育资金外部来源”。①20世纪60年代初至80年代初，世界银行给以教育发展的资金支持力度较小，但是依然呈现出缓慢上升的趋势，这与世界银行贷款资金总额度及流向有关。在麦克纳马拉时期，世界银行业务发展较快，三个机构的年度贷款总额由1968年的10亿美元，增至1980年的121亿美元。其中，34%的贷款流向了人均产值低于625美元的国家，国际开发协会的贷款中有87%流向了人均产值在360美元以下的国家。②然而，世界银行教育贷款的额度在总体贷款额度中的比例依然很小，同时世界银行认为影响发展中国家入学率的主要原因是缺少教室、操场、桌椅等基础设施，因此将教育贷款援助主要集中在教育建筑场地及设备、器材等“硬件”部分。

20世纪80年代至90年代，世界银行教育领域的财政业务逐渐丰富，教育贷款额度也日益增加。最为明显的是，世界银行教育资金的流向开始向课程资源、技术援助等“软件”部分倾斜。作为教育资金援助者，世界银行的很多项目贷款依然是基于经济利益，但是在软治理项目上，如技术援助和课程开发、课本、培训等项目，其比例一直在增加。③其中关于教育建筑物及场地等基础设施的教育贷款比例，从初期的高于95%逐渐下降到1984—1986年的75%，而关于技术援助及其他类的“软件”类的比

① World Bank：Education，见 https：//www.worldbank.org/en/topic/education。

② 布希乔：《世界银行与克劳森》，《世界经济》1982年第3期，第13页。

③ World Bank，*Controlling the Costs of Education in Eastern Africa*：*A Review of Data*，*Issues*，*and Policies*，Washington D.C.：World Bank，1984，p.35.

例则一直呈增长状态，从低于10%增长到20%以上。①

20世纪90年代以来，世界银行教育资金援助理念发生变化，整体的教育资金额度在不断增加，包括“硬件”类教育项目及“软件”类教育项目，如世界银行的教育贷款项目还支持教育规划和治理、提高教育质量、提高教学效果、增加相关性及发展科技等。世界银行的资金实力和信誉是任何银行及区域性银行都不可比拟的。从整体的职能目标和战略手段来看，尽管世界银行教育贷款的核心目的是保障其经济政策的实施，但在将教育发展纳入到国民经济发展及政策战略的过程中，世界银行以教育体制的努力应对经济发展的挑战和需求，通过资金贷款的战略工具，推动了全球的教育发展。

综合世界银行近年来在国家层面取得的教育成果，世界银行为全球教育发展提供的资金支持具有非常重要的价值。首先，世界银行积极关注难民儿童及经济弱势群体的入学教育机会。例如，约旦政府将13万叙利亚难民儿童纳入公立学校，并在世界银行的教育改革资金支持下将这一数字扩大到16万。同时，世界银行帮助该国修订了早期课程以扩大学前教育机会的获得，计划于未来五年内达到85%的入学率，帮助该国建立新的教育信息管理系统，改革国家评估系统，以衡量及监督学生的学习成绩，为学生的需求提供相应的支持。此外，在海地，世界银行提供了44万美元的学生学费减免费用，帮助约18万弱势青年进入学校学习，同时对37万多名的学生提供优质餐饮，支持2800所学校的财政运转，帮助许多教育机构重新开放。②

其次，世界银行的资金支持侧重于教师培训和教育公平。世界银行认为，高质量的教师团队是提高教育质量的关键因素之一，为此世界银行积极加速职前教师的培训及在职教师的职业发展。例如，在印度尼西亚，世界银行为25个地区的15000多名教师提供了职业培训，以促进儿

① Wadi D Hadded et al.，*Education and development*：*evidence for new priorities*［R］. Wanshington D.C.：World Bank，1990，p.39.

② World Bank：Overview（2018c），见 http：//www.worldbank.org/en/topic/education/overview。

童早期的发展。另外，世界银行积极关注女性教师的培训及女童入学的机会。例如，世界银行为也门五个省份提供教育资金，用以支持女童入学项目及女教师培训项目。该资金鼓励女童入学，尤其是进入中学学习，为此建立了 43 所学校，并为 50 所条件较差的学校配备了图书馆、计算机和实验室。①

最后，世界银行投入资金建立全面的教育管理和信息系统以提高普通教育的质量。例如，在白俄罗斯，世界银行帮助其积极构建全面的教学成果信息采集系统，于 2018 年首次参加了国际学生评估项目（PISA），采集了该国 15 岁学生的数学、科学及阅读方面在国际上的排名。在巴基斯坦，世界银行帮助其成立了第一个教育部门的数字监测系统，以帮助该国对教育工作人员、学生及学校技术设施进行透明、有效的监测，该系统于 2017 年实施，覆盖了 2 万多所学校，超过近 21 万教育和非教学人员参加。② 目前，世界银行是发展中国家最大的教育金融援助机构，也是建设全球教育理念、发展教育实践最大的机构之一。

（二）知识影响力：提供知识发展数据平台

纵观世界银行“全球知识库”的 20 多年发展历程，世界银行通过生产、管理、传播教育知识治理全球教育，是全球教育知识的生产者（producer）、管理者（manager）和传播者（transmitter）。

1. 生产知识

世界银行生产知识的实践主要体现在进行知识研究、出版知识研究和鼓励知识研究三个方面。其一，跟高校科学研究类似，世界银行进行知识研究不仅体现在特定的项目成果或项目阶段性成果研究，还体现在世界银行内部科学家将其研究成果，以各种形式公开发布的研究。

其二，世界银行自成立以来就一直不断地出版有关经济发展相关主题的研究，20 世纪 70 年代形成了系统的出版计划，1978 年开始发布《年

① World Bank：Overview（2018c），见 http：//www.worldbank.org/en/topic/education/overview。

② World Bank：Overview（2018c），见 http：//www.worldbank.org/en/topic/education/overview。

度世界发展报告》（*World Development Report*），迄今为止已有 40 个年度发展报告。自 1990 年以来，世界银行相关研究的期刊文章和工作文件一直大幅增长，出版物种类多样，但书籍数目较少。在 SSCI 领域“经济学”和“规划与发展”中，世界银行的发文量几乎是国际 14 所顶尖大学的 2.5 倍，“只有哈佛大学（Harvard University）可与之匹敌”，就所有关于贫困、发展、教育和健康相关的经济学文章，世界银行也是远超 14 所大学。① 世界银行出版物、杂志等在数量上占有绝对的优势，评估其学术影响力，对工作文件、书籍、技术报告和学位论文等进行评估，世界银行期刊文章组合排名第七，仅次于加州大学伯克利分校（University of California，Berkeley）、芝加哥大学（The University of Chicago）、麻省理工学院（Massachusetts Institute of Technology）、哈佛大学、普林斯顿大学（Princeton University）和斯坦福大学（Stanford University）。这种高水平的学术影响力，加上数量规模，给银行的投资组合带来了巨大的综合影响力。

其三，世界银行资助知识研究。长期以来，世界银行一直以提供奖学金及支持研究计划的方式与传统的教育机构、院校合作，培养了相应的国际教育实践和研究层面的精英人才。例如，日本—世界银行联合研究生奖学金计划（The Joint Japan/World Bank Graduate Scholarship Program，始于 1987 年）、罗伯特 S. 麦克纳马拉研究奖学金项目（Robert S. McNamara Fellowships Program，始于 1982 年），为优秀硕士 / 博士生提供建议、资助其出国留学等，使其成为世界银行网络知识战略运作的支持者。② 世界银行奖学金计划承担着世界银行集团在发展中国家建立知识共享和能力创造的动态使命，是教育投资和人力资源投资的一种承载方式，是促进经济发展和共同繁荣的重要组成部分。

---

① World Bank，*The World Bank's Publication Record*，Washington，D.C.：World Bank，2010，p.3.

② World Bank：World Bank Scholarships Program，见 https：//www.worldbank.org/en/programs/scholarships。

2. 管理知识

世界银行通过“教育知识管理系统”“更好的教育成果系统”（SABRE）及“开放知识库”（OKR）等汇集、管理知识，促进知识的标准化。

1999 年的教育战略文件中，世界银行就将“发挥更强知识作用”的计划列入教育知识管理中，强调了“教育知识管理系统”的重要性，并指出该系统的功能，即“更新、获取、凝练和传播教育相关的发展知识”。[①] 随着“教育知识管理系统”的不断发展与完善，世界银行推出了“更好的教育成果系统”，将知识管理进行了合并，后者是“帮助世界银行及其发展伙伴收集和分析政策信息、加强教育系统治理的优良工具”[②]。根据世界银行统计，仅在 2014 年，“更好的教育成果系统”在 100 多个国家使用了 200 多次，55 个国家的教育报告和数据可用于教育系统的特定领域，如幼儿教育、大专教育等领域。[③] 此外，“更好的教育成果系统”不仅汇集了大量的国家教育数据，还对教育政策和机构进行了基准测试和评估，用以帮助各国认识到发展的优势和劣势领域，促进跨国学习，同时通过国家教育系统与全球良好实践相关的表现来评估政策选择。同时，基于该系统在教育治理、教育评估、教育规划与管理等各个层面的应用，不仅是中低收入国家的教育分析工具，也吸引了芬兰、新加坡和法国等高收入国家。

3. 传播知识

世界银行通过支持知识会议、应用研究知识及分享知识成果的方式传播知识。其一，自 20 世纪 90 年代以来，教育国际会议及论坛成为全球教育知识交流的重要方式之一，世界银行积极参与这些会议论坛，致力于将全球的知识转化为可行的学习方案。仅 2015 年间，世界银行赞助的会议、讲座、研讨会及讲习班等共计 99 场次，涉及广泛的讨论议题。[④] 自

---

① World Bank，*Education Sector Strategy*，Washington，D.C.：World Bank，1999，p.42.

② World Bank，*The What，Why，and How of the Systems Approach for Better Education Results*，Washington，D.C.：World Bank，2013，p.4.

③ World Bank，*SABER in Action*，Washington，D.C.：World Bank，2014，p.2.

④ Mike Zapp，“The World Bank and Education：Governing（Through）Knowledge”，*International Journal of Educational Development*，2017.3（53），pp.1-11.

21世纪以来，世界银行不再是教科文组织、经合组织及其他国际组织的会议论坛参与者，而是积极组织大型国际教育会议，如2016年2月在悉尼的全球教育系统会议。

其二，世界银行直接参与了教育教学和培训。例如，建立培训中心、平台和网络；提供教育材料；委派专家参加研讨会和论坛；教授世界各国的学生、专业人士、顾问、政策制定者、研究人员及私营部门代表。

其三，世界银行认为，提供高质量的信息是提高教育服务质量有效且具有成本效益的方式，知识成果应该是高质量的并用于实践。① 因此，世界银行肯定并奖励优秀知识成果，在教育领域设置并颁发了相关奖项，以赞扬和奖励优秀教育者的知识贡献。

五、总结

世界银行一直以“金融银行”的身份在全球教育治理中发挥作用。长期以来，教育一直是世界银行贷款组合的一个重要领域，尽管其规模较小，但在数量上与卫生领域的投资相当。作为低收入国家最大的单一国际教育发展资助者，世界银行“几乎垄断了发展行业”，其技术资源、知识范围及人员配置等高于其他国际组织，而其他国际发展援助提供者也将其视为政策建议的主要来源。在这几十年中，世界银行逐渐从全球金融促进者发展成为一个重要的全球机构，参与全球教育政策建议、规划和筹资。对于一个最初并未授权从事教育工作到成为教育领域开展业务中最强大、甚至是具有一定霸权性的国际组织而言，其发展历程是相当迅猛的。

另一方面，作为“知识银行”，世界银行不仅研究生产知识或为生产知识提供资金支持，最重要的是，“知识银行”承担起了组装、储存、组织并自动更新研究知识的责任。作为一个大型的知识储存库，发挥着收集、提炼和发布科学知识的角色。因此，从这一角度出发，世界银行也是

① Tahir Andrabi，Jishnu Das，Asim Ijaz Khwaja：Report Cards：The Impact of Providing School and Child Test Scores on Educational Markets（July 2013），见 http：//citeseerx.ist.psu.edu/viewdoc/download? doi=10.1.1.414.2061&rep=rep1&type=pdf。

一个全球数字图书馆、档案库和科学知识博物馆。此外，世界银行在全球教育治理中，其认知行为者的角色兴趣在不断增长，软机制应用盛行，经过一系列内部改革和重组，世界银行已经成为世界上最重要的教育知识生产者、提供者、组织者和管理者。

然而，同经合组织相似的是，世界银行在全球教育治理的过程也较为强调教育的经济发展价值。在世界银行的教育战略中，尤其重视知识经济教育，优先考虑基于结果导向的教育政策。这同样也说明世界银行的全球教育治理也存在一定的局限性，忽视了教育环境的复杂性。并且世界银行通过各类“知识产品”（包括论文、著作、报告）对国际社会尤其是发展中国家施加影响，但我们需要注意到的是这些出版物的作者主要来自“经济精英国家”，这使得世界银行所谓的“知识来源”非常狭窄。世界银行的教育知识产品来自于发达国家，通过世界银行将教育政策、教育方案、教育项目传播至发展中国家。这实质上是西方发达国家对发展中国家知识的单向传输，而不是双方的双向互惠。其次，在世界银行的人员任命、表决权比例的构成以及员工雇佣制度上都说明了世界银行的知识服务对象更多的是为发达国家服务。世界银行更多地采用具有绝对普遍性的知识而非符合发展中国家特殊国情的知识，并且其他与世界银行主流决策思维偏离的知识都被边缘化。①综上所述，世界银行的全球教育治理可能更多的是偏向于发达国家，我们对世界银行的影响也要有着清醒的认识，认识到其在教育治理过程中存在的局限性。

第四节 经合组织与全球教育治理

近几十年来，经合组织已逐渐在教育领域树立起了权威形象，起草和发布了若干政策文本，这些政策文本及术语（命名）、教育指标（标

---

① 孔令帅、李超然：《全球教育治理中的世界银行“知识银行”战略：发展、实施及局限》，《教育与教学研究》2019年第9期，第80—90页。

准），得到了众多国家的普遍认同，内化到了它们的学术话语体系及政策文本之中，从而巩固并强化了经合组织在教育政策领域的权威地位。

一、经合组织参与全球教育治理的历史

（一）萌芽期：片面关注教育与经济的联动

20世纪50年代末，随着欧洲经济的复苏，美国对欧援助计划“马歇尔计划”（The Marshall Plan）的产物——欧洲经济合作组织（The Organisation for European Economic Co-operation，OEEC）的经济目标基本实现。为了进一步促进经济的发展并协助第三世界国家经济的发展，扩大合作和影响层面，西欧各国于1961年9月30日成立经合组织。

这一时期经合组织内部并没有一个独立的研究教育问题的部门，对教育的关注主要受到早期人力资本理论的影响，关注教育投资对于经济生产力的影响，教育质量和人力资本的发展是其关注的核心问题，质量和效率是当时经合组织教育工作的重心。1961年10月，经合组织在华盛顿召开“经济增长与教育投资政策”大会，这次会议聚集负责教育和国家预算政策的官员、职业经济学家与专家，就“未来十年OECD区域教育所面临的满足社会与经济发展需求这一任务的性质与程度、OECD国家如何帮助欠发达国家满足教育扩张的需求”两大核心问题进行讨论。1962年10月，又在罗马举行第三届“经济增长与教育投资”大会，对教育经济学的理论基础与实际应用进行了阐述。可见这一时期，经合组织教育工作的特征是关注教育与经济的联动，并试图通过研究求证教育投入与经济发展之间的联系。这一阶段，经合组织片面强调教育的经济功能，助长教育政策急功近利的风气，忽视各国社会文化背景的差异。

20世纪60年代末，随着教育研究与创新中心（Center of Education Research and Innovation）、教育委员会（Education Committee）的先后成立，教育事务在组织中的地位终于得到正式认可，教育在经合组织内开始获得直接的地位。1968年，经合组织设立了第一个教育专门机构——教育研究与创新中心，表明经合组织也开始逐步开展教育教学方面具有前瞻

性和创新性的研究，并致力于为教育研究、创新和政策发展建立有效联结。1970 年，教育委员会成立，其负责评价“满足社会与经济目标的教育增长和发展的展望及政策”，“涉及资源分配的常规问题及教育资源有效管理问题”。至此，教育作为一种独立的活动，在经合组织中开始具有组织基础。同时，教育委员会所开展的工作项目也涉及了教育的各个领域，包括教育建筑、师资建设、教育创新、高等教育管理、中等教育、弱势群体教育、继续教育等，涉及的国家主要集中在西方发达国家。从经合组织教育委员会的职责可以看出，经合组织仍高度关注教育与经济的联动，强调教育的经济作用。

这一阶段对经合组织的全球治理影响巨大。有学者指出，经合组织中教育的作用日益增强、国际学生评估项目（Programme for International Student Assessment，以下简称 PISA）的兴起以及经合组织在全球教育领域的影响力，都离不开经合组织在教育政策的“经济化”与经济政策的“教育化”的同时生成。① 到目前为止，经合组织的最大特点仍然是善于运用经济机制及手段实现其目标及宗旨。在参与全球教育事务的过程中，充分运用其特点，教育研究活动的开展紧扣经济、社会发展的需求。②

（二）初创期：利用教育治理社会问题

到了 20 世纪 70 年代，教育质量和效率不再是教育的重心，首要目标是为教育寻找新的社会关联，将个人需求与社会需求联结起来。于是，教育机会的均等以及教育民主化被提上日程，成为关键和核心。这一时期，经合组织重视教育的扩张以及教育机会的均等，在教育目的上则看重教育的社会和文化目的，对教育的目的有了一个更全面的理解。《平等教育机会》《教育、不平等和人生机会》《把残疾学生融入中等教育：对五个

---

① Sam Sellar，Bob Lingard：“The OECD and the Expansion of PISA：New Global Modes of Governance in Education”, *British Educational Research Journal*, Vol.40, No.6 (December 2014)，p.40.

② 周洪宇、付睿：《国际经济组织的全球教育事务参与——以经济合作与发展组织（OECD）为例》，《中国高等教育》2017 年第 9 期，第 60—63 页。

案例的研究》《教育中的女性》《多种文化教育》《残疾青年：走向成人的权力》等都是这一时期经合组织所发表的关于教育公平的报告。同时，20世纪70年代也是经合组织教育指标活动的开端。当时由于新发展战略的盛行，世界各国需要系统、全面地收集社会统计数据以了解社会经济发展水平，以此完善和修订本国教育政策。经合组织于1973年4月颁发了《引导政府决策的教育指标体系》报告，提出了衡量教育影响个体和社会的46个指标。这些指标在结构上分为六类：(1) 教育在知识传递过程中的作用；(2) 教育在争取机会平等和社会流动中的作用；(3) 教育在适应社会经济需要方面的作用；(4) 教育对个体发展的作用；(5) 教育在价值观传递和演变过程中的作用；(6) 在争取上述政策目标过程中资源的有效利用。① 这些标准也体现了这一时期经合组织对教育机会公平与教育民主化的关注。

20世纪80年代开始，青年就业成为经合组织成员国最重要的一个问题之一。受20世纪70年代石油危机的冲击，西欧的经济发展进入"滞涨"状态，经济增长持续低迷，战后长期保持在2%左右的失业率开始剧烈攀升，欧洲正面临着巨大的挑战。1978年，经合组织召开以"社会和经济变迁中的未来教育政策"为主题的第一届成员国教育部长会议，将提高教育质量、促进经济增长设定为20世纪80年代的工作重点。② 这一时期，教育与就业间的联系变得更加紧密，劳动力市场、就业等问题成为经合组织教育领域研究中的焦点，教育在帮助解决就业问题中的作用受到了特别关注。

(三) 发展期：开展质量测量，利用数据评估教育

20世纪90年代至21世纪初是经合组织另一个重大的变革时期。自20世纪90年代中期以来，经合组织的数据统计和政策分析工作开始不断融入卫生、环境和教育等政策领域。同时，在全球化背景下经合组织还以

---

① 刘明堂：《OECD教育指标体系的变迁及启示》，《教育发展研究》2009年第1期，第67—70页。

② [美] 亚当斯：《教育大百科全书：比较教育与国际教育》，朱旭东译审，西南师范大学出版社2011年版，第377页。

政策参与者的身份加入到全球教育领域中，经合组织与更多的成员国和非成员国以及经济体的接触日益增多。随着 PISA 的影响力日益增强，经合组织教育工作的重要性不断上升，教育工作已成为经合组织内部的一个重要领域，经合组织在全球教育中的作用也在不断增强。

这一时期，经合组织成员国一致认为：应建立一套更好、更全面的评价机制，正视教育的质量问题，使各国决策者能从不同角度重新思考和分析教育问题以适应新的教育情景，由此满足教育的大众化需求和政治绩效责任的需要，实现教育质量与经济竞争联结的决策价值，促进教育公平理想的实现。[①]1988 年，教育研究与改革中心启动了教育体系国际评价指标项目（Indicators of Education System）。该项目的目标有三点：一是提供世界教育全面而精确的量化统计数据，二是保障教育统计数据的系统性、可靠性和实践性，三是为各国教育发展提供可靠的国际性信息参考。[②] 教育体系国际评价指标项目的推进，标志着经合组织开始走向以数据为基础的教育治理模式。

（四）成熟期：教育成为核心事务，利用数据推进全球教育治理

进入 21 世纪以后，全球化和现代化正在构建一个不断变化和交融的世界，个人和社会面对许多挑战。经合组织的宗旨表述也突出了教育在个人的发展、可持续的经济增长和社会融合方面的重要作用，经合组织的功能是要协助成员国和合作伙伴实现全民高质量的终身教育。2002 年 9 月 1 日，经合组织设立独立的教育司（OECD Directorate for Education），教育司的工作覆盖了各个阶段，从幼儿教育与护理到成人教育无一例外，侧重于入学、资助、质量与学习结果平等问题。[③] 教育司包括教育与培训政策部（Education and Training Program）、教育研究与创新中心、

---

① 孙继红、杨晓江：《OECD 教育指标体系演变及发展趋势研究》，《现代教育管理》2009 第 5 期，第 89—92 页。

② ［法］蒂安·阿尔比瑟、崔俊萍：《走进 OECD 教育指标体系》，《世界教育信息》2014 年第 17 期，第 46—49 页。

③ OECD，*Annual Report*，Paris：OECD，2003，p.101.

指标与分析部（Indicators and Analysis Department）、教育管理与基础设施部（Education Management and Infrastructure）、非成员国经济部（Non-member Economies）五个部门。该司确立六项战略目标：(1) 促进终身学习，改善教育与社会和经济的联系；(2) 评价和提升教育结果；(3) 促进高质量教学；(4) 在全球经济中考虑高等教育的发展；(5) 通过教育建设融和社会；(6) 建设教育新未来。①2012年，教育司更名为教育与技能司（Directorate for Education and Skills），突出了"技能"在组织教育工作中的地位，其主要工作包括幼儿与学校、校外技能、教育创新、研究与知识管理等方面。②

经合组织的教育工作从20世纪70年代单一的国别审议发展到20世纪90年代跨国别的主题审议，从零碎的数据收集发展到大型的教育数据调查。③ 随着独立的教育司的成立，教育事务在组织中的地位得到进一步提高。随后，经合组织开始通过大规模的量化评估为教育决策提供依据。至此，经合组织已经从单纯的数据报告发展到将数据报告与政策报告结合，给各个国家和地区输送具有建设性的教育政策建议以及指导。同时，比较数据生产和教育项目主持已经成为经合组织的品牌特征。这在很大程度上重新定义了经合组织在教育领域的使命，扩大了其在教育领域的功能，有效发挥其在全球教育治理中的作用，这对处在转型中的经合组织来说至关重要。为了保证其在教育领域的地位和发言权，经合组织还主动参与了由联合国教科文组织主导的全球教育议程——"可持续发展目标"的制定，从而扩大其教育政策的影响范围，加强教育治理的力度，实现其全球教育治理的目标。

经合组织又称为世界的"富人俱乐部"，其成员国出产的商品和服务占世界总量的2/3，对全球政治、经济领域有重要的影响。但其仅仅包含30个成员国，由于其他国家的崛起，这些成员国对世界的影响力正在逐

---

① OECD，*Annual Report*，Paris：OECD，2003，p.106.

② OECD：Directorate for Education and Skill，见 http：//www.oecd.org/edu/。

③ 李薇：《经合组织与全民终身学习发展》，上海教育出版社2015年版，第79页。

渐缩小，全球的经济中心和治理重心已经发生转变。为了保证其在全球的地位，继续发挥其在全球教育领域的指导作用，经合组织开始与多个发展中国家建立合作关系，分享以数据为基础的专业知识。2012 年，经合组织在其 50 周年理事会议上强调，经合组织应该成为更具包容性的国际教育政策、知识共享的国际组织，要同发达国家、发展中国家一起分享由数据支撑得出的结果和政策建议。此观点在《经合组织发展战略》（*OECD Strategy on Development*）中得到重申。2012 年发布的《经合组织发展战略》中指出，经合组织有必要根据低收入国家和中等收入国家的教育政策需要对其政策工具作出修订。① 同时，《经合组织发展战略》还建议，经合组织需要与低收入国家和中等收入国家的国际或地区教育机构建立合作伙伴关系，与其共建符合其国家背景的政策工具、分享国际大规模测评数据结果，并共享教育政策经验。

PISA 项目是经合组织开始全球教育政策共享战略最典型的例子。2013 年，经合组织在《经合组织对 2015 年后世界的教育贡献框架：PISA-D》（*The OECD's contribution on education to the post-2015 framework*：*PISA for Development*）② 中公开承认，PISA 数据结果和政策建议与中低收入国家的政策相关性较差。随后经合组织开始同中低收入国家的国际和地方教育机构进行合作，改进 PISA 测评工具，研发适合其国家国情的 PISA 工具，这一改进内容包括使 PISA 项目的文书具有国别针对性，以便在特定的国家范围内具有意义和可解释性。

二、经合组织参与全球教育治理的基本路径

经合组织实施和参与全球教育治理的基本路径一方面是通过开展教育研究，出版研究报告影响教育决策，另一方面是研发和实施全球大规模教育评估项目。

---

① OECD，*OECD Strategy on Development*，Paris：OECD，2006，p.11.

② OECD，*The OECD's Contribution on Education to the Post-2015 Framework*：*PISA for Development*（*OECD and Post-2015 Reflection Series*），Paris：OECD，2013，p.56.

（一）通过开展教育研究、出版研究报告影响教育政策制定

经合组织的战略管理框架分为6个战略目标，逐级分为19个涵盖宽泛政策的产出群，60个具体政策产出领域和超过250个具体项目产出结果。与教育相关的政策隶属于战略目标2。其产出结果中明确了年度指标要求：教育政策概览出版物和5—12份有关学前教育研究、教育资源有效使用和高等教育等主题的报告；完成4—6份国别教育政策评审报告、教育数据汇集项目和知识应用、教育政策和数据对话会；完成4—6份非成员国的教育政策评审报告。[①]

编制发布年度《教育概览》（*Education at a Glance*）是经合组织的另一项重要教育事务，也是其进行全球教育治理的关键路径之一。经合组织1988年开始组织了国际教育指标体系项目组研发具有国际可比性的指标体系，收集和整理了有关教育资源、结构和入学率等方面信息，并于1992年发布了第一份《教育概览》，通过提供一套综合性的教育指标体系，并进行国家间比较，从而帮助国家了解教育体系的高效性和有效性。到目前为止，该报告已为世界各国提供了大量全球教育状况的权威资讯，包含主要教育指标分析。

英国伦敦大学（University of London）的迈克尔·夏托克（Michael Shattock）教授指出，经合组织通过已经形成的较为完善的导航系统、《教育政策分析》（*Education Policy Analysis*）和《教育概览》等出版物以及社会资本、专家、国别研究、专题研究、教育指标等影响教育政策。经合组织成员国大大增加对教育的投入，经合组织全球教育治理的规模不断扩大，教育研究与改革中心还负责并不定期出版其他刊物对《教育概览》进行补充说明，如《教育政策分析》《教育指标聚焦》《评估教育：发展与使用国际指标》《经合组织国际比较教育数据手册：概念、标准、界定与分类》《教育概览：分析》等。[②] 同时，其“战略教育数据、指标研发和年度

---

① OECD, *The book*: *Compendium of Reference Documents*, Paris: OECD, 2018, p.12.

② 孙继红、杨晓江：《OECD教育指标体系演变及发展趋势研究》，《现代教育管理》2009年第5期，第89—92页。

数据采集”和《教育政策概览》以及有关学前与幼儿教育政策、学校资源有效使用、有效学习环境和高等教育分析报告在质量方面分别被 34 和 29 个成员国评为“优秀”。这无疑标志着经合组织教育政策研究的领域和范围正在不断扩大，其影响力和范围也在不断加深。

1996 年起，经合组织《教育概览》下增设《教育政策分析》，讨论从数据中得出的关键文件，为各国制定政策提供指导，并审议各国在教育领域取得的进展，帮助各国提高教育体系的质量、公平与效率，强化经合组织在全球教育领域的地位。

自 1998 年起，经合组织教育政策委员会开设“国别教育政策评审”项目，对各个国家的教育政策进行评审，并在经合组织官方网站发布相应的评审报告。国别教育政策评审将一个国家的教育政策置于国际背景下，通过与相似国家的比较来了解教育政策运行状况、优势与挑战，并提供基于证据的行动建议。自项目开展以来，该项目共发布 49 份教育政策评价报告，评审对象不仅包括发达国家，比如荷兰、苏格兰、日本，更主要的是涉及发展中国家，比如智利（2013）、哈萨克斯坦（2017）、拉脱维亚（2016）。每一份评价报告会设置不同的评价主题，比如 2011 年希腊教育政策评价报告的主题“优秀的执行者和成功的教育改革者”、2016 年泰国教育政策评价报告的主题是“经合组织——教科文组织的观点”，而 2016 年荷兰教育政策评价报告的主题是“未来的基础”。经合组织“国别教育政策评审”项目关注的教育领域较为广泛，学前教育、基础教育、中等教育以及高等教育领域都有涉及。

经合组织通过开展教育政策研究，出版研究报告的形式，将其成果进行传播，推动各国教育政策的改进，这标志着其已成为世界重要的教育政策研究者、制定者和实践者，它提出的一些政策研究结论和理念推动了世界大量国家的教育政策变革。

（二）研发与实施国际大规模评估项目

通过研发、管理和实施全球大规模教育评估项目，经合组织创建了一个生成、收集、管理、比较和分析数据的全球系统，同时，其全球数据基础系统通过多项国际大规模评估项目不断完善，因此也被认为是经合组织进行全球教育治理的一大路径。

不仅如此，经合组织在有关成员国和伙伴国家各级各类教育数据、指标、测评和分析方面保持着领先地位。经合组织目前处于进展中的国际大规模评估项目包括：国际早期学习研究（International Early Learning Study，IELS，面向5岁学生）、学生社会与情感能力调查项目（Study of Social and Emotional Skill，SSES，面向10岁和15岁两类学生）、国际学生评价项目（面向15岁学生）、成人能力国际评估项目（PIAAC，面向16—65岁成人）以及教师教学国际调查项目（TALIS）和为促进有效学习的创新性教学教师知识调查（The Innovative Teaching for Effective Learning Teacher Knowledge Survey，ITEL-TKS）等。这些项目通过问卷和测试等方式采集和统计信息，并且相互之间形成了互补和协同的关系，从而可以形成数据之间的多元验证，提升数据的可靠性和解释力。

经合组织开展的首个国际大规模评估项目为“国际成人扫盲调查项目”（International Adult Literacy Survey，IALS），这是经合组织第一次对1994年至1998年间22个国家16—65岁老人的识字进行的大规模国际评估。这一项大规模测评的开展，为经合组织的教育大规模测评的框架提供了新思路，并推动了经合组织后期大量国家大规模测评项目的开展和管理。

1997年，在国际成人扫盲调查项目进行期间，经合组织开始组织实施国际学生评估项目（PISA），该项目旨在了解学生在义务教育结束时所掌握的知识和技能情况，即他们的学习结果。这一项目也成为目前为止，经合组织研发与管理国际大规模评估项目最典型的案例之一。2000年，PISA进行了首轮测试，共有28个经合组织成员国和4个非成员国参与到测试中。到了2012年，共有34个成员国和31个非成员国参加PISA测试。到了2018年，来自80个国家和经济体的50多万15岁的学生在2018年参加了PISA测试，参与的国家或地区数翻了一番。可见自2000年经合组织实施PISA以来，经合组织对世界各国的影响逐步扩大，PISA测试作为一种新的工具也在不断强化经合组织在全球治理中的角色。

PISA 测试所产生的影响力，远远超越了经合组织最初对其的期望。而后经合组织制定了一系列国际学生评估项目，但其在国际上达到的地位和影响力远不及 PISA。经合组织教育与技能司的负责人安德烈亚斯·施莱歇尔（Andreas Schleicher）认为，通过 PISA 测试结果使得全球可以跨越文化、语言来分享各国的教育成功经验。有学者把 PISA 的宗旨概括为："旨在透过学生测试成绩和问卷调查，为各国政府和教育政策制定者提供多侧面教育信息，了解本国教育发展状况，认识造成当下教育状况的各种原因，从而为各国制定正确有效的教育决策及推进教育改革发展提供国际参照数据和成功经验。"① 于是，经合组织也凭借 PISA 项目逐步确立起全球教育治理领域的权威角色，使其教育政策的价值取向得以贯彻与传播。海因茨·迪特尔·迈耶尔（Heinz Dieter Meyer）在《PISA、权力和政策：全球教育治理的产生》一书中表示，PISA 代表经合组织进行全球教育治理的新方式，因为它使得各个国家和地区开始根据经合组织制定的国际测试的标准与规则进行教育政策的改革。②

同时，经合组织还通过组织"国际认知测试项目研发"研讨会，以 PISA 测试项目的价值和理念为标准，培训各国教育评估专家研发评估试题。所以，实际上，以 PISA 为首的国际大规模测评正扮演着经合组织扩大其全球影响力的政策工具的角色。③

三、经合组织参与全球教育治理的保障机制

经合组织参与全球教育治理的活动从以下两个方面得到保障：一是多学科辅助，高度重视专家团队；二是建立独立的指标体系，实现多数据

---

① 张民选、陆璟、占胜利等：《专业视野中的 PISA》，《教育研究》2011 年第 6 期，第 3—10 页。

② Heinz-Dieter Meyer，Aaron Benavot（eds.），*PISA*，*Power and Policy*：*The Emergence of Global Educational Governance*，Oxford：Symposium Books，2013，p.11-17.

③ 马健生、蔡娟：《全球教育治理渗透：OECD 教育政策的目的——基于 PISA 测试文献的批判性分析》，《比较教育研究》2019 年第 41 期，第 3—11 页。

联动。

（一）多学科辅助，高度重视专家团队

经合组织全方位高效的全球教育治理路径，离不开其高质量的专家团队的智慧，其教育领域高素质的人才队伍也有效地保障了各项工作的顺利开展。目前经合组织委员会、工作组和专家组共计约 250 个，秘书处由大约 700 位专业人员——经济学家、律师、科学家等及 1600 位辅助人员组成，每年约 4000 多名来自各国政府部门的高级官员参加经合组织委员会会议，对经合组织秘书处开展的工作提出要求、进行审议并发挥作用。① 以 PISA 测试为例，也正是由于过程严谨科学、结果真实可靠，获得国际社会广泛认可。2006 年起，经合组织停止将 PISA 数据分析外包给科学家，建立自己的专家团队，开始接手数据分析工作，这支团队汇集了来自经济学、教育学、心理学、社会学、统计学等学科专家的智慧，这些专家普遍为高学历人才，其中拥有博士学位的多达 17 人，获得硕士学位或研究生学历的 7 人。② 这一点保障了 PISA 测试研究框架的合理性、标准的统一性和结果的可信性。这使得经合组织能够自行指导数据的解释过程，并提高数据分析和教育政策建议之间的相关性。

同时，经合组织利用其强大的专家队伍，出版每年度《教育政策分析》报告和《教育概览》，不定期地对各成员国的教育系统开展政策分析或专题研究。③ 经合组织要求加入专家队伍的人员能够代表领域内具有研究背景的决策者或与决策联系紧密的资深教育研究专家，或者具有决策权的高级教育官员，熟悉相关领域工作。另外，经合组织教育与技能司领导管理层和专业技术人员具有较高专业素质，具有多样化的专业背景、国际化的求学或工作经历，这也都有效支撑了经合组织前瞻性、国际性和综合

① OECD：Who does what，见 http：//www.oecd.org/about/whodoeswhat/。

② 龙玫：《经合组织高等教育政策研究》，博士学位论文，华东师范大学国际与比较教育系，2017 年，第 28 页。

③ 王晓辉：《全球教育治理——鸟瞰国际组织在世界教育发展中的作用》，《北京大学教育评论》2008 年第 3 期，第 152—165 页。

性的政策研究工作。专家团队有效地保障了这些机构的独立性、专业性和创造性，为经合组织进行有效的全球教育治理提供了保障，巩固经合组织在全球教育治理中的地位。

（二）建立独立的指标体系，多数据联动

经合组织教育指标体系的建立是经合组织监控与评估教育发展状况的重要保障，是在国际上影响力较大、研发时间较长、体系较完善的教育指标体系。经合组织作为最早提议并尝试建立教育指标的组织之一，其教育产出指标体系经历了较长的发展阶段，也根据实际发展需求进行了数次调整。

20世纪80年代起，美国便对经合组织施压，希望经合组织实施一个收集、统计和分析教育“投入和结果”的项目，包含课程标准、财政花费、学习成就、就业趋势等方面。[①] 在美国的一再要求下，经合组织教育研究与创新中心于1988年启动“国际指标与教育评估系统”，于1992年出版第一本《教育概览》，独立研发出第一套较为完整的国际教育指标体系。第一套国际教育指标体系内容包括：人口和经济背景的数据；教育成本、资源和过程方面的信息；教育产出方面的数据；专业术语、注释和一些技术性信息。之后的版本也秉承了这一基本模式。[②] 这是经合组织建立自己独立的教育指标体系的开端，为经合组织后继的教育指标研究工作奠定了坚实的基础，也为经合组织出版研究报告、研发国际大规模评估项目提供了技术支持和保障，有学者也将《教育概览》称为“PISA的摇篮”[③]。经过30多年的发展，经合组织的教育指标研究不断深入，不断完善其教育指标体系，为全球各国教育政策的制定和改良提供可靠参照。

---

① 孔令帅：《透视国际组织教育政策背后的运作逻辑——以世界银行和经合组织为例》，《比较教育研究》2011年第33期，第50—54页。

② 刘明堂：《OECD教育指标体系的变迁及启示》，《教育发展研究》2009年第1期，第67—70页。

③ Daniel Tröhler，“The OECD and cold war culture：Thinking historically about PISA”，In Heinz-Dieter Meyer，Aaron Benavot (eds.)，*PISA*，*Power*，*and Policy*：*The Emergence of Global Educational Governance*，Oxford：Symposium Book，2013，p.78.

当前，经合组织研发的以数据为核心的教育指标体系，已经成为全球教育治理新模式的核心。以经合组织教育指标体系为基础建立的 PISA、TALIS 等一系列国际大型测试项目的研发，为不同国家和地区的教育成果提供了一致的衡量标准，为经合组织了解监控各国教育情况提供了工具，也是以经合组织的自身标准改进各国的教育政策和整合教育资源，进行全球教育治理的手段保障之一。

除此之外，经合组织通过连接 PISA 的数据与其他国际测试项目——比如"国际教师教学调查项目"的数据，从而提升 PISA 的解释力，为各国提供教育政策上的解释。经合组织发现，建立学生表现的数据与其他相关背景的数据之间的联系是一种提高数据解释力的有效手段。

总之，经合组织通过教育研究及教育治理工具建立一系列教育测评体系、标准和规则，通过教育指标体系的建立、体系架构、指标内容变化影响各国教育治理和教育政策制定，为其全球治理路径提供有效的支撑，深度参与全球教育治理。

四、经合组织参与全球教育治理的影响

自 1961 年成立至今，经合组织的组织架构以及其职能发生了重大的变化，而其至关重要的一步是经合组织在教育领域的角色演变。在这一过程中，经合组织充分运用教育治理工具，全面深度参与全球教育事务，其工作对全球教育的发展具有重要价值，对世界教育主要领域的走向产生了重要影响。

(一) 为全球教育治理提供了新的治理模式

全球化的不断深入，使得各国的教育需求发生了巨大的变化，各国教育政策的制定逐渐从关注本国扩展到了对全球社会的关注，教育发展逐渐融合到全球治理的多维框架。①

① 蔡娟：《21 世纪以来世界比较教育研究进展与趋势——基于〈比较教育〉和〈比较教育评论〉的可视化分析》，《比较教育研究》2017 年第 1 期，第 37—44 页。

为了解决全球性教育问题，促进世界教育发展，国际组织已成为推动 21 世纪人类教育发展的重要力量。经合组织通过定期发布教育调查报告、确立教育指标体系、开展大规模国际性评估等政策手段，成功建立起全球教育治理的“仲裁者”身份，成为全球教育数据和指标的提供者和信息交流平台。① 例如在高等教育学习成果评价项目（AHELO）介绍中，经合组织这样陈述它主导这项工作的优势：40 多年来，经合组织已成为最大、最可靠的对比数据及经济与社会数据的来源之一。同时，经过 6 轮 PISA 测试，经合组织已被认为是全球最具影响力的教育政策参与者之一。② 有学者指出，在当今全球化的世界中，经合组织扮演了重要的政策参与者角色，取代了经合组织只是一个支持富裕国家经济利益的智库的观点。③ 经合组织不再只是教育成就数据的提供者，同时已成为独立的教育领域知识的生产者。经合组织通过其在知识型经济、终身学习和技能方面有影响力的工作，帮助形成了对各国政府为提高生产率和维持经济增长而必须建立的教育体系的理解。

在经合组织之后，各大国际组织纷纷进入教育发展的各个领域，提出新的教育理念，制定各种教育发展规划，推进不同国家教育创新成功政策经验的相互学习和分享。学者认为，经合组织是一个关键的国际组织，因为它播下了国际共识与合作的种子，提升了国际社会解决共同事务的能力。④ 同时，经合组织将数据视为核心的治理模式成为全球教育治理的新模式，对世界各国与各地区教育政策议程的形成、政策内容的制定过程与

---

① 武凯：《经合组织教育政策价值取向研究》，硕士学位论文，上海师范大学比较教育系，2018 年，第 55 页。

② Simone Bloem，“The OECD directorate for education as an independent knowledge producer through PISA”，In Hans-Georg Kotthoff，Eleftherios Klerides（Eds.），*Governing Educational Spaces. Knowledge，Teaching，and Learning in Transition*，Rotterdam：Sense，2015，p.19.

③ Miriam Henry，Bob Lingard，Fazal Rizvi，SandraTaylor：*The OECD，Globalisation and Education Policy*，Oxford：Pergamon，2001，p.120.

④ Richard Woodward，*The Organisation for Economic Cooperation and Development*，London：Routledge，2009，p.56.

结构都产生了重要影响。① 经合组织教育政策工作的重要性日益增加，成为教育治理的主要国际组织。

（二）为全球教育发展提供了优质的教育信息共享平台

经合组织的各类测试和教育研究项目等，已在经合组织成员国及其他国家间建立了相关监测系统，为各国了解本国及世界各国的教育理念、现状、政策实践等提供了共享平台，也有利于促进本国改进教育政策，以此促进教育的发展。②PISA 测试产生的结果对各国教育产生了重要影响，自 PISA 测试后，各国开始兼顾公平与质量的标杆效应，设置或修订课程标准，更加重视绩效目标。而经合组织则为各国提供有针对性的建议，参与到各国的教育改革中，引导各国和地区根据经合组织提供的相关研究报告开始本国的教育改革。同时，由于经合组织各项国际大规模测试收集了全球大量国家的教育数据，国际社会开始从经合组织的信息共享平台和各项报告中发现一些典型案例，比如上海在 PISA 中的成功，这使得世界将教育经验学习的目光转向东方，为各国的教育政策改革提供了新角度，教育经验的借鉴维度逐渐多元化，推动了国家教育改革的议程。

（三）为全球教育改革和研究提供了参考

一方面，有学者谈到，经合组织的各项措施有让多元的教育走向统一化的趋势。PISA 便是全球化趋势下教育发展动向趋于一统的鲜明案例。③ 目前，由于经合组织全球教育治理的影响，教育和技能已被视为知识型经济体教育政策的核心，经合组织各项教育测评的内容也已成为衡量国家教育潜力的一项标准。目前，有越来越多的国家和地区正在对经合组织的各项测试组织框架以及政策报告的内容进行研究，企图从经合组织的教育评价理论框架中获取必要的经验，推动国家教育政策改革，提升国家教育水平。可以说，经合组织在全球治理中所研发项目的内容正潜移默化

① 杨启光：《全球教育政策转移比较研究》，浙江大学出版社 2013 年版，第 109 页。

② 周洪宇、付睿：《国际经济组织的全球教育事务参与——以经济合作与发展组织（OECD）为例》，《中国高等教育》2017 年第 9 期，第 60—63 页。

③ 温明丽：《教化：建构诗意教育学之基础》，《教育学报》2013 年第 9 期，第 10—20 页。

地影响着参与国的教育改革。

另一方面，经合组织在全球教育治理中形成的调查、证据为主流的全球教育研究模式，成为全球教育研究的导向。经合组织的教育研究非常注重调查与证据，其PISA测试、国际教学调查、儿童早期教育、成人教育均注重调查与证据，无论是问卷调查，还是实地考察、访谈，都是其进行研究的重要理念与手段。① 自经合组织深入全球教育治理，各个国家和地区便开始更多地依赖数据，利用数据联系标准化的教育程序、理论框架，关注数据为依据的国家排名和国家评价。

总而言之，经合组织正在利用“软治理”的手段，不断深度参与教育全球治理，从认识论的角度全新塑造了世界对教育政策问题的理解方式和解决方式，改变了教育的评估、检测和执行的方式，从而影响其成员国和非成员国的教育决策。

五、总结

经合组织正在通过“认知治理”——即“软治理”参与到全球教育治理中，以实现其全球治理的目标，同时经合组织在全球教育治理中的影响和地位越来越重要。经合组织全球教育治理政策经历了片面关注教育与经济的联动；利用教育治理社会问题；开展质量测量，利用数据评估教育；教育成为核心事务，利用数据推进全球教育治理四个阶段。在这一过程中，经合组织为解决全球性教育问题，促进世界教育发展作出了突出贡献，同时为国际组织提供了教育治理的新模式。

经合组织通过开展教育研究，出版研究报告；研发与管理国际大规模评估项目两大路径进行全球教育治理，并以多学科、多专家和独立的指标体系为保障，更好地深入全球教育治理。经合组织的全球教育治理为世界解决教育问题、改进教育政策提供了新的思维模式，极大地推动了全球教

---

① 周洪宇、付睿:《国际经济组织的全球教育事务参与——以经济合作与发展组织（OECD）为例》,《中国高等教育》2017年第9期，第60—63页。

育政策的改革。

然而，经合组织在进行全球教育治理的过程中也存在着一些局限性。经合组织在全球教育治理中较为强调教育服务于经济。经合组织针对不同的教育人群，研发了多项国际教育测试，强调标准化的测试，以测试来推动教育改革。这种标准化测试能给教育研究和改革带来很多裨益，但是如果过于注重教育质量和学习成果衡量等基本问题，难免会对教育自身的价值有所忽视。且经合组织测量和评估教育的大多数方法都是基于定量的指标，仅用量化的方式去评估教育质量，其有效性不免会遭到质疑。经合组织在进行教育测评时忽视了经济、社会、文化等相关因素的影响，其结果必然存在一定的局限性。① 因此，有不少国际学者甚至提出倡议呼吁停止 PISA 测试。批评者认为 PISA 测试的排名对于学校体制会产生负面影响，导致学校过度依赖标准化测试。PISA 过于支持教育中的经济利益且其测试构成中存在的技术缺陷也遭受到了批评。② 因此，对于经合组织的全球教育治理我们也必须持有辩证的态度，正确看待其作用和局限。

第五节　欧盟与全球教育治理

欧盟作为目前最大的超国家政治、经济实体，在整个世界政治、经济发展中扮演着举足轻重的角色。不同于一般的民族国家政策，欧盟在欧洲一体化进程中建立起一套相对完整的、超国家层面的教育政策体系。这在全球来说是一种新型政治经济实体的教育政策，其服务对象具有双重性，也就是说，它既要为欧盟成员国服务，又要为超国家实体——欧盟服

① 孔令帅、马文婷：《国际组织教育政策价值取向的个性、共性与局限性》，《外国教育研究》2018 年第 1 期，第 67—78 页。

② Valerie Strauss：The Tower of PISA is Badly Learning an Argument for Why it Should be Saved，2015 年 03 月 24 日， 见 https：//www.washingtonpost.com/news/answer-sheet/wp/2015/03/24/the-tower-of-pisa-is-badly-leaning-an-argument-for-why-it-should-be-saved/? arc404=true。

务。[①] 和其他国际组织不同，欧盟有着独具特色的教育系统和政策体系，欧盟意义上的全球教育治理更多的是面向欧洲国家的教育治理。

一、欧盟参与全球教育治理的历史

欧盟参与全球教育治理的历史可以分为以下三个阶段：

（一）单一关注职业教育与培训阶段：20 世纪 50 年代晚期到 20 世纪 80 年代中期

1957 年 3 月 25 日，欧洲煤钢共同体（European Coal and Steel Community）六成员国共同签署《建立欧洲经济共同体条约》（*Treaty of the European Economic Community*）和《建立欧洲原子能共同体条约》（*Treaty of the Euratum*）。1958 年 1 月 1 日这两个条约正式生效，二者合称《罗马条约》（*Treaty of Rome*）。在促成欧洲经济共同体建立的《罗马条约》中，虽然没有关于教育的条款，但是在条约 128 条中涉及职业培训，提出欧洲经济共同体实施共同职业培训的跨国政策。这也被看作是欧盟致力于教育治理的真正开端。[②]

但是，这一阶段欧洲经济共同体的建立主要是受经济利益的驱动，它首先是一个“经济”的联合体，其主要目标是促进经济的增长。因此欧盟教育政策初期在整个欧盟政策体系中还只是经济政策和社会政策的附属物。并且从 1957 年开始一直到 1986 年正式签署《单一欧洲文件》（*The Single European Act*），这一阶段欧盟教育政策主要关注的是职业教育与培训领域，并没有真正出台专门的普通教育政策。《罗马条约》中有关职业教育与培训的各项规定就是这一时期欧盟主要的教育政策。

比如在《建立欧洲经济共同体条约》中新增了社会政策部分，在条约第 30 条中提出：“在不影响本条约的其他规定的前提下以及按照本条约

① 李晓强：《论超国家教育政策的功能——以欧盟的教育政策为例》，《比较教育研究》2007 年第 11 期，第 75—78 页。

② 欧阳光华：《一体与多元——欧盟教育政策述评》，《比较教育研究》2005 年第 1 期，第 11—15 页。

所规定的总目标，委员会的使命在于促进各成员国间在社会领域的密切合作，特别是在以下方面的密切合作：就业、劳动权利和劳动条件、职业培训和深造、社会保险、同职业事故和职业疾病做斗争、劳动卫生、工会的权利以及雇主和劳动者之间的集体谈判。”① 另外，《建立欧洲原子能共同体条约》第 118 条中提出：“共同体应制定保护居民和劳动者健康的基本标准以防止电离辐射所产生的危险……各成员国应制定专为保证上述基本标准的法律、法规和行政条款。各成员国应制定关于教学、教育和职业培训的必要措施。”这里的“教学、教育”指的是对涉及原子及核工业生产和发展的相关领域的从业者在职的教育及教学，并非通常意义上的教学和教育，因为这一时期的欧盟教育政策还没有涉及普通教育领域。② 因此，总的来说，虽然这一时期欧盟没有制定普通教育政策，但是间接通过《罗马条约》中社会政策的补充涉及了教育领域中的职业教育与培训，为欧盟制定具体的职业教育政策提供了法律依据。

因此，在这一时期，欧盟已经开始关注职业教育与培训，并在社会政策或安全政策中涉及了有关职业教育与培训的内容。同时，为了保障这些政策的有效执行，欧盟还以决议的形式通过“职业培训共同原则”，并设立专门的“欧洲社会基金”为其提供经济支持。这一时期保障和发展职业教育与培训已成为欧盟重要的一项教育政策。③

（二）开始关注欧洲教育一体化的阶段：从 20 世纪 80 年代中期到 21 世纪初

欧洲一体化的设计师、欧洲之父让·莫内（Jean Monnet）曾发出这样的感叹：“如果我从头开始的话，我从教育开始。”而到 20 世纪 80 年代中期，欧盟内部已达成一种共识：教育一体化本身就是欧洲一体化的重要

---

① 欧共体官方出版局：《欧洲联盟法典》（第一卷），苏忠明译，国际文化出版公司 2005 年版，第 173 页。

② 欧共体官方出版局：《欧洲联盟法典》（第一卷），苏忠明译，国际文化出版公司 2005 年版，第 347 页。

③ 冉源懋：《从隐性生存走向软性治理》，博士学位论文，西南大学比较教育学系，2013 年，第 59 页。

内容。同时，教育具有不可替代的“引领”功能，可以在塑造与培养“欧洲公民”方面起到重要的“教化”作用。因此，这一时期，欧盟教育政策开始走向欧盟政策中心，其标志性事件是在1986年签署的《单一欧洲文件》中明确提出：教育不再是欧洲一体化的副产品，而是其功能性前提。[①]从这一年开始，欧盟教育政策才开始在整个欧盟政策体系中受到真正的重视。自此之后，欧盟不仅密集出台了各种教育政策，而且还具体实施了多项教育计划与项目，以推进并实现教育服务经济和政治的双重目标。此外，欧盟还调整其政策导向，在加快和深化经济一体化、推动政治联合的同时，积极推进教育一体化进程。其主要教育政策内容有以下几点。

首先，教育目标方面，强调以“欧洲认同”为目标的“欧洲维度的教育”成为欧盟教育政策的一项重要内容。比如《单一欧洲文件》序言中强调：确信欧洲观念、在经济一体化领域和政治合作领域所取得的成果以及需要新的发展等符合欧洲人民的愿望……意识到为了比以往任何时候都日益加强地用一个声音说话……决心通过扩展共同政策和追求新的目标来改善经济和社会状况，并决心通过使共同体各机构在坚决维护共同体利益的前提下行使各自的权力以保证共同体更加稳定地运转。[②]由此看出，欧盟这一时期的教育政策非常看重采取的政策措施能否有助于强化青年人的欧洲认同感，通过教育实现欧洲一体化。

其次，这一时期欧盟对一直以来重点关注的职业教育政策进行了拓展和细化，在职业教育与培训方面加大了政策规范和实施的力度。具体体现在《马斯特里赫特条约》(*Treaty of Maastricht*，以下简称“马约”)中。相较于《建立欧洲经济共同体条约》及《建立欧洲原子能共同体条约》有关职业教育与培训的政策条款，《马约》所提出的政策有着很大的变化：第一，其教育与培训的目标更加明确。《马约》在单独的第八编“社会政

---

① 欧共体官方出版局：《欧洲联盟法典》(第一卷)，苏忠明译，国际文化出版公司2005年版，第558—559页。

② 欧共体官方出版局：《欧洲联盟法典》(第一卷)，苏忠明译，国际文化出版公司2005年版，第559—560页。

策、教育、职业培训和青年”中专门对职业教育与培训进行政策性规定，并明确提出“共同行动”的六大目标。第二，其教育与培训的形式更加多元。《马约》在此领域提出了“再培训”“入门培训”“职业继续培训”等多样化的培训形式。第三，对教育与培训的手段描述更加具体。《罗马条约》中并没有对职业教育与培训的手段提出具体要求，而《马约》则提出了与“企业”“第三国”和“国际主管机构”在职业培训领域进行合作的方式要求。① 由此可见，这一时期欧盟对职业教育政策进行了拓展和细化。

最后是在高等教育方面强调其跨国合作与流动的目标。欧盟有关高等教育的政策最早出现在欧共体《关于在教育领域开展一项行动计划的决议》这份文件中。《决议》提出的“教育行动计划方案”第一次出现“联合学习计划”“短期学习访问”和“教育行政人员计划”等高等教育政策措施。② 此外，《单一欧洲文件》第六编“研究和技术发展”第 130 条第 1 款明确规定：“共同体的目标是加强欧洲工业的科学和技术基础，并促使欧洲工业更具有国际水平的竞争能力。”第 130 条第 2 款对实现这一目标的措施和途径进行了说明：“共同体鼓励包括中、小型企业在内的企业、大学和研究中心的研究和技术开发活动，支持企业、大学和研究中心在相互合作方面作出努力。”③

总的来说，在这一时期，欧盟的教育政策十分重视通过教育实现欧洲一体化，对职业教育进行了扩展与细化，并且真正开始重视高等教育，强调高等教育领域的跨国合作和流动方面。

（三）关注终身学习理念的阶段：21 世纪初至今

21 世纪以来，教育对社会经济、政治、文化等多方面的影响越来越

---

① 欧共体官方出版局：《欧洲联盟法典》（第一卷），苏忠明译，国际文化出版公司 2005 年版，第 49 页。

② Hans de Wit，“European Integration in Higher Education：The Bologna Process Towards a European Area”，in James J. F. Forest，Philip G. Altbach，*International Handbook of Higher Education*，Dordrecht：Springer，2006，pp. 463-465.

③ 欧共体官方出版局：《欧洲联盟法典》（第一卷），苏忠明译，国际文化出版公司 2005 年版，第 573 页。

大，教育政策在欧盟政策体系中的重要地位也得到了大大提升。2000 年 3 月，里斯本欧盟峰会（The European Council）确定了欧盟未来十年新的发展战略，即："在未来十年内将欧盟建设成为世界上最富竞争力和以知识经济为基础的最具活力的经济体，在更多地提供就业机会和增强社会凝聚力的基础上实现经济的可持续增长。"① 欧盟认为，要实现这一战略，"一个关键部分就是调整现有的教育和培训系统，使其有能力为任何年龄的个人提供一体化的学习机会，使其通过对公民的知识增长和能力发展的投资提高全民的就业能力和社会的包容性，促进全民信息社会的创建和公民的自由流动"。基于这样的认识，欧盟先后发布了一系列政策性文件不断阐发和促进终身学习的政策理念与目标。至此，欧盟整个教育政策体系开始围绕终身学习理念制定和实施，而最终的目的是实现欧洲教育的一体化。这些文件主要包括：《终身学习备忘录》（*A Memorandum on Lifelong Learning*）、《实现终身学习的欧洲》（*Making a European Area of Lifelong Learning a Reality*）、《成人学习：学习永远不会晚》（*Adult Learning：It is never Too Late to Learn*）和《关于成人学习的行动计划：成人学习正当其时》（*Action Plan on Adult Learning：It is Always a Good Time to Learn*）等。

一直以来，职业教育与培训都是欧盟教育政策的核心内容，在这一时期欧盟围绕里斯本战略的实施，制定并实施了多项职业教育与培训的政策和计划，积极倡导国家层面的深度合作与交流，以达到推进职业教育与培训整体协调发展的国家共识。围绕职业教育与培训，欧盟在 21 世纪相继出台了《里斯本条约》（*Lisbon Convention*）、《哥本哈根宣言》（*Copenhagen Declaration*）、《马斯特里赫特公报》（*Maastricht Communique*）、《赫尔辛基公报》（*Helsinki Communique*）、《布鲁日公告》（*Bruges Communique*）、《波尔多公告》（*Bordeaux Communique*）等。其中，《哥本哈根宣言》中提出欧洲应在职业教育与培训领域的各个层面加强合作和交流，共同推进里斯本战略目标的实现。因此，《哥本哈根宣言》被

---

① Lisbon：European Council，*Lisbon：Presidency Conclusions*，2000，pp.103-106.

看作是欧盟职业教育与培训改革与发展进程中一个重要的里程碑式的文件，它的发布拉开了“哥本哈根进程”推动下的欧洲职业教育一体化的序幕。2009 年 6 月，欧洲议会和欧盟理事会一致通过《关于建立欧洲职业教育与培训质量保障参照框架的建议》，标志着各成员国在欧盟合作平台以及提升和监督职业教育与培训体系方面迈出了实质性的步伐。[①] 这一切具体政策和措施的最终目的都是实现欧盟职业教育的一体化。

高等教育方面，1998 年《索邦宣言》（*Sorbonne Declaration*）提出了建立“欧洲高等教育区”，打造欧洲二层级制的学士与硕士教育体系，鼓励学生与教育人员的跨国流动等政策目标及具体措施，使欧盟高等教育政策发生了转折性的变化。[②] 而随后发布的《博洛尼亚宣言》（*Bologna Declaration*）在肯定《索邦宣言》原则的基础上进一步提出欧洲高等教育发展的六项行动建议，并宣称将于 2010 年前完成建立欧洲高等教育区的目标。

2000 年到 2010 年，高等教育治理改革的主要趋势是增加机构自治。高等教育机构在所有欧盟国家都是合法自治的，它们拥有更大自主权，能够将其机构战略集中于其自身的特定优势，并能够适应区域和国际层面不断变化的环境。所有欧洲国家都制定了机构自治和国家问责制，如绩效合同和国家与机构之间的多年协议。

新时期，欧盟意识到高等教育系统和高等教育机构类型的这种多样性一定程度上对欧洲大学在高等教育全球化背景下选择合适的高校治理模式带来了挑战。2006 年到 2010 年，“欧洲高等教育治理改革的影响”的研究与高等教育课程和资助改革领域的独立研究一起进行，强调了欧洲高等教育区的多样性，并要求重新审视自治与问责制之间、高等教育和研究中公共和私人投资的平衡。此外，为了支持世界各国之间更密切的合作，

---

① 冉源懋：《从隐性生存走向软性治理》，博士学位论文，西南大学比较教育学系，2013 年，第 45 页。

② 冉源懋：《从隐性生存走向软性治理》，博士学位论文，西南大学比较教育学系，2013 年，第 50 页。

欧洲学术界和欧洲工作委员会每年组织大学商业论坛，并于 2011 年 4 月启动了一项名为“知识联盟”的试点行动，以扩大高等教育的覆盖面并加强大学与企业的合作。

与此同时，欧盟的高等教育现代化议程强调了不同高等教育机构优势的透明度问题，即确定一些使其能够在国家和国际层面上与其他高等教育机构进行比较的工具。如欧盟赞助的“U-map 项目”。U-map 开发了一种分类模型，用于对丰富多样的高等教育机构进行分类，并从美国著名的卡内基分类中获取灵感，对高等教育机构进行分类：教学和学习、研究、创新和知识转移、区域参与和国际化。欧盟还于 2009 年启动了题为“设计和测试多维全球大学排名的可行性”的研究，也被称为 U-multirank。它设计并测试了个性化的多维排名概念，涵盖 U-map 提出的五种分类模型，为从多元维度而不是单一维度对大学进行排名并厘清不同高等教育机构的优势所在作出了贡献。①

由此可以看出，新时期欧盟高等教育政策的主要目标是建成“欧洲高等教育区”和“欧洲研究区”，寻找机构自治和国家问责的平衡点，在全球教育治理的背景下既保护各国高等教育机构的多样性，同时也加强整个欧洲高等教育的问责和透明度，以有助于各国高等教育机构在国际上更好地发挥自身的优势。

为实现“大欧洲”全面治理的长远目标，欧盟一直关注基础教育，但在 21 世纪之前，欧盟几乎没有出台过直接涉及基础教育的政策。但是 21 世纪之后，随着终身学习理念和实践的深入人心，欧盟在政策和实践两方面加强了对基础教育的影响。就目前而言，欧盟还不能对欧洲层面的基础教育制定和实施强制性的政策，因此，欧盟主要通过两种较为间接和非强制性的手段促进基础教育领域的合作与发展。一是与成员国决策者密切合作，推进和改善基础教育的政策信息共享，鼓励政策实践方面的

---

① CHERPA Network：U-Multirank：Design and Testing the Feasibility of a Multi-Dimensional Global University Ranking，见 http：//www.u-multirank.eu/。

经验交流。二是通过苏格拉底计划（Socrates Programme）、夸美纽斯计划（Comenius Programme）以经费资助的方式促进学校之间的交流、学校发展以及教师培训。而从政策的目标和内容来看，欧盟基础教育政策十分强调以核心能力的培养为基础的质量提升与保障。①

此外，21 世纪以后，欧盟为了保证和提升基础教育的质量，也十分关注教师教育及培训，并通过了一系列的政策文件来促进教师教育的标准化。欧盟教师教育标准化主要体现为对教师教育提出统一的要求。2007 年 5 月，欧盟委员会发布《提升教师教育质量》（*Improving the Quality of Teacher Education*）的报告。报告从四个方面对欧盟教师教育提出了统一要求：第一，质量达标。所有教师都必须是毕业于高等院校，具有广博的专业知识、良好的教育学知识，以及从教育角度引导学习者理解社会和文化的专业技能；第二，终身学习。教师在职业生涯当中应该成为终身学习者以适应其专业成长；第三，流动或交流。在教师入职及职后发展阶段必须流动或交流；第四，善于合作。欧盟成员国教师教育机构与学校、地方培训机构以及其他相关机构密切合作。② 此后，2009 年 11 月欧洲联盟议会决议又通过了《教师及学校领导者专业发展》的报告，其中强调了教师教育政策和项目对教师和学校领导培养的重要性。

综上所述，自 2000 年欧盟签订《里斯本条约》以来，其教育政策十分关注终身学习理念，不管是职业教育、高等教育、基础教育还是教师教育等方面，欧盟都十分注重为个人提供一体化的学习机会，不断阐发和促进终身学习的政策理念与目标，而最终实现欧洲教育的一体化。

二、欧盟参与全球教育治理的基本路径

随着全球治理概念的提出，欧盟也愈发积极地参与到教育的全球治

---

① 冉源懋：《从隐性生存走向软性治理》，博士学位论文，西南大学比较教育学系，2013 年，第 60 页。

② European Union, *Improving the Quality of Teacher Education*, Brussels: European Union, 2007, pp.12-15.

理中来。并且欧盟在参与过程中形成了自己独特的教育治理路径，从而使其对全球教育治理产生了深远的影响。

(一) 提供资金资助

欧盟自建立之始，即强调“完全尊重成员国在制定教学内容和教育体制组织方面的责任”，不谋求“成员国法律和条例的任何一致化”。① 在这一政策前提下，欧盟进行教育治理必须面对的问题是如何有效影响成员国的教育发展。自 1971 年起，欧盟前身欧共体 6 个创始成员国首次提出“行动计划”，提倡通过资金资助的方式来落实有关的教育政策目标。欧盟建立后，这种做法被保留下来并日益完善，这个策略不仅能够避免侵犯成员国教育主权，并同时弥补政策强制力不足的缺陷。

在相应资金项目运作中，欧盟通过“申请—资助—实施—评价”四个基本环节，建立起与成员国国家层面、次国家层面相关利益群体的多层次合作关系，一方面打破了成员国政府的教育“垄断”，充分调动起学校、企业等次国家层面利益群体的政策参与积极性，为欧盟教育政策目标的落实创造了条件；另一方面利用资金杠杆积极影响各级政府的决策行为，对成员国职教政策进行引导。② 比如，1995 年欧盟启动“莱昂纳多 · 达 · 芬奇计划”（Leonado da Vinci Programme，Ⅰ期），鼓励成员国和来自社会合作伙伴的代表更多地参与到计划项目的申请和评选中来，并引入了教育补充性资助方针，即欧盟仅提供大约 75% 的项目资金，其余部分由各成员国申请者从其他渠道获取，如国家或地方政府及地方团体等。③

进入 21 世纪，随着全球教育治理的深化，欧盟的资金管理和投入也更加严密。除欧洲区域发展基金（European Regional Development Fund）、欧洲社会基金（European Social Fund）、凝聚基金（Cohesion Fund）、欧

① ［英］胡伯特 · 埃特尔、喻恺：《欧盟的教育与培训政策：五十年发展综述》，《教育学报》2009 年第 1 期，第 113—121 页。

② 肖凤翔、于晨、肖艳婷：《欧盟教育治理向度及启示——基于职业教育政策分析》，《教育科学》2015 年第 6 期，第 70—76 页。

③ Hubert Ertl：European Union Programmes for Education and Vocational Training：Development and Impac，见 http：//www.voced.edu.au /content/ngv6596。

洲农村发展农业基金（European Agricultural Fund for Rural Development）、欧洲海洋和渔业基金（European Maritime and Fisheries Fund）这五大基金外，其他资金由欧盟直接管理，且主要以资助有关欧盟政策的具体项目的形式提供。在教育领域，对青年人的资助有两种形式：一是通过“伊拉斯谟＋计划”（Erasmus+ Programme），支持中学教育即将结束的学生，以及在另一个国家接受职业培训的青年；二是共同资助鼓励公民参与到志愿工作以及更广泛的多元文化前景的项目。此外，欧盟还为研究和创新提供资金。从 2014 年到 2020 年，欧盟将为研究提供近 800 亿欧元的资金，主要通过其旗舰计划“地平线 2020 计划”（Horizon 2020），为其研究项目提供部分资金，进一步完善和发展欧洲研究区。①

从上述欧盟的资助计划我们可以看出在全球教育治理中，欧盟一直致力于加强国际交流与合作，打破障碍，通过资金资助的形式提升欧洲的全球竞争力。

（二）通过立法手段进行调控

教育一直以来都是塑造民族国家公民意识与身份认同的重要途径，但是自欧共体成立以来很长一段时间并没有明确的教育政策。直至 1992 年的《马斯特里赫特条约》将“社会政策”修订为“社会政策、教育、职业培训与青年”，自此教育才真正进入到条约调整范围之内。② 尽管欧盟基础性法律中的职权范围中并没有包含教育，但是欧洲法院（European Court of Justice）一直寻求通过立法和政策的方式推动欧洲教育一体化的发展。欧洲法院通过其对条约的解释权，使欧盟得以在共同体层面上采取教育领域的行动。就拿欧盟最初的职业教育与培训政策来说，欧洲法院通过对学生流动学习行动以及反对因向外国学生收取额外费用而造成的不公平对待等问题的裁决，使《欧洲经济共同体条约》第 128 条的内容得到新

---

① Europa. EU：EU funding，见 https：//europa.eu/european-union/about-eu/funding-grants_en。

② European Union，“Consolidated Version of The Treaty Establishing the European Community”，*Official Journal of the European Union*，2006（12），pp.112-113.

的阐释和发展。①

1973 年“多纳托 · 卡沙格兰德（Donato Casagrande）诉慕尼黑市案”即“卡沙格兰德案”（Casagrande Case）便是其中一个典型案例。意大利籍的多纳托 · 卡沙格兰德在联邦德国工作期间，其孩子于 1971—1972 学年就读于慕尼黑市的一所中学。卡沙格兰德希望获得《巴伐利亚教育资助法》（*Bavarian Law on Educational Grants*）第 12 条所规定的每月 70 马克的教育资助。慕尼黑市拒绝了卡沙格兰德提出的享受该福利的要求，其理由是该法只适用于联邦德国国民、无国籍人士以及受到庇护的外国人。于是，卡沙格兰德向巴伐利亚行政法院提起诉讼。其后，欧洲法院指出，根据《欧共体理事会第 1612/68 号条例》第 12 条规定，尽管成员国政府主管部门有权依据本国法律决定该条款适用的条件，但他们必须在本国工作者子女及居住在该国境内的其他成员国工作者子女之间无差别地加以实施。“卡沙格兰德案”后，欧盟通过有关文凭互认的立法、欧洲法院的判例，以及教育流动项目，成为欧洲教育领域的一个重要参与者。②

在全球教育治理的背景下，欧盟以司法的方式积极推进教育一体化，欧洲法院对欧盟法的解释为欧盟教育政策的实施提供了一定的法律基础。

（三）培养跨国公民

欧盟作为一个超国家治理机构，建立了规模庞大的行政机构以便把大量国家的职能转移到欧盟层面。为了建立跨国治理机构，欧盟一直致力于在成员国精英间建立一种跨国的共同身份，通过让跨国精英共同参与到全球教育治理的指导中，也是欧盟参与全球教育治理的路径之一。《欧洲教育与培训 2010 年目标》指出，欧洲必须建立与之相适应的、开放的、灵活的和多样的终身学习体系，使欧洲成为一个知识的区域，成为最适宜学习的区域，使所有的人，无论在何时何地，处于什么年龄阶段，

---

① Josephine Shaw，“Education and the Law in the European Community”，*Journal of Law and Education*，1992 (3)，pp.419-434.

② 阚阅：《从欧洲法院判例看欧盟教育治理：欧洲高等教育一体化的视角》，《比较教育研究》2015 年第 12 期，第 9—15 页。

都可以有机会、平等地接受各种教育和培训。通过“欧洲高等教育区”（European Higher Education Area）、“欧洲终身学习区”建设更为上位的“欧洲教育和培训区”乃至最终实现“欧洲知识区”。① 这样首先可以让欧洲公民在共同社会文化空间内共同分享价值，为增强欧洲公民认同感打下基础。

此外，欧盟的教育政策是基于“多元”与“一体”的统一而制定和实施的，旨在增强欧洲公民的身份认同意识。比如，在 20 世纪 90 年代末，欧盟提出“夸美纽斯计划”“伊拉斯谟计划”（Erasmus Programme）、“格兰特威格计划”（Grundtvig Programme）、“灵格尔计划”（Lingua Programme）、“米勒娃计划”（Minerva Programme）、“观察与创新计划”（Observation and Innovation Programme）、“联合行动计划”（Joint Actions Programme）、“附随措施计划”（Accompanying Measures Programme）八个子计划，分两个阶段逐步推进。该计划涉及的语言有 11 种，在其他跨国交流的计划中也纳入了语言能力的培养，期待未来的欧洲青年具备 3 种以上的言语能力，为其合作交流奠定基础。目的在于挖掘与利用各国文化与教育的丰富资源和阶段性的计划项目实施来整合与联结相关的跨国教育交流项目，强化“欧洲维度”的意识、培养积极的欧洲公民。②

由此可以看出，在全球教育治理背景下，文化的多元与整合是世界各国亟待解决的一对关系，因此欧盟在参与教育治理的过程中采取了通过多元文化教育来培养跨国公民的方式。

三、欧盟参与全球教育治理的保障机制

（一）分工明确的组织机构

欧盟在参与全球教育治理过程中，欧盟的全盟机构和各成员国的相

---

① 阚阅：《新世纪欧洲教育的蓝图——〈欧洲教育与培训 2010 年目标〉述评》，《职业技术教育》2004 年第 10 期，第 66—69 页。

② 赵佳佳：《欧盟跨文化教育政策研究》，硕士学位论文，华东师范大学国际与比较教育研究所，2015 年，第 67 页。

应组织明确分工，为欧盟教育政策的制定和实施提供了保障。欧盟机构组织分工严密：首先，欧盟委员会（European Commission）是欧盟的常设机构和执行机构，负责执行《欧洲联盟条约》（*Treaty on European Union*）和欧盟理事会（Council of the European Union）作出的决定，向理事会和欧洲议会（European Parliament）提出报告和立法动议。在教育领域，欧盟委员会对欧盟教育计划（“苏格拉底计划”和“达芬奇计划”）的执行与管理负有整体责任，以确保教育计划在各成员国的一致性和连续性。其次，作为政治决策实体的欧洲理事会，负责讨论欧洲联盟的内部建设、重要的对外关系及重大的国际问题，决定欧盟的长期发展战略及整体的政治方向。在其下还有负责具体领域的理事会，它由各成员国的一名受命于国家的部长代表组成。如教育理事会就由各成员国的教育部长代表参加，执行教育方面的职能。教育理事委员会每月召开一次会议，主要是讨论欧盟委员会的方针决议。如果欧盟委员会的决议被否决了，则由教育理事委员会来进一步研究如何解决该问题。欧盟的立法机构——欧洲议会也会参与到欧盟教育计划的监督和评估中。另外，在欧盟层面还有两个咨询委员会：社会经济委员会和地区委员会，它们由欧盟成员国任命，间接影响着欧盟的教育计划。《马约》中就规定了咨询委员会教育方面的咨询职责，并且他们也会参与到欧盟教育计划的监督和评估中。①

除了欧盟层面，欧盟还在各成员国设置了实施有力的国家计划代理署。国家计划代理署的选择和组织方式由各成员国来决定，这是因为他们将依据本国国情来采取必要的方法和手段实施教育计划。国家计划代理署与作为执行机构的欧盟委员会保持着直接联系，其运作经费则由欧盟委员会和成员国共同负担。具体而言，国家计划代理署的职责在于提供教育计划信息，并监督、评估教育计划；增强教育计划之间的联系；与欧盟委员会、国家权力机关和其他成员国计划代理署之间进行合作；监督、组织、

① 傅松涛、王霞：《欧盟教育计划的发展及其实施组织》，《外国教育研究》2006 年第 11 期，第 29—34 页。

评估分权申请模式下实施的教育计划，并帮助传递和评论其实施结果等。由于各个成员国之间的情况不同，各国国家计划代理署的组织结构也有所不同。①

综上所述，我们可以发现欧盟在参与教育治理的过程中，其组织机构之间分工明确、合作协调，为其参与到全球教育治理中提供了保障。

（二）明确的教育决策原则

对于欧盟而言，其成员国的教育政策体系之间既有共通之处，同时又各具特色。这就决定了欧盟在制定联盟层面的教育政策时，必须确立一些基本原则，以便与各成员国的教育政策达成协调，使其教育政策得到更好的落实。目前，欧盟采取了辅助性原则和协调性原则来保障其教育决策。

一是辅助性原则，是指应尽可能地由较低层面的组织与机构进行教育决策，并不断根据国家、区域和地方层面的可能性来检验欧盟层面的教育行动是否正当。明确地说，除非要比在国家、区域和地方层面采取行动更为有效，否则，不得采取欧盟层面的教育行动。1992 年 12 月，爱丁堡欧洲理事会将辅助性原则载入《欧洲联盟条约》，并对支撑辅助性的基本原则进行了界定。1997 年，《阿姆斯特丹条约》（*Treaty of Amsterdam*）首次运用了辅助性原则。自此，欧盟委员会每年都要就辅助性原则的运用向欧洲理事会和议会提交专题报告。②

二是协调性原则，指在成员国各不相同的教育政策之间建立一种协调机制，以便使各国教育政策更好地衔接起来，减少因一体化引发的教育政策摩擦。欧洲的政治协调是欧洲一体化的持久问题。欧盟与国家层面之间的关系是理解欧洲治理的关键。而这种关系体现在国家层面的互动和干

① David Phillips，Hubert Ertl，*Implementing European Union Education and Training Policy—A Comparative Study of Issues in Four Member States*，Dordrecht：Kluwer Academic Publishers，2003，pp.220-238.

② 欧阳光华：《一体与多元——欧盟教育政策述评》，《比较教育研究》2005 年第 1 期，第 11—15 页。

预。欧洲治理既强调对国家制度规则的干预和指导，同时也希望欧盟和国家层面之间的互动是自愿、开放和透明的。因此，欧洲委员会引入了一套新的行政问责机制，推动了更有效的欧盟政策行动。① 欧盟希望欧洲各个国家都能通过规范性地制定教育政策参与到欧洲治理中，并通过开放性的问责制度认识到国家与国家之间的差异并进而发挥自身的优势，为欧洲治理的共同目标作出自己的努力。由于各国教育传统与制度及其方式的不同，造成了各国教育在课程、文凭方面的差异。随着欧盟层面学生和教师交流的日益扩展，就有必要在各成员国教育之间建立一种协调机制，以合理地解决其课程、文凭方面的对等与匹配问题。协调性原则承认各成员国之间教育政策的差异，并且不干涉其现行的教育政策，只在各成员国有关政策发生摩擦时通过谈判促成协调。②

综上所述，欧盟在参与全球教育治理中有着自己的教育决策的原则，而这些原则能够保障其教育政策在国家层面得到很好的落实，提高其教育影响力。

四、欧盟参与全球教育治理的影响

（一）重视人力资本，为技能型人才的培养提供典范

自欧盟关注教育领域以来，一直十分注重通过职业教育与培训来提升青年的就业能力。早在 2002 年，欧盟发布了《哥本哈根宣言》，倡导在欧洲国家（包括所有欧盟国家）让工会和雇主合作改善职业和教育培训。此外，为了促进人们在自己国家和其他欧盟国家顺利就业，针对他们的技能和从业资格，欧盟制定了统一的标准，即欧洲通行证，并在欧盟范围内普遍适用。这些标准包括课程简历、语言护照、国外学习经历、资格证书

---

① Amélia Veiga，António Magalhães，“Four ‘I’ s Configuring European Higher Education Governance”，In Ivar Bleiklie，Jürgen Enders，Benedetto Lepori（eds），*Managing Universities*，Cham：Palgrave Macmillan，2017，p.126.

② 欧阳光华：《一体与多元——欧盟教育政策述评》，《比较教育研究》2005 年第 1 期，第 11—15 页。

补充文件、学历证书补充文件和技能护照等。欧洲通行证能使雇主更容易了解从其他欧盟成员国来的求职者的资历和能力，还可以帮助从事教育、培训和辅导的工作者对他人提出更合适的学习方向和求学建议。

欧盟2009年发布的《欧盟青年战略》则鼓励青年广泛参与社会生活，为他们在教育和就业市场寻求均等的机会。① 欧盟于2010年发起《青年行动计划》，目的在于使教育与培训更密切联系，鼓励更多青年利用欧盟的资助优势在其他国家接受教育和培训，并鼓励欧盟国家简化青年从教育到工作的转化过程。并且欧盟还发布了新的“伊拉斯谟+计划”，旨在通过提高年轻人的技能和就业能力来解决青年失业问题。这一计划截至2013年预算总额已达到147亿欧元，比上次融资期间增加了40%。它计划帮助超过400万人（大多数是年轻人）在国外学习、培训及获得工作经验。它还计划帮助超过12万个组织与国外同行合作，创新现代化教学和青年工作实践。②

从上述内容我们可以看出欧盟制定了一系列职业教育与培训的政策和计划，致力于培养技能型人才，提升青年的就业能力，通过教育大大促进了劳动力的再生产，推动了社会生产与经济发展。这在全球教育治理中是十分具有现实意义的，可以很大程度上实现教育的经济功能。因此，欧盟的职业教育政策和计划十分重视人力资本，为全球教育治理中技能型人才的培养提供了典范。

（二）为全球教育质量的改善提供了范例

知识和教育相互促进，教育被认为是支持知识生产文化的核心力量。2002年3月在巴塞罗那举行的欧盟峰会曾指出，教育是欧盟社会模式的基石之一。到2010年，欧盟的教育质量应当成为“世界教育质量的参照系”。欧盟成员国的国家教育系统在一个相当独特的框架内运作，一方面，在欧盟背景下欧洲各国的教育政策趋同于特定的共同目标；但另一方面，

---

① 滕珺：《教育治理的世界力量》，《中国教育报》2014年3月26日。

② Europa：EU：Education，Training & Youth，见 https：//europa.eu/european-union/topics/education-training-youth_en。

由于欧洲各国的差异性和多样性，一刀切的教育政策绝对不适用于欧洲各国，欧盟必须采取开放性的协调方式（Open Method of Coordination）对欧盟各国的教育进行监督指导，这实际上也成为欧洲教育治理新模式。欧盟在《欧洲治理白皮书》(*White Paper on European Governance*) 中对这一治理模式进行了定义："开放的协调方法根据具体情况使用，鼓励成员国之间的合作，交换各成员国的成功经验并商定成员国的共同目标和准则。"目标制定之后，在国家行动计划的支持下，定期监测这些目标的进展情况，鼓励成员国比较其做法和借鉴他人的经验来改善本国的教育质量。①

因此，欧盟教育政策的重点开始从"输入控制"向"输出控制"转移。其目的是"创造一种开放的、积极的对话环境"，并且为各国的"相互学习打下坚实的基础"。② 欧盟也已经确立了欧洲教育和培训合作战略框架（Strategic Framework for European Cooperation in Education and Training)，该框架重新确认了 2010—2020 年间教育发展的欧洲基准，但报告指出这些基准并不是个别国家的具体目标，各成员国应考虑其国家优先事项和经济情况，通过教育交流和合作为集体实现共同的欧洲基准作出贡献。③

在具体政策层面，欧盟主要通过确立教育优先发展区和教育项目经费制度来最大限度地改善教育的质量。首先，针对不同教育领域，欧盟确立了优先发展高等教育和继续教育的战略。但是针对义务教育领域，欧盟采取的策略较为谨慎。这是由于义务教育主要由政府提供，其经费主要来自国家的公共财政，民族国家对本国义务教育尤其是教学内容的控制比较严格。因此，高等教育机构和各种培训机构之间的学员流动性更大。

---

① European Commission，*White Paper on European Governance*，Brussels：European Commission，2001，p.15.

② Council of the European Union，"Detailed Work Programme on the Follow-up of the objectives of Education and Training Systems in Europe"，*Official Journal of the European Union Communities*，2002，p.6.

③ European Commission，*Council Conclusions on a Strategic Framework for European Cooperation in Education and Training*（"*ET 2020*"），Brussels：European Commission，2009，p.12.

此外，从 20 世纪 70 年代中后期开始，欧盟就开始推行教育行动计划，以分配项目经费的方式来推广其革新理念，加强各成员国之间的教育合作。推行涵盖不同教育领域（包括义务教育领域在内）的教育行动计划，一方面，可以充分利用超国家层面的教育资源，使各成员国全面受益，并促进不同教育子系统的协调发展；另一方面，通过制定和实施教育行动计划，可以吸引多方行为者参与其中。[①] 欧盟教育行动计划在促进欧盟各成员国内的学生、教师人员以及经验信息交流上取得了很大的进展，促进了成员国间的教育合作，推进了欧洲一体化建设。

从上述政策实施我们可以看出，欧盟作为当今世界一体化程度最高的区域政治、经济集团组织，十分注重通过各成员国之间的教育合作，强调通过交流与合作确定成员国的共同目标和准则，最大限度地满足多方利益群体的不同需求，并依此来改善教育质量。在全球教育治理背景下，国家与国家之间的教育合作不断加深，欧盟这一独特的运作框架能够为世界教育质量的改善作出一定的贡献。

（三）把终身学习理念渗透到了各个教育领域

所谓终身学习，指的是贯穿个人终身的学习与社会终身学习体系的统一。这实际上强调了学校以外对人的教育，并且重视走向社会的成人各个时期的教育来帮助成人适应社会的各种变化。自 20 世纪 90 年代中期以来，有越来越多的政策文件、期刊文章和书籍从不同的角度论述终身学习的概念。欧盟作为国际上一个重要的超国家组织，其在里斯本战略中提出的“使欧盟成为世界上最具竞争力和最具活力的知识经济区”以及“欧洲 2020 年战略”的政策目标已经将教育置于其政策制定的中心。其中终身学习被认为是欧盟里斯本战略的重要组成部分。从欧盟 21 世纪以来的教育政策发展演变来看，自 2000 年欧盟签订《里斯本条约》以来，其教育政策十分关注终身学习理念，把终身学习理念渗透到了各个教育领域，

---

① 李晓强：《论超国家教育政策的功能——以欧盟的教育政策为例》，《比较教育研究》2007 年第 11 期，第 90 页。

其中包括职业教育、高等教育、基础教育、教师教育等多个方面。为了更好地渗透终身学习理念，欧盟委员会强烈要求在公开框架内对其成员国进行定期教育监测和报告协调，甚至采取立法的方式。此外，还通过其出版物影响其成员国。自 2000 年以来，欧洲委员会与经合组织合作，在指标制定和终身学习基准设定方面取得了令人瞩目的进展。欧洲终身学习指数（European Lifelong Learning Index）是对欧盟成员国终身学习情况的评估。①

在全球教育治理背景下，世界在不断变化，新情况、新问题层出不穷，知识更新的速度大大加快。人们要适应不断发展变化的客观世界，就必须努力做到活到老、学到老，终身学习。因此，终身学习理念受到各国的广泛重视。欧盟在其教育治理过程中把终身学习理念渗透到其教育政策中，构建学习化社会，强调通过对公民的终身教育来最终实现人的社会价值。欧盟这一举措给全球教育治理带来了极大的影响和启示。

（四）促进了高等教育国际化

最早在欧共体《关于在教育领域开展一项行动计划的决议》这份文件中就强调高等教育跨国合作与流动的目标。此后，1998 年《索邦宣言》提出了建立“欧洲高等教育区”，欧盟高等教育政策自此发生了转折性的变化。随后发布的《博洛尼亚宣言》进一步促进了高等教育的规范化，创建了具有可比性的欧洲文凭系统，设置统一学制（学士三年、硕士五年，博士八年），建立学分制，促进大学学生和学者的交流，从而启动了欧洲教育改革的博洛尼亚进程。②

自从它的构想以来，博洛尼亚可以说是获得了“全球吸引力”，其政策和意识形态不仅在欧洲传播，也在许多其他国家传播，尤其影响了拉丁

① Alexandra Ioannidou，“The Adoption of an International Education Policy Agenda at National Level：Conceptual and Governance Issues”，In George K. Zarifis，Maria N. Gravani (eds.)，*Challenging the 'European Area of Lifelong Learning'*，Dordrecht：Springer，2014，p.67.

② 王晓辉：《全球教育治理——鸟瞰国际组织在世界教育发展中的作用》，《北京大学教育评论》2008 年第 3 期，第 152—165 页。

美洲和美国的教育政策制定者。拿拉丁美洲来说，其高等教育系统与政府专注于融资而不是协调任务，这与欧洲有很大的不同。其制度模式本身并不有利于大学与大学之间的协调和组织，妨碍了高等教育国际化。而博洛尼亚进程一定程度上促进了拉丁美洲的现代化进程，欧洲倡议成功地加强了拉丁美洲和欧洲大陆之间的合作，特别是在西班牙和葡萄牙。2009 年，作为与博洛尼亚进程最具可比性的政策，在拉丁美洲倡议的《利马宣言》（*Lima Declaration*）开始实施。尽管其官方并未提及博洛尼亚进程，但该项目与博洛尼亚进程的政策理念相似：各国承诺通过建立拉丁美洲联合高等教育区域来参与区域合作。同样，其治理结构与欧洲相似。然而，与博洛尼亚进程相反的是其宣言的政治目标不是为了获得外国学生，而是为了改革国内制度，以便学生在国外获得他们的学位。①

在全球教育治理背景下，加强大学之间的交流与合作，实现高等教育国际化是必然趋势。而现在国家与国家之间的差异性实际上限制了大学的交流合作。欧洲的统一学制和欧洲的学分系统就是在教育体制和语言差异极大的背景下构建的，这一调整对于欧盟来说十分艰巨，但是却构架了欧洲各国大学之间相互沟通的绿色通道。欧盟对高等教育的一体化改革，实现了真正意义上的高等教育国际化，不仅促进了欧洲地区高等教育一体化进程，也为全球教育治理背景下其他地区和国家加强高等教育交流和合作带来了一定的启示，为实现高等教育国际化作出了巨大的贡献。

（五）大大提升了欧洲在全球教育治理中的地位

二战后，西欧国家失去了世界经济、政治强国地位，一时之间无法与美国抗衡。危难之际，欧洲国家开始寻求联合，以经济一体化开始，这一联合有力地促进了欧洲经济政治的发展，提升了欧洲在国际上的政治和经济地位。并且在联合过程中，欧盟逐渐发现教育对于实现欧洲一体化的

---

① Tonia Bieber，“The EU as a Norm Entrepreneur in Education Policy：An Analysis of the Diffusion of European Ideas and Policies”，In Andrea C. Bianculli，Andrea Ribeiro Hoffmann（eds.），*Regional Organizations and Social Policy in Europe and Latin America*，London：Palgrave Macmillan，2016，p.125.

重要性，越来越积极地参与到全球教育治理中来。在教育计划的制定和实施过程中积极投入资金，采用立法手段保障教育计划的实施效果，致力于打造“欧洲知识区”。比如职业教育领域的“伊拉斯谟+计划”，欧盟在这一计划中已经投入了147亿欧元。[①] 欧盟在全球教育治理中采取的这些手段和路径，大大提升了欧洲在全球教育治理中的国际地位。

在全球化背景下，教育的力量日益凸显，教育对国家的政治、经济乃至国际地位的影响越来越突出。欧盟在全球教育治理中地位的凸显，事实上也大大提升了欧洲国家在国际舞台上的地位。

五、总结

从欧盟教育政策的发展演变来看，一开始作为经济和政治共同体而存在的欧盟并不十分重视教育，只关注到教育的经济功能。但是随着全球化的发展以及全球治理概念的提出，欧盟逐渐开始重视教育对于实现一体化的重要性，并开始积极参与到全球教育治理中来。在这个过程中，其关注的教育领域不断扩大，采取的路径更加多样化，且形成了一定的保障机制。这也使得欧盟为全球教育治理作出了很大的贡献，大大提升了其在全球教育治理中的地位。

欧盟作为国际上重要的区域性组织，有着其不同于其他国家实体或国际组织的特点，其教育政策内容的制定和实施也独具特色。因此，欧盟在全球教育治理中的贡献和作用也是其他国际组织无法代替的。在全球化背景下，国家和国家之间的合作和交流不断加强。欧盟作为国家与国家之间的超国家联合体，其教育治理可以为我们参与到全球教育治理中带来一些独特的启示。

欧盟作为目前最大的超国家政治、经济实体，其教育政策也是超国家层面的。从一开始教育政策的制定就已经打上了各成员国乃至地方的印

---

① Europa. EU：Education，Training & Youth，见 https：//europa.eu/european-union/topics/education-training-youth_en。

记，并且其政策的落实和执行也必须经过各成员国的再消化。欧盟这一超国家联盟的特点决定了其教育治理受成员国的影响较大，在具体进行教育治理过程中会有一定的局限性。首先是欧盟教育治理的民主性遭到了民众的质疑，民众批评欧盟政治体制中存在“民主赤字”（democratic deficit），对欧盟教育治理不够信任。在参与欧盟教育治理的超国家政治机构中，除欧洲议会外都是非直接民选机构，其成员都是由欧盟成员国间接选派，尽管他们都通过了成员国政府的筛选，但这毕竟仅仅是一种“间接民主”，很难说他们完全代表整个欧盟的教育利益。其次是成员国各国价值信仰和欧盟共同的价值信仰可能会存在并不一致的问题。体现在教育治理方面，欧盟为推进包括教育在内的全面一体化所进行的教育治理方面的努力必然会受到成员国各具民族特色的教育传统及其多元教育利益的价值诉求的抗衡。[①] 这在一定程度上会阻碍欧盟进行全球教育治理的进程。因此，从整体来看，欧盟的全球教育治理也面临着很多挑战，但是这并不意味着是对欧盟全球教育治理的否定，而是说我们需要认识到欧盟也在积极寻求解决这些问题的措施。换句话说，我们对于欧盟的全球教育治理的影响也要辩证看待，既要看到成就和努力，同时也不能忽视其存在的问题。

第六节　本章总结

在全球化的世界趋势下，教育的全球治理已经是大势所趋。国际组织作为全球教育治理的重要参与主体，在教育的全球治理中起着至关重要的作用。而教科文组织、儿基会、经合组织、世界银行、欧盟作为在国际上影响力较大的政府间国际组织，有着各自的职责和特点，但是同样都为世界教育的发展作出了许多不可磨灭的贡献。因此，在教育的全球治理上，它们有着很多共通之处，但同时也因各自的独特之处呈现出不同的

① 申超：《论欧盟教育治理的合法性危机》，《比较教育研究》2010 年第 4 期，第 32—35 页。

特点。

一方面，它们在全球教育治理中有很多共通之处。首先，在不同的发展阶段，各个国际组织在全球治理方面都呈现出不同的侧重点。但我们可以发现不论是哪一个国际组织都越来越认识到教育在于全球治理中的重要性，且所关注的教育领域都是在不断扩大。教科文组织从开设伊始，教育就是其工作重点，自不用提其对全球教育治理的重点关注。且其关注的教育领域一直在不断扩大，像是全民教育、终身教育等都希望能满足每个人基本的学习需求，帮助人们更好地生存和生活。儿基会创立之初是为了救护战后的弱势儿童，主要是从医疗救护、物资等方面对儿童进行救助。但随着时代的发展，儿基会也认识到了教育对于儿童的重要性，只有接受了良好教育的儿童才有机会创造更美好的未来。于是其在教育领域的援助政策和行动越来越丰富起来。经合组织和世界银行的创立宗旨都是更多地从成员国的经济发展出发考虑，但是我们可以看出它们在全球教育治理领域作出的贡献也不可小觑，甚至教育治理几乎成为它们的核心领域。欧盟一开始只是作为一个经济和政治共同体存在，但是从其发展历程中我们可以看出欧盟已经充分认识到了教育治理的重要性，关注的教育领域不断扩大。由此我们可以看出，不管是一开始就将教育治理作为其工作重点的教科文组织、致力于世界儿童发展的儿基会、更多地从经济角度出发考虑的世界银行和经合组织还是作为经济和政治共同体的欧盟，虽然他们的工作重点各不相同，但是无一不都越来越关注到教育治理对于全球发展的重要性，且为全球教育治理作出了巨大的贡献。

其次，这几大国际组织在进行全球教育治理的过程中，都注重为全球教育治理设置一定的标准来保障其治理政策的有效开展。教科文组织通过出版多边国际公约、建议、宣言来保障其教育治理能够在各个国家有条不紊地进行下去。经合组织致力于建立并完善国际教育指标体系，以经合组织教育指标体系为基础建立的 PISA、TALIS 等一系列国际大型测试项目的研发，为不同国家和地区的教育成果提供了一致的衡量标准，以便经合组织了解并监控各国教育情况，也可以让各国以经合组织的自身标准来改进教育政策和整合教育资源。同样地，作为“知识银行”的世界银行为全球教育治理提供了一个大型的知识储存库，发挥着收集、提炼和发布科学知识的角色。而对于欧盟而言，在制定联盟层面的教育政策时，也确立了明确的原则来保障其教育决策，以便与各成员国的教育政策达成协调，使其教育政策得到更好的落实。综上所述，国际组织的组织规模较为庞大，管理起来就更为艰难，那么在全球教育治理中就更加需要明确的标准来保证其全球教育治理的效果。

另一方面，由于这几大国际组织自身的特点，它们在全球教育治理的过程中也呈现出不同的侧重点。教科文组织创立的宗旨主要是通过教育、科学及文化来促进各国间之合作，对和平与安全作出贡献，以保障世界人民不分种族、性别、语言或宗教均享人权与基本自由之普遍尊重。因此，它进行全球教育治理的过程中更关注教育的普及性，希望通过教育实现人权的平等，像是全民教育、终身教育等。经合组织的宗旨主要是从成员国以及世界的经济与社会的发展出发，其全球教育治理也更加注重通过开展教育研究、研发与管理国际大规模评估项目等促进全球教育政策的改革。世界银行的宗旨主要是向成员国提供贷款和投资，推进国际贸易均衡发展。在全球教育治理中，世界银行不仅研究生产知识或为生产知识提供资金支持，最重要的是，“知识银行”承担起了组装、储存、组织并自动更新研究知识的责任。欧盟作为目前最大的超国家政治、经济实体，其意义上的全球教育治理更多的是面向欧洲国家的教育治理，它的教育治理政策更希望为欧洲一体化而服务。

总的来说，这几大国际组织由于其创办的宗旨以及其组织机构的不同，在全球教育治理的侧重点上存在着很大的差异。但是不论是哪一个国际组织，都已经认识到了全球教育治理的重要性，愈发地把工作重点放在教育治理领域；并且为了保证其教育治理能够在全球顺利进行，从不同层面都设置了严格而又明确的治理标准。

第四章　世界主要国家与全球教育治理

主权国家作为全球教育治理的主角，其教育政策与实践直接影响到全球教育治理机制的运作效果。在一个国家内部，参与全球教育治理的部门除了传统的公共教育部门，还包含外交部门、国际发展部门，以及国内一些非官方或者第三方的智库、组织等。这就意味着主权国家参与全球教育治理的主体是多元的，尤其是由于各国政治体制差异，不同部门和机构组织在全球教育治理中发挥着不同的作用。

回到全球教育治理本身，“治理什么”是各个主权国家必须要思考的问题。鉴于教育的公共属性，主权国家参与全球教育治理的根本出发点往往源于国家的全球战略目标以及价值取向，最终目的在于实现国家的根本利益。这种价值定位随着主权国家乃至全球政治、经济等形势的变化而变化，强大的经济实力、政治权力乃至军事实力是主权国家谋求全球教育治理的先决条件。从主权国家的共同目标来看，主权国家通过不同行为体之间的相互依赖与合作，建立起普遍性的、全球性的教育规则与机制，从而实现全球共同利益。

“如何治理”则是研究主权国家参与全球教育治理的重要问题。尽管不同国家有着不同的战略目标、价值定位，甚至不同层级的治理主体，通过梳理可以发现，由于主权国家掌握的资源以及合法性，国家进行全球教育治理的路径与方式呈现出一些共同的特征：(1)“经济基础决定上层建筑”的论断在全球教育治理领域是非常适用的，主权国家参与全球教育治理首先源于其雄厚的经济基础，甚至可以说，只有当经济增长到一定水平，主权国家才会有全球治理的需要，这点从“全球治理”的概念首先由“全球经济治理”发端可以得以证明；(2) 主权国家在教育领域拥有面向国内和国外的权力，这里的“权力”可以是强制性、制度性权力，又包含话语性、生产性权力，即主权国家既参与国际与全球教育规则和制度的制定过程，又面向全球生产独具特色的教育话语和实践；(3) 主权国家与国际组织之间建立的积极互动关系是其参与全球教育治理的重要路径之一，国际组织作为相对独立的行为体和制度机制，通过调和不同主权国家的制度差异，增进了主权国家之间的教育联系和一致性。

“治理得如何”关系着全球教育治理的未来走向和发展趋势。时至今日，要对主权国家参与全球教育治理的最终效果进行准确的评估尚存在困难，然而，主权国家利益与全球共同利益的矛盾与冲突、国家内部不同治理主体的协调与整合、国家自身教育品牌的创建与维持等依然是制约主权国家参与全球教育治理的根本问题。

本章将分七节介绍主权国家的全球教育治理情况，包括其参与全球教育治理的历史、主要机构、基本路径以及经验和挑战。根据《美国新闻与世界报道》(*U.S.News & World Report*) 发布的 2019 年全球最强大国家 (World’s most powerful countries) 排名，目前世界上最强大的国家排名情况如下：美国（第一)，俄罗斯（第二)，中国（第三)，德国（第四)，英国（第五)，法国（第六)，日本（第七)。该排名由 BAV 集团和宾夕法尼亚大学沃顿商学院的分析家根据对全球 2 万多人的调查完成。所使用的主要评估指标为：经济、政治影响力、军事力量、全球领导力、加入国际联盟情况。本章将按照这一顺序对这七个国家逐一进行分析。①

① U.S.News & World Report：Power Rankings，见 https：//www.usnews.com/news/best-countries/power-rankings。

第一节　美国与全球教育治理

20 世纪 80 年代末 90 年代初，东欧剧变，苏联解体，美利坚合众国（United States of America，简称美国）成为世界唯一超级大国，在经济、科技、军事、文化等主要领域拥有全面优势，综合国力稳居全球之首。[①] 1776 年，《独立宣言》的发布正式宣布美国成立。现如今，美国是个由华盛顿哥伦比亚特区、50 个州和关岛等众多海外领土组成的联邦共和立宪制国家。南北战争后美国资本主义经济得以迅速崛起，19 世纪初美国开始对外扩张，历经两次世界大战，美国国力大增，深刻地影响了世界格局。1946 年美国颁布的《富布赖特法案》将留学生教育视为国家发展战略和国策，使之成为世界各国学者的汇集之地和国际教育中心。1966 年的《国际教育法》为国际教育进入制度层面提供法律依据。除了一系列教育政策和法律，美国还成立了美国国际开发署（United States Agency for International Development，简称 USAID）、各种智库（think tank）（如布鲁金斯学会（Brookings Institution）、胡佛研究所（The Hoover Institution on War，Revolution，and Peace））以及诸多高校智库等对全球教育治理进行理论研究和实践。除此之外，美国还是多个国际组织成立与发展的推动力量，在不同国家参与国际组织形成的权力等级结构中，美国以其遥遥领先的优势稳居结构顶端，对各类国际组织的存在和发展具有重要的影响。

一、美国参与全球教育治理的历史

第二次世界大战后，英、法、德等老牌资本主义国家迅速衰落，美国和苏联成为当时新的世界权力中心。随着世界各种力量的不断变化，美国参与全球教育治理经历了全球战略的形成（二战后至 20 世纪 90 年代）、全球规则的维系（20 世纪 90 年代至 2016 年）、全球霸权的逐渐瓦

① 秦亚青：《全球治理——多元世界的秩序重建》，世界知识出版社 2019 年版，第 26 页。

解（2016年至今）等三个历史发展阶段。

（一）全球战略的形成（二战后至20世纪90年代）

美国是个将教育与国家安全、繁荣、文明紧密相连的国家。对内，美国通过教育缓解社会矛盾和危机；对外，通过教育保持美国的全球领先地位。二战后，由于经济、军事等方面的突出优势，以及对自由、民主价值的宣扬和推广，美国的全球意识和全球战略逐渐清晰。

1944年，“布雷顿森林体系”的形成奠定了美国的全球经济霸主地位。随后，国际货币基金组织、世界银行成立，直至20世纪80年代，美国一直在这些国际组织拥有着最高的投票权和对重大事务及特别重大事务的一票否决权。1945年，50个国家联合召开了成立联合国的旧金山会议，并通过了《联合国宪章》。与此同时，美国积极参与了联合国教科文组织的筹备、成立的整个过程。从此，教育、科学、文化领域被纳入美国的全球战略中。

1946年，美国政府颁布《富布赖特法案》首次从法律的角度开创了美国利用国际教育交流实施文化外交政策的先河，该法案至今仍然是美国对外教育和文化交流的法律基础。1947年，美国率先制定了帮助欧洲国家战后重建的《马歇尔计划》（*The Marshall Plan*），该计划实施之后，欧洲经济实力迅速恢复与提升，为负责管理该计划而成立的欧洲经合组织后来演变为“富国俱乐部”——经济合作与发展组织（Orgnization for Economic Co-operation and Development，简称OECD），在其成立之初美国即为该组织正式会员。1950年《国际发展法案》（*The Act for International Development*）不仅将援助对象扩展到发展中国家，而且援助内容增加了教育。

1958年，苏联成功发射第一颗人造卫星，美国举国上下对其教育制度进行反思。1958年10月，美国国会通过《国防教育法》，其中“第六章”重点强调了通用和非通用语言教育以及区域研究，明确了联邦政府在国际教育中的中心地位以实现国家对外战略。1961年，美国成立了美国国际开发署，从此美国的国际发展援助大大增加。该署在教育领域主要负责与其他国家协商并达成国际教育交流项目，包括人员培训、教育咨询、学者交流以及财政资助等。①1966年的《国际教育法》基本目标在于促进国家间的理解与合作，加强和改善美国的对外关系，为所有美国青年提供接受国际教育的机会并培养世界领导人。②

进入20世纪70年代，由于国内外重重危机，美国通过教育来提升社会生产率和国家竞争力的需求日益迫切。这一时期成立了国家高质量教育委员会，该委员会于1983年发布了《国家处在危险之中：教育改革势在必行》，明确了美国教育发展的两大战略目标：一是“高质量教育”，二是“学习型社会”。该报告将教育改革视为一场战争，战争的目的在于争夺新思想，争夺国际竞争的主动权，为美国公民争夺“公民权”，以及争夺美国民主制度的“生存权”。③放眼20世纪80年代，美国有两次发展难以忘怀：对整个国家经济实力的基础进行全面的评估，以及对美国教育质量的密切关注。在此过程中，教育一直是国家优先发展的目标领域，尤其是学生“全球素养”（global competence）的培养在这一时期被正式提出。由于财政预算和苏联势力的影响，美国于1984年退出联合国教科文组织。1990年，美国国会参议员布莱恩和佩尔发起《教育交流促进法案》（*Educational Exchange Enhancement Act*，简称EEEA），旨在扩大美国与新的东欧民主国家、前苏联国家的教育交流，大量的国际事务基金被国会用来实施以建设民主社会为目标的教育与文化交流计划。④

这一时期的国际教育交流使得全球范围内增加了不少美式自由民主的鼓吹者，国际教育援助增加了美国意识形态和价值理念的认同者，美国

---

① 赵玉池：《国际教育援助研究》，博士学位论文，西南大学比较教育学专业，2010年，第109—110页。

② 邝艳湘：《二战后美国国际教育交流及其政治效应探析》，《公共外交季刊》2016年第3期，第100—101页。

③ 孙大廷：《美国教育战略重塑与维护霸权的国家意向》，《东北亚论坛》2009年第9期，第123页。

④ 邝艳湘：《二战后美国国际教育交流及其政治效应探析》，《公共外交季刊》2016年第3期，第101页。

各界与国际组织的积极互动使得美式政治制度和价值观念得以在全球不同国家输出和传播，美国日渐成为全球治理的重要力量。

（二）全球规则的维系（20 世纪 90 年代至 2016 年）

1991 年，苏联解体标志着美国和苏联长达数十年的冷战结束，美国成为世界上唯一的超级大国，同时也标志着世界格局向“一超多强”转变。为适应世界格局的转变，美国全面调整其全球战略。1990 年，时任美国总统乔治·布什（George H.W.Bush）首次提出“世界新秩序”的概念。所谓“世界新秩序”即在美国领导下，建立一个“稳定而安全”的世界，以维护美国的全球利益；同时，“按照美国的价值观和理想，建立新的国际体系”①。“世界新秩序”成为冷战后美国全球战略调整的根本指导方针，要求美国在经济、政治、文化等方面全面输出美国思想，并且争夺国际优质资源。

“9.11”事件以后，教育服务于国家安全的需求在美国比任何时候都更为重要。2002 年，美国成立了 21 世纪技能合作组织，制定了《21 世纪技能框架》，致力于将 21 世纪技能及全球素养融入中小学教育中。同年，美国联邦教育部颁布了《不让一个儿童掉队法》，加大了联邦政府对教育的投资力度。2003 年，美国重回联合国教科文组织，重拾其在国际教育领域的话语权，并为联合国教科文组织实现其道德目的贡献自己的智慧。

2012 年 11 月，美国联邦教育部发布了《国际教育、国际参与与全球成功》（*Succeeding Globally through Internatioal Education and Engagement*）的教育发展战略报告。在该报告中，美国把国际教育纳入国家对外事务的核心工作框架内，统筹布局、协调运作。联邦教育部通过实施大学入学与就业准备的国际标准，帮助学生更好地认识世界与理解世界，培养学生的外语技能与专业知识等方面的工作来培养具备“全球素养”的美国人。②

---

① 杜越：《联合国教科文组织与全球教育治理——理念与实践探究》，教育科学出版社 2016 年版，第 139—140 页。

② 滕珺、张婷婷、胡佳怡：《培养学生的“全球竞争力”——美国国际教育的政策变迁与理念转化》，《教育研究》2018 年第 1 期，第 144 页。

这一时期，无论美国内部教育改革，还是对外国际教育发展，为美国国家利益服务一直是其首要战略目标；根据国内和国际形势的变化，美国作为国际教育援助国也在不断调整其援助策略与方式；合作伙伴日益多样化。①

（三）全球霸权的逐渐瓦解（2016 年至今）

2016 年，特朗普执政以来，“美国优先”依然是其对外政策的灵魂。为了自身利益，美国相继退出了跨太平洋伙伴关系协定、《巴黎协定》、联合国教科文组织等一系列国际公约和国际组织，在对外教育援助领域不断强调受援国的自身能力建设和项目实施的效果。在留学教育方面，特朗普政府出台关于减少移民配额，调整 H-1B 工作签证，加强对 F1 学生签证的审核等一系列政策提高赴美留学的成本，打击赴美留学的积极性。同时，美国对于高技术人才给予吸引和优惠政策，赤裸裸宣称“美国只欢迎最聪明最优秀的人移民”。②

二战以来，美国一直是多项国际秩序和国际规则的重要制定者和推动者，特朗普执政以来却选择有条件地坚持或者放弃甚至是颠覆已有的规则和秩序。2020 年，新冠肺炎疫情肆虐全球，在一个变动不安且充满危险的世界，美国如何定位自己的全球角色将是美国自身乃至其他国家不得不思考的问题。在无法事事都能如愿以偿的未来社会，美国亟须理智评估自己的政治、经济模式的吸引力，清醒认识到美国的“单极时刻”一去不返。即便如此，失去全球霸权地位的美国，依然能够对全球教育秩序产生重大影响。

二、美国参与全球教育治理的主要机构

美国参与全球教育治理的官方机构主要有美国国际开发署，美国教育理事会等。

---

① 苏洋、刘宝存：《从奥巴马到特朗普：美国对外教育援助战略的“变”与“不变”——以美国国际开发署为例》，《比较教育研究》2020 年第 8 期，第 70—71 页。

② 安亚伦、谢佳：《特朗普政府留学生接受政策对美国留学教育的影响》，《国际经济合作》2019 年第 6 期，第 143—145 页。

（一）官方机构

1. 美国国际开发署

美国国际开发署是美国政府负责对外非军事援助的机构，总部位于华盛顿特区，目前在非洲、亚洲、拉丁美洲、中东和东欧均设有分支机构。尽管 USAID 在本质上是独立运行的机构，但其行动必须在总统、国务卿和国家安全局制定的政策框架内。美国国际开发署所需经费约占联邦预算的 1% 左右，面向 100 多个国家进行援助。

USAID 的对外援助主要包括：促进贫困国家和地区的经济发展与繁荣；推行民主和良好社会治理；保护人权；改善人们健康状况；促进食品安全与农业发展；促进环境可持续发展；推动教育事业发展；减少冲突和社会重建；为遭受自然或人为灾害的国家和地区提供人道主义援助。①

USAID 前身为 1949 年杜鲁门总统时期成立的国际开发援助计划。1961 年，肯尼迪总统签署了国会通过的《1961 年外援法案》（*Foreign Assistance Act of 1961*），正式成立 USAID，以整合所有外援机构，统一开展对外援助活动。随着时代变迁和外交重点的转变，USAID 的工作重点也在不断调整；20 世纪 70 年代，其工作重点由原来的提供科技和资本援助转向提供卫生、教育和人力资本开发方面的援助；80 年代，其工作重点转向扶植自由市场；90 年代，其工作重点转向推动经济可持续发展和推广"民主"；进入 21 世纪，其工作重点转移为伊拉克、阿富汗等地的战后"重建"。②

USAID 的工作职能主要包括：（1）在救灾减灾方面，USAID 设立对外灾害救援办公室（Office of US Foreign Disaster Assistance，简称 USAID/OFDA），负责援助其他国家的战后或灾后重建，为非政府组织和军方提供资金，促进其在救灾减灾中发挥重要作用；（2）在扶贫减贫方面，USAID 向贫穷国家的公共卫生与教育机构提供援助，帮助美国农业部的

---

① USAID：Who We Are，见 https：//www.usaid.gov/who-we-are。

② Wikipedia：United States Agency for International Development，见 https：//en.wikipedia.org/wiki/United_States_Agency_for_International_Development。

食物援助行动及向非政府机构提供资金援助；(3) 在社会经济发展方面，为帮助低收入国家获得持续的社会经济发展，USAID 帮助他们改进资源管理，整合民间领域、大学和非政府组织的技术资源；(4) 在技术合作方面，USAID 利用其丰富的低收入国家项目管理经验，为不同国家之间的技术合作建言献策；(5) 在维护双边利益方面，USAID 在美国国务院官员的领导下，负责管理提供给盟国的援助资金，并帮助驻他国的美国部队赢得当地人民的“尊重和好感”。①

USAID 的经济增长、教育与环境局（Bureau for Economic Growth，Education and Environment，简称 E3 局）下属的教育办公室在全球范围内提供优质的教育服务、从初等至高等教育阶段的各种支持以及实现危机和冲突中的教育机会均等。USAID 的 2011 至 2015 年全球教育战略目标② 包括：(1) 至 2015 年，提升 1 亿初等教育阶段适龄儿童的阅读技能；(2) 通过高等职业教育和劳动力发展项目提升受援国劳动力水平促进国家发展；(3) 至2015年，为1500万处于危机和冲突中的儿童提供接受教育的机会。

2. 美国教育理事会（The American Council on Education，简称 ACE）

美国教育理事会成立于 1918 年，是全美最有影响力的高等教育协会，它代表美国政府认可学位授予机构，其中包括两年和四年制学院、私立和公立大学和非营利性和营利性实体。ACE 的优势在于拥有 1800 多家成员机构，其中 95% 已经与 ACE 建立超过 10 年的合作关系。ACE 召集各界代表共同解决最棘手的高等教育的挑战，其工作重点是为每一个学生获得成功做准备。

ACE 下设的国际化研究室（ACE’s Internationalization Laboratory）成立于 2003 年，是个由一些国际化专家引领的学习共同体，致力于帮助各个高等教育机构实现自己的综合性国际化目标：清晰的组织使命、行政国

---

① Wikipedia：United States Agency for International Development，见 https：//en.wikipedia.org/wiki/United_States_Agency_for_International_Development。

② USAID：USAID Education Strategy 2011—2015，见 https：//pdf.usaid.gov/pdf_docs/PDACQ946.pdf。

际化领导力、课程与学习成果、教师政策与实践、学生流动以及合作与伙伴关系。①

（二）非官方机构

美国国内参与全球教育治理的非政府组织主要有国际教育协会、布鲁金斯学会（Brookings Institution）以及美国高校智库等。

1. 美国国际教育协会（Institute of International Education，简称 IIE）

美国国际教育协会成立于 1919 年，是个促进国际教育交流与培训的非营利中介组织，以其年度报告在国际教育界引人注目。该机构名义为民间组织，由于受美国国务院、国际开发署的资助，有着较强的官方背景和色彩。

IIE 负责开发并实施全球最具创新性的领导力和教育培训项目，支持各州的教育和文化交流活动；为政府和企业培养合格的能适应全球经济变化的劳动力；为受教育水平低的人口拓展受教育机会，保护处于危机中的学者和学生，鼓励跨文化教与学。一个世纪以来，IIE 负责的大型国际教育交流项目包括富布赖特项目、语言旗舰项目等；在国际教育领域，IIE 针对妇女和女性进行的 STEM 教育以及为处于危机冲突和灾害中的学生提供帮助。②IIE 尤其重视留学教育，他们认为国际教育通过学术与专业的交流，可以使未来领导者开阔视野，增进思考能力，以便在合作的基础上开展行动。学术与专业交流跨越了知识和技能的边界，可以有效地培养新一代全球公民。IIE 的存在使得教育国际交流成为民族与国家发展的重要因素之一。③

2. 布鲁金斯学会（Brookings Institution）

美国最为知名和最具影响力、号称全球第一智库的布鲁金斯学会

---

① ACE：Comprehensive Internationalization Framework，见 https：//www.acenet.edu/Research-Insights/Pages/Internationalization/CIGE-Model-for-Comprehensive-Internationalization.aspx。

② IIE：Commemorating a Century，见 https：//www.iie.org/en/Why-IIE/History，访问日期：2020 年 9 月 11 日。

③ 叶隽：《教育全球化视野里的利益国家化——以美国国际教育协会、德国学术交流中心的第三部门功能为例》，《教育发展研究》2005 年第 9 期，第 28 页。

（Brookings Institution）将治理研究作为其五个重点研究领域之一，对全球教育治理也给予了关注。①

1916 年 3 月，圣 · 路易斯市的企业家、华盛顿大学理事会主席罗伯特 · 布鲁金斯（Robert S. Brookings）和其他华盛顿改革者创立了政府研究所。这是第一个对国家公共政策问题进行分析的民间组织，旨在为学者与政府决策者之间架起一座桥梁。随后，罗伯特 · 布鲁金斯又于 1922 年和 1923 年成立了两个姊妹机构——经济研究所和罗伯特 · 布鲁金斯经济与政治研究院。1927 年，3 个机构合并为如今的布鲁金斯学会，致力于开展经济、政府管理、政治和社会科学领域的相关研究，促进和推动政府决策的科学化，提高行政效率，并改进政府的公共政策。② 在布鲁金斯学会建立之初，创始人精心设计了 3 个核心价值：质量、独立性与影响力（Quality，Independence，Impact）。③

布鲁金斯学会的领导机构是理事会，其中包含 51 名理事，由商界、学界、前政府官员以及其他领域的杰出人士组成；理事会的职责是处理学会的行政性事务、财务资金管理，支持学会广泛开展学术研究以及保障学会的独立性。此外，学会另有荣誉理事 37 名。④ 每届理事会任期 3 年，每年举行 3 次全体会议。布鲁金斯学会的执行机构实行"理事会"领导下的总裁负责制，总裁带领学会的管理团队开展工作，主要负责日常行政工作，包括制订政策、推荐项目、核准出版物，以及挑选研究人员等。⑤ 在总裁负责制的管理架构下，布鲁金斯学会建立了成熟有效的管理团队。目

---

① Brookings Institution：Governance Studies，见 https：//www.brookings.edu/program/governance-studies/。

② Brookings Institution：Brookings Institution History，见 http：//www.brookings.edu/about/history。

③ Brookings Institution：About Research Programs，见 http：//www.brookings.edu/about#research-programs/。

④ Brookings Institution：About Leadership，见 http：//www.brookings.edu/about/leadership/trustees。

⑤ Brookings Institution：About Leadership，见 http：//www.brookings.edu/about/leadership。

前，拥有 9 位副总裁，1 位总经理，每个人负责各自部门的具体事务，主要涉及政策研究和行政管理两大块：政策研究的运营管理主要依据学会的研究领域设置了 5 大研究部门（外交政策、经济研究、城市政策、全球经济与发展以及政府研究部门）的副总裁，研究部门下设不同研究中心，由主任负责；行政管理的日常运行遵循企业管理的方法，设置有财务部、运营部、对外联络部、管理培训、出版社等部门的副总裁，直接对总裁负责。所有这些行政管理部门的日常工作都为政策研究部门提供支持和服务。

3. 美国高校智库

1919 年，斯坦福大学建立美国第一所高校智库——胡佛研究所（The Hoover Institution on War，Revolution，and Peace）。二战以后，美国高校智库进入繁荣发展时期。20 世纪 70 年代以后，美国高校智库逐渐开始关注教育领域的政策研究。20 世纪 80 年代，美国高校纷纷成立专门从事教育政策研究的智库。进入 21 世纪，美国高校智库在教育政策研究上形成多样化格局，一是从事教育政策研究的高校智库类型多样化，二是从事教育政策研究的高校智库研究领域多样化；其中，最为突出的是开始关注全球领导力、全球教育治理政策等领域的研究。

附属于哈佛大学的全球教育创新中心（The Global Education Innovation Initiative）旨在促进 21 世纪全球教育领导力的发展，促进世界学生领导力的培养，包括批判性分析能力、创新创造能力、自我认知和管理能力以及团队合作能力等。此外，美国高校智库还重点关注教育公平问题。例如，加利福尼亚大学伯克利分校的全球教育高级研究中心（The Center for Advanced Studies in Global Education）主张教育不应歧视性别、残疾、种族、年龄以及宗教等。斯坦福大学的教育机会政策中心（Stanford Center for Opportunity Policy in Education）也是一个旨在促进教育机会公平的研究机构。① 同时，美国高校智库积极主张世界各国开展合作交流，关

① 欧阳光华、胡艺玲：《全球命运与国家立场：全球教育治理中的美国高校智库探析》，《高教探索》2019 年第 8 期，第 96 页。

注国际教育合作，积极影响美国国际教育合作政策。例如，波士顿学院（Boston College）的国际高等教育中心（The Center for International Higher Education）在关注高等教育现实问题的同时，更加关注高等教育的对话与合作。该中心的重点研究项目“21世纪差异化的学术体系”“国际师资与当地学术环境的整合”以及“国际高等教育研究状况”[①] 等对美国的国际教育合作政策，乃至世界的国际教育政策产生重要影响。

三、美国参与全球教育治理的基本路径

美国参与全球教育治理的基本路径包括：颁布教育国际化政策与法案，实施国际教育援助与合作，开展跨境教育，参与国际组织等。

（一）颁布教育国际化政策与法案

二战后，美国联邦政府颁布了一系列教育国际化法案和政策，通过推动人员交流与机构合作，不仅促进了自身的教育国际化与全球化进程，同时提升了美国的全球竞争力。

1946年，美国政府通过了《富布赖特法案》。与之同时的富布赖特计划致力于通过教育、科学、文化领域的人员交流在美国政府和其他国家之间建立双边关系，使得美国成为世界各国学者汇集之地和国际教育交流中心。[②] 1948年，《美国新闻与教育交流法案》（又称《史密斯·蒙特法案》）提出“为了促进更好地了解美国，为了促进全人类的相互理解”，成立国际教育交流服务机构，分享教育、艺术和科学领域的成果等使国际教育在实践领域有了新进展。[③] 20世纪50年代开始，美国国会先后通过了《国际开发法》和《国家科学基金会法案》，实行对外援助、人员培训、科学咨询等计划，鼓励美国和外国科学家之间的学术交流和信息交换，支持国际教育领域的学术资源开发。1957年苏联发射人造卫星，

---

① 郭伟：《大学新智库以美国大学教育智库为例》，湖北教育出版社2016年版，第4、9页。

② Fulbright：History，见 https：//us.fulbrightonline.org/about。

③ Richard K（eds.），*Developing International Education Programs. New Directions for Community Colleges*，San Francisco：Jossey-BassInc Publisher，1990，p.7.

美国意识到教育在国际安全竞争中的重要性，要求把教育改革与国家安全联系起来，于是在 1958 年出台了《国防教育法》给予各州财政资助，用以促进学科教学，通过英才教育、教师教育等明确国防和教育的基本关系。

20 世纪 60 年代是美国国际教育发展的黄金时代。这一时期，美国出台了《共同教育和文化交流法案》和《富布赖特海斯法案》，继续资助国际问题研究和交流计划，旨在通过项目援助来影响被援助国的亲美意识，将国际教育确立为官方外交关系的一个重要领域。1966 年，美国国会批准了《国际教育法》，一方面拓展了国际教育的内容，另一方面以立法的形式明确了美国政府长期支持美国大学国际教育项目的责任，① 大学成为参与国际教育项目的主体之一。同时，由于大学自身努力和国际化需求，各高校纷纷成立了国际事务办公室，制定了各种国际交流与合作计划，许多高校逐渐形成了国际化氛围。

1991 年冷战结束，为加强语言教学及区域与国际方面的研究，为政府和安全部门提供更多受过更好训练的专家，开阔国际视野，美国联邦政府颁布了《国家安全教育法案》，提出了为本科以上层次的学生提供海外学习和研究奖学金、为学院与大学加强国际交流合作提供资助等新的国际教育计划。②1994 年，《美国 2000 年教育目标法》进一步提出，至 2000 年，所有学生都要了解本国和世界其他地区在多元文化传统方面的知识，能够通过他人的眼光、心理、心态来看待事物；每一位美国成人需具有在全球经济竞争中所需的知识和技能，都能正当行使公民权利并尽公民义务。2003 年，《美国国际教育政策：全球主义与恐怖主义时代的国际教育》基于提升广泛意义上的国际学习，认为国际教育与项目交流基于两个目标：一是美国人必须了解世界，二是让未来的世界领导者有机会接受美国教

---

① 白玉平、曲铁华：《冷战时期（1950—1974）美国国际教育政策探析》，《外国教育研究》2017 年第 5 期，第 10 页。

② 李爱萍：《美国国际教育——历史、理论与政策》，云南大学出版社 2005 年版，第 55 页。

育，受到美国价值观的影响。① 2006 年《领导力的考验：美国高等教育未来规划》提出美国高等教育未来五大战略目标和六大战略措施，该规划建议联邦政府增加对提高美国全球竞争力等至关重要领域的投入，并致力于吸引全国乃至全世界最优秀和最聪慧的人才，以领导新一轮的美国创新。另外，《提升美国的竞争力》和《迎接风暴：振兴美国经济，创造就业机会，建设美好未来》也将人才与创新作为国家竞争力的核心要素。②

（二）实施国际教育援助与合作

国际教育援助是美国实现其全球外交政策的重要途径之一。20 世纪 60 年代以来，教育已成为美国国家安全战略、国防和外交的基石。美国认为，发展的挑战在于发展变得更为广阔和多面。它不仅仅包括传统意义上的发展——经济、社会、政治方面的发展，还包括新的发展问题，如脆弱地区的发展，全球和跨国发展等问题。所有这些更显出教育的重要作用，因此美国增加了对外教育援助。国际教育援助主要包括教师和学校行政人员培训，教学材料的改进，父母和社区参与学校活动，学校重建，提供学生奖学金等。美国双边官方发展援助在几乎所有领域都增加了援助资金。③

USAID 的海外援助分为技术援助和经济援助两类。技术援助包括提供技术指导，举办培训课程，设立奖学金，开发建筑工程项目和提供商品等。在提供技术援助时，USAID 不仅提供美国政府机构的技术专家，还充分利用受援国家自己的技术专家；经济援助包括为发展中国家提供现金补助预算和为非政府组织提供经济支持（以前经济支持的形式是贷款，目前已改成无须偿还的补助金）。相较于技术援助，近年来美国政府越来越

① Association of International Educators：International Education in an Age of Globalism and Terrorism，见 http//www.nafsa.org/public_policy.sec/united_states_international。

② 蔡宗模：《美国高等教育全球化的政策与实践》，《比较教育研究》2013 年第 7 期，第 97—102 页。

③ 胡小娇：《国际教育援助及其效果的研究》，硕士学位论文，中外教育关系专业，华东师范大学，2011 年，第 36 页。

重视经济援助。①

1. 国际教育援助目标

《2011—2015年美国国际开发署教育战略》②为USAID设定了三个全球教育目标：目标一是到2015年提高1亿小学生的阅读能力；目标二是提高劳动力技能促进国家发展；目标三是到2015年增加危机或冲突环境中的儿童入学机会。USAID提供的国际教育援助方式之一是将教育援助置于受援国的综合发展框架之下，比如受援国自主制定的减贫战略框架；方式之二是应用部门方法；方式之三是与发展合作伙伴共同努力实施教育援助。

2. 国际教育援助项目类别

美国作为世界上最早开始向发展中国家进行教育援助的国家之一，教育援助遍及全世界，尤其是撒哈拉非洲地区、拉丁美洲及加勒比海地区、南亚、西亚、中东地区、东亚及环太平洋地区等。USAID根据每个国家的基础教育具体情况量身定制了教育援助项目，这些基础教育援助项目大致包含四类。

第一类是扩大入学机会项目。扩大入学机会项目包括正式教育入学机会项目和非正式教育入学机会项目。正式教育入学机会项目主要是扩大女童入学机会，获得基础教育；非正式教育入学机会项目主要是扩大年轻的辍学者、文盲成年人和边远农村地区孩子的学习机会。

第二类是提高课堂教学质量项目。提高课堂教学质量项目可细分为早期儿童教育、教师培训新方法、创新教育学理论、引进新的信息技术等。

第三类是提高学校等教育机构能力建设的项目。美国国际开发署在马里的教育援助项目重要内容之一就是父母参与学校教育和公众参与学校

① Wikipedia：United States Agency for International Development，见https：//en.wikipedia.org/wiki/United_States_Agency_for_International_Development。

② USAID：2011-2015 USAID Education Strategy Progress Report，2011年8月16日，见http：//www.ausaid.gov.au/。

教育。

第四类是满足特殊需要的项目。比如脆弱国家的教育项目，针对艾滋病感染群体的教育项目，针对政治冲突和宗教暴力国家的教育项目。①

除基础教育项目之外，USAID 还资助各国高等教育项目，如劳动力技能培训项目和提升有技能人员的技能项目。这类项目主要包括：建立和加强当地机构独立提供素质教育和培训的能力；帮助辍学儿童和成年人获得生存必需的知识和技能；提供大量教育和培训机会，提高有技能人员和无技能人员的素质和技能。

3. 国际教育援助的成果

美国国际开发署在国际教育援助中贡献较大，这里仅选取两个较为典型的国家为例。

（1）美国国际开发署在贝宁（Benin）②

非洲国家贝宁教育形势严峻，成年人文盲率高达 62.6%，政府教育支出仅占国内生产总值的 3.2%。鉴于此，美国国际开发署着眼于为贝宁基础教育提供援助。援助的主要方式有：第一，提高小学的教学水平。美国国际开发署帮助该国教育部把新课程引进到小学课堂中来，提供额外的教科书，还使用新教学策略培训成百上千的学校教师和管理者。第二，培训在职教师。学校的管理者和监督者都接受培训，使得他们更有能力培训和监督教师。第三，增加女童入学率和完成率，鼓励辍学女童重返校园或者当女童在学习中碰到困难时鼓励她们继续努力。美国国际开发署提供资金给当地非政府组织和国际非政府组织，让他们在女童入学率和完成率最低的地区开展工作。工作重点是提供公众对女童教育的重要性的认识。第四，引进社区管理学校。每个地区设立家长学校委员会，选出代表组成家

① USAID：U.S.Government Strategy on International Basic Education 2019-2023，2018 年 9 月 14 日，见 http：//www.usaid.gov/sites/defanlt/files/documents/1865/USG-Education-Strategy_FY2019-2023_final_web.pdf.

② USAID：2011-2017 USAID Education Strategy Progress Report，2018 年 6 月 1 日，见 https：//www.usaid.gov/sites/default/files/documents/1865/USAID_2018_Progress_Report_Web_180703.pdf。

长学校委员会，让更多的社区公众参与到学校管理中，共同完成初等教育阶段的目标。第五，提高初级和中等教育部门及学校的规划和管理能力。为初级、中等教育机构员工提供专门培训，提高他们进行自身规划、资料管理、政策设计和机构管理的能力和技巧。

经过美国国际开发署和其他相关合作机构的努力，贝宁教育发生了很多变化。第一，受美国国际开发署资助的机构组织了家长学校委员会的国家会议，共同交流各自的经验，并给教育部提供问题解决的建议。第二，学校管理向着更为开放的方向发展。第三，学校里发生了巨大变化。学校的教科书比以前充足了，教师的素质和水平比以前更高了，学生比以前增多了。

（2）美国国际开发署在埃塞俄比亚①

埃塞俄比亚被联合国计划署根据人类发展指标认定为世界上第五个最贫困的国家。埃塞俄比亚教育处于非常低的水平，成年人文盲率高达60.9%。美国国际开发署认为改善埃塞俄比亚教育状况的基本方法是加强初等教育，提高初等教育的质量和公平性。因此，美国国际开发署对埃塞俄比亚提供了教育援助。援助的主要方式有：

第一，培训教师，提高教师水平。美国国际开发署与美国大学、埃塞俄比亚教师培训学院合作，开展小学教师和志愿者教师培训工作，提高他们的英语教学水平和能力。

第二，开发补充性教学材料和工具。美国国际开发署开发小学教师用书，培训教师，并为其提供教学用具。

第三，加强公众、家长参与学校管理。美国国际开发署给家长教师协会很多成员和社区成员提供培训，帮助他们形成识别学校问题和解决学校问题的能力，具备进行活动策划和活动执行的能力。美国国际开发署还提供小部分资金通过社区提供给学校以改善教学设施，以及增加教师数量

① USAID：2011-2017 USAID Education Strategy Progress Report，2018 年 6 月 1 日，见 https：//www.usaid.gov/sites/default/files/documents/1865/USAID_2018_Progress_Report_Web_180703.pdf。

和教学资料的资金。

第四是提高地区教育规划、管理、监督和评价的能力。美国国际开发署给当地教育规划管理办公室提供培训，比如入学率项目，学校规划和预算等。国际发展机构还为当地办公室提供了相关设备。

第五是扩大对边缘群体儿童的教育。居住在埃塞俄比亚人口稀少的边远地区的儿童教育容易受到忽视。美国国际开发署资助成立了低成本的非正式基础教育中心，提供受训的教师，教科书以及辍学儿童的学习机会，尤其是住在边远地区的女童学习机会；还提供儿童学校用餐，为贫穷家庭里的孤儿或儿童提供各种教育服务。在三个城市中心成立了学习中心，专门接收和教育边缘群体儿童。

在美国国际开发署为埃塞俄比亚提供的教育援助项目中，比较成功的有美国国际开发署资助的社区学校拨款项目（USAID-financed Community Schools Grant Program）。该项目旨在扭转埃塞俄比亚女性辍学率高的局面，如曼都拉学校接受了资助，学校所有教师成立了一个女童咨询委员会（Girls Advisory Committee，简称 GAC）用来监督女童上学出勤率，在必要的时候适当进行调解和干预。

（三）开展跨境教育

美国跨境教育主要有国际合作学位项目、跨境远程教育、留学生教育等具体内容。

1. 国际合作学位项目

“9·11 事件”以后，美国高等教育国际化进程加速。从提供者的角度来看，美国一直是世界范围内跨境教育最积极的提供者之一，在学位项目方面，美国高校及教育机构将其策略重点放在双学位和创造性连续学位方面。双学位指的是由两个不同国家的学位提供者提供一个高等教育学位项目，学生达到毕业标准后可以拿到两个学位，如美国的卡耐基梅隆大学与土耳其的中东技术大学在土木与环境工程专业建立了双博士学位的培养项目；连续学位则是由两个不同的高等教育机构提供两个不同阶段的学位，如墨西哥的蒙特瑞技术学院与美国的伊利诺伊技术学院在环境管理与可持续发展专业建立的学位项目。[①] 此外，还有美国高校与海外高校、企业进行合作，除了传统的精英大学、一些私立大学、营利性高等教育机构也开始设立海外分校的尝试与探索，遍及世界多个国家和地区，比如在中国设立的昆山杜克大学、在印度设立的莫迪阿波罗国际学院等。

教育作为《世界贸易组织服务贸易总协定》的基本条款之一，美国高等教育服务贸易在21世纪初快速发展，主要表现在[②]：

（1）利用自身教育资源优势，不断推出跨国教育输出策略，跨国高等教育的利润超过了农业这一支柱出口产业的出口额。同时，随着跨国高等教育学生数量的增长，对教师、教职员工以及学校的需求也随之增长，教育出口为美国增加2万多个就业机会。

（2）美国政府以亚太地区的教育市场为主要输出地。

（3）美国政府在跨国高等教育发展中有积极的主导和推动作用，为跨国高等教育的发展提供了政策和法规保障。

2. 跨境远程教育

美国的信息技术水平居于世界领先地位，为其远程高等教育的实施创造了技术基础。由于美国远程教育机构颁发的学位和学历证书与传统校园大学颁发的具有完全同等效力，因此，越来越多的美国学生和海外学生通过这种开放、灵活的教育方式接受高等教育。2010年，美国注册参加在线课程的人数已经高达610万人，这一数字比上一年度增加了56万人。[③] 这些数据中包括大量的国际学生。对于其他国家学生来说，参加美国的跨国远程高等教育项目真正是“不出国的留学”，学生学习的远程教育课程都是由美国大学提供的，由美国本土的教师教授。这些优点使得美国的琼斯

---

① 刘晓亮、赵俊峰：《美国跨境教育问题研究——基于简·奈特的跨境教育理论框架视角》，《教育科学》2014年第4期，第83页。

② 梁斐文：《中国如何借镜美国经验推动跨国高等教育服务》，《消费导刊》2010年第8期，第181页。

③ Elaine Allen，Jeff Seaman：Going the Distance：Online Education in the United States，2011年11月10日，见 http：//www.online-learningsurvey.com/reports/going the distance.pdf。

国际大学、凤凰城大学、西部州长大学、麦克卡恩大学等跨国远程教育代表性机构迅速扩张，它们将美国的远程高等教育输送到了整个世界。

美国跨境远程高等教育包含学历教育与非学历教育两种形式。其中，学历教育包括了从学士到博士阶段的所有学历层次。1961 年，美国《双边教育和文化交流法》授权联邦政府资助国际问题研究和交流计划，并成立国际发展总局，关注远程高等教育。美国的地区认证委员会还颁布了《通过电子渠道提供学位与证书的最佳实践》（*Best Practices for Electronically Offered Degree and Certificate Programs*），其中阐明了如何确立机构必须保障的远程教育质量，并提出了适用于远程教育新的认证标准。[①] 2004 年，美国高等教育政策研究所（National Institute of Higher Education Policy，简称 NIHEP）发表了名为《在线教育质量：远程互联网教育成功应用的标准》的研究报告，在对美国多所大学网络教学经验进行总结的基础上，提出了对远程网络教育进行评估的质量评估体系。美国高等教育机构只有经过相应高等教育认证委员会的认证才具备办学资格，这些认证标准为美国跨国远程高等教育的实施提供了质量保障。

3. 留学生教育

美国政府将留学生教育看作国家发展战略和联邦政策的最终目的，并设法使留学生成为美国的朋友，从而将美国的思想和价值观带回自己的国家。

早在 1946 年美国国会通过《富布赖特法案》把美国在海外的剩余财产用于美国学生和教师在国外讲学和研究的基金；同时设立奖学金项目接受世界各国的学者来美学习。由此，美国确立了学生和学者对外交流的基本方针，美国高等教育国际化形成了有组织、有计划的格局。 1947 年 11 月，美国政府与当时的国民党政府签订了第一个富布赖特协议。[②] 到 1952

---

① NCAHLC：Best Practices for Electronically Offered Degree and Certificate Programs，见 https：//eric.ed.gov/? id=ED468164。

② Walter Johnson，Francis James Colligan，*The Fulbright Program*：*A History*，Chicago：University of Chicago Press，1965，p.8.

年，美国共签订了28个双边协议，1952年共有1253个美国人和2210个外国人成为富布赖特访问学者。《富布赖特—海斯法案》颁布以后，到1964年美国已经与48个国家签订了双边协议，计划应用到110个国家。到目前为止，美国的“富布赖特计划”覆盖160个国家和地区，在全球范围内引发了学者的大迁徙，对美国作为“世界国家”及“全球人才高地”起着推波助澜的作用。近60年来，全世界共有26万富布赖特学者参与了国际学术交流，美国本土派出10万，其他国家派出16万。① 很多富布赖特学者成为各界领军人物，37位学者成为在国家政府以及重要部门担任高级职务的专门人员，60位成为诺贝尔奖获得者以及88位成为普利兹奖获得者。②

美国政府还通过对“富布赖特计划”的学科和专业的选择，实现其对交流学者的甄选，所选的学科要能够反映美国的文化和价值观。而对输入国而言，所选定的富布赖特项目也多以社会科学为主，自然科学为辅；中国“富布赖特计划”的学科选择更为苛刻。中国以“富布赖特计划”赴美研究或学习的学者和学生，必须从事社会科学或人文科学的研究和学习。项目资助的学科包含建筑学、艺术、艺术史、工商管理、交际学、写作、舞蹈、经济学、教育学、环境研究、影视学、地理学、信息科学、新文学、法律、图书馆学、语言学、音乐、心理学、公共管理、公共政策、社会工作、社会学与文化、英语教学、应用语言学、戏剧、城市规划、美国外交政策、国际关系等领域。③

（四）参与国际组织

二战后新的国际秩序的建立过程中，美国成为国际组织发展的主要推动力量。国际组织如同一块硬币，一面体现了理想主义的“普世性”价

① 李联明、汪霞：《高等教育国际化进程中的美国“富布赖特计划”评说》，《河北师范大学学报》（教育科学版）2006年第6期，第49—52页。

② Bureau of Educational and Cultural Affairs：Fulbright Programme Overview，见 https：//eca.state.gov/fulbright/about-fulbright/history。

③ 孙大廷：《美国教育战略的霸权向度》，博士学位论文，吉林大学国际政治专业，2008年，第139页。

值，另一面则坚持作为工具的“现实主义”原则。美国建立国际新秩序的理想，不仅仅是向旧世界昭示新世界应该是什么样的，而且有着更深层的追求，即建立有利于实现美国利益的国际价值分配体系。美国必须借助国际组织这一中介，运用貌似合法性的工具将对世界的政治领导由“看得见的统治”转向“看不见的政府”①。因此，美国根据国家利益推动国际组织的发展，由国际组织制定国际规则，从而塑造新的全球秩序。

1. 联合国教科文组织

早在二战期间，美国就将教育和文化领域的议题置于其国际新秩序的构建框架中。联合国教育科学和文化组织作为教育、科学和文化领域最重要的全球性国际组织，在其建立过程中，美国发挥了积极的主导作用。

由于在二战中遭遇重创，欧洲教育重建和欧洲国家的教育合作是国际教育组织的最初使命，也是联合国教科文组织成立的起点。由于教育具有塑造社会价值理念、传播意识形态的功能，因此，欧洲教育重建引起了美国高层决策者的重视。随着二战后国际教育和文化重建议程的展开，美国派遣国务院官员拉尔夫·特纳作为观察员出席 1943 年 10 月的盟国教育部长会议，其目的就是了解欧洲国家的政治目的，以便为美国的政策制定提供更为充分的准备。在会后致国务院的电文中，特纳呼吁美国不能再置身事外，而应尽快参加盟国教育部长会议，从而按照美国的意愿调整会议的组织结构和政策方向。② 1943 年 11 月，美国非正式地建议将盟国教育部长会议转变为联合国家教育和文化会议，以便制定教育和文化领域的国际合作计划。

为了全面参与教育和文化领域的议题谈判，美国副国务卿爱德华·斯退丁纽斯于 1944 年 2 月 14 日向罗斯福总统递交了一份备忘录（简称“斯退丁纽斯备忘录”），正式勾画了美国的政策目标并得到罗斯福总统的批准。“斯退丁纽斯备忘录”主张建立一个致力于教育和文化领域重建

---

① 杨生茂：《美国外交政策史 1775—1989》，人民出版社 1989 年版，第 594 页。

② Roger A. Coate，*Unilateralism*，*Ideology and US Foreign Policy*：*The United States In and Out of UNESCO*，Boulder：Lynne Rienner Publishers，1988，p.26.

的政府间国际组织，并将该组织作为联合国体系的重要组成部分。“斯退丁纽斯备忘录”集中体现了美国的政治目标和战略意图：即利用援助作为手段，利用拟议中的联合国组织作为平台，以联合国教育和文化组织取代英国主持的盟国教育部长会议，进而谋求美国在教育和文化领域的领导地位。① 此后，美国将组建联合国家教育和文化组织的构想正式通报英、苏、中等国家并予以公布，首次向有关国家阐明了美国的政策原则和制度构想，力图将盟国教育部长会议转变为一个永久性的国际组织。

1945 年 11 月，有关建立联合国教育和文化组织的国际会议在伦敦举行，44 个国家及相关国际组织出席会议（苏联没有参加）。为推动美国政策目标的最终实现，美国派出以国会议员阿奇博尔德·麦克利什为团长，以助理国务卿威廉·本顿为副团长的阵容庞大的代表团出席会议。在此期间，与会各国以“盟国教育部长会议方案”为谈判依据，围绕联合国教育和文化组织的目的、作用、职责范围、组织机构等问题展开了密集磋商。根据美国的建议，拟议中的国际组织正式定名为联合国教育、科学和文化组织。②

1946 年 11 月，联合国教科文组织作为一个联合国的专门机构正式成立，旨在推动国家间教育、科学、文化领域的合作。在此过程中，美国在决策引领、制度设计和规则制定等方面都发挥了重要作用。从 1945 年到 1954 年，只有三个社会主义国家加入了该组织。值得注意的是当时第三世界的许多成员国是拉丁美洲国家，因此它们深受发达的北方国家的影响，所以联合国教科文组织的大多数成员毫无疑问地接受了西方国家特别是美国的领导。在那段时间，美国为联合国教科文提供超过 30% 的资金预算③。1984 年，美国里根政府指责联合国教科文组织存在腐败和管理混

① 舒建中：《美国对外政策与联合国教科文组织的建立》，《史学集刊》2014 年第 6 期，第 79 页。

② Walter Herman Carl Laves，Charles Alexander Thomson，*UNESCO：Purpose，Progress and Prospects*，Bloomington：Indiana University Press，1957，pp.25-26.

③ 刘铁娃：《霸权地位与制度开放性：解释美国对联合国教科文组织影响力的演变》，《国际论坛》2012 年第 6 期，第 14—20 页。

乱等问题，宣布美国退出该机构。直到 2003 年，美国才重返该组织。

2011 年，美国曾以国内法律限制为由停止向联合国教科文组织缴费，当年即砍掉了 8000 万美元的会费，占教科文组织预算的 22%。美国每年拖欠的会费相当于该组织 1/5 的财务预算。而没有美国的资金，联合国教科文组织也难以正常运转。至今美国已欠费 5 亿美元。2018 年 12 月 31 日，美国正式退出联合国教科文组织，其拖欠的会费必然无力追回成为死账，联合国教科文组织将面临严峻的财政危机。

2. 世界银行

目前，世界银行已成为当今国际教育领域最大的发展资金来源，而美国作为世界银行的第一大股东国，希望通过世界银行实现自己的政治经济利益。

世界银行行政管理机构的首脑是世界银行行长。按惯例，世界银行集团最高领导人由美国人担任，为期 5 年。按照不成文规定，其行长通常由最大的股东——美国政府推荐，经执行董事会选举产生。世界银行行长负责银行的日常行政管理工作，任免银行高级职员和工作人员。世界银行负责组织日常业务的机构是执行董事会，行使由理事会授予的职权。执行董事会由 24 名执行董事组成，其中 5 人由持有股金最多的美国、日本、英国、德国和法国委派，另外 19 人由其他会员国的理事按地区分组选举。由此可见美国对世界银行的绝对领导地位。

世界银行在全球教育治理的初期一直以人力资本理论来佐证其教育投资的合理性，并着力通过运用该理论，建立教育与工作质量以及国家经济发展水平之间的密切联系，来回应教育与经济需求脱节的问题。① 而著名的人力资本理论正是由美国经济学家舒尔茨和贝克尔创立的，开辟了关于人类生产能力的崭新思路，对教育界产生了巨大的影响。

已有研究显示，2003—2017 年间美国在世界银行的影响力有下降趋

① 阚阅、陶阳：《向知识银行转型——从教育战略看世界银行的全球教育治理》，《比较教育研究》2013 年第 4 期，第 78 页。

势，美国通过世界银行实现自己的政治经济利益下降，根本原因在于新兴国家如中国的崛起以及国际金融市场的繁荣[①]等。这就不难解释特朗普执政后美国接连退出多边机制的原因了。

3. 经济合作与发展组织

经济合作与发展组织通过多种多样的国际教育政策与实践活动在全球教育治理领域发挥重要作用，例如建立具有国际可比性的教育指标体系，定期发布《教育概览》等教育调查报告，推行以国际学生评价项目（PISA）为代表的大规模国际教育评估等，这些教育实践深刻影响了许多国家的教育政策制定和教育发展。

经合组织的运行经费是由成员国支付的，会费的多少取决于各成员国的经济规模。在所有会员国中缴纳会费最多的是美国，同时美国也是OECD的创始国之一。[②]因此，美国在OECD中具有较高的话语权。1997年，经合组织决定设立PISA项目，由教育司教育统计处主持，各成员国教育部派代表组成"PISA项目理事会"，由此项目进入前期研究、设计和命题阶段。PISA背后包括PISA理事会、PISA国家项目经理以及OECD秘书处三大机构。这三大机构中都有美国的身影，PISA理事会副主席佩吉·卡尔（Peggy Carr）来自美国。另外，根据PISA测试的结果，美国积极向表现优异的国家或地区寻求教育改革的良方。

美国通过主导并参与国际组织的建立和运行，利用国际组织的制度机制不仅协调了美元货币的稳定和自由贸易，同时借助国际组织的广泛影响积极参与构建新的全球教育理念和秩序。

四、美国参与全球教育治理的经验与挑战

美国超强军事、经济实力和软实力为全球治理奠定了物质基础，而自二战结束以来在美国主导之下建立和维持的一系列国际制度为全球治理

---

① 宋锦：《美国在世界银行的影响力下降了吗？——从世界银行发展融资分布得出的证据》，《世界经济与政治》2009年第10期，第97页。

② OECD：Members and Partners，见：http：//www.oecd.org/about/membersandpartners/。

提供了基本的制度框架。①

从美国参与全球教育治理的发展历程和具体路径来看，获得了一些有益的经验。

第一，在教育国际化领域，持续加大各学段课程国际化的力度，注重拓展学生的全球视野，为培养未来能够进行全球教育治理的人才做准备。第二，注重对多语种外语人才的培养。我国要实施“走出去”的国家战略，同样需要培养一大批多语种人才，不仅能够流畅地交流，更需要具备在不同的文化背景下进行跨文化交际的能力。第三，增加自身作为留学目的地的吸引力和竞争力；美国通过“富布赖特计划”有效地吸引全球各地顶尖人才赴美留学或任教。第四，积极参与国际组织和国际事务，由于经济、政治等多种因素综合作用，美国在诸多国际组织的创立和运行过程中发挥着重要作用，并享有较高的话语权。第五，大力发展在线教育和跨境教育，促进美国价值观、教育理念和思想的推广与传播。第六，大力拓展国际教育援助，通过 USAID 等官方和非政府组织为世界多个国家提供国际教育援助与合作项目，宣传推广美国的自由民主理念和多元文化主张，在全球范围内形成了较大的影响力。

当然美国在全球教育治理过程中也面临着许多挑战。首先，从全球教育治理的目标和路径来看，美国依然没有脱离以民族国家为中心的全球治埋模式，其治理目标多是美利坚合众国目标的放大。美国高等教育的国际化政策，无疑存在着推销政治、抢占市场和猎取人才的强烈动机。②这就意味着美国在全球教育治理的过程中过多地向全世界推行本国的教育模式和教育价值观。美国难以真正地做到开放接纳和融合非西方世界的文化和教育智慧。而对于许多发展中国家来讲，也应在学习借鉴美国经验的时候避免陷入强势逻辑，必须保持本土文化自觉，克服西方化和市场化带来

① 刘丰：《美国霸权与全球治理——美国在全球治理中的角色及其困境》，《南开学报》（哲学社会科学版）2012 年第 3 期，第 9—16 页。

② 林平：《高等教育全球化与中国的高校管理战略》，《中国成人教育》2008 年第 9 期，第 5—6 页。

的偏倚。

其次，从美国参与全球教育治理的发展趋势来看，对全球规则的颠覆无异于“零和博弈”。无论在国家与国家之间还是国家与国际组织之间，全球秩序的构建必然是一种相互依存的关系。以多边主义为原则，以国际规则为机制的基本秩序形态仍然会是全球秩序的主要方面。① 从这点出发，全球教育治理也是一种关系治理，需要建构一种不同主体之间相互信任、交流与合作的互补关系，而非“零和博弈”。如果只以自己的利益和标准为依据、以“天定命运”之名“代表全人类行事”②，设计制定国际规则而忽视全球共同利益和目标，将难以在全球治理的道路上继续走下去。

第二节　俄罗斯与全球教育治理

俄罗斯地跨欧亚大陆，是世界上国土面积最大的国家。苏联解体后，在“新自由主义思想”的主导下，构建起了以“多党制”“三权分立”“总统制”和“市场经济”为核心的西方式政治、经济体制架构，但“暴风骤雨”式的变革也造成了 20 世纪 90 年代俄罗斯政治、经济和社会局势的剧烈动荡，俄罗斯几乎跌入“二流国家”行列。普京总统上台后，以“新俄罗斯思想”凝聚社会力量，强调“主权民主”理念下“国家”与“社会”的双强均衡，重新界定国家责任与自由市场经济之间的关系，提出“富民强国”战略，俄罗斯国内政治、经济形势逐步趋于稳定。随着国家的复兴发展，俄罗斯也逐步调整外交战略，积极参与全球治理，重新谋求在国际舞台上的大国地位。俄罗斯是苏联国家主权和绝大部分资源的直接继承者，苏联 70 年的教育积累是俄罗斯教育发展的坚实基础。虽然在 20 世纪 90 年代，俄罗斯教育发展也受到了影响和冲击，但随着俄罗斯国内政治、经济形势的稳定发展，俄罗斯教育现代化改革也逐步由失序走

---

① 秦亚青：《全球治理——多元世界的秩序重建》，世界知识出版社 2019 年版，第 139 页。

② ［美］亨利·基辛格：《世界秩序》，胡利平等译，中信出版社 2015 年版，第 305 页。

向秩序。

一、俄罗斯参与全球教育治理的历史进程

随着俄罗斯国力的增强和外交政策的调整，教育作为国家“公共外交”和“软实力”外交的重要组成部分，越来越受到俄罗斯政府的重视，俄罗斯也开始积极参与全球教育治理，逐步扩大在全球教育治理领域的话语权。俄罗斯参与全球教育治理的历程大致可以分为以下几个阶段：

（一）苏联时期：维护和控制“社会主义”统一教育空间

苏联在70年发展历程中，形成了普通教育与职业教育、基础教育与高等教育、全日制教育和函授制教育相结合、相互融通的全苏教育网络，为苏联经济、社会、军事发展提供了坚实的人才与智力支撑。①苏联雄厚的经济、军事实力和系统完备的教育体系为苏联参与全球治理和全球教育治理提供了坚实的基础。

苏联时期非常重视留学生教育，将留学生教育视作培养亲苏政治精英，巩固社会主义阵营，维护其国际利益的重要途径。1990—1991学年，在苏联高校留学的外国学生共计12.65万人，占世界留学生总量的10%，仅次于美国、法国，居世界第三。②

苏联还通过海外办学、无偿提供专家支持、施以资金和物质援助等方式为受援国培养本国专家人才，向受援国家输出“苏联教育模式”。1960—1991年间，苏联在世界上36个国家建立了66所高等学校、23所中等职业学校、400多所职业—技术教育中心和5所普通教育学校。③此外，

---

① 王义高、肖甦著：《苏联教育70年成败》，北京师范大学出版社1996年版，第176页。

② Министерство науки и высшего образования РФ：Тенденции экспорта российского образования Экспорт Российских ОбразовательныхУслуг：Статистический сборник（Выпуск 9），2019年10月30日，见 https：//www.5top100.ru/upload/iblock/63a/Vyp.9_536_-p.2019_v-_1_.pdf。

③ Шадрикова Арина Петровна，“Образование для развития в условиях глобализации. Коллективные усилия в области содействия развитию по сектору образования”，*Вестник международных организаций*，2010，№4（30），pp.29-37.

苏联还以提供低息贷款（年利率约为2%—3%）、免费援建教学机构、免费提供教学—实验设备和教科书等方式向受援国提供经费和物质支援。①

苏联的免费留学生教育和无偿教育发展援助为刚刚独立的社会主义国家和第三世界国家的经济复苏与发展提供了物质、资金、项目和人才支持。但苏联时期的全球教育治理具有强烈的政治色彩和意识形态取向。二战前苏联的全球教育治理实践具有较强的国际人道主义的色彩。但随着世界两极冷战的升级，苏联的全球教育治理则更多地是为了控制“社会主义阵营”统一教育空间，服务于其“输出革命”“国际分工”“对抗美国”和“称霸世界”的需要。②

（二）20世纪90年代：国内失序，参与全球教育治理能力弱化

1991年苏联解体后，俄罗斯走上了西方模式的发展道路，积极改变苏联的孤立发展模式，努力融入世界体系。然而，由于国内政治、经济和社会动荡，由援助国变为受援国，大国地位、形象和影响力不复存在。③

苏联解体后，在西方新民主主义思潮的影响下，俄罗斯教育领域开始朝向“民主化”“分权化”“个性化”和“多元化”方向变革。④但是，政治、经济领域的动乱与危机严重影响了俄罗斯教育事业的发展，教育改革缓慢且效率低下，对俄罗斯在全球教育空间的地位和话语权造成了严重影响。

俄罗斯继承了苏联时期签署的国际协议。但是，由于俄罗斯国内政治、经济形势的动荡，经费拮据，从1992年起，苏联时期与外国教育机

---

① Белов Валерий Алексеевич, “Обеспечение геополитических интересов России в подготовке иностранных специалистов”, *Вестник РУДН. Серия История России*, №2 (2003), p.187.

② 李燕、[俄] 杰·杰戈捷廖夫、[俄] 阿·特鲁索娃：《中俄对外援助机制比较分析》，《俄罗斯学刊》2019年第4期，第74—96页。

③ 刘莹、关海庭：《新时期俄罗斯外交转型中的软实力政策调整》，《东北亚论坛》2015年第1期，第72—85页。

④ 肖甦、王义高：《俄罗斯教育十年变迁》，北京师范大学出版社2003年版，第10—40页。

构之间的合作基本中断，几乎所有的外派专家都被召回，许多国家的俄罗斯科学与文化中心（российские центры науки и культуры—РЦНК）被迫关停。[①] 留学生人数也急剧下降，由 1990—1991 年的 8.96 万人下降到 2000—2001 年的 7.24 万人，在国际留学生服务市场上的占比，也由 1990—1991 年的 7.7% 下降到 2000—2001 年的 3.9%。[②] 苏联的解体和俄罗斯从苏联海外教育空间抽离所造成的全球教育服务市场真空地带，迅速被其他国家所抢占。

但这一时期俄罗斯也展示出了积极融入国际教育空间的姿态，与"欧盟""独联体国家元首理事会""北极理事会""波罗的海国家理事会"等国际组织签署了一系列国际教育合作协议。独联体是这一时期俄罗斯参与全球教育治理的战略重点，俄罗斯主要以双边或多边协议的形式保障后苏联教育空间的统一性和学术流动性。

由于国内政治经济形势动荡，加之受冷战时期军备竞赛思维的影响，20 世纪的最后 10 年，俄罗斯没有充分意识到"人文外交"和国家"软实力"的重要性，没有意识到教育在重塑俄罗斯国际形象、参与全球治理方面的重要作用，错失巩固、维护苏联时期形成的国际教育空间的机会。

(三) 2000—2012 年：恢复国力，逐步参与全球教育治理

普京总统上台后，以"可控民主"与"主权民主"的国家治理理念，重新强调国家在治理中的地位和权重；利用能源优势，重振国民经济；以"俄罗斯新思想"统一俄罗斯意识形态空间，重视俄罗斯民族文化传统的社会统合作用；逐渐摒弃强调军事硬实力的冷战思维，秉持务实外交原则，重视"国际人文合作"和"公共外交"（публичная дипламатия）的

---

① Белов Валерий Алексеевич，"Обеспечение геополитических интересов России в подготовке иностранных специалистов"，*Вестник РУДН.Серия История России*，№2（2003），p.186.

② Министерство науки и высшего образования РФ：Тенденции экспорта российского образования Экспорт Российских ОбразовательныхУслуг：Статистический сборник（Выпуск 9），2019 年 10 月 30 日，见 https：//www.5top100.ru/upload/iblock/63a/Vyp.9_536_-p.2019_v-_1_.pdf。

作用，谋求以强国形象重返国际舞台。①

普京总统上台之初，就开启了俄罗斯教育现代化改革路程，恢复国家在教育领域的责任，整顿教育秩序，提高教育质量，对接国际教育标准，增强教育系统的开放性，提升教育的国际吸引力，扩大教育服务出口，试图恢复俄罗斯在教育领域的大国地位。

重塑独联体教育中心地位，融入欧洲教育空间，并以此为基础逐步加大参与全球教育治理的步伐，是这一时期俄罗斯教育政策的重点。2002年起，俄罗斯提出加强留学生教育，并力图强化俄罗斯在独联体地区的教育中心地位。2003 年 9 月俄罗斯正式加入“波洛尼亚进程”（Болонский процесс），迈出了融入欧洲一体化教育空间的重要一步，也为俄罗斯参与全球教育治理提供了依托和平台。

随着俄罗斯国内经济的复苏，俄罗斯于 2005 年正式摆脱受援国身份，加入了国际发展援助国家行列。②2007 年《俄罗斯联邦参与国际发展援助构想》提出俄罗斯主要通过参与联合国、八国集团、世界银行、国际货币基金组织、区域经济组织等国际组织的全球项目、基金等形式，为受援国提供“帮助”。③

2009 年 12 月 23 日，俄罗斯联邦政府出台了《2011—2020 年俄罗斯联邦教育服务出口构想》（*Концепция экспорта образовательных услуг Российской Федерации на период 2011—2020 гг*，以下简称《构想》）。《构想》明确提出要提高俄罗斯教育系统在全球和区域教育空间的质量、吸引力和竞争力，增强俄罗斯在全球教育服务市场中的地位。

俄罗斯留学生人数从 2000 年起开始逐年递增，不但绝对数字由

---

① Указ Президента Российской Федерации：Концепция внешней политики Российской Федерации，2008 年 7 月 15 日，见 http：//www.kremlin.ru/acts/news/785。

② 宋艳梅：《俄罗斯国际发展援助的特点——兼与苏联时期比较》，《俄罗斯研究》2013 年第 4 期，第 150—171 页。

③ Указ Президента Российской Федерации：Концепция участия России в содействии международному развитию，2007 年 6 月 14 日，见 https：//www.minfin.ru/common/UPLOAD/library/2007/07/concept_rus.pdf。

2000—2001 学年的 7.24 万增加到了 2011—2012 学年的 19.85 万人，在国际留学生市场的占比虽未达到苏联时期的水平，但也在逐年提高，由 2000—2001 学的 3.9% 增加到了 2011—2012 学年的 4.8%。① 2007—2008 学年，俄罗斯共在 45 个国家开设了 10 所联合大学、研究所、学院，50 所海外分校和 190 多所各种类型的海外分支机构。就地域分布而言，俄罗斯海外教育项目主要集中在独联体国家。2007—2008 学年，共有 67 所俄罗斯高校在独联体国家提供教育服务，12 所高校在波罗的海国家设立了分支机构。②

由受援国变为援助国之后，俄罗斯积极参与联合国教科文组织、世界银行等国际组织框架下的教育发展援助工作，支持联合国“千年目标计划”“全民教育计划”等全球教育治理项目的开展。俄罗斯联邦财政部和世界银行 2008 年合作推出了“俄罗斯教育发展援助项目”（Russia Education Aid for Development，以下简称“READ 项目”），旨在为受援国构建具有可持续发展性的教育评价体系。

相较 20 世纪 90 年代，这一时期俄罗斯增强参与全球教育治理的信心，俄罗斯参与全球教育治理的路径规划更加多元化。但跟世界传统教育强国相比，俄罗斯在全球教育治理领域的参与度还比较低，教育服务出口收入体量较小。以 2012 年全世界高等教育出口收入为例，美国和加拿大占全球教育出口总收入的 36.4%、欧盟占 34.6%、澳大利亚和新西兰占比 19.1%、俄罗斯只占 0.7%。③

---

① Министерство науки и высшего образования РФ：Экспорт Российских ОбразовательныхУслуг：Статистический сборник（Выпуск 8），2018 年 10 月 30 日，见 http：//socioprognoz-ru.1gb.ru/files/File/2018/Arefiev_Sbornik_8_001_536_2018_ispr8_15_11_18.pdf。

② Министерство образования и науки Российской Федерации，Тенденции экспорта российского образования，2009 年 12 月 9 日，见 http：//window.edu.ru/resource/723/71723/files/arefiev.pdf。

③ Указ Президента Российской Федерации：О мерах по реализации государственной политики в области образования и науки，2012 年 5 月 7 日，见 https：//base.garant.ru/70170946/。

（四）2012 年至今：注重软实力外交，积极参与全球教育治理

2008 年经济危机给俄罗斯造成重创，直到 2012 年年初，俄罗斯经济才恢复到危机以前的水平。2013 年乌克兰危机导致西方国家对俄罗斯实施制裁。2014 年国际原油价格大幅下跌，致使俄罗斯经济深受打击。① 面对经济全球化和知识经济迅猛发展所带来的不确定因素，在复杂多变的国际政治局势下，俄罗斯对内采取创新发展战略，对外则以更加积极的外交战略和姿态参与全球治理，谋求大国地位。2012 年 5 月，普京总统开始了他的第三个任期。2013 年 2 月，普京签发了新一版《俄罗斯联邦对外政策构想》，提出“将俄罗斯打造成为一个当代世界有影响力和竞争力的力量中心”。普京正式提出“软实力”的概念，并指出“俄罗斯外交工作必须重视软实力”，改善俄罗斯被歪曲的国际形象。②

教育是俄罗斯重要的软实力资源（потенциал мягкой силы），也是俄罗斯重要的软实力手段（инструмент мягкой силы）。提高教育质量，构建统一教育质量保障体系，打造俄罗斯教育品牌，增强俄罗斯教育系统国际竞争力，是这一时期俄罗斯教育现代化战略的基本方向。

俄罗斯积极拓展留学生教育模式，发挥重点大学引领作用，构建网络大学（如独联体网络大学、上海合作组织大学、金砖国家网络大学等），开展远程线上教学，增加公费留学生名额，简化赴俄留学手续，改善留学生学习生活环境，规范海外教育项目，增强俄罗斯教育的国际吸引力。同时，俄罗斯也积极依托“联邦独联体事务、俄侨和国际人文合作署”（Федеральное агентство по делам Содружества Независимых Государств, соотечественников, проживающих за рубежом, и по международному гуманитарному сотрудничеству—Россотрудничество，以下简称“国际人文合作署”）平台，拓展俄罗斯教育在国外营销渠道，扩大俄语在国外的

---

① 程奕军：《俄罗斯经济现代化进程与前景》，中国社会科学出版社 2017 年版，第 82 页。

② Юрий Паниев, Мягкая сила Владимира Путина：Независимая газета，10 июля 2012 г.，见 https：//www.ng.ru/world/2012-07-10/1_putin.html。

传播，以提高俄罗斯教育国际知名度和声望。① 从 2016 年起，俄罗斯以“国家优先项目”的形式，专项提升俄罗斯教育的全球竞争力，增加俄罗斯非资源型服务出口占比。

2014 年俄罗斯新版《俄罗斯联邦国际发展援助构想》将国际发展援助战略重点转向“有针对性的双边合作”领域，更加突出了国际发展援助的地缘政治倾向，也明确将教育援助视为国际发展援助的重要方向。② 在参与国际组织多边援助的同时，俄罗斯开始将国际教育发展援助的重点转向双边教育发展援助和合作。

从普京总统的第三个任期开始，为使俄罗斯成为“多极世界的真正一极”，维护俄罗斯在国际上的正面形象，俄罗斯更加重视国际人文合作和国际人道主义援助。俄罗斯以提高教育质量为抓手，积极利用信息技术和网络资源，打造俄罗斯教育品牌，提升俄罗斯在国际教育服务市场的竞争力，加强双边教育发展援助和合作，以更加积极的姿态参与全球教育治理。

二、俄罗斯参与全球教育治理的主要机构

俄罗斯参与全球教育治理是国家主导下的综合性、战略性教育活动。全球教育治理实践具有多渠道性，多层面性，多部门性的特征，既包括国家权力机关的政策引导与财政资助，也包括社会层面的参与和支持；既涉及国内各部门之间的合作与协调，也涉及国际层面的组织与沟通。本节仅对俄罗斯全球教育治理领域所涉及的主要机构和组织做简要介绍。

---

① Министерство иностранных дел Российской Федерации：Концепция продвижения российского образования на базе представительств Россотрудничества за рубежом，2014 年 3 月 27 日，见 http：//tur.rs.gov.ru/uploads/document/file/254/Концепция%20продвижения%20российского%20образования.pdf。

② Указ Президента РФ：Концепция государственной политики Российской Федерации в сфере содействия международному развитию，2014 年 4 月 20 日，见 https：//www.garant.ru/products/ipo/prime/doc/70540588/。

（一）俄罗斯联邦科学与高等教育部和教育部

俄罗斯教育领域的最高管理机构是联邦教育部。2018 年 5 月，俄罗斯推行行政机构改革，将教育按不同的层次类别划分不同的部委管理，将高等教育和教育科学院划归俄罗斯科学与高等教育部（Министерство науки и высшего образования РФ）[①]，以加强教学与科研的融合；而基础教育、初等和中等职业教育、补充教育、成人教育划归俄罗斯教育部管辖（Министерство просвещения РФ）。[②]

俄罗斯科学与高等教育部、教育部主要负责俄罗斯各级各类教育的管理工作，制定和实施教育领域的国家政策，制定各级各类教育的学制结构、联邦教育标准、教育大纲和质量评估办法，加强教育领域的国际合作，促进俄罗斯教育融入世界教育空间，增强俄罗斯在全球教育治理领域的地位和话语权。

俄罗斯科学与高等教育部、教育部通过提升本国教育质量、创设适宜的留学生教育政策与环境、宣传和推广俄罗斯教育品牌、协助高校创办海外分校或代表处、开发联合教育项目、扩展网络教育资源等方式推动俄罗斯教育服务出口，提升俄罗斯教育系统国际竞争力。

俄罗斯科学与高等教育部、教育部负责签署教育领域国际合作法律文本，如教育水平和学位互认协议，海外办学和联合培养项目协议等，扩大俄罗斯教育领域的国际合作和人才交流。

俄罗斯科学与高等教育部、教育部负责选派代表参与联合国、教科文组织、欧盟、欧洲委员会、亚太经合组织、东盟、金砖国家、上海合作组织、黑海经合组织等国际组织的活动；加强俄罗斯与国际协会组织的沟通与合作，如欧洲大学协会，欧亚大学协会，全球大学协会，亚太地区大学协会等；推动金砖国家网络大学、上海合作组织大学、独联体网络大学等区域教育治理平台框架下的教育磋商，促进教育领域的双边和多边

① Министерство науки и высшего образования РФ：О Министерстве，见 https：//minobrnauki.gov.ru/ru/about/governance/index.php。

② Министерство просвещения РФ：О Министерстве，见 https：//edu.gov.ru/。

合作。①

（二）俄罗斯国际人文合作署

国际人文合作署全称为“俄罗斯联邦独联体事务、俄侨及国际人文合作署”，成立于2008年，隶属于外交部，是俄罗斯保持与发展与独联体成员国和其他国家国际关系的重要权力执行机关。国际人文合作署由俄罗斯联邦总统直接管辖，但它同时也隶属于俄罗斯外交部，国际人文合作署的领导人由俄罗斯联邦总统直接任命。

俄罗斯国际人文合作署前身是俄罗斯国际科学和文化合作中心，主要职责是维护苏联时期建立的对外文化宣传及合作关系，促进俄罗斯科学、文化和教育在国外的发展，加强俄语在世界上的地位，支持俄罗斯海外侨胞，促进国际发展，树立并维护俄罗斯在世界上的正面形象。2013年，国际人文合作署被赋予全权在双边层面开展国际发展援助事务的职能，下设独联体事务、国际发展援助（Содействие международному развитию-CMP）与一体化司。

国际人文合作署专门设有海外分部，即驻在国的“俄罗斯科学与文化中心”（российский центр науки и культуры-РЦНК），是推动俄罗斯教育与科研机构为世界教育市场提供服务的重要平台。俄罗斯科学文化中心致力于推广俄语和俄罗斯文化，帮助高校开设海外分校或代表处，促进专家和青年合作与交流，遴选优秀留学生，开展国际教育发展援助。根据2017年的统计资料，国际人文合作署共在全世界81个国家设立了96个分部，其中在62个国家设立了72个科学与文化中心，在22个国家的俄罗斯使馆设立了24个代表处。据统计，2015年国际人文合作署的海外分部协助80多所俄罗斯高校参加了44场国际教育展览，包括国际人文合作署自己举办的大型宣传—展览项目。②

此外，国际人文合作署还积极与俄罗斯国际合作协会（Российская

---

① Вдовчук Ольга Игоревна，международное сотрудничество россии в сфере образования и науки，*Образование*，*экономика*，*общество*，№ 1-2（2016），pp.4-7.

② Россотрудничество：Образование и наука，见 http：//rs.gov.ru/ru/activities/10。

ассоциация международного сотрудничества-РАМС)、“俄罗斯人道主义援助使命”（Русская Гуманитарная Миссия-РГМ)、“俄罗斯世界”基金会（Фонд Русский мир）等非政府组织合作，通过非政府组织开展教育推广活动，向不发达国家提供国际教育发展援助。同时，国际人文合作署也与新闻媒体保持高频、友好联络，“今日俄罗斯”“俄通社—塔斯社”“俄罗斯新闻社”“俄罗斯之声”广播电台等俄主流媒体及境外著名俄语媒体都是国际人文合作署的合作伙伴。

（三）非营利性社会组织

苏联解体后，俄罗斯社会组织获得了很大发展，也越来越多地承担起了教育治理职能。随着俄罗斯对“公共外交”和“软实力外交”认识和实践的深入，俄罗斯越来越重视社会组织、特别是国家组建的非营利性社会组织的作用，注重发挥社会组织的“民间”力量参与全球教育治理。

俄罗斯国际合作协会、“俄罗斯人道主义援助使命”“俄罗斯世界”基金会、俄罗斯留学生协会（Ассоциация иностранных студентов)、国际俄语语言与文学教师联合会（Международная ассоциация преподавателей русского языка и литературы)、全世界高校毕业生协会（Всемирная ассоциация выпускников высших учебных заведений）等非营利性社会组织一方面通过组织国际教育论坛、开展教育交流与合作项目等形式直接参与全球教育治理过程，同时也通过向外国社会组织提供资金、项目支持等方式，影响外国社会组织进而影响外国教育决策与实践。

此外，俄罗斯政府也日益意识到非营利性社会组织的非官方属性在全球教育治理中的特殊作用，斥资支持非营利性社会组织拓展业务范围和渠道。国际人文合作署与总统基金会（Фонд президентских грантов）合作吸引和资助俄罗斯非政府组织参与国际教育发展援助。“俄罗斯人道主义援助使命”是俄罗斯国际人文合作署的重要合作伙伴，国际人文合作署与其签订合作协议，资助其数百万美元开展国际发展援助工作。2018 年，联邦预算占该组织支出总额的 50.5%。①

（四）智库

苏联解体后，俄罗斯智库朝向更加多元化、多层次化的方向发展，国际排名也逐年提高。除俄罗斯科学院和教育科学院等“老牌”智库外，莫斯科大学、俄罗斯高等经济大学、人民友谊大学等高校智库，俄罗斯国际事务理事会（Российский совет по международным делам-НП РСМД）、国家人才培养基金会（Национальный фонд подготовки кадров）等新型智库也在俄罗斯参与全球教育治理过程中发挥了重要作用。俄罗斯智库主要通过组织和参加国际教育会议、发布研究报告、出版研究专著、加强与国外智库间的合作交流等方式为俄罗斯参与全球教育治理提供智力保障、舆论引导和专家外交（экспертная дипламатия）支持。

俄罗斯教育科学院教育发展战略研究院（ФГБНУ«Институт стратегии развития образования РАО»）与包括中国在内的 8 个国家的 19 家教学和科研机构签订了长期合作协议，经常组织国际专家学者间的科研交流与合作。②

组织国际教育大会是俄罗斯教育科学院教育发展战略研究院参与全球教育治理的重要途径。例如，2019 年与联合国教科文组织全球教育办公室（кафедра ЮНЕСКО по глобальному образованию）联合举办了主题为“信息时代的教育空间—2019”（Образовательное пространство в информационную эпоху—2019）的国际教育大会，探讨信息时代教育发展面临的挑战和教育过程中新的哲学—方法论基础。

俄罗斯教育科学院教育发展战略研究院还非常注重俄罗斯教育理念和教育思想的国际传播。例如，2018 年组织了“纪念马卡连科（А. С.

① РСМД：10 шагов на пути к эффективной публичной дипломатии России（Экспертный обзор российской публичной дипломатии в 2018—2019 гг.），2020 年 2 月 26 日，见 https：//russiancouncil.ru/papers/RussianPublicDiplomacy-Report52-Rus.pdf。

② ФГБНУ«Институт стратегии развития образования РАО：Международное сотрудничество，见 http：//www.instrao.ru/index.php/sotrudnichestvo/mezhdunarodnaya-deyatelnost。

Макаренко）诞辰 130 周年国际科学—实践大会”，宣传和探讨马卡连科的教育理念和教学体系及其对现代教育科学、心理学、公民教育和爱国主义教育的影响。В.Я. 斯托尤宁（В.Я. Стоюнин）、В.В. 克拉夫斯基（В. В.Краевский）、Н.М. 尚斯基（Н.М. Шанский）、诺维科夫（А.М.Новикову）等教育家的教育思想和教育体系也以国际科学—实践大会的形式进行了宣传和时代反思。①

俄罗斯教育科学院教育发展战略研究院创办的《国内外教育学》杂志（Журнал «Отечественная и зарубежная педагогика»）② 和出版的系列著作，如《全球化和一体化进程条件下欧洲国家的教育发展》（2013）、《联合国教科文组织“教育的未来”项目框架下全球教育论文集》（2019）等，在国内外都有不小的影响，对宣传俄罗斯教育理念，弘扬俄罗斯教育文化传统起到了重要作用。③

（五）媒体

新千年伊始，为改变 20 世纪 90 年代传媒寡头干政和扰乱舆论市场的乱象，普京政府大力整顿国内传媒市场，加强国家对媒体资源的控制，重视媒体资源的教育治理功能。随着信息技术的发展和俄罗斯外交政策的调整，俄罗斯日益重视“公共外交”的重要性，统合传统媒体和数字媒体资源，提升俄罗斯在国际教育空间和网络教育空间的影响力。

2013 年整合“俄罗斯新闻社”和“俄罗斯之声”电台资源之后新成立的“今日俄罗斯”国际新闻通讯社（МИА «Россия сегодня»）是俄罗斯国家资本控制的对外宣传主流媒体。“今日俄罗斯”不但设有“社会导航”频道，用俄语、英语、阿拉伯语和西班牙语 4 种语言对全世界受众宣传俄罗斯教育、文化、体育动态，而且积极与国际组织、高校、非政府组织、

① ФГБНУ«Институт стратегии развития образования РАО：Материалы конференций，见 http：//www.instrao.ru/index.php/izdaniya-instituta/materialy-konferenciy。

② ФГБНУ«Институт стратегии развития образования РАО：О Журнале， 见 http：//ozp.instrao.ru/。

③ ФГБНУ«Институт стратегии развития образования РАО：Научные издания，见 http：//www.instrao.ru/index.php/izdaniya-instituta/nauchnye-izdaniya。

国外媒体和政府机构合作，组织国际教育大会、专家论坛、圆桌研讨会和新闻发布会，内容涉及国内、国际教育领域的重点和热点问题，如“教育质量研究结果的使用：问题与前景”“国际指标语境下的俄罗斯教育”等。

随着信息技术的发展和新媒体资源的兴起，俄罗斯积极利用互联网拓展俄罗斯教育空间，提升俄罗斯教育的国际影响力。政府和教育机构加强门户网站和信息透明度建设；建设数字图书馆和虚拟博物馆；开发远程教育资源，开设网络教育课程；Facebook、Twitter 等新媒体成为俄罗斯向世界发出俄罗斯声音、传播俄罗斯教育经验和输出教育理念的重要平台。

总体而言，在近 30 年的发展过程中，俄罗斯逐步构建起了国内与国外协同、官方与民间携手、传统媒体与新媒体相结合的全球教育治理网络结构，各主体在国际教育治理活动中并非孤立作战，而是互有合作，互为依托。

三、俄罗斯参与全球教育治理的基本路径

30 年的发展历程中，为谋求恢复国际大国地位，俄罗斯努力提高教育质量和现代化水平，增强教育系统的开放性和国际竞争力，扩大教育服务出口，积极融入国际组织，加强区域教育合作，开展国际教育发展援助，加强双边教育发展援助与合作，扩展参与全球教育治理的路径，提升俄罗斯参与全球教育治理的能力。

（一）推动区域性国际组织合作

随着世界政治、经济格局的变化和国际区域一体化趋势的发展，为了更好地维护国家利益，俄罗斯主动加入欧盟等区域性国际组织，并积极倡导创建区域性国际组织或联盟，维护国家地缘政治、经济利益，增强其在区域教育中心的国际竞争力，并以这些平台为依托参与全球教育治理。如，独立国家联合体、上海合作组织、金砖国家联盟等。

苏联解体后，融入欧洲教育空间是俄罗斯一直以来的努力方向。1994 年俄罗斯加入欧盟“坦普斯计划”（Tempus），2014 年继续参与“伊拉斯谟项目”（Erasmus+），加强与欧洲高等院校间的合作与交流。2003 年俄

罗斯签署“波罗尼亚宣言”（Болонская декларация），正式加入欧洲教育一体化进程。根据“波罗尼亚宣言”的要求，俄罗斯开始实行“学士—硕士”两级学制改革，引入“学分制”，加强教育质量保障体系建设等改革措施，以增强俄罗斯教育系统与欧洲教育系统的可比性和对接性。加入“波罗尼亚宣言”不但是俄罗斯高等教育融入欧洲教育一体化空间的重要举措，也为俄罗斯融入世界教育空间奠定了基础。

由于独特的历史、地缘政治等原因，俄罗斯一直将加强独联体统一教育空间建设、巩固其在后苏联教育空间的中心地位，视作参与全球教育治理的优先任务。在独联体框架下，俄罗斯积极推动各成员国教育原则、教育大纲、教育标准、教育评估和学位 / 学历证书的相互认可，促进独联体空间内学术和劳动力的流动性。加强俄语和俄罗斯文化的推广，通过免费提供俄语教学资源、培训俄语教师等方式构筑独联体统一语言空间，努力重塑俄语教育文化圈。① 俄罗斯还通过海外办学、设立科学文化中心等方式向独联体国家输出俄罗斯教育模式和教育理念。独联体国家是俄罗斯外国留学生的主要生源地，2017 年在俄罗斯高校学习的外国留学生总数约为 24 万人，其中 57% 的留学生来自独联体国家。② 俄罗斯政府在留学生政策上也向独联体地区倾斜，分配给独联体国家的公费生配额逐年增加。

网络大学是俄罗斯在区域教育治理领域的创新性举措。网络大学旨在构建一个非实体合作网络，搭建成员国间高校合作平台，扩大组织内高校间的学生、教师和科研人员间的学术交流和合作，构建成员国间及与其他国家间文凭对等互认机制。2007 年 8 月 16 日，在普京总统倡议下，“上海合作组织大学”（Универстет Шанхайской организации сотрудничества）

---

① Г.А. Краснова，Е.А. Полушкина，“Межгосударственные образовательные пространства ЕС и СНГ”，*Вестник РУДН*，*серия Информатизация образования*，№ 4（2015），pp.94-113.

② В.А. Герасимова，“Инструменты и ресурсы «мягкой силы» России на пространстве СНГ”，*Постсоветские исследования*，Т.1，№6（2018），pp.574-582.

成立。上海合作组织大学项目院校由 5 个成员国（哈萨克斯坦、中国，吉尔吉斯斯坦、俄罗斯、塔吉克斯坦）的 82 所院校组成，涵盖 7 个专业方向（区域学、生态学、能源学、IT 技术、纳米技术、经济学和教育学）。2018—2019 学年，230 多名学生参加了上海合作组织大学的联合教育课程。① 2008 年，在俄罗斯人民友谊大学的倡议和独联体成员国人文合作国际基金会（Межгосударственный фонд гуманитарного сотрудничества государств-участников СНГ）的支持下，独联体网络大学（Сетевой университет Содружества Независимых Государств）硕士项目开始实施。独联体网络大学框架下的高校联盟由 9 个独联体成员国的国内一流大学、俄罗斯—斯拉夫大学等 38 所高校组成。2018—2019 学年，有 140 多名外国公民参加了独联体网络大学的联合硕士教育课程。② 金砖国家网络大学（Сетевой университет БРИКС）正在协调和开发的硕士课程共计 20 多个，其中 7 个项目已于 2017 年开始招生。③

除此之外，亚太经合组织（Азиатско-Тихоокеанское экономическое сотрудничество-АТЭС），欧亚经济联盟（Евразийский экономический союз）、黑海经济合作组织（Организация черноморского экономического сотрудничества，ОЧЭС），东南亚国家联盟（Ассоциация государств Юго-Восточной Азии-АСЕАН），北极理事会（Арктический совет），波罗的海国家理事会（Совет государств Балтийского моря），巴伦支海理事会（Совет стран Баренцева моря）等区域合作组织也是俄罗斯深度推进国际

---

① УШОС：Российские вузы приняли более 200 иностранных студентов по программам УШОС в 2018/2019 учебном году，见 http：//uni-sco.ru/news/78/2018_06_30.html/。

② Мария Агранович：Подписано соглашение об учреждении Сетевого университета стран СНГ，Российская Газета，03 октября 2019 г.，见 https：//rg.ru/2019/10/03/podpisano-soglashenie-ob-uchrezhdenii-cetevogo-universiteta-stran-sng.html。

③ Правительство Российской Федерации：Доклад Правительства Российской Федерации Федеральному Собранию Российской Федерации о реализации государственной политики в сфере образования 2018，2019 年 6 月 7 日，见 https：//www.garant.ru/news/1276313/。

教育合作、参与全球教育治理的重要平台。

（二）开展国际教育发展援助

在从受援国变为援助国的最初阶段，俄罗斯的国际教育发展援助主要依托国际发展援助组织，在多边框架下实施。从 2006 年起，俄罗斯开始向“全民教育快车道倡议”基金会定期捐资。捐资数额从 2006 年的 100 万美元增加到 2011 年的 200 万美元（2011 年该基金募集到的资金总额降至 4300 万美元），在传统援助大国减少捐助的大背景下，俄罗斯的捐资力度引人注目。①

2008 年，俄罗斯联邦财政部和世界银行合作推出了俄罗斯在国际教育发展援助领域的最大举措：“俄罗斯教育发展援助项目”（READ 项目）。“READ 项目”由信托基金、咨询服务和国际教育发展合作中心（Центр международного сотрудничества по развитию образования）三部分架构组成，旨在通过帮助独联体、亚洲和非洲低收入国家构建具有可持续发展性的教育评价体系，开发教育测量工具，提升受援国教育评价能力和教育质量。2008—2015 年，“READ 项目”一期为安哥拉、亚美尼亚、越南、赞比亚、吉尔吉斯斯坦、莫桑比克、塔吉克斯坦和埃塞俄比亚八个国家提供了教育质量评价服务。第二期“READ 项目”于 2016 年启动并改进了受援国遴选流程，引入了竞争机制，评选委员会从 17 份申请中选择了 8 个受援国：亚美尼亚、柬埔寨、印度、吉尔吉斯斯坦、蒙古、尼泊尔、塔吉克斯坦和越南。

2015 年 1 月 23 日，俄罗斯与联合国开发计划署签署了《伙伴关系框架协定》并设立了“俄罗斯联邦—联合国开发计划署发展信托基金”，以支持独联体国家和其他中低收入国家的发展。“伙伴关系框架”内的“青年之窗”项目旨在依托俄罗斯联邦提供的信托基金，为青年人的培训、发展和就业提供系统化支持方案，实现青年人的可持续发展。

---

① 宋艳梅：《俄罗斯国际发展援助的特点——兼与苏联时期比较》，《俄罗斯研究》2013 年第 4 期，第 150—171 页。

随着俄罗斯国际教育发展援助重心由多边向双边模式的转变，自2013年起，俄罗斯国际人文合作署被赋予了双边框架下全权实施国际发展援助的职能。独联体地区是国际人文合作署教育发展援助的工作重点。俄罗斯双边教育发展援助多以提供公费留学生名额、开展教育援助项目和捐助的形式开展。近年来，双边教育发展援助也朝向更加多元化方向发展，拉丁美洲、非洲和亚洲也成为俄罗斯重点关注地区。2018年国际人文合作署在阿塞拜疆实施了硕士课程项目（中学和大学俄语学习：语言学习的强化能力）；为巴尔干、中东和中亚地区国家赠送了书籍。

相比传统教育援助大国，目前俄罗斯在国际教育发展援助领域的作为很有限。2018年俄罗斯官方发展援助（Официальная помощь развитию-ODA）总额为10亿美元，其中教育发展援助仅为881万美元。[①] 随着国际政治、经济格局的变化，俄罗斯逐步调整其外交政策和全球教育治理策略：多边框架下的援助项目，明确指出受援方；工作重心向双边教育发展合作倾斜；优先援助与俄罗斯临近的独联体国家。

（三）加强国际教育合作

近年来，俄罗斯越来越重视通过国际合作，加强与世界各国的教育沟通与交流，发展伙伴关系，签署政府间或机构间教育合作协议，加强对海外分校的管理，扩展联合办学项目，培养青年政治精英，增进全球教育治理领域的国际理解与支持。

俄罗斯国际教育合作协议涉及的主要内容包括：促进教育水平与教育证书的对接与互认；促进教育组织、机构之间的交流与合作；加强教育、科研人员之间的交流与合作；加强大学生、研究生和教师的国际交流；协助建立教育机构海外分校或分支机构；开发联合办学项目等。[②]

---

① Зайцев Юрий Константинович, Кнобель Александр Юрьевич, “Приоритеты российской помощи разватию в 2018 г”, *Экономическое развитие России*, Том. 26, № 12 (2019), pp.23-30.

② Лазутина Ирина Викторовна, Приоритеты и инструменты международного сотрудничества России в области науки и образования, *Вестник международных организаций*, Т.9, № 1 (2014), pp.150-166.

独联体、欧盟、亚洲是俄罗斯国际教育合作的重点区域。截至 2017 年，俄罗斯 72 所海外办学机构中，独联体国家 44 所，亚洲 16 所，欧洲 9 所，中东 3 所。[①] 在俄罗斯全日制学习的外国学生中，来自哈萨克斯坦的学生最多（3.51 万人），中国学生位居第二位（2.23 万人），土库曼斯坦学生数量排第三位（1.4 万人）。[②] 近些年来，俄罗斯加强了与拉丁美洲和非洲国家之间的教育合作，尼日利亚、安哥拉、巴西等国在俄留学生数量明显增加。[③]

（四）扩大教育服务出口

教育服务出口是俄罗斯软实力外交政策的重要组成部分，也是俄罗斯参与全球教育治理的重要途径。教育服务出口不仅有助于输出俄罗斯教育与文化，培养亲俄罗斯的外国社会精英，获得国际理解与认同，维护俄罗斯国家正面形象，还可以获得高额经济利益。

为提升教育品牌竞争力，俄罗斯 2012 年提出到 2020 年前至少要有 5 所俄罗斯大学进入世界 100 强大学排行榜（依据国际评级机构 ARWU，QS，THE 排名），即“5—100 计划”。[④]2013 年，俄罗斯联邦政府将公费留学生名额由 2008 年规定的 1 万增加到了 1.5 万。[⑤]2016 年，俄罗斯启动“教育出口”（Экспорт образования）优先项目，2017 年开始实施“提升俄罗斯教育系统出口潜力”（Развитие экспортного потенциала российской

---

① 肖甦、王玥：《21 世纪俄罗斯高校海外办学：动因、现状与特征》，《比较教育研究》2020 年第 4 期，第 90—96 页。

② Краснова Гульнара Амангельдиновна，Байков Андрей Анатольевич，Арапова Екатерина Яковлевна：В России разработаны пять ключевых моделей экспорта образования，Аккредитация в образовании，25 декабря 2017 г.，见 https：//www.ifap.ru/cfeoll/disc/content/books/30.pdf。

③ Вдовчук Ольга Игоревна，международное сотрудничество россии в сфере образования и науки，Образование，экономика，общество，№ 1-2（2016），pp.4-7.

④ Указ Президента РФ：О мерах по реализации государственной политики в области образования и науки，2012 年 5 月 7 日，见 https：//base.garant.ru/70170946/。

⑤ Правительства РФ：Постановление Правительства РФ“О сотрудничестве с зарубежными странами в области образования”，2008 年 8 月 25 日，见 https：//base.garant.ru/12162110/。

системы образования）项目。2018 年，俄罗斯再次将“教育出口”列为十大国家优先教育项目之一。这些措施的实施效果是显著的，联合国教科文组织统计局数字显示，俄罗斯 2018 年底已位列世界前六最具吸引力留学目的地国家榜单。①

为进一步提升俄罗斯教育品牌的国际知名度，俄罗斯构建了多渠道、多层次的教育服务出口营销模式：积极参加国际教育大会或论坛，介绍俄罗斯教育发展经验和教育理念；举办或参加国际教育展览，宣传俄罗斯教育品牌；组织国际奥林匹克竞赛，为高校搭建起海外遴选优秀留学生的平台；建立外国毕业生协会，组织外国毕业生论坛，发挥毕业留学生的教育宣传作用；利用国际合作网络，依托新媒体，构建更加立体的教育宣传网络；扩大俄语的传播与推广，宣传和维护俄语教育统一空间，等等。

总的来说，俄罗斯参与全球教育治理的路径更加多元化，全球教育治理实践更具务实性和针对性，更强调国际教育发展合作。但由于西方的遏制和封锁，全球教育服务竞争的加剧，俄罗斯的全球教育治理之路也面临各种风险和挑战。

（五）利用全球性国际组织平台

苏联主导的社会主义阵营政治、经济自成一体，与西方世界的交流合作很少。苏联解体后，俄罗斯继承了苏联联合国成员国和安理会常任理事国地位和其他国际组织的成员国资格。俄罗斯积极利用全球性国际组织平台，推动世界多极格局发展，发表俄罗斯教育治理主张。

俄罗斯非常重视联合国在维护国际秩序中的作用，视联合国为俄罗斯参与全球教育治理的重要平台。俄罗斯积极参与联合国“千年发展目标”（Millennium Development Goals）、“可持续发展目标”（Sustainable Development Goals）等行动计划的制定、推广与实施工作。作为教科文组织执行局成员，俄罗斯积极利用这一人道主义组织平台表达俄罗斯教育主

① РСМД：10 шагов на пути к эффективной публичной дипломатии России（Экспертный обзор российской публичной дипломатии в 2018-2019 гг.），2020 年 2 月 26 日，见 https：//russiancouncil.ru/papers/RussianPublicDiplomacy-Report52-Rus.pdf。

张，参与“全民教育计划”“教育2030行动框架”等全球教育治理议程与规划的研究与实施。2015年6月，俄罗斯承办了“第14届终身教育：基于可持续发展的继续教育国际会议”，推动联合国《变革我们的世界：2030年可持续发展议程》的推广与实施。

俄罗斯不是经合组织（OECD）成员国，但在经合组织教育政策委员会中享有观察员地位。俄罗斯代表不但能参加该委员会的会议，而且有权参与该委员会与教育创新与研究中心理事会每年两次的联席会议。俄罗斯代表有权参与经合组织教育局所有领域的信息分析和报告、计划等工作材料的日常分析工作。俄罗斯专家积极参与教育体系评价指标（Indicators of Education Systems，INES）项目的开发工作，在国际教育指标项目（Проект по международным индикаторам для образования，WEI）框架下，与联合国教科文组织合作，俄罗斯专家完成了经合组织教育系统调查表开发工作。

俄罗斯积极与经合组织和国际教育成就评估协会（International Association for the Evaluation of Educational Achievement，IEA）合作，开展国际教育质量评估，以国际教育质量标准体系检验俄罗斯教育质量，加强与国际教育标准的对接。近年来俄罗斯在PISA（国际学生评估项目）、PIRLS（国际阅读素养进展研究）和TIMSS（国际数学与自然科学能力测评）等国际测试中表现出色，为俄罗斯教育体系赢得了国际声誉，俄罗斯政府也以此为契机积极宣传俄罗斯教育，推广本国参与国际教育测评的经验。2019年4月，俄罗斯与乌兹别克斯坦签署协议，俄罗斯为乌兹别克斯坦参加PISA-2021、PIRLS-2021和TIMMS-2023测试提供专家与技术支持。

此外，俄罗斯也注重加强与专业性国际组织的合作。例如，国家研究型高等经济大学（Национальный исследовательский университет “Высшая школа экономики” —НИУ ВШЭ）与学术合作协会（Ассоциация академического сотрудничества）、欧洲大学协会（Ассоциация европейских университетов）、国际高等教育质量保障协会（Международная ассоциация обеспечения качества в высшем образовании）共同开发了高校国际发展战略分析工具。

同时，俄罗斯非常注重为国际组织输送人才，增强俄罗斯在国际组织和国际事务中的地位和话语权。2009 年，俄罗斯常驻教科文组织代表米特罗法诺娃・Э・В（Митрофанова Элеонора Валентиновна）当选为联合国教科文组织执行局主席。俄罗斯人民友谊大学校长菲力波夫・В.М（Филиппов Владимир Михайлович）是多个国际组织的专家组成员，如欧洲委员会、教科文组织欧洲高等教育文凭互认委员会，教科文组织“全民教育”计划指导委员会等。与此相应地，俄罗斯高度重视外交和国际人才后备力量的培养。俄罗斯外交部莫斯科国际关系大学（Московский государственный институт международных отношений（Университет）МИД России）、国立莫斯科大学（Московский государственный университет имени М. В. Ломоносова-МГУ）等高校非常注重国际关系、区域研究、政治学、世界经济、法律、管理、新闻和公共关系、外语等领域国际人才和外交人才的培养。国家研究型高等经济大学世界经济与世界政治系设立了“未来国际人才学校”（Школа будущего международника），面向 10—11 年级学生教授国际关系基础知识，培养国际人才。

俄罗斯在全球性国际组织多边框架下的全球教育治理实践有利于增强俄罗斯国际议程设置能力，提升在俄罗斯国际教育空间内的影响力。

四、俄罗斯参与全球教育治理的经验和挑战

综上所述，俄罗斯参与全球教育治理的活动大致经历了四个阶段，即维护和控制“社会主义”统一教育空间的苏联时期，20 世纪 90 年代参与全球教育治理能力弱化时期，2000—2012 年随着国力恢复逐步参与全球教育治理时期和 2012 年以来更加积极、全方位参与全球教育治理时期。俄罗斯参与全球教育治理的机构很多，主要包括俄罗斯联邦科学与高等教育部、教育部、俄罗斯国际人文合作署、非营利性社会组织、智库和媒体等。当前，俄罗斯参与全球教育治理的路径主要有：积极融入国际组织，提升全球教育治理话语权；推动区域性国际组织合作，增强区域教育治理

能力；积极参与国际教育发展援助，输出俄罗斯教育模式；加强国际合作，增进国际理解与支持；提升教育品牌竞争力，扩大教育服务出口营销等。

从俄罗斯参与全球教育治理的发展历程、主体、路径和实践过程来看，主要具有如下几个特征，同时也是有益的经验：

第一，重视教育作为软实力的重要作用。与苏联时期重视军事硬实力、唯意识形态、控制型全球治理模式相比，俄罗斯的全球治理模式更强调经济、文化、教育等软实力因素的影响，在维护俄罗斯国家利益的同时注重与合作伙伴展开对话和交流。在维护俄罗斯教育领域话语权和政治经济利益的同时，适当兼顾合作伙伴国的利益与需求。

第二，兼顾政治利益与经济利益。与苏联时期免费的教育服务和教育发展援助政策相比，实行市场经济体制的俄罗斯在教育服务出口领域的市场化倾向非常明显，将教育服务出口视作提高国民经济收入的重要渠道。此外，在国际教育发展援助领域，俄罗斯也本着务实性原则，量力而为，在维护国家形象和政治利益的同时，注重合作和援助过程中的经济收益。

第三，由国际组织框架下的多边教育发展援助走向双边教育发展援助和国际教育发展合作。新世纪初，俄罗斯参与全球教育治理的相关措施，特别是教育发展援助，大多是依托国际组织以多边合作方式进行的。国际组织框架下的多边援助在一定程度上有助于增强俄罗斯在国际教育空间的话语权，但多边合作框架不能凸显俄罗斯的独特作用，援助也缺乏针对性。随着俄罗斯国力的增强和外交政策的调整，俄罗斯开始更加注重加强双边教育合作，一方面使教育援助更具有针对性，给援助贴上“俄罗斯标签”；另一方面，也从单纯的教育援助（помощь）走向国际教育发展合作（Сотрудничество в целях развития）转变，更加注重俄罗斯能够从双边或多边教育国际合作中获得的国家政治和经济权益。

第四，对苏联模式的资源依赖和路径依赖。客观地讲，俄罗斯目前的全球教育治理模式在很多方面都是对苏联时期实践经验的继承与发展。比如，苏联时期培养的外国社会精英是俄罗斯参与全球教育治理的重要资源；俄罗斯国际人文合作署的科学与文化中心是在苏联时期对外友好联络中心的基础上发展起来的；独联体空间可以说是苏联留给俄罗斯的最大财富；俄罗斯注重培养外国社会精英和青年群体的政策也深受苏联模式的影响。

第五，注重多元主体在全球教育治理中的作用。俄罗斯认识到政府单一主体参与全球教育治理的局限性，加强对公民社会和社会组织的扶持与引导，使社会组织、特别是政府主导构建的非营利组织成为参与全球教育治理的多元主体之一，注重“民间”渠道潜移默化的影响和同化。其次，利用传统媒体和新媒体向全世界传播俄罗斯的教育理念、模式和俄罗斯的正面形象。再者，充分发挥智库的智力支持、宣传导向和专家外交作用。

与此同时，我们也注意到，苏联解体后，俄罗斯经济、社会发展受到重创，影响到国内教育现代化改革进程。世界政治、经济格局也日趋复杂多变，俄罗斯参与全球教育治理也面临着一些问题和挑战。

第一，财政经费紧张，限制了俄罗斯参与全球教育治理的深度和广度。财政经费不足是俄罗斯参与全球教育治理的最大障碍。俄罗斯国际人文合作署 2016 年度经费预算约为 18.1 亿卢布，而同期英国用于海外文化委员会的总预算高达 120 亿卢布。① 与欧盟大规模的项目基金资助不同，独联体成员国间的学术流动缺乏联合体层面的资金支持，学术流动成本大部分由学生承担（部分由生源所在国承担）。因为经费限制，与传统教育发展援助国相比，目前俄罗斯教育发展援助力度非常有限。俄罗斯国家奖学金名额很少，教育机构的配套基础设施较为落后，接收外国学生的承载能力不足。部分俄罗斯高校海外分校无力筹建自己的教学楼与宿舍楼，影响了海外分校的教学质量和对外国学生的吸引力。

第二，俄罗斯教育品牌吸引力不足。俄罗斯高等教育传统上实行的

---

① Герасимова Валерия Андреевна，“Инструменты и ресурсы «мягкой силы» России на пространстве СНГ”，*Постсоветские исследования*，Т.1，№ 6（2018），pp.574-582.

是“专家—副博士”培养体系，与欧美的本科—硕士—博士培养体系不一样。加入“波罗尼亚进程”后，俄罗斯积极推动教育体系改革，推行本科—硕士—博士培养体系。虽然初见成效，但目前仍是两种体制并行。因此，俄罗斯教育体制、教育模式、教育证书仍然存在国际接轨与互认的问题，这在一定程度上影响了俄罗斯教育体系的吸引力和辐射力。另外，俄罗斯高校英语教学能力不足，高校和学科的国际排名不高，俄罗斯教育品牌效应不足，国际竞争力相对较弱。

第三，政出多门，缺乏统一的协调机构。全球教育治理是一个需要多个国家机关、组织机构参与实施的过程，涉及外交部、财政部、科学与高等教育部、教育部、国际人文合作署、社会组织、智库、媒体、高校等多个组织机构。但这些组织机构之间缺乏统一的组织与协调机制。俄罗斯的多边教育发展援助大多依托财政部，双边教育发展援助职能则主要由外交部承担，实际工作过程中，两部经常为争夺对外援助领导权而斗争。国际人文合作署是双边教育发展援助中最具有总体协调性质的部门，它在行政级别上隶属于俄罗斯外交部，但它却又归总统直接管辖，但这就导致工作组织过程中既可能有职能的重叠，也可能有推诿的低效。

第四，苏联教育遗产是把“双刃剑”。苏联时期的免费留学生教育和无偿援助政策，为社会主义国家和第三世界国家培养了大批人才，目前这些毕业生中的很多人仍是独联体、非洲和拉丁美洲等地区国家政府和学术界的精英。“俄罗斯在世界上许多国家的‘软实力’影响力，很大程度上得益于苏联过去的积累。”[①] 虽然独联体国家的教育体系具有同源性，一直以来也是俄罗斯教育合作、教育援助的重点区域，但很多独联体成员国对俄罗斯的心态是矛盾的，对俄罗斯想成为独联体地区“教育中心”的企图怀戒备心理，担心俄罗斯文化教育领域的意识形态侵蚀与控制。

第五，国际教育服务市场竞争激烈。俄罗斯参与全球教育治理，不

---

① Мария Усачёва，«мягкая сила 2.0»=«умная сила»? На примере Германии и России，2016 年 3 月 1 日，见 https：//russiancouncil.ru/blogs/riacexperts/31220/。

但受到本国经济和体制因素的制约，来自欧、美传统强劲对手和新兴市场国家的竞争，也是其拓展国际教育空间的一大掣肘。随着西方对俄罗斯封锁政策的实施，独联体国家公民的留学教育偏好也向欧洲、亚洲和美国方向倾斜。乌克兰、哈萨克斯坦、白俄罗斯等独联体国家加入波罗尼亚进程，也在一定程度上促进了独联体国家教育空间的进一步欧洲化。此外，中国、印度、新加坡等新兴市场国家也是俄罗斯在国际教育服务市场上的强劲对手。①

第三节　中国与全球教育治理

随着全球化的发展，全球教育治理已经成为一种引人注目的发展趋势。中国虽然是全球教育治理的“后来者”，但是随着中国综合实力的上升，一方面通过参与国际组织及其他非正式的国际制度安排积极参与全球教育治理，其中和联合国教科文组织、联合国儿童基金会（UNICEF）、世界银行（World Bank）和世界贸易组织（WTO）的合作最具代表性；另一方面，中国充分发挥自己作为崛起中的发展中国家的作用，积极发展对外教育援助，重点和非洲、东南亚、“一带一路”国家进行双边教育合作和交流，与此同时伴随着“走出去”战略，中国不断发展并规范境外办学，并以孔子学院为载体致力于汉语推广与传播。此外，作为全球教育治理中第三股力量的非政府组织，也在中国参与全球教育治理的活动中发挥了日益活跃的角色。总体而言，进入 21 世纪之后，中国逐渐从全球教育治理的“局外人”转变为“局内人”，既为全球教育治理增添力量，也推动着全球教育治理机制的改革与发展，积极探索中国模式，努力贡献中国经验，为构建人类命运共同体作出重要贡献。

---

① Мария Усачёва，«мягкая сила 2.0»=«умная сила»? На примере Германии и России，2016 年 3 月 1 日，见 https：//russiancouncil.ru/blogs/riacexperts/31220/。

一、中国参与全球教育治理的历史

中国参与全球教育治理的历史进程大体上可以分成四个阶段：起步阶段，扩大参与阶段，全面参与阶段，探索中国模式阶段。

（一）起步阶段：新中国成立至20世纪80年代末

第一阶段为新中国成立至20世纪80年代末。在这一阶段，中国恢复了联合国合法席位，但对外开放的时间不长，对全球教育事务尚需学习和积累，属于参与全球教育治理的起步阶段，所扮演的角色主要是“旁观者”“跟随者”或“学习者”。

1. 政府间的双边对外教育援助

1949年，新中国成立，中国开始探索建立符合自身国情的新中国教育体制。在此后的30年中，除了在20世纪50年代接受过以苏联为首的社会主义阵营的援助以外，从未接受任何西方国家的援助，与国际组织的教育合作也非常少。

与此同时，中国在自身财力十分紧张、物资相当匮乏的情况下，开始对外提供力所能及的经济技术援助，并于20世纪50年代逐步将援助范围扩大到教育领域，以亚洲和非洲国家作为主要援助国。当时，援助的主要方式是建设学校，提供教学设备，资助少量发展中国家学生来华学习；20世纪60年代至70年代开始派遣援外教师，为发展中国家培训技术人员；20世纪70年代末中国实行改革开放以来，经济快速发展，综合国力显著提升，但依然是一个人均水平不高、贫困人口众多的发展中国家。尽管如此，中国仍量力而行，尽力开展对外教育援助，致力于帮助受援国发展教育；20世纪80年代至90年代开始培训发展中国家的政府管理人员和中高级技工人员，以促进中国在受援国技术合作项目的实施。① 同时扩展援外志愿者项目和推动高等教育、职业教育的援助等。

① Rui Yang，Jinyuan Ma，“China’s International Aid in Education：Development，Determinants and Discord”，In I-Hsuan Cheng，Sheng-Ju Chan (eds.)，*International Education Aid in Developing Asia*，Singapore：Springer，2015，p.115.

2. 通过国际组织参与全球教育治理

除了政府间的双边教育援助之外，中国也通过联合国教科文组织、世界银行和联合国儿童基金会等国际组织参与全球教育治理。

（1）中国和联合国教科文组织的合作

中国是联合国教科文组织的创始成员国。1971 年，中国重返联合国教科文组织，开始了新中国与联合国教科文组织的初步接触时期。此时中国开始正式参与教科文组织的活动，但除了参加其政治性会议，中国对其业务活动基本上采取一种不参加、不介入的态度。① 这段时期的主要活动及成果是中国政府向联合国教科文组织派出大会代表团和常驻代表团，建立与联合国教科文组织合作的国内工作机构。从总体来看，尽管中国与教科文组织的一些机构建立了联系，在教科文组织的会议中参与了反对霸权等一些政治斗争，但与教科文组织在教育、科学、文化等各个方面的业务合作基本上还没有开展。可以说，在这一时期，中国是在联合国教科文体制内的旁观者，并没真正参与到联合国教科文组织的具体业务活动。

1978 年是中国与联合国教科文组织合作的关键节点，中国一改“不介入”的态度，转向了“学习者”取向，双方的合作进一步密切，中国政府按照联合国教科文组织组织法的相关条款设立“中华人民共和国联合国教科文组织全国委员会”，负责协调中国与联合国教科文组织的业务合作。1979 年 2 月 19 日至 20 日，全委会举行了第一次会议，通过了“关于中国联合国教科文组织全国委员会的主要任务和工作方法”等文件。教科文全委会是由教育部牵头领导的跨部门政府机构，目前由以下 28 个国务院职能部门、国家级公共机构和全国性非政府组织和机构组成。② 自此，中国逐步加深与联合国教科文组织在具体业务领域的合作。

中国与联合国教科文组织在教育领域的合作也是在 1978 年开始的。

---

① 谢喆平、张小劲：《传授与学习：中国参与联合国教科文组织的经验研究》，《外交评论》2011 年第 1 期，第 49 页。

② 沈俊强：《中国与联合国教科文组织教育合作关系的研究——以“全民终身教育”为视角》，博士学位论文，华东师范大学中外教育关系专业，2009 年，第 70 页。

自从中国与联合国教科文组织签署了两份备忘录（1978年和1983年）后，中国开始积极地参与联合国教科文组织教育领域的活动。仅1985年一年，中国参加教科文组织的各类活动就达230项之多，其中教育76项，科学65项，人文和社会科学20项，文化艺术27项，交流10项。① 有几百位专家和学者参加了教科文组织的计划，教科文组织还组织其他国家大约100名人员访问了中国。1978年7月24日至8月1日，中国派出了以教育部副部长李琦为团长的政府代表团参加了联合国教科文组织在斯里兰卡的科伦坡召开第4届亚太地区教育部长和经济开发部长会议。1979年7月5日至14日，中国政府派出以教育部副部长高沂为团长、上海师范大学校长刘佛年为副团长的代表团首次参加在日内瓦召开的第37届国际教育大会。② 自1981年6月起中国参加了亚太地区教育革新为发展服务计划（APEID）。1981年、1984年、1986年中国分别参与了联合国教科文组织第38届、39届、40届国际教育大会。1983年，中国参加了“关于通过亚洲和太平洋地区承认高等教育学历、文凭与学位的地区公约的国家级会议”。1985年，中国参加了联合国教科文组织第五届亚太地区教育部长和经济开发部长会议、第四次国际成人教育会议。1987年2月，中国参加联合国教科文组织发起的教育为大众服务计划。③

从这两份备忘录当中可以看出，中国在与联合国教科文组织逐步建立业务合作的过程中，教育事业得到了联合国教科文组织的很大支持。在这一时期，合作项目主要集中在技术交流领域，二者的关系是较为明显的施受关系，中国在参与联合国教科文组织活动的同时，接受了来自联合国教科文组织不同方面的帮助。从1978年签订的合作备忘录里与教育领域相关的内容来看，联合国教科文组织要求中国的是参与区域性的教育会议

① 沈俊强：《中国与联合国教科文组织教育合作关系的研究——以“全民终身教育”为视角》，博士学位论文，华东师范大学中外教育关系专业，2009年，第57页。

② 贾学谦：《联合国教科文组织与中国教育领域的合作》，载中国教育年鉴编辑部主编《中国教育年鉴1985—1986》，湖南教育出版社1988年版，第522页。

③ 沈俊强：《中国与联合国教科文组织教育合作关系的研究——以“全民终身教育”为视角》，博士学位论文，华东师范大学中外教育关系专业，2009年，第64页。

和计划，提供与中国教育有关的信息。1983 年的备忘录附增要求中国政府提供奖学金名额。而中国通过联合国教科文组织获得了奖学金、专家资助和培训，以及享用联合国教科文组织提供的国际公共资源（比如教育情报、公约、研究服务等等）的机会。从 1982 年起至 1986 年，联合国教科文组织亚太地区教育办事处连续 5 年资助中国，先后在广西、内蒙古、宁夏、贵州、安徽、新疆、云南、陕西、甘肃、青海等地举办了 26 期扫盲人员培训班。1981 年、1983 年至 1986 年的 5 年间，联合国教科文组织资助中国教育领域的专家，参加在该组织中举办的教育专业国际会议共计 145 起；资助中国举办了 54 次培训班；资助中国专家去外国进行专题考察和撰写研究报告，共计 80 起。自 1980 年起，联合国教科文组织在中国设立了 20 个藏书点，联合国教科文组织及其所属教育机构每年都无偿向中国寄送了大量的出版物。①

（2）中国和世界银行的合作

中国于 1980 年恢复了世界银行成员国的合法席位，1980 年至 1990 年为中国与世界银行合作关系的起始阶段，也是中国参与世界银行全球教育治理的起始阶段。这一时期是国内改革开放的起步阶段，国内的经济发展水平还较为落后，所以这一时期，中国与世界银行的交流基本上就是中国接受世界银行的援助，中国是较为被动的一方。1981 年中国接受了世行的第一笔贷款 2 亿美元，用于中国第一个世行贷款项目——大学发展项目。该项目是世行对中国的第一笔贷款援助，也是世行与中国在教育领域的初次合作。随后在 1982 年，世界银行又批准了中国农村教育科研项目；1983 年在中国实施了广播电视大学和短期职业大学项目；1984 年，世界银行先后三次批准了中国的教育贷款项目，分别是农村卫生和医学教育项目、第二农业教育项目与农业教育科研项目；1985 年，世界银行在中国实施了第二大学发展项目；1986 年实施了地方大学项目；1988 年实施了

① 贾学谦：《联合国教科文组织与中国教育领域的合作》，中国教育年鉴编辑部主编《中国教育年鉴 1985—1986》，湖南教育出版社 1988 年版，第 522 页。

教师培训项目；1989 年实施了教材开发项目；1990 年实施了职业教育项目。1980—1990 年间，世界银行共向中国实施了 11 个教育发展项目，项目总金额为 9.61 亿美元。① 由此可以看出，在这一时期，中国刚恢复世界银行的合法席位，并且经济发展水平较为落后，在参与世界银行全球教育治理中，中国处于一个比较被动的角色。这一时期中国实施了世行援助的 11 个教育发展项目，获得了世行的大批教育援助贷款，这是中国接受世行教育援助贷款数量最多的一段时期。这也充分显示出，此时中国更多的是一个被援助对象，在参与世界银行全球教育治理方面较为被动，缺乏基本话语权。

（3）中国和联合国儿童基金会的合作

中国与联合国儿童基金会在教育领域的合作始于 1982 年，在 20 世纪 80 年代合作刚刚起步的阶段，是一个相互磨合的时期，合作项目数量较少，一共完成了两个合作项目周期。1982 年至 1985 年项目周期合作项目分别是：教师培训项目、科学教育项目和儿童彩色读物开发项目。1985—1989 项目周期合作项目是：教师培训项目、学前及小学教具开发项目和儿童彩色读物开发项目。②

在 20 世纪 80 年代，中国的教育发展处于不断尝试的阶段，与联合国儿基会的合作也处于相互磨合阶段，在接受指导的同时中国也在探索，当时中国的儿童教育在哪些方面迫切的需要发展，在哪些方面是薄弱环节，如何为中国儿童提供更优质的教育和更好的学习条件。

（二）扩大参与阶段：20 世纪 90 年代至 20 世纪末

这一时期中国参与的国际组织数量上升，例如 1991 年加入了亚太经合组织，并在不断熟悉全球教育治理的规则与机制基础上，和国际组织开

---

① World Bank：Projects， 见 https：//projects.worldbank.org/en/projects-operations/projects-list? lang=en&searchTerm=&mjsectorcode_exact=EX。

② 中华人民共和国教育部：《1982—2015 年中国—联合国儿基会教育合作项目简介》，2014 年 12 月 19 日，见 http：//www.moe.gov.cn/s78/A20/gjs_left/moe_859/201005/t20100513_87658.html。

展了更为积极的教育合作与交流，也逐步从接受国际教育援助的受援国转变为积极的国际教育援助国，因此可以将这一阶段视为中国初步参与全球教育治理的阶段。

1. 政府间的双边对外教育援助

20 世纪 90 年代以来的国际教育援助具有以往国际教育援助无法比拟的时代性，它是全球以减贫为核心的公共发展政策与实践的一个重要组成部分，以满足世界上身处困境中的每一个人包括儿童及成人的受教育权利和基本学习需要为目标。1990 年 3 月，在世界全民教育大会上通过的《世界全民教育宣言》和《满足基本学习需要的行动纲领》，提出全民教育最主要的目标是至 2000 年普及并完成初等教育，成为这一时期国际教育援助的行动指南。

中国政府设定了到 2000 年基本实现普及九年义务教育和基本扫除青壮年文盲的目标。随着中国教育事业的发展，国际社会期待中国承担更多的国际责任，参与更多全球教育治理，中国正逐步从接受国际教育援助的受援国转变为积极的国际教育援助国。

2. 通过国际组织参与全球教育治理

（1）中国和联合国教科文组织的合作

这一时期，中国是作为深度参与者开展了和联合国教科文组织的合作。进入 20 世纪 90 年代，中国与联合国教科文组织合作的思路已经有了质的变化，开始拓展合作的新形式。在这一时期，中国在接受联合国教科文组织的帮助和学习国际优秀经验的同时，开始尝试着举办大型国际会议，为世界教育事业作出积极的贡献。

1996 年，在联合国教科文组织成立 50 周年之际，回顾中国恢复联合国教科文组织合法席位 25 年来联合国教科文组织与中国的教育合作成就时，周南照教授指出“中国在受益于教科文组织的各种各样教育活动的同时，也为教科文组织教育计划的成功作出了积极的贡献。中国拥有在会员国中最大、也最有生气的教育体系，已成为教科文组织教育领域的最大合作伙伴。”① 这表明，自20世纪90年代以来，中国在与联合国教科文组织的教育合作方面，已经开始转变角色，不再仅仅满足于当一个勤奋好学的“学徒”，而且也努力争取当个“教师”。

教科文组织的“全民教育计划”与中国20世纪90年代的基本普九和基本扫盲发展任务完全一致。1990年《世界全民教育宣言：满足基本学习需要》提出“应该向所有儿童、青年和成人提供基本教育（basic education）”。2000年，中国已经在全国范围内实现了基本普及九年义务教育和基本扫除青壮年文盲的目标。2004年，基本普及九年义务教育人口覆盖率达到93.6%，这样的成就对于一个世界上人口最多的发展中国家来说，无疑是巨大的成就。

在科学方面，几位中国科学家获得了联合国教科文组织颁发的相关奖项，并在河海大学设立“国际水文、水资源与水环境培训中心”。中国领导人或专家应邀参与联合国教科文组织的各种专业咨询委员会。中国联合国教科文组织全委会为纪念联合国教科文组织创建40、50周年而刊行的两份宣传册：1986年的纪念册刊发了四篇教育方面的文章：(1)《国际教育合作的新路》(王承绪)；(2)《加强合作、交流，促进谅解、发展》(姚仲达)；(3)《教育科学领域国际交流合作的重要渠道》(中央教育科学研究所)；(4)《一个成功而有效益的联合国教科文组织项目——教育方法的现代化》(张至善)。1998年的纪念册收录了两篇教育方面的文章：(1)《基础教育合作上的明显成效》(王明达)；(2)《中国——教科文组织教育领域的最大伙伴》(周南照)。②

除进行官方正式合作外，中国还通过联合国教科文组织协会与联合国教科文组织开展半官方的交流活动，这一类型的活动在这一时期进入高峰期。1994年11月，经国家教委和中国教科文全委会批准，成立了中国

① 沈俊强：《中国与联合国教科文组织教育合作关系的研究——以“全民终身教育”为视角》，博士学位论文，华东师范大学中外教育关系专业，2009年，第3页。

② 沈俊强：《中国与联合国教科文组织教育合作关系的研究——以“全民终身教育”为视角》，博士学位论文，华东师范大学中外教育关系专业，2009年，第71页。

教科文组织协会全国联合会，并加入了亚太地区和世界教科文组织协会联合会。全国联合会的理事会由各省教委负责人组成。北京市人大常委会副主任陶西平担任中国教科文组织协会全国联合会主席，并当选为亚太地区联合会副主席和世界联合会的执委。全国已有 14 个省（市）建立了教科文组织协会，有教科文组织俱乐部 80 个、会员 4 万多人。每年，中国都围绕着教科文组织倡导的重大主题，开展一两项重要活动。1995 年是国际宽容年，它也是世界反法西斯战争胜利和中国人民抗日战争胜利 50 周年。中国围绕“和平与发展”这个主题，在北京组织了“和平万岁”大型文艺演出。此外，中国还成功地组织了“走向新世纪、相会在长城”国际长城夏令营活动。来自亚太地区十几个国家的 60 多名中学生，参观文化名胜，深入家庭体验中国人民的生活，到乡村参加劳动。

（2）中国和世界银行的合作

步入 20 世纪 90 年代后，中国与世界银行的合作关系进入了一个新的阶段，中国参与世界银行全球教育治理也在不断向前发展。这一时期，中国与世界银行在教育领域的交流合作主要还是围绕着世界银行为中国提供教育援助贷款来展开，1990—2000 年，世界银行共在中国实行了 8 个教育发展项目，提供了 645 万美元的教育援助贷款，这些项目分别为：1992 年的贫困省教育发展项目、1993 年的师范教育发展项目、1994 年的贫困及少数民族地区基础教育项目、1995 年的劳动力市场发展项目、1996 年的第三贫困省教育发展项目和职业教育改革项目、1997 年的第四基础教育项目、1999 年的高等教育改革项目。[①] 从这一时期的教育援助项目可以看出，世界银行对中国的教育援助项目数量和金额数量较上一阶段都有所减少，这在一定程度上反映了中国在教育发展方面已经取得了一些进展，不需要再从世界银行获取大量的教育援助贷款。1999 年，中国也从国际开发协会“毕业”。这些事实都表明，中国在各个方面取得的发展进步，已经为中国

① World Bank：Projects，见 https：//projects.worldbank.org/en/projects-operations/projects-list？lang=en&searchTerm=&mjsectorcode_exact=EX。

初步参与全球教育治理打下了基础。例如在1994—1999年，中国积极参与了世界银行学院的项目管理培训者课程。中国也在1991年建立了卫生经济学与卫生融资培训研究网络。该网络在初期阶段有7个培训中心，致力于政府官员培训、政策研究、政策改革建议，并建立了一个技术性对话平台。[①] 这些举措都是中国为了与世界银行有更加深度的合作，参与到世界银行全球治理当中所作出的努力，相比于前一个阶段的单方面接受援助，这一时期的一些积极举措可以看作中国参与世界银行全球教育治理的努力。

（3）中国和联合国儿童基金会的合作

在20世纪90年代这一阶段，基础教育越发得到重视，为了满足儿童教育日益增长的需求，联合国儿基会与中国政府开展了更加丰富的合作项目。中国与联合国儿基会展开积极合作，以平等合作者的身份，与联合国一道积极保障儿童受教育的权利，为所有儿童都能够接受教育贡献了自己的力量。在1990年至2000年间，中国与联合国儿基会共完成了三个周期的合作，经过80年代的学习和相互磨合，进入90年代后的合作项目数量更多，内容更丰富，包含的范围也更加广泛。1990—1993项目周期的合作项目为：学前教育教师培训项目、小学教师培训项目、特殊教育教师培训项目、贫困地区基础教育项目、教学材料和学习材料开发项目、教具开发项目、远程教师培训项目、学前与小学教育对接项目和完善教育信息系统，共9项。1994—1995过渡项目周期的合作项目有：教师培训项目、远程教育项目、教科书开发项目、教具开发项目、加强初等教育项目、促进女童教育项目、加强残疾儿童教育项目、早期儿童教育项目和基础教育目标监管项目，共9项。1996—2000项目周期合作项目是：加强教育规划与管理项目、教学内容与教学过程调整项目、远程教育项目、贫困地区基础教育项目，共4项。[②]

---

① 世界银行：《世界银行学院在中国：伙伴关系的演变，从培训、能力建设到南南知识合作》，见https://www.shihang.org/zh/results/2013/09/25/world-bank-institute-In-china。

② 中华人民共和国教育部：《1982—2015年中国—联合国儿基会教育合作项目简介》，2014年12月19日，见http://www.moe.gov.cn/s78/A20/gjs_left/moe_859/201005/t20100513_87658.html。

从 20 世纪 90 年代的三个项目周期的合作项目可以看出，教师培训是前期的重点，远程教育和基础教育一直都受到重点关注，女童、残疾儿童和贫困地区儿童也都得到了一定关注。从这些合作项目中可以看出，中国在非常积极地与联合国儿基会合作，为了实现让所有儿童都能接受教育的目标，给予残疾儿童、女童和贫困地区儿童更多的关注；通过各种各样的教师培训让不管是城市里还是农村里处于各个教育阶段的儿童都能享受应有的教育；通过教学材料开发、教具开发和教材开发，为儿童提供更加丰富多彩的学习环境；开发远程教育，使更多偏远地区或者没有学习条件的儿童能够接受更有质量的教育。

（三）全面参与阶段：2000—2009 年

进入新世纪之后，随着中国经济实力和国际影响力的提高，国际义务和责任也随之增加，中国加入了 WTO，开始积极主动地利用国际规则来参与全球教育治理，成为“教育援助的新兴力量”。

1. 政府间的双边对外教育援助

进入 21 世纪之后，随着中国综合国力的不断增强，教育水平也在不断提升，中国进一步加强对外教育援助的力度，被国际社会称为“教育援助的新兴力量”。

2005 年，中国政府在联合国教科文组织会议上承诺扩大发展中国家校长、教师来华培训规模，并向联合国教科文组织女童妇女教育中心提供 100 万美元援助。与此同时，中国加大对发展中国家的教育援助力度，援建了近 100 所农村小学校，大幅增加政府奖学金和来华培训教师名额，派遣更多的教师帮助受援国发展薄弱学科，加强与其他发展中国家在职业技术教育和远程教育等方面的合作。中国在教育领域的援助促进了受援国教育事业的发展，帮助受援国培养了大批教育、管理、科技等领域的人才，为受援国的经济和社会发展提供了智力支持。

2. 通过国际组织参与全球教育治理

（1）中国与联合国教科文组织的合作

进入 21 世纪之后，中国与联合国教科文组织的合作进入了一个新境界，仅在2000年中国与联合国教科文组织在教育、科学、文化和传播等领域的合作项目总数就达270多项。除了原来如常参加的联合国教科文组织的大会、执行局会议，以及在日内瓦召开的国际教育大会之外，中国从以下三个方面加深了与联合国教科文组织的合作：第一，中国政府与联合国教科文组织合作承揽的世界级大会的数目和质量较前几个阶段有了很大的提升。这些世界级大会最集中的领域是在教育，几乎每一年都有一次世界级的大会在中国召开。第二，中国越来越多地参与联合国教科文组织的各项事务，与联合国教科文组织的外事活动增多，中国政府有意通过联合国教科文组织这个平台提升自身的整体形象，并作出了一些很有特色的努力。第三，中国开始在教育领域打造本国教育的品牌形象，力图从教育经验输入国转变为经验输出国，同时注重向联合国教科文组织推荐输送优秀人才，贡献中国智慧。如2005年，中国候选人章新胜以41票（共58票）高票当选为2005—2007年联合国教科文组织执行局主席。

与前两个阶段相比，这一阶段中国与联合国教科文组织有了境界上的提升：从把联合国教科文组织视为反殖反霸斗争的会场、教育援助的提供者、培训专家的输出机构，到全面参与联合国教科文组织的各项事务（设立各种与联合国教科文组织相关的机构和国际中心、设立“孔子教育奖”、与联合国教科文组织联合举办各种大型国际会议和文化庆典活动、通过联合国教科文组织向不发达国家的学生提供奖学金、向联合国教科文组织派驻各种咨询委员会的专家、学者等等），并通过联合国教科文组织实现和增进中国对世界的影响力。①

（2）中国和世界银行的合作

进入21世纪之后，世行与中国的合作关系进入了一个新的历史阶段，虽然有一段时间两者的合作关系一度紧张，使得中国2000—2005年间在世行的贷款大幅减少，但在双方的努力之下，两者的关系还是得到了改

---

① 沈俊强：《中国与联合国教科文组织教育合作关系的研究——以“全民终身教育”为视角》，博士学位论文，华东师范大学中外教育关系专业，2009年，第63页。

善，并与之前相比有了较大提升。2007 年 12 月，中国与世行合作有了质的飞跃，中国政府首次承诺向国际开发协会捐款 3000 万美元，这标志着中国从此由单方面的借款国转变成既是借款国又是捐款国的双重角色。[①] 中国通过向国际开发协会捐款，向最贫困的发展中国家提供教育贷款援助的方式来积极参与到全球教育治理当中，这是进入 21 世纪以来，中国在参与世界银行全球教育治理方面的重要进展。除了捐助资金，这一时期中国也在通过世界银行知识银行的角色参与到全球教育治理当中。世界银行学院下设 7 个国际中心，其中一个国际中心位于中国，两者之间有着紧密的合作关系。中国是世界银行学院最重要的客户之一，平均年投入预算在 100 万美元以上，中国每年参加世界银行学院各项活动的人数超过 7000 人。2002—2004 财年，世界银行学院与中国国家西部发展领导小组展开合作，为世行学院新成立的 10 个远程教育中心设计课程，通过这种方式，中国为世界银行学院教育议题的相关研究作出了贡献。[②]

（3）中国和联合国儿童基金会的合作

在这个时期，中国的综合国力有很大的提升，经济发展也非常迅速，与联合国儿基会的合作进入了积极合作的阶段。在这个阶段中二者之间的合作更加重视中国教育发展的现状，针对中国教育存在的一些问题开展了合作项目，在与中国合作进行的项目都取得了一定的成果，在这个过程中中国在发展儿童教育方面积累了很多成功经验。

2001 年至 2010 年共完成了两个任务周期。2001—2005 项目周期的合作项目是：加强贫困地区基础教育项目，远程教育项目，贫困地区教育规划、管理和监测项目，早期儿童教育与开发项目，非正规教育。2006—2010 项目周期的合作项目是：教育政策开发、加强教育规划和监测项目，

---

① 朱生营：《世界银行对中国的教育贷款研究》，《铜仁学院学报》2001 年第 1 期，第 68 页。

② 世界银行：《世界银行学院在中国：伙伴关系的演变，从培训、能力建设到南南知识合作》，2013 年 9 月 25 日，见 https：//www.shihang.org/zh/results/2013/09/25/world-bank-institute-In-china。

早期儿童发展教育项目，爱生学校建设和提高学习者质量项目，非正规教育项目。①

从这些合作项目可以看出，中国与联合国儿基会的合作更有针对性，紧跟中国教育改革的发展，并且与中国开始了教育政策相关的合作项目，这是一点重要的突破。远程教育是从 20 世纪 90 年代就开始一直延续至今的项目，由此可见远程教育对 21 世纪初的中国教育的发展依旧有很重要的意义。关注儿童早期发展的合作项目自进入 21 世纪以来成为双方的关注重点，一直贯穿从 2001 年到 2015 年的三个项目周期。这也同样是当代中国父母非常关心的事情。随着经济的发展，家庭可支配收入逐渐提高，以及教育观念的转变，为教育花钱不再只是单纯的花钱，而是转变成为一种投资方式。家长总是希望自己的孩子在人生的赛跑中不能输在起跑线上。有关贫困地区教育以及爱生学校相关的合作项目，极大地改善了中国偏远地区和贫困地区儿童的教育条件，使越来越多学习条件差甚至没有学习机会的孩子能够接受有质量的教育。教育政策、教育监管、教育制度等相关的合作项目说明中国与联合国儿基会的合作向前迈进了一大步，联合国儿基会开始帮助中国制定相关的教育政策，使中国的教育更加适合当代儿童的学习与发展。

（4）中国加入世界贸易组织

进入 21 世纪，中国先后与欧盟以及中国入世工作组的其他 37 个成员达成了双边协议，在历经 15 年的艰苦谈判磋商之后，终于在 2001 年正式成为世贸组织的一员。在成为世贸组织的成员国之后，中国积极履行作为世贸组织成员的相关义务，除了在工、农业方面，中国也在包括教育服务在内的服务贸易领域作出了许多减让与承诺。这些相关承诺都体现在中国入世初期签订的一系列法律文件中，如《关于中华人民共和国加入的决定》《中华人民共和国加入议定书》和《中国加入工作组报告书》等。这

① 中华人民共和国教育部：《1982—2015 年中国—联合国儿基会教育合作项目简介》，2014 年 12 月 19 日，见 http：//www.moe.gov.cn/s78/A20/gjs_left/moe_859/201005/t20100513_87658.html。

些法律文件从多个方面对中国入世后所要开展的各类贸易作出了规定。包括教育服务贸易在内的服务贸易部门所做的减让是以上法律文本中的重要组成部分，对相关法律规定的遵守是中国参与世贸组织全球教育治理的第一步。此外，中国在2003年首次作为世贸组织成员国参加了在墨西哥坎昆举办的世贸组织第五届部长级会议，并在2005年首次在大连和香港分别举办了小型部长级会议与第六次部长级会议。2008年中国首次进入到了世贸组织核心谈判圈。由此可以看出，在进入21世纪之后，中国与世贸组织的互动合作越来越频繁，在世贸组织中的话语权也在逐渐提升，中国在世贸组织部长级会议上的日渐活跃可以被看作是中国逐渐参与到世贸组织决策机构的重要信号。部长级会议作为世贸组织的最高决策机构负责世贸组织各类事务的日常运营，教育服务贸易的相关事务也包括在内。中国想通过世贸组织参与全球教育治理就必须参与到世贸组织的全球教育治理体系当中，部长级会议作为其中的重要一环应该引起中国的高度重视。

（四）探索中国模式阶段：2010年至今

在这一阶段，随着中国参与全球教育治理进程的快速推进，中国开始探索中国模式，在进一步学习国际规则的同时，也结合国家利益向国际社会贡献中国方案，在努力参与全球教育治理的过程中，尽力提高自身在规则制定和议程设置方面的影响力。

1. 政府间的双边对外教育援助

近年来，中国对国际教育援助的重视程度不断加强。2010年发布的《国家中长期教育改革和发展规划纲要（2010—2020）》提出，“加大教育国际援助力度，为发展中国家培养培训专门人才。拓宽渠道和领域，建立高等学校毕业生海外志愿者服务机制”①。2016年《关于做好新时期教育对外开放工作的若干意见》指出，“通过发挥教育援助在‘南南合作’中的重要作用，加大对发展中国家尤其是最不发达国家的支持力度，加快对外

① 中华人民共和国教育部：《国家中长期教育改革和发展规划纲要（2010—2020年）》，2010年7月29日，见 http：//www.moe.gov.cn/srcsite/A01/s7048/201007/t20100729_171904.html。

教育培训中心和教育援外基地建设，积极开展优质教学仪器设备、整体教学方案、配套师资培训一体化援助，开展教育国际援助，重点投资于人、援助于人、惠及于人”①。2019 年，“健全对外教育援助机制”写入《中国教育现代化 2035》②。

在“人类命运共同体”和“一带一路”的发展格局下，中国对外教育援助通过主权国家双边和国际组织多边的援助项目，为发展中国家教育发展提供中国智慧和中国方案，帮助发展中国家探索适合本国国情的教育发展道路，为推动人类社会的共同发展注入新的动力。

习近平总书记在党的十九大报告中指出，中国秉持共商共建共享的全球治理观，倡导国际关系民主化，坚持国家不分大小、强弱、贫富一律平等，支持联合国发挥积极作用，支持扩大发展中国家在国际事务中的代表性和发言权。中国将继续发挥负责任大国作用，积极参与全球治理体系改革和建设，不断贡献中国智慧和力量。目前，中国已进入全面深化改革扩大开放的新时期。新的发展背景和发展形势要求教育要统筹国内国际两个大局，教育不仅要为实现“两个一百年”奋斗目标和中华民族伟大复兴的中国梦提供有力支撑，同时也肩负着提升国家软实力和国际影响力的重要使命，教育正逐步走向扩大全球治理改革议程的前沿。③

2. 通过国际组织参与全球教育治理

（1）中国和联合国教科文组织的合作

在 2010 年，中国候选人唐虔获联合国教科文组织助理总干事一职，负责分管联合国教科文教育部分。2013 年，中国教育部副部长、中国联合国教科文组织全国委员会主席郝平作为大会唯一候选人，正式当选为联

① 中共中央办公厅、国务院办公厅：《关于做好新时期教育对外开放工作的若干意见》，2016 年 4 月 29 日，见 http：//www.gov.cn/home/2016-04/29/content_5069311.htm。

② 中共中央办公厅、国务院办公厅：《中国教育现代化 2035》，2019 年 2 月 23 日，见 http：//www.moe.gov.cn/jyb_xwfb/s6052/moe_838/201902/t20190223_370857.html。

③ 中华人民共和国教育部：《为完善全球教育治理提供中国方案》，2017 年 12 月 1 日，见 http：//www.moe.gov.cn/jyb_xwfb/moe_2082/zl_2017n/2017_zl75/201712/t20171201_320366.html。

合国教科文组织第 37 届大会主席，任期 2 年。这是联合国教科文组织成立 68 年来中国代表首次当选为“掌门人”，标志着中国已经从一个外部旁观者、简单跟从者转变为积极参与者，① 并为进一步成为全球教育治理的领导者打下了坚实的基础。

2014 年 3 月，习近平主席对联合国教科文组织总部进行了历史性访问，并发表了演讲。讲话传递出中国立场与态度，即促进全球教育治理体系变革，构建人类命运共同体，为世界教育发展作出新的重大贡献。这充分显露了中国参与全球教育治理的决心，表明中国将努力从过去的参与者、合作者逐渐变为设计者、贡献者，希望借助联合国教科文组织等国际组织力量，推动各国围绕实现世界教育发展目标形成协作机制。

为此，中国一方面积极响应联合国教科文组织重点关注的全球优先计划——“非洲优先计划”，并以实际行动支持和促进非洲教育发展。中国政府在联合国教科文组织中设立联合国教科文组织—中国信托基金（CFIT），支持埃塞俄比亚等 8 个非洲国家实施“加强教师培训，缩小非洲教育质量差距”的教师培训项目，旨在利用现代信息通信技术，通过远程教育方式进行教师岗前培训和继续教育培训。这是中国在联合国教科文组织首次设立信托基金，标志着一个新的合作伙伴关系的开始。该项目不仅大大提升了非洲国家教师的能力建设，也为全球可持续发展目标 4（优质教育）和目标 9（创新）的实现作出了重要贡献。在项目一期取得喜人成果的基础上，中国在此项目上追加 400 万美元资金，延长项目期两年，并增加受惠国至 10 个。②

另一方面，中国积极参与国际教育规则与标准制定，支持联合国教科文组织建立世界范围学历互认机制，推动多边学历学位互认联通。为了适应经济全球化和教育国际化发展的要求，更好地促进人员的跨国流动，

---

① 谢喆平：《中国与联合国教科文组织的关系演进》，教育科学出版社 2010 年版，第 45 页。

② 阚阅：《为完善全球教育治理提供中国方案》，2017 年 12 月 1 日，见 http：//www.moe.gov.cn/jyb_xwfb/moe_2082/zl_2017n/2017_zl75/201712/t20171201_320366.html。

中国与联合国教科文组织及亚太地区有关国家密切合作，推动原有《亚太地区承认高等教育学历、文凭与学位的地区公约》的更新。中国率先签署和批准修订后的《亚太地区承认高等教育资历公约》，并通过地区公约委员会及有关能力建设活动推动该公约的生效和实施。与此同时，为进一步促进跨地区乃至全球层面的资历承认，顺应教育提供者多样化、学术流动、就业能力、质量保证以及资历框架等为主要特征的当前全球高等教育的总体发展趋势，中国还积极倡导和推动制定《承认高等教育资历全球公约》的工作。中国不仅在南京承办了全球公约可行性研究专家咨询会议，还派遣专家参与公约初稿的研讨磋商与文本起草。目前，该公约草案在联合国教科文组织第 39 届大会已获得批准继续推进，在 2019 年联合国教科文组织第 40 届大会上审议通过。①

（2）中国和世界银行的合作

2010 年至今是中国与世界银行合作关系新的转型阶段，将 2010 年作为双方关系转折点的一个主要原因是由于世界银行 2010 年进行的组织改革。2010 年 4 月 25 日，世界银行集团发展委员会一致通过了包括提高发展中国家投票权以及增资 862 亿美元的改革方案。中国在世行的投票权从原先的 2.77% 提升至 4.42%，取代德国成为仅次于美国和日本的世界银行第三大股东国，这标志着双方的合作迈入一个新的历史时期，同时给中国带来了新的机遇与挑战。② 这一时期，中国加大了向世界银行国际开发协会捐款的力度，借助世界银行“金融银行”的工作，世界银行捐款出资，为世界银行的教育贷款项目提供资金支持。此外，中国与世界银行学院的互动也越来越深入和频繁。中国的一些交换意见，例如经验交流、技能转让和政策建议等，对其课程开发等诸多方面都提供了很大支持。在这一时期，中国也通过积极参与并举办一些国际性的会议、开展全球教育发展合

① 阚阅：《为完善全球教育治理提供中国方案》，2017 年 12 月 1 日，见 http：//www.moe.gov.cn/jyb_xwfb/moe_2082/zl_2017n/2017_zl75/201712/t20171201_320366.html。

② 新华网：《中国成为世界银行第三大股东国》，2010 年 4 月 26 日，见 http：//news.xinhuanet.com/fortune/2010-04/26/c_1255712.html。

作项目以及分享本国教育经验等方式来参与世界银行全球教育治理。从这一时期中国采取的诸多措施来看，相比于加入世界银行初期的被动受援者角色，到后期的逐步参与、积极参与，这一时期中国所采取的一些方针措施明显更为多样主动。随着中国在世界银行中的地位逐渐提升，话语权不断增强，参与世界银行全球教育治理的方式更为多样化、参与程度也更加深入，中国参与世界银行全球教育治理迈入了一个新的历史时期。

（3）中国和联合国儿童基金会的合作

随着中国的综合国力不断增强，中国在世界上的影响力也越来越大，在全球教育目标实现的过程中发挥着非常重要的作用。在这个时期，联合国儿童基金会从中国不断发展教育的过程中学习到了一些“中国经验”，并且想要将中国经验传递给其他发展中国家，帮助他们发展自己的教育。在这个阶段，中国与联合国儿基会相互学习、共同进步，在发展自身教育的同时也在积极帮助其他发展中国家发展教育事业。

目前中国已经完成了2011—2015年这个任务周期。2011—2015项目周期的合作项目为：爱生的教育政策、爱生的教育制度、教育减灾防灾、早期儿童发展、有质量的基础教育、青少年教育。从这些项目中可以看出，儿童早期发展从2000年开始就成为双方关注的重点问题，爱生教育等项目也从上一个周期中延续了下来。现在在中国的很多地区都已经成功建立了爱生学校，在很大程度上改善了贫困地区和偏远地区的教育条件，使很多儿童都获得了有质量的教育，教育减灾防灾也第一次出现在了合作项目之中。①

在这个互为学习者的阶段，中国并不是像从前那样单纯地从联合国儿基会获取帮助，而是实施各种各样的合作项目，并努力地总结“中国经验”。从1979年至今，中国与联合国儿童基金会的合作已经超过40年。在这40年中，中国的教育事业飞速发展，克服了很多困难，积累了很多

---

① 中华人民共和国教育部：《1982—2015年中国—联合国儿基会教育合作项目简介》，2014年12月19日，见http://www.moe.gov.cn/s78/A20/gjs_left/moe_859/201005/t20100513_87658.html。

经验。世界上还有很多发展中国家，这些国家也急需发展它们的教育。在儿童教育方面，“中国经验”也许能给它们提供帮助，成为有价值的参考。中国正在通过这种方式积极参与到全球教育治理中，将“中国经验”传递给其他发展中国家。

（4）中国和世界贸易组织的合作

进入2010年以来，中国与世贸组织的关系有了更为长远的发展，中国参加世贸组织的全球教育治理活动也迈上了一个新的台阶。这一时期，中国依旧是世贸组织部长级会议上的活跃身影，并且致力于大力推动包括教育服务贸易在内的服务贸易条款的谈判进程。这一时期，除了参加世贸组织部长级会议，中国也在参与世贸组织服务贸易理事会方面作出了努力，在会议顺利召开、制定包括教育服务贸易在内的服务贸易细则方面都作出了积极的举动。在世贸组织面临发展危机之际，中国也作出了自己的表态。中国在2018年6月发布了《中国与世界贸易组织》白皮书，首先表明了对于世贸组织的支持态度。① 其次，中国于2018年11月，发布了《中国关于世贸组织改革的立场文件》，又与欧盟、加拿大、印度等国家和地区签署了合作方案，表达了对世贸组织改革的大力支持。中国在2019年向WTO正式提交了《中国关于世贸组织改革的建议文件》，对世贸组织改革提出了实质性的建议。从上述资料中可以看出，中国在2010年之后，不仅在积极寻求参与世贸组织全球教育治理的合作渠道，也在为世贸组织的改革与正常运作贡献出自己的智慧和力量。

二、中国参与全球教育治理的主要机构

中国参与全球教育治理的主要机构，按照类型可分为政府组织、非政府组织以及国际组织的中国办事处三大类，其中政府组织一直以来都处于全球教育治理的核心地位，随着社会的不断发展，非政府组织的角色日渐活跃，作用也日渐重要，而国际组织的中国办事处，则在中国和国际组

---

① 商务部：《中国首次发表〈中国与世界贸易组织〉白皮书》，2018年8月2日，见http://www.mofcom.gov.cn/article/i/jyjl/l/201808/20180802773208.shtml。

织双向沟通中扮演着不可替代的作用。

（一）政府组织

1. 国际发展合作署

国家国际发展合作署成立于 2018 年，是中国目前参与全球教育治理最主要的官方执行机构。

在国家国际发展合作署正式成立之前，中国参与全球教育治理的机构有一个演变历程。中国对外教育援助可以看作是中国参与全球教育治理的最初方式。1949 年新中国成立后，成立文化教育委员会、教育部，设立普通教育、专门教育和社会教育三司，文化教育委员会和教育部对内探索发展中国教育的同时，对外也开始向其他社会主义国家和发展中国家的教育提供力所能及的帮助，如无偿捐赠教学物资及资金、派遣专家对受援国进行培训。此时来华留学生较少且以双边援助为主。中国对外贸易部成立于 1952 年，因其职能的特殊性以及重要性，从那时起，对外贸易部和后来的商务部等相关部门开始在中国的对外援助工作中扮演重要角色。1954 年中国外交部成立，开始主要负责管理中国的对外援助工作。由此看来，在国家国际发展合作署成立之前，中国参与全球教育治理的相关工作是由教育部主导，借助外交部以及商务部的通力配合得以顺利进行。

随着中国参与全球治理的深入，2018 年经十三届全国人大一次会议审议通过，为进一步优化全球治理方式，决定组建国家国际发展合作署，将整合过去分散在不同部门的工作职责，贯彻精简效能、精准施策的原则，通过整合提升战略谋划，更充分地发挥全球治理服务国家战略、展现新时代大国责任担当的独特作用。国家国际发展合作署的主要职责是拟订对外援助战略方针、规划、政策，统筹协调援外重大问题并提出建议，推进援外方式改革，编制对外援助方案和计划，确定对外援助项目并监督评估实施情况等。援外的具体执行工作仍由相关部门分工承担。①

---

① 苗绿：《国家国际发展合作署："一盘棋"思维优化援外战略布局》，《紫光阁》2018 年第 4 期，第 41 页

国家国际发展合作署的成立是中国参与全球教育治理的一大里程碑式事件。支持其他发展中国家减少贫困和改善民生，是中国对外援助的主要内容，因此帮助其他国家提高教育水平是国家国际发展合作署成立后的一大工作重点，具体表现为加大教育援助力度、致力于加强能力建设两大方面，因此，中国对外教育援助更加具有针对性，从而更好地发挥教育援助的效果。可以看出，国家国际发展合作署的成立，既可以提高对外教育援助的决策和管理效率，也有助于避免各部门之间相互掣肘以及重复援助，可以使援助资金得到充分有效利用。

2. 中国教育部国际合作与交流司

中国教育部国际合作与交流司是教育部直属司局机构，内设办公室、亚洲与非洲事务处、欧洲处、美洲与大洋洲事务处、欧亚处、政策规划处、国际组织处、来华留学处、涉外监管和办学处、港澳台办公室、人文交流与出国留学处。

中国教育部国际合作与交流司作为中国国际教育发展最主要的管理和监督机构，其主要职能如下：(1) 研究拟定教育外事工作的方针、政策，起草有关法规文件；(2) 统筹管理并协调、指导教育系统的教育国际合作与交流；(3) 归口管理教育系统与国际组织和区域政府间组织的合作与交流；(4) 研究拟定出国留学和来华留学管理工作的方针、政策，统筹管理出国留学和来华留学工作；(5) 规划并协调、指导对外汉语教学工作；按有关规定管理教育援外和外援项目；(6) 参与管理全国各类学校聘请外籍教师的工作，负责部属高校聘请外籍教师的管理工作；(7) 归口审批和管理教育系统有关教育合作与交流的机构及项目；(8) 指导驻外使（领）馆教育处（组）的业务工作；(9) 代表教育部管理港澳台事务，研究拟定相关政策，统筹管理并协调、指导教育系统与香港特别行政区、澳门特别行政区及台湾地区的教育交流。①

① 中华人民共和国教育部：《国际合作与交流司介绍》，见 http://old.moe.gov.cn/publicfiles/business/htmlfiles/moe/moe_558/200506/8125.html。

教育国际合作交流工作在着力深化综合改革、推进双向留学、支持高水平示范性中外合作办学、谋划中外人文交流等方面已经取得了积极进展。目前，中国教育国际合作与交流紧紧围绕《关于做好新时期教育对外开放工作的若干意见》《推进共建"一带一路"教育行动》两个重要文件，加快推进各项工作。其中，《关于做好新时期教育对外开放工作的若干意见》提出中国教育对外开放要以"提质增效"为重心，做好提高留学质量、提升涉外办学水平、丰富中外人文交流等六项重点工作；《推进共建"一带一路"教育行动》提出教育交流的使命要为沿线各国的民心相通架设桥梁，为沿线各国政策沟通、设施联通、贸易畅通、资金融通提供人才支撑，重点开展教育互联互通、人才培养培训、共建丝路合作机制三方面的重点工作。①

（二）国际组织的中国办事处

在中国参与全球教育治理的过程中，相关国际组织的中国办事处也发挥了非常重要的作用。目前，已经有23个政府间国际组织在中国设立了自己的办事处，其中涉及教育业务的有联合国教科文组织、联合国儿童基金会、联合国开发计划署、世界银行集团、亚洲开发银行、世界贸易组织、世界卫生组织、国际劳动组织等。

中国联合国教科文组织全国委员会，于1979年正式成立，秘书处设在教育部，负责代表中国政府归口协调与联合国教科文组织之间的合作事务。中国联合国教科文组织全国委员会由国务院职能部门、国家级公共机构和全国性非政府组织和机构共同组成。其中，国务院职能部门有：教育部、外交部、科学技术部、文化部、国土资源部、住房与城乡建设部、国务院新闻办、水利部、工业与信息化部、商务部、财政部、国家广播电视总局、国家体育总局、新闻出版署、国家海洋局、国家文物局、国家地震局。国家级公共机构有：中国科学院、中国社会科学院、新华社以及中央

① 中外合作办学教育网：《许涛：中国教育国际合作与交流新发展、新趋势、新举措》，2017年2月24日，见 http：//www.cfce.cn/a/news/zhxw/2017/0224/3231.html。

电视台；全国性非政府组织和机构有：中华全国总工会、中华全国青年联合会、中华全国妇女联合会、中国科学技术协会、中国作家协会、中华全国新闻工作者协会、中国教育学会、中国国际文化交流中心、中国对外翻译出版公司。

为了进一步推动与中国的合作，1984 年联合国教科文组织在北京设立了办事处，成立之初仅负责与自然科学相关的业务，偶尔通过参与其他联合国机构的活动来开展教育业务。1991 年办事处正式设立了教育部门，目前已经拥有了一支由国际教育专家、国家项目官员、项目助理和办公室助理组成的专业项目团队，通过总部拨付的预算内资金和捐赠募集的预算外资金开展合作项目。

世界银行驻华代表处是世界银行集团的下属组织机构。早在 1981 年世界银行集团在北京设立了国际开发协会和国际复兴开发银行的办事处，并在该处的人类发展部门下设了 1 名教育项目经理和 1 名项目助理，负责世界银行在中国的教育贷款业务。目前，世界银行驻华代表处有员工约 125 人，将在业务规划的实施和监测中发挥核心作用。①

联合国儿童基金会驻华办事处是联合国儿童基金会在中国的下属机构。1981 年，联合国儿童基金会在北京设立了专门负责中国业务的国家办事处，并在成立之初就设立了专门的教育处，目前已经拥有一支由 1 名教育处长、2 名教育项目专家、5 名教育项目官员和 2 名项目助理组成的项目团队，与中国政府和其他合作伙伴携手努力，确保最贫困的儿童也能够享受到国家发展红利，致力于促进儿童权利的落实，为此助力政策发展和法律保障工作。

中国常驻世界贸易组织代表团是代表中国政府在世界贸易组织（WTO）行使权利和履行义务的常设机构，2002 年 1 月 28 日在瑞士日内瓦正式成立，代表中国政府行使职能。常驻代表团自成立以来，在党中央

① 世界银行：《中华人民共和国—国别伙伴框架（2020—2025 财年）》，2019 年 11 月 11 日，见 http：//documents.shihang.org/curated/zh/179921578544640960/China-Country-Partnership-Framework-for-the-Period-FY2020-2025。

和国务院的正确领导下，在中国政府各有关部门的指导和大力支持下，已经开展了大量富有成效的工作，为国内各行业积极利用加入世贸组织的机遇，迎接各种挑战作出了自己的贡献。

（三）中国非政府组织

在全球教育治理过程中，非政府组织扮演着至关重要的角色，其参与的最直接的方式和途径就是积极地组织跨国活动，这些跨国活动并非完全依靠在全球各地建立分支机构展开，而更多地通过各种宣言倡议、信息传递、资源共享、共同行动等形式展开。这种活动方式本身就构成了一种非机构体系的网络。改革开放以来，作为政府扶持力度最大，受社会关注程度最高的一类社会组织，中国的非政府教育组织发展迅速，目前在各级民政部门登记注册的组织数量已经超过 10 万家。尽管中国的非政府教育组织目前参与的多边和双边的教育合作与交流还比较有限，但是作为全球教育治理中的重要的非国家行为体，它们将在未来发挥越来与重要的作用。

在中国，按照社会组织依法登记的形式，教育类非政府组织可以相应地划分为教育类社会团体、教育类民办非企业单位和教育基金会三种类型。第一类是教育类社会团体，是指由那些有着共同教育目标、教育理想或教育旨趣的个人或组织组成的，按照团体章程，主要在教育领域开展活动的互益性或公益性社会组织，包括教育行业协会、学会、研究会等，如中国教育学会、中国教育国际交流协会等。第二类是教育类民办非企业单位，是指以提供教育产品和服务来满足公共教育需求的实体性非政府教育组织，也就是民办学校、民办教育机构等组织。目前该类组织极少涉及全球教育治理。第三类是教育基金会，是指利用自然人、法人或者其他组织捐赠的财产，主要以从事教育公益事业为目的，依照国家相关法律条文规定成立的非营利性法人，例如中国青少年发展基金会，和一些以个人名义发起的基金会，如中国宋庆龄基金会等。

下面重点介绍几个比较具有代表性的机构，它们是中国教育学会、中国教育国际交流协会、中国青少年发展基金会和宋庆龄基金会。

1. 中国教育学会

中国教育学会成立于1979年4月12日，是新中国成立最早、规模最大的全国性教育学术团体。建会30多年来，业已形成覆盖基础教育阶段所有学科和教育工作领域的专业组织体系，成为具有广泛学术影响和教育教学改革引领能力的教育学术组织。中国教育学会在参与全球教育治理方面的作用，突出表现在以下三个方面：

一是举办国际学会会议，积极推动中外教育交流。例如在2016年召开的“中国教育学会2016年家庭教育国际论坛”等，邀请来自美国、英国、芬兰、联合国儿童基金会及中国大陆和台湾地区家庭教育领域的50余位专家学者，与来自全国各地的2000名参会代表以及通过在线直播关注会议的万千家庭，共同参与家庭教育最新研究成果和经验的交流与分享。①

二是开展国际交流合作项目。自2015年起，中国教育学会开始负责亚太地区教育创新“文晖奖”的召开。“文晖奖”是目前唯一一个由中国出资向亚太地区教育创新领域颁发的学术成果奖，旨在表彰亚太地区在教育创新发展方面作出杰出贡献、通过开展教育创新改善教学质量的教育工作者或教育机构。② 在2017年2月21日，中国教育学会与欧盟中国城市发展委员会签署了战略合作框架协议。双方以科创教育为切入点，以国际合作为形式，以创建科创教育中国模式为目标，整合中外各界优质资源，推动中国基础教育发展。③ 在2019年7月，中国教育学会与剑桥大学考评部（Cambridge Assessment English，以下简称CAE）正式签署工作协议，引进其国际知名英语教学能力证书（Teaching Knowledge Test，以下简称

① 中国教育学会：《中国教育学会2016年家庭教育国际论坛举行》，2016年11月10日，见http：//www.cse.edu.cn/index/detail.html？category=31&id=1469。

② 中国教育学会：《亚太地区教育创新文晖奖》，见http：//www.cse.edu.cn/index/detail.html？category=12&id=63。

③ 中国教育学会：《中国教育学会2017年大事记》，见http：//www.cse.edu.cn/index/detail.html？category=24&id=2110。

TKT）评价项目，并成为其授权考点（全球考点代码 CN395）。[①] 中国教育学会未来将把 TKT 项目发展成为集培训与评价于一体的项目，充分借鉴其体系化教学能力培养与评价理念，助力国内英语教师教育及教学理念革新。

三是开展国际志愿者活动。例如 2016 年 3 月，中国教育学会在北京交通大学召开“2016 年国际青年志愿者行动发布会”，主题为“相遇，在世界的每一个角落”；[②] 2017 年 2 月中国教育学会与现代汽车集团在海南省海口、三亚市联合举办了“海南红树林保护”国际青年志愿者活动，还与现代汽车集团在山东省曲阜市联合举办了“世界文化遗产保护”国际青年志愿者活动。[③]

2. 中国教育国际交流协会

中国教育国际交流协会是中国教育界开展民间对外教育合作与交流的全国性组织，于 1981 年 7 月成立，协会总部设在北京，该协会的业务范围包括以下七个方面：(1）搭建民间教育国际交流合作平台，实施各种形式的教育国际交流项目，促进中国同各国（地区）各级各类教育组织、机构和人士之间的交流与合作；(2）参与涉外教育行业自律，经政府有关部门批准，依法依规从事涉外教育领域的标准化工作，开展涉外教育的认证和评估等质量保障工作；(3）开展国际教育领域学术研究，编辑教育国际交流相关出版物，发布涉外教育领域相关报告和信息，为政府、社会和学校等提供咨询和建议，发挥智库作用；(4）经政府有关部门批准或根据行业发展需要，面向国内外，开展涉外教育培训、会议、展览、评比、竞赛等活动；(5）指导和支持各地方教育国际交流协会开展工作，为协会的会员发展提供服务；(6）管理和使用教育国际交流基金；(7）开展与协会

① 中国教育学会：《剑桥英语教学能力考试（TKT）与培训》，2019 年 7 月 22 日，见 http：//www.cse.edu.cn/index/detail.html？ category=12&id=151。

② 中国教育学会：《2016 年国际青年志愿者行动发布会即将召开》，2016 年 3 月 14 日，见 http：//www.cse.edu.cn/index/detail.html？ category=31&id=1424。

③ 中国教育学会：《中国教育学会 2017 年大事记》，见 http：//www.cse.edu.cn/index/detail.html？ category=24&id=2110。

宗旨一致的社会服务活动和其他有关活动。①

自1981年正式成立至今，中国教育国际交流协会参与全球教育治理的活动集中在以下四个方面：

一是实施各种形式的国际交流项目，促进民间教育国际交流与合作。1982年中国教育国际交流协会与美国州立大学与学院协会签订了第一个中外教育民间合作协议。从1985年起，中国教育国际交流协会开始逐步从教育部国际司承接民间教育交流的一些项目，如“中外师生文化交流项目（CEAIE-AFS）”“高职院校领导海外培训项目”等。2001年，“1+2+1中美人才培养计划”启动，首次引入中美高校课程衔接、学分互认培养模式。随着2010年中外人文交流机制的建立，中国教育国际交流协会积极承担中美、中俄、中日、中欧等国家和地区间人文交流项目，如中美“知行中国”“千校携手”项目，中英伙伴学校交流计划，英国大学生来华实习项目等。

二是进行涉外教育的认证与评估。中国教育国际交流协会自2014年以来，开始承担教育部五项委托职能，即：中外合作办学质量认证、自费出国留学中介组织行业自律管理、外籍教师招聘服务、涉港澳台民间教育交流活动和来华留学英语授课品牌课程评选。2015年，中国教育国际交流协会制定出台了自费出国留学中介服务机构认证标准，并承接校园足球外教聘请工作。2016年，中国教育国际交流协会完成首批28所试点院校来华留学质量认证工作。2017年，中国教育国际交流协会启动认证机构资质申请工作，并组织编写留学中国全英文对外宣传手册。2018年，中国教育国际交流协会成为教育部直属单位中唯一有资格开展教育服务认证业务的机构，开始承担教育领域境外非政府组织在华活动申请初审工作，并编写完成全英文来华留学宣传手册。

三是开展境外培训，出版国际教育咨询。1994年，中国教育国际交

---

① 中国教育国际交流协会：《中国教育国际交流协会章程》，见 http：//www.ceaie.edu.cn/guanyuxiehui/15.html。

流协会正式在京成立“中国教育国际交流研修中心”，成为教育领域首家具有实施“境外培训资格”的全国性单位，开始针对各级各类教育策划并实施了一批境外培训项目。2007年，首届“地方院校教育外事干部培训研讨班”开班，开始了有规模、持续性的战线干部培训。2009年，中国教育国际交流协会创办了教育国际交流资讯类杂志《国际教育交流》，相继发布《中外合作办学100问》《中外合作办学机构年度报告》《中外合作办学项目年度报告》。协会承担《2016中国高等教育国际化发展状况调查报告》和《职业教育国际交流与合作发展规划（2016—2020)》编写工作。2017年，协会承担《2017中国高等教育国际化发展状况调查报告》工作。

四是举办国际教育会议，积极拓展国际双边多边民间教育交流活动。自2000年举办至今的“中国国际教育年会”已经成为中国教育国际交流协会开展高水平、高质量、高层次的教育合作与交流的一个品牌项目，也成为中国及亚太地区教育领域规模最大、最具影响力的年度盛会。2002年，中国教育国际交流协会组织国内高校赴俄罗斯举办首届“21世纪中国高等教育展”。2005年，与日方机构签署协议共同举办首届“中华全国日语演讲大赛”，自此，中国教育国际交流协会开始以比赛形式开展全国性的、大规模双边人文交流活动。2015年，在中欧人文交流机制下，协会开展了2015年米兰世博会青少年文化交流系列活动，并筹办了首届“中美未来职业之星夏令营”活动。2018年，中国教育国际交流协会成功申办在中国大陆首次举办2019亚洲科学夏令营活动。①

3. 中国的教育基金会

截止到2018年12月中国共有7034个基金会，其中主要在教育领域进行活动的基金会有1511个，约占总数量的21%。② 中国的教育基金会

① 中国教育国际交流协会：《中国教育国际交流协会大事记》，见 http：//www.ceaie.edu.cn/guanyuxiehui/list_5_1.html。

② 中华人民共和国民政部：《2018年民政事业发展统计公报》，2019年8月5日，见 http：//www.mca.gov.cn/article/sj/tjgb/。

在努力发展中国教育事业的同时，也在“走出去”积极参与全球教育治理，成为推动世界教育发展的力量之一，其中最著名的是中国青少年发展基金会和宋庆龄基金会。

中国青少年发展基金会简称为“中国青基会”，1989年3月由共青团中央发起成立。中国青基会是全国性公募基金会，其面向公众募捐的地域是中国以及许可中国青基会募捐的国家和地区。中国青基会的使命是：通过资助服务、利益表达和社会倡导，帮助青少年提高能力，改善青少年成长环境。① 中国青少年发展基金会通过海外合作项目“希望工程走进非洲”走出国门，对非洲进行教育援助。“希望工程走进非洲”项目是由中国青少年发展基金会与世界杰出华商协会于2010年12月共同发起，世界杰出华商协会负责募集捐款，中国青基会负责项目的运行和管理。该项目的使命是“助非洲少年儿童人人有书读”，其目标是在非洲欠发达地区资助建设希望小学。项目首期在坦桑尼亚、肯尼亚、纳米比亚、布隆迪和卢旺达等非洲五国开展工作。“希望工程走进非洲”项目惠及26000名非洲儿童，让他们拥有了接受教育的权利，极大地改善了受援助地区的基础教育条件。当地民众对来自中国的援助反响积极，同时得到了中国驻受援国使馆、受援国政府、社会公众和媒体的积极评价。②

中国宋庆龄基金会是兼具群众团体和公益慈善机构双重属性的组织机构。宋庆龄基金会成立于1982年5月，2005年9月，经第五届理事大会审议通过，更名为中国宋庆龄基金会。其宗旨是：为纪念宋庆龄国家名誉主席，继承和发扬她毕生所关心和从事的儿童文教福利事业的精神，培养儿童德、智、体、美全面发展，为增进国际友好和世界和平作出贡献。③ 中国宋庆龄基金会积极举办国际会议，分享经验，拓展合作。例

① 中国青少年发展基金会：《中国青少年发展基金会简介》，见 https：//www.cydf.org.cn/Abouts/。

② 中国青少年发展基金会：《希望工程走进非洲》，见 https：//www.cydf.org.cn/xwgczjfz/。

③ 中国宋庆龄基金会：《中国宋庆龄基金会章程》，2011年9月30日，见 http：//www.sclf.org/jgjj/jgzc/。

如 2019 年以“把最宝贵的东西给予儿童——亚洲儿童教育事业实践探索”为主题的新时代亚洲儿童发展论坛在上海举行。论坛由中华人民共和国教育部、上海市人民政府指导，中国宋庆龄基金会、中国福利会、联合国儿童基金会驻华代表处共同主办，中国宋庆龄基金会培训交流中心承办。来自中国、日本、韩国、乌兹别克斯坦、新加坡、马来西亚、巴基斯坦等 10 个国家的 250 余名中外学前教育专家和嘉宾与会。大家纷纷表示，通过聆听本次论坛，收获了学前教育的新思路、新理念以及丰富的教学技术和实践，是一次中外教育教学交流的好机会。① 国际论坛为各个国家的专家学者提供了相互交流、学习的平台，向外国专家学者传播了中国的教育理念和发展经验，是基金会参与到全球教育治理较为常见的途径之一。

目前，教育作为中国基金会主要关注的领域之一，很多基金会都积极参与到了教育事业中，虽然大部分基金会更加关注的还是中国国内教育问题，但近几年随着“建立人类命运共同体”和“一带一路”的号召，越来越多的基金会开始关注世界的教育问题。通过海外合作项目、举办国际论坛等途径积极地参与到全球教育治理中。即便如此，与西方非政府组织相比，中国非政府组织还有很大的发展空间。目前中国政府还需要进一步大力发展民间教育组织，鼓励知名企业家、社会名流、慈善机构参与到全球教育治理中来，共同推进中国参与全球教育治理的发展，主动担当“全球教育发展的贡献者”。

三、中国参与全球教育治理的基本路径

全球教育治理是国际社会各行为体通过协调、合作、确立共识等方式参与全球教育事业的管理，以建立或维持理想国际秩序的过程。② 全球治理意味着国际行为体特别是国家之间通过签署共同认可且具有约束力的

---

① 中国宋庆龄基金会：《2019 年新时代亚洲儿童发展论坛在沪举行》，2019 年 11 月 22 日，见 http：//www.sclf.org/gjyh/jwcz/201912/t20191203_17970.htm。

② 杜越：《联合国教科文组织与全球教育治理——理念与实践探究》，教育科学出版社 2016 年版，第 12 页。

国际协议，在全球或国际层面商议并制定普遍性国际规则，设立某些国际组织机构，规范各参与行为体的行为，以管理全球性事务，解决全球性问题。① 全球教育治理的有效实施一方面有赖于各种治理主体的成熟与发展，另一方面则在于成熟且富于创新性的治理机制的产生和培育。② 中国参与全球教育治理的机制可以分为政府间双边治理和借助国际组织进行多边治理两种类型。

（一）政府间双边治理机制

国际教育的双边主义表现为建立在协议或契约基础上的制度和形式，用于协调两个国家的关系。③ 中国主要通过以下四个路径进行政府间双边治理：

1. 对外教育援助与合作

教育援助作为国际援助的组成部分，是重要的人文交流方式，不仅有助于改善受援国的教育条件，也是援助国提高国际影响力和培育国家软实力的重要途径，是促进民心相通的重要方式。在“一带一路”和人类命运共同体的框架下，民心相通被中国提上了战略高度，教育援助成为打通心与心的隔阂，消弭人与人的距离的重要方式。积极参与对外援助与合作不仅有利于提升中国软实力，进一步增强中国的国际影响力，更有利于中国参与全球教育治理，提升国际话语权。中国注重从以下方面参与对外教育援助与合作：

第一，利用资金投入，精准援助受援国教育，尤其致力于基础教育和职业教育。基础教育援助是减贫消困、促进人的发展的重要基石，是人类命运共同体价值导向在中国国际教育援助领域的具体表现。④2006 年中

① Steven Bernstein，Benjamin Cashore，Complex Global Governance and Domestic Policies：Four Pathways of Influence，*International Affairs*，Vol.88，No.3（May 2012），p.593.

② 杜越：《联合国教科文组织与全球教育治理——理念与实践探究》，教育科学出版社 2016 年版，第 23 页。

③ 沈伟：《人文主义与工具理性的张力：国际组织在全球教育治理中的价值导向和政策实践》，《华东师范大学学报》（教育科学版）2019 年第 37 期，第 98 页。

④ 陈莹：《人类命运共同体视域下中国国际教育援助》，《暨南学报》（哲学社会科学版）2019 年第 41 期，第 125 页。

非北京峰会，中国政府承诺援助非洲国家建设100所小学，至2009年实际完成107所，并为30所学校提供了教学设备。[①]2009年中非合作论坛达成“沙姆莎伊赫行动计划”，中国政府继续援助建设50所友好学校，至2012年实际建成54所，并培训1500名教师和校长。[②] 中国和平发展基金会在东南亚地区援建了包括老挝万象农冰村小学等多个基础教育援助项目。2015年9月，习近平主席在联合国发展峰会上宣布：中国将在未来5年为其他发展中国家提供100所学校和职业培训中心，为提高贫困女童入学率推行100个“快乐校园工程”。[③] 另外，职业教育援助是为贫困国家和发展中国家青年获得就业机会和生存技能的重要途径。根据联合国教科文组织的统计数据，非洲撒哈拉以南地区的青年失业率超过15%，贫困国家中25%的青年无法完整阅读一句话。[④] 在构建人类命运共同体的框架下，通过职业教育援助，这些弱势群体有机会接受基本知识和技能教育，他们将有更多的均等机会去寻找摆脱贫困的道路。[⑤]2015年习近平主席在联合国发展峰会上提出为发展中国家培养50万名职业技术人员；在全球妇女峰会上承诺“邀请3万名发展中国家妇女来华参加培训，并在当地为发展中国家培训10万名女性职业技术人员”。同年，中非合作论坛达成“约翰内斯堡行动计划”：“支持非洲国家改造现有的或新建更多的职业技术培训设施，在非洲设立一批区域职业教育中心和若干能力建设学院，在非洲当地培养20万名职业和技术人才，提供4万个来华培训名额，帮助青年和妇女提高就业技能，增强非洲自我发展能力。”例如，2016年启动

---

① 牛长松：《教育援助与国际社会责任——中日在非援建学校项目的案例比较》，《比较教育研究》2014年第5期，第8页。

② 陈明昆、李俊丽、章剑坡：《中国对非教育援助与合作的发展阶段、成效和意义》，《非洲研究》2016年第1卷，第153页。

③ 人民网：《习近平联合国演讲：7项承诺及“6个100”项目支持》，2015年9月28日，见 http：//world.people.com.cn/n/2015/0928/c1002-27642788.html。

④ 滕珺：《教育治理的世界力量》，《中国教育报》2014年3月26日。

⑤ 陈莹：《人类命运共同体视域下中国国际教育援助》，《暨南学报》（哲学社会科学版）2019年第41期，第123页。

《埃塞俄比亚农业技术职业教育与培训项目战略规划（2016—2020）》，通过动物科学、兽医、植物科学、灌溉、自然资源、农机等六大领域课程，向1.3万名农业技术人员和普通农民传授了70多门实用的先进技术。在印度、巴基斯坦、印度尼西亚、泰国等国家建立了6个“鲁班工坊”的基础上，计划到2020年前在吉布提、赞比亚、柬埔寨、埃塞俄比亚等地设立“鲁班工坊”，在2018年中非合作论坛上进一步提出“在非洲设立10个鲁班工坊，向非洲青年提供职业技能培训”。①

第二，致力于受援国人才培养。中国坚持“授人以渔”的援助理念，通过人力资源开发合作、技术合作、志愿者服务等方式，与其他发展中国家分享发展经验和实用技术，帮助发展中国家培养人才，增强自主发展的造血功能。② 据中国对外援助白皮书显示，2010年至2012年，中国共举办官员研修班1579期、技术人员培训班357期。为满足其他发展中国家提升公共部门中高级管理人员能力的需要，三年中，中国举办了15期在职学历教育项目，来自75个发展中国家的359名政府官员分别获得公共管理、教育、国际关系以及国际传媒硕士学位。除此之外，在技术领域也开展广泛合作，如向50多个国家派遣2000多名各类专家，转让实用技术，提高受援国技术管理水平。值得注意的是，自2000年中非合作论坛首届会议召开以来，教育部与商务部先后在国内高校建立了10个国家教育援助非洲基地，参与此项工作的高校有50多所，每年举办援非研修班数以百计，学员包括非洲国家的各级教育官员、学者、教师和专业技术人员。从2008年起，教育部还与商务部合作，委托北京大学、清华大学等高校设立了“为发展中国家培养硕士人才项目（MPA）”，旨在为非洲国家培养高级管理人才。据不完全统计，中国目前每年开展的各类对非技术人才培训逾万人次。

---

① 中国青年网：《习近平：为非洲提供5万个中国政府奖学金名额》，2018年9月3日，见http：//www.sohu.com/a/251656251_119038。

② 中华人民共和国商务部对外援助司：《〈中国的对外援助（2014）〉白皮书》，2014年12月5日，见http：//yws.mofcom.gov.cn/article/m/policies/201412/20141200822172.shtml。

第三，积极设立政府奖学金。青年的人文教育交流是促进民心相通的未来社会根基，为来自发展中国家的青年来华留学生提供更多的政府奖学金是中国国际教育援助的重要方式，尤其是对非奖学金名额大幅增加，非洲来华留学人数越来越多。据统计，从新中国成立到2002年年底，中国已向非洲50个国家提供政府奖学金1.53万多人次。[①]2005年享受中国政府奖学金的非洲学生为1367人，占外国留学生总数18.95%。从2000年到2011年，到中国留学的非洲学生人数达7.9万人，其中获得政府奖学金的人数3.3万，占41.3%。非洲自费来华留学人数也呈逐年快速增长趋势。从2005年开始，非洲国家自费留学生人数开始超过中国政府提供的奖学金人数。到2011年，自费留学人数已是政府奖学金人数的2.3倍。2015年，中国政府奖学金人数增加到6000人。2016年至2018年，面向非洲学生的奖学金项目力度更大，中国政府向非洲国家提供2000个学历学位教育名额和3万个政府名额。[②]

第四，大力开展海外志愿服务项目，在这其中志愿者服务发挥着积极的作用。中国不断向其他发展中国家派遣志愿者，服务领域涉及语言教学、体育教学、计算机培训等，服务对象包括学校、政府机关、科研院所等，并以此促进民心相通，促进不同文化的相互理解与交流。

2. 推动教育国际化

中国发展离不开世界，世界繁荣稳定也离不开中国，积极提升教育国际化水平，是中国教育发展历史进程的必然选择，也是中国参与全球教育治理的一个基本机制。

改革开放以来，中国日益重视对世界范围内教育发展趋势的科学认识和准确把握，广泛开展多种形式、多种层次的国际教育交流与合作，学习和借鉴国际教育发展先进经验，为中国教育现代化注入新的活力。仅就

---

① 张秀琴、薛彦青、强亚平等：《中国和非洲国家的教育交流与合作》，《西亚非洲》2004年第3期，第26页。

② 中华人民共和国外交部：《中非合作论坛——约翰内斯堡行动计划》，2015年12月10日，见http：www.fmprc.gov.cn/ce/cgbrsb/chn/zgxw/t1323148.htm。

留学事业而言，改革开放以后在国家“支持留学、鼓励回国、来去自由、发挥作用”的方针指引下，无论是出国留学人数还是留学回国人数，都处于逐年上升的趋势。目前，中国有数亿人在学习外语，并成为世界最大的留学生派出国家。据中信银行公布的《2018 出国留学蓝皮书》的最新调研成果显示，从 2007 年到 2016 年，留学人数不断上升，从留学生回国的数量看，同样人数处于上升的趋势，特别是 2012 年以来有着明显的增长趋势，而回国与出国的比率则是稳中有升。①

中国加入 WTO，签署了一系列文件，包括《关于中华人民共和国加入的决定》《中华人民共和国加入议定书》《中国加入工作组报告书》和一系列具体领域的承诺减让表与相关附件。内容主要涉及我国对货物贸易、服务贸易、知识产权和解决争端的机制等方面的看法和具体减让情况，教育服务业属于服务贸易总协定（GATS）具体减让表的一部分。在此之后，中国教育对外开放形势得到拓展，留学、中外合作办学等工作步入规范化轨道，中国引进国外教育资源更加积极主动，双向留学规模明显扩大。除世界上最大的留学生派出国之外，中国正在成为新兴留学目的国。2015 年，共有来自 202 个国家和地区的 39.8 万名各类外国留学人员在中国 31 个省区市 811 所高校和科研院所学习深造。教育对外开放水平不断提升，中国教育的国际影响力和竞争力进一步增强。在《国家中长期教育改革和发展规划纲要（2010-2020 年）》（以下简称《教育规划纲要》）部署下，基本形成了多层次宽领域的教育国际交流合作格局。中国建立了中俄、中美、中英、中欧、中法和中印尼等高级别人文交流机制，与 41 个国家和地区签署学历学位互认协议，大力引进境外优质教育资源，中外合作办学机构和项目稳步发展，高质量中外合作办学资源持续增多，教育开放正在逐步加深层次和提高水平。②

---

① 中信银行：《2018 出国留学蓝皮书》，2018 年 2 月 13 日，见 https：//www.sohu.com/a/222570436_123643。

② 高书国：《中国教育国际化发展阶段与特征分析》，《中国高教研究》2016 年第 12 期，第 65 页。

可以看出，政府的直接参与对推动教育国际化发展的作用和影响是其他形式的国际性教育活动所不能取代的。① 中国政府积极致力于提升中国的教育国际化水平，并凭借其组织力强、号召力大、活动范围广、资金雄厚、导向明确等一系列优势和特点，积极参与到全球教育治理的行列中，贡献中国智慧。

3. 开展跨境教育

2003 年 11 月，由经济合作与发展组织（OECD）和挪威教育部共同举办的第二次教育服务贸易国际论坛上，"跨境教育"这一概念被明确提出。② 高等教育是培养高层次人才的主要途径，是一个国家或地区创新体系中最重要的组成部分，因此，跨境高等教育已经逐渐成为世界高等教育领域积极的、充满活力的且具有巨大发展潜力的组成部分。

跨境高等教育泛指国与国之间高等教育领域中任何形式的人员、项目、机构、学术等跨越国家司法边界和地理边界的流动，具体而言有三种主要形式：一是学生流动。这一部分也构成了跨境高等教育最大的、最主要的部分。二是项目、机构流动。这里主要包括了双学位 / 联合学位项目、双联项目和海外分校等，比如国家间的合作办学。三是学术流动。主要包括专家、学者、教师以学术交流为目的的活动。

数据表明，中国已成为世界最大跨境教育资源国家③。在办学项目和机构流动方面，截至 2020 年，经审批或复核通过的中外合作办学的项目和机构共计 2371 个，其中包括 8 所具有独立法人资格的中外合作机构（如上海纽约大学、昆山杜克大学、西交利物浦大学等），57 个本科以上的非法人办学机构（如东北财经大学萨里国际学院、北京航空航天大学中法工程师学院、天津音乐学院茱莉亚研究院等），以及 1087 个中外合作办

① 姜波、孙望安：《论中国教育国际化发展策略》，《现代远距离教育》2003 年第 1 期，第 22 页。

② 赵俊峰：《跨境教育——高等教育国际化的重要途径》，《外国教育研究》2009 年第 1 期，第 50 页。

③ 中华人民共和国教育部：《中国已成世界最大跨境教育资源国家》，2015 年 5 月 13 日，见 http://www.moe.gov.cn/jyb_xwfb/s5147/201505/t20150513_188022.html。

学项目。中外合作办学学科覆盖十分广泛，共涉及理工农医人文社科等12大学科门类的200多个专业。除此之外，还有属于三边学生流动的10个“亚洲校园”项目，校际交流项目也更加普遍。从办学规模来看，据不完全统计，截至目前，高等教育阶段的中外合作办学在校生约45万人，已有来自美国、英国、澳大利亚等31个国家和地区的近500所高校与中国高校开展了合作办学，高等教育阶段的中外合作办学毕业生总人数已超过150万人。与此同时，一批中外联合研究生院纷纷涌现，如北京大学—莫斯科大学联合研究生院、黑龙江大学俄罗斯新西伯利亚国立大学联合研究生院、东南大学—澳大利亚蒙纳士大学苏州联合研究生院以及南开大学—英国格拉斯哥大学联合研究生院等。①

境外办学是跨境教育的重要组成部分，是一个国家或地区参与国际教育服务贸易分工的重要形式。②2016年7月，教育部印发《推进共建“一带一路”教育行动》，呼吁与“一带一路”沿线国家加强教育合作，共同行动，同时倡导“各级学校有序与沿线各国学校扩大合作交流，整合优质资源走出去，选择优质资源引进来，兼容并包，互学互鉴，共同提升教育国际化水平和服务共建‘一带一路’能力”。截至2018年，中国高校在境外举办了5个办学机构和100多个办学项目，分布在以“一带一路”沿线国家为主的10多个国家和地区。③“一带一路”沿线国家教育资源丰富、特色鲜明、互补性强，未来合作空间大。

可以看出，发展跨境高等教育，构建一个更加开放、合作的高等教育系统，是中国乃至世界各国实现教育质量共同提高、经济社会取得共同进步、建设高等教育发展共同体的时代要求，也成为中国参与全球教育治理的又一创新机制。同时，进一步引导中国高水平大学积极开展境外办

---

① 王立生、林梦泉、李红艳等：《跨境教育及其质量保障的探究与实践》，《学位与研究生教育》2016年第3期，第36页。

② 王雪双：《“一带一路”倡议下中国境外办学的模式和路径探析》，《世界教育信息》2020年第1期，第25页。

③ 郭强：《“一带一路”视阈下的高等教育中外合作办学思考》，《高等教育管理》2017年第11期，第85页。

学，有利于助推“一带一路”战略顺利实施。

4. 以孔子学院为载体推广与传播汉语和中国文化

孔子学院（Confucius Institute）是由中国国家对外汉语教学领导小组办公室（国家汉办[①]）在世界各地设立的旨在推广汉语和传播中国文化与国学教育的文化交流机构。截至 2019 年 9 月 30 日，全球已有 158 个国家（地区）设立了 535 所孔子学院和 1134 个孔子课堂。[②] 各地孔子学院充分利用自身优势，开展丰富多彩的教学和文化活动，逐步形成了各具特色的办学模式，成为各国学习汉语言文化、了解当代中国的重要场所，受到当地社会各界的热烈欢迎，已成为中国参与全球教育治理的一个重要机制，其实施路径如下：

（1）汉语教学。汉语教学作为孔子学院最基本的职能，通过开设各种各样的课程让全世界掌握和精通汉语的民众越来越多。（2）资源配置。资源配置是孔子学院运行的基础和保障，根据孔子学院总部网站上的官方信息，资源配置涵盖了资金、师资和教材（图书及多媒体教学资源等）。（3）考试认证。考试认证即通用于各类汉语考试，以及汉语教师资格认证。（4）信息咨询。孔子学院建立在海外的大学和社区中，成为当地学校师生和民众了解中国的窗口，最初的咨询以来华留学咨询为主，后期逐步扩展到文化、教育等各个领域。（5）合作研究。孔子学院近年专门拓展增加“新汉学国际研修计划”，资助有关中国的研究及学术交流，培养更多造诣高深的汉学家，同时支持中国的高校建立国别研究中心，培养熟悉各国语言文化的中国学者。（6）孔子学院通过组织中外交流活动参与全球教育治理。按照《孔子学院章程》等有关规定，孔子学院提供中国教育、文化等信息咨询，开展中外语言文化交流活动等，都是和传统文化或当代中国的交流紧密相关的。

---

① 2020 年 7 月，中华人民共和国教育部发布通知，决定将国家汉办更名为“教育部中外语言交流合作中心”，同时不再对外使用“国家汉办（HANBAN）”的名称。

② 孔子学院官网：《关于孔子学院 / 课堂》，见 http：//www.hanban.org/confuciousinstitutes/node_10961.htm。

（二）借助国际组织多边治理机制

1. 参与国际教育规则制定

国际教育规则是指各国在相关国际组织的制度框架下，基于相似的教育思想和理念，吸纳某些国家成功的教育实践经验，通过专家调研、议程起草、会议讨论和表决、条约签订等程序就某些特定的教育问题所达成的共识，[①] 包括体现了人类教育发展规律的理念、规范和评判各国教育实践的准则。联合国教科文组织是联合国系统内唯一经会员国授权专门负责全球教育事务的政府间国际组织，其通过的国际法律文件无疑具有最高的专业权威性和国际影响力。除上述之外，国际教育规则还包括其他一些政府间国际组织、区域性组织就各类教育问题所制定的原则、规定和准则，其中有很多是“规范性决议”，例如世界贸易组织所推出的《服务贸易总协定》，世界银行在教育促进减贫及经济发展方面的重要规定等。

中国要参与全球教育治理，在知晓与熟谙已有的国际教育规则的基础上，一是在积极加入和有效落实国际教育公约或协定中，参与新的国际教育规则制定；二是结合自己的优势和强项，积极传播中国经验以丰富国际教育规则；三是努力扩大在国际组织的话语权，为修订新的国际教育规则打下基础。[②]

中国通过和联合国教科文组织的多年合作，已经在应对国际教育规则方面积累了丰富的经验。进入 21 世纪之后，中国积极参与国际教育规则与标准制定，支持联合国教科文组织建立世界范围学历互认机制，推动多边学历学位互认联通。为了适应经济全球化和教育国际化发展的要求，更好地促进人员的跨国流动，中国与联合国教科文组织及亚太地区有关国家密切合作，推动原有《亚太地区承认高等教育学历、文凭与学位的地区公约》的更新。中国率先签署和批准修订后的《亚太地区承认高等教育资

---

① 王晓辉、谷小燕、翁绮睿：《国际教育规则与全球教育治理》，《中国人民大学教育学刊》2012 年第 1 期，第 132 页。

② 杜越、谢喆平、董建红等：《国际教育规则探析》，教育科学出版社 2016 年版，第 171—172 页。

历公约》，并通过地区公约委员会及有关能力建设活动推动该公约的生效和实施。与此同时，为进一步促进跨地区乃至全球层面的资历承认，顺应教育提供与提供者多样化、学术流动、就业能力、质量保证以及资历框架等为主要特征的当前全球高等教育的总体发展趋势，中国还积极倡导和推动制定《承认高等教育资历全球公约》的工作。

1993 年，联合国教科文组织为了促进世界全民教育目标的实现设立了"九个发展中人口大国"平台和机制，成为发展中国家实现全民教育目标的"战略伙伴"。与此同时，九个发展中人口大国还开创了"南南北三角合作模式"，使得国际社会能在共同的国际教育规则基础上，共同推进全球各国教育的改革与发展。2014 年 11 月，在联合国教科文组织大会第 37 届会议期间举行了首次金砖五国教育部长会议，与会的教育部部长一致同意在教育领域建立一个常设合作机制，与联合国教科文组织合作通过协调行动和宣传来推动全球教育发展。中国作为九个发展中人口大国之一，积极参与部长级会议，分享中国在扫盲教育领域取得的成就和成功经验，以及中国政府最新的教育战略，一方面引领世界全民教育运动的发展，另一方面又为欠发达和最不发达国家开展全民教育提供长期支持。

作为联合国系统下的又一成员，联合国儿童基金会致力于实现全球各国母婴和儿童的生存、发展、受保护和参与的权利，发展教育义不容辞，因此其活动同样具有全球教育治理性质。联合国儿童基金会在 2019 年出版的《中国经验　全球视角——联合国儿童基金会在华合作项目概览》的前言中提到"通过介绍联合国儿童基金会在中国所开展的工作，包括项目的经验和模式，这份出版物能为您提供具有借鉴意义的信息，同时也能帮助您了解联合国机构与会员国之间开展强有力的合作所能够取得的成果。"[①] 可见，通过一些总结中国经验的出版物，向世界传播这些年来中国在儿童工作方面的发展经验，其他发展中国家能够通过学习和借鉴中国

---

① 联合国儿童基金会：《中国经验 全球视角——联合国儿童基金会在华合作项目概览》，2019 年 4 月 29 日，见 https：//www.unicef.cn/reports/unicef-china-and-beyond。

经验来增进他们国家的儿童福祉，这也是中国提高国际上的话语权的途径之一，为中国将来参与儿童基金会国际教育规则制定打下了基础。

在多元化的全球教育治理格局中，世界银行凭借其比较优势发挥着独特而重要的作用，这种作用来自于世界银行全球教育战略的变革。① 2010 年世界银行改革之后，中国的投票权由 2.77% 上升到 4.42%，成为仅次于美国和日本的第三大股权国。中国在世界银行投票权的扩大，为更好地维护国家利益提供了平台，为实现发达国家与发展中国家平等享受世界银行投票权奠定了基础，也为中国提高在世界银行话语权提供了信用支撑。② 这标志着中国在世界银行中的地位得到了进一步提升，中国参与世界银行全球教育治理也进入了一个新的历史阶段，中国逐渐参与到世界银行包括教育在内的相关规则制定中。世界银行人事权是其治理结构中的重要组成部分，高级管理层在决策方面发挥着重要作用。中国要参与世界银行全球教育治理，就要积极参与世界银行的人事安排，特别是高级管理层的人事安排。③ 随着地位和话语权的提升，中国在世界银行的人力资源积累也在进一步增强。从 2008 年 2 月林毅夫出任世界银行副行长兼首席经济学家，到 2011 年 7 月朱民出任国际货币基金组织副总裁，都说明中国具有适应国际机构工作的中高层国际化人才资源。④ 尽管目前世界银行教育部门尚未有中国籍的中高层管理人员任职，但中国籍管理层人员的存在是中国在世界银行参与到规则制定层面的重要标志，为中国籍官员参与制定世界银行教育规则打下了良好的基础。

2001 年中国加入世界贸易组织，是中国深度参与经济全球化的里程

---

① 阚阅、陶阳：《向知识银行转型——从教育战略看世界银行的全球教育治理》，《比较教育研究》2013 年第 4 期，第 78—84 页。

② 吴晓宇：《理性看待中国在世界银行投票权的扩大》，《中共山西省委党校学报》2010 年第 4 期，第 98 页。

③ 叶扬、张文：《世界银行治理结构改革与中国的应对策略》，《西部论坛》2015 年第 3 期，第 90 页。

④ 钟伟：《世界银行改革及中国的政策选择——从世界银行新任行长说起》，《国际金融》2012 第 5 期，第 4 页。

碑，同时也是中国通过世界贸易组织参与全球教育治理的开始，其中一个重要参与方式是相关规则的制定，具体而言是世界贸易组织的部长级会议和服务贸易理事会。部长级会议是世贸组织的最高决策权力机构，每两年举行一次会议，重大决议均会在会议上讨论并作出决定。自2001年加入世贸组织以来，中国就十分注重以世贸组织成员国的身份并积极参与部长级会议。中国在部长级会议上的日渐活跃可以看作是中国逐渐参与到世贸组织决策机构的重要信号。另外，世贸组织服务贸易理事会是总理事会之下分管服务贸易的常设机构，由世贸组织成员国组成，主要负责《服务贸易总协定》及其相关协定的执行和实施。服务贸易理事会作为世贸组织中专管服务贸易的机构，有关教育服务贸易的相关事宜大部分由其讨论议定，是世贸组织中分管服务贸易的重要常设机构。在历届服务贸易理事会上，中国代表团在会议上积极发言，介绍本国服务贸易发展经验，为包括教育服务贸易在内的服务贸易体系的完善提出了建议。

2. 培养和输送国际组织人才

改革开放40多年来，中国的综合国力不断增强，国际地位、作用和影响不断提升，开始更加广泛和深入地参与国际事务和全球治理，在教育领域同样如此。因此，高素质的国际组织人才培养成为当务之急，也成为中国借助国际组织进行多边治理机制的重要组成内容。

自联合国教科文组织启动青年专业人员计划（Young Professional Programme）以来，为推送更多有志于国际组织工作的优秀人才到联合国教科文组织工作，中国广泛开展推荐人选报名和选拔工作。事实上，中国籍官员在联合国教科文组织中发挥着越来越重要的作用。2005年教育部副部长章新胜当选联合国教科文组织执行局主席，其任职得到了多方的赞赏。①

世界银行同样重视人才。20世纪90年代以来，世界银行逐渐认识到

① 沈俊强：《中国与联合国教科文组织教育合作关系的研究——以“全民终身教育”为视角》，博士学位论文，华东师范大学中外教育关系专业，2009年，第64页。

掌握知识对其业务开展的重要性，而教育又在保存、传播知识方面发挥着核心作用。1995 年，世界银行开始摆脱单一的金融银行角色，向“知识银行”的方向转型。世行开始增加非资金途径的教育投资，通过教育研究和政策分析提高教育投资的高效性，加大知识咨询力度。目前，世行逐渐构建了知识生产者、管理者和传播者的角色，通过传播、应用和分享特定类型的教育知识，不仅具有教育交流中心地位的价值，同时将此价值不断扩展到影响全球教育话语的高度，① 世界银行学院正是世界银行知识转向的重要表现。世界银行学院是全球发展中国家获取金融和技术支持的重要来源，是世界银行通过促进国家间的知识交流，提高个体、机构和组织能力的重要工具。② 学院主要开展学术政策研究、实地研究、项目工作、培训和促进对话，帮助世界银行学院以及教育界利用、监测和管理教育活动的质量，是世界银行“知识银行”角色的重要体现。世界银行学院还在中国举办了各种培训项目：项目管理培训者课程（1994—1999）、中国可持续采购培训课程（2003—2006）、中国西部开发远程学习网（CDDLN）、中国卫生经济培训与研究网络（1991—2003）。③ 这些培训课程和远程学习项目培养出了一批研究人员以及学者顾问，为世界银行中国籍工作人员提供了重要的人力资源贮备。

此外，WTO 为进行国际组织人才培养，2017 年 10 月 11 日建立上海对外经贸大学贸易谈判学院和世界贸易组织讲席（中国）研究院。贸易谈判学院旨在重点培养熟悉党和国家方针政策、了解中国国情、具有全球视野、熟练运用外语、精通国际贸易规则与谈判的专业人才。学院重点面向以世贸组织为主的国际经济组织，探索中英法三语结合，中外高校、国际

---

① 马文婷：《世界银行全球教育治理角色研究》，硕士学位论文，上海师范大学比较教育学专业，2019 年，第 46 页。

② 世界银行：《世界银行学院》，见 http：//wbi.worldbank.org/wbi。

③ 世界银行：《世界银行学院在中国：伙伴关系的演变，从培训、能力建设到南南知识合作》，2013 年 9 月 25 日，见 https：//www.shihang.org/zh/results/2013/09/25/world-bank-institute-In-china。

组织三阶段培养，本硕高度衔接的本科、硕士创新人才。[①] 研究院是中国与世贸组织合作成立的重要的人才培养机构，培养目标直接面向以世贸组织为代表的国际经济组织，旨在培养一批能够参与到国际组织运营的专业人才。通过国际组织参与全球教育治理的一个重要环节就是培养在国际组织中任职的工作人员，而研究院就是中国通过人才培养积极参与世贸组织全球教育治理的重要标志。研究院还将建立访问学者制度，邀请具体议题领域全球顶级学者或谈判专家领衔就有关专题展开针对性研究。通过中外合作研究方式，培养出一批能够独当一面、能够在国际场合分享中国谈判经验的专家学者队伍。这对于中国参与世贸组织全球教育治理而言，是十分重要的举措。

3. 支持和参与国际组织教育援助

从 20 世纪 70 年代中期开始，国际多边发展援助机构提供的援助资金已经占到国际发展援助总额的 30% 以上。随着世界银行及地区性发展银行如亚洲开发银行、非洲开发银行等机构在教育领域的投入逐渐加大，随着国际组织在教育领域的研究能力的进一步加强和知识的不断积累，随着 1990 年世界全民教育大会召开后国际基础教育援助协调机制的建立，国际组织在教育援助中的作用越来越重要。[②]《世界全民教育大会宣言》中明确提出了要加强国际合作与交流。在《宣言》的影响下，同时为了提高援助的整体效益，各援助方和受援方开始积极探索协调援助基础教育的发展。这对国际教育援助的效益最大化产生积极的作用，而国际组织在其中发挥了不可替代的作用。

在与联合国教科文组织合作与交流的框架下，中国积极参与各项联合国教科文组织的教育事务。随着中国综合实力的不断发展与提升，中国积极通过联合国教科文组织向世界提供更为多样化的教育援助。2005 年

---

① 上海对外经贸大学：《我校成立全国首家贸易谈判学院》，2017 年 10 月 27 日，见 http：//www.suibe.edu.cn/xxgk/2017/1027/c1060a54531/page.psp。

② 赵玉池：《国际教育援助研究》，博士学位论文，西南大学比较教育学专业，2010 年，第 83 页。

11月28日，时任国务院总理温家宝在联合国教科文组织第五届全民教育高层会议上的致辞中说道："中国愿意为世界全民教育发展作出更多的贡献。我愿在这里表示，中国将进一步加强对发展中国家教育的援助。一是扩大发展中国家校长、教师来华培训规模，由现在的每年500名增加到1500名。二是向联合国教科文组织非洲能力建设中心和女童妇女教育中心提供100万美元援助，共同开展有针对性的研究与培训。三是根据发展中国家的需要，在今后3年内为发展中国家援助100所农村学校，并提供配套的教学设备。四是增加接收发展中国家来华留学生数量，增加政府奖学金名额。目前，中国政府每年为6700多名来华留学生提供政府奖学金，其中发展中国家占三分之二。从2006年起，我们将把中国政府奖学金名额增至每年1万人次，并适当提高资助标准。五是增加对遭受地震、海啸、飓风等严重自然灾害的发展中国家灾区教育的援助。"① 联合国教科文组织总干事松浦晃一郎在接受《中国教育报》记者采访时认为，中国在世界全民教育中发挥着非常重要的作用，"中国政府总理温家宝在全民教育高层会议开幕致词中的五项承诺，向世界发出了一个信号：中国正在准备着帮助发展中国家，尤其是非洲国家实现全民教育的目标。"②

世界银行作为全球主要金融机构，首先采用的是为教育项目提供发展援助贷款来参与全球教育治理。中国要与世界银行进行有效的教育合作，必须承认世界银行的"银行性"，在资金方面进行合作。③ 随着综合国力的增强，中国在世界银行中的话语权也逐步提升，更高的地位也意味着更多的责任与义务。中国由最初的受援国，转变为如今的捐助国，主要通过以下两种途径为世界银行捐款出资，在教育贷款援助方面为世界银行提供经济支持。一是向国际开发协会捐款，向最贫困的发展中国家提供教育

① 《温家宝在联合国教科文组织全民教育高层会上致词》，2005年11月28日，见hhtt：//www.gov.cn/ldhd/2005-11/28/content_111376.htm。

② 松浦晃一郎：《中国在世界全民教育中起着重要作用》，2005年12月02日，见https：//www.chsi.com.cn/jyzx/200512/20051202/269506.html。

③ 马文婷：《世界银行全球教育治理角色研究》，硕士学位论文，上海师范大学比较教育学专业，2019年，第56页。

贷款援助。国际开发协会（IDA）是作为世界银行集团的组成部分之一来帮助世界上最贫穷的国家的贷款机构，旨在通过提供贷款（称为"信贷"）和赠款来减少贫困，这些贷款和赠款用于促进经济增长、减少不平等和改善人民生活条件的项目。① 在加入世界银行之初，中国一直接受 IDA 提供的援助贷款，在 2007 年 12 月中国首次向国际开发协会捐款 3000 万美元，受到了国际社会的普遍好评。② 到了 2016 年，中国已经累计向 IDA 增资捐款 18 次，并首次使用了人民币捐款。③

中国对世界银行进行经济援助的第二种方式是认购国际金融公司债券。1980 年，中国恢复了在世界银行集团的合法席位，并同时成为国际金融公司的成员国。从 1985 年批准第一个项目起，至 2006 年 6 月 30 日，国际金融公司在中国共投资了 115 个项目，并为这些项目提供了 28.6 亿美元的资金，其中，22.4 亿美元为自有资金，6.25 亿美元来自银团中的其他银行。④ 中国于 2008 年 11 月的二十国集团（G20）华盛顿峰会上积极参与国际金融公司的全球贸易融资计划，并于次年 4 月认购了其在中国发行的 15 亿美元私募债券，支持发展中国家的贸易融资。⑤ 该项融资体现出中国对世界银行的包括教育在内的各项事业的支持决心。

作为世界上最大的多边贸易组织，世贸组织的主要业务都是围绕着贸易活动展开，教育服务贸易是其服务贸易的重要组成部分。因此中国通过世贸组织参与全球教育治理必定要通过经济贸易的手段，资金捐助就是其中的一个重要方面。2008 年 2 月 25 日中国政府宣布向世贸组织促贸援

---

① World Bank：What is IDA？，见 http：//ida.worldbank.org/about/what-is-ida。

② 谢世清：《中国与世界银行合作 30 周年述评》，《宏观经济研究》2011 年第 2 期，第 10 页。

③ 中国新闻网：《世界银行集团》，2014 年 1 月 15 日，见 http：//www.chinanews.com/gj/zlk/2014/01-15/16.shtm。

④ 商务部：《国际金融公司简介》，2016 年 9 月 1 日，见 https：//gn.mofcom.gov.cn/article/ddfg/201609/20160901395551.shtml。

⑤ 谢世清：《中国与世界银行合作 30 周年述评》，《宏观经济研究》2011 年第 2 期，第 10 页。

助活动提供20万美元的捐助，用于帮助发展中国家，特别是最不发达国家提高参与国际贸易的能力。作为发展中国家，中国对于其他发展中国家在经济发展中遇到的困难感同身受，愿意提供力所能及的帮助。中国政府不仅通过双边援助活动支持发展中国家的经济发展，也积极参与国际社会帮助发展中国家增加能力建设和技术援助投入的多边援助活动，努力提高其他发展中国家自主发展的能力。① 对发展中国家而言，提高贸易能力，是从经济全球化中获益，实现可持续发展的重要途径。中国积极响应世界贸易组织"促贸援助"倡议，通过加强基础设施建设，提高生产能力，给予零关税待遇，培训经贸人才等方式，帮助发展中国家，特别是最不发达国家有效参与包括教育服务贸易在内的多边贸易体制，提升教育服务贸易发展能力。②

4. 开展与国际组织的合作项目

开展与国际组织的合作项目，拓展有关国际组织的教育合作空间是中国通过国际组织参与全球教育治理的又一重要路径，也是中国由教育大国转为教育强国的必由之路。

中国积极响应联合国教科文组织重点关注的全球优先计划——"非洲优先计划"，并以实际行动支持和促进非洲教育发展。中国政府在联合国教科文组织中设立联合国教科文组织—中国信托基金（CFIT），支持埃塞俄比亚等8个非洲国家实施"加强教师培训，缩小非洲教育质量差距"教师培训项目，旨在利用现代信息通信技术，通过远程教育方式进行教师岗前培训和继续教育培训。这是中国在联合国教科文组织首次设立信托基金，标志着一个新的合作伙伴关系的开始。③

就联合国儿童基金会而言，2018年3月，中国国际发展知识中心与

① 商务部：《中国首次向世贸组织捐款，支持促贸援助活动》，2008年2月5日，见 http：//www.mofcom.gov.cn/article/ae/ai/200802/20080205395191.shtml。

② 商务部：《中国与"促贸援助"》，2015年8月1日，见 http：//www.yws.mofcom.gov.cn/article/ztxx/201508/20150801076738.shtml。

③ 阚阅：《为完善全球教育治理提供中国方案》，2017年12月1日，见 http：//www.moe.gov.cn/jyb_xwfb/moe_2082/zl_2017n/2017_zl75/201712/t20171201_320366.html。

联合国儿童基金会驻华办事处在北京宣布建立合作伙伴关系，研究和倡导促进“一带一路”沿线国家儿童发展的方案。该合作伙伴关系旨在为“一带一路”国家提供知识、构建网络、搭建平台，从而加速实现与儿童相关的可持续发展目标。① 近年来，中国和联合国儿童基金会的合作还在南南合作援助基金项目下通过联合国儿童基金会向世界多个国家儿童提供资金和物资上的援助，包括学习用品、过冬衣物等，帮助失学儿童重返校园。

21 世纪以来，中国与世界银行均重视各级各类教育中存在的问题、不断完善教育治理模式，在全球教育发展中的作用日益突出。近年来，世界银行对中国在全球教育发展领域开展的行动给予了关注与支持，双方在全球教育发展合作上有着较为积极的合作互动。例如，随着中国与非洲关系的友好发展，中国对非洲教育的发展提供了许多援助支持。中国国家主席习近平发表致辞，全面阐述中国对非关系政策理念，宣布未来 3 年中国对非合作重大举措，提出把中非关系提升为全面战略合作伙伴关系。中国社科院世界经济与政治研究所助理研究员刘玮表示，中国将推动非洲发展从援助主导向自主发展升级，中国将加强基础设施、农业和医疗卫生的援助合作和人力资源教育培训。② 世界银行在中非教育合作交流中，具有重要的推动作用。例如，世界银行为 2017 年 7 月开展的“第一届中国非洲世界银行教育合作论坛——高等教育与科学技术”，提供了重要技术支持。2016 年 4 月，中国发布了《关于做好新时期教育对外开放工作的若干意见》（以下简称《意见》），坚持“做强中国教育”，积极参与到全球教育发展。③ 同

---

① 中国日报网：《中国国际发展知识中心与联合国儿童基金会建立合作伙伴关系，共同推动儿童事业发展与进步》，2018 年 3 月 7 日，见 https://baijiahao.baidu.com/s?id=1594250093598026555&wfr=spider&for=pc。

② 央视网：《中国未来对非合作三大看点——解读习近平在中非合作论坛约翰内斯堡峰会上的致辞》，2015 年 12 月 5 日，见 http://news.cntv.cn/2015/12/05/ARTI1449312949726624.shtml。

③ 中华人民共和国教育部：《中办国办印发〈关于做好新时期教育对外开放工作的若干意见〉坚持扩大开放 做强中国教育》，2016 年 5 月 3 日，见 http://www.moe.gov.cn/jyb_xwfb/s6052/moe_838/201605/t20160503_241658.html。

年，为贯彻《意见》，中国教育部发布了《推进共建“一带一路”教育行动》，为推动区域教育开放、交流、融合提供了良好契机。①2017 年，世界银行表示出对“一带一路”教育的肯定和支持，其资金支持、技术支持和经验分享将对中国“一带一路”教育增加色彩。

就世贸组织而言，中国在 2011 年与世贸组织秘书处共同创立了“最不发达国家加入世贸组织中国项目”（简称“中国项目”），该项目由中国与世贸组织秘书处共同策划，中国提供资金，旨在帮助最不发达国家融入并受益于包括教育服务贸易在内的多边贸易体制。“中国项目”的工作主要包括以下五个方面：一是举办“中国项目”加入圆桌会；二是资助来自发展中成员特别是最不发达成员青年学生在世贸组织秘书处实习；三是支持最不发达成员参与世贸组织重要会议；四是“中国项目”南南对话会；五是开展“审议后和加入后研讨会”。② 通过与世贸组织联合开展包括教育服务贸易在内的贸易援助工作，中国在对最不发达国家实施援助的同时，也加深了对世贸组织的了解，进一步参与到世贸组织全球教育治理当中。此外，中国十分重视包括教育在内的国际合作交流，积极与世贸组织加强对话，分享合作发展经验。中国在世界贸易组织“促贸援助”全球审议大会上积极阐释中方的原则立场和政策主张，借助世贸组织这一良好平台，与其他国家和组织在包括教育在内的诸多领域开展发展合作对话交流。中国以开放的姿态与其他国家和多边发展组织在发展援助领域加强对话沟通，增强互信，相互学习借鉴。③

四、中国参与全球教育治理的经验与挑战

通过对中国参与全球教育治理的历史、机构及基本路径进行梳理，

① 中华人民共和国教育部：《推进共建“一带一路”教育行动》，2016 年 8 月 11 日，见 http：//www.moe.gov.cn/srcsite/A20/s7068/201608/t20160811_274679.html。

② 搜狐网：《“惊艳”了世贸组织的“中国项目”》，2017 年 12 月 20 日，见 https：//www.sohu.com/a/211478153_157514。

③ 商务部：《中国的对外援助（2014）》白皮书，2014 年 12 月 8 日，见 https：//www.yws.mofcom.gov.cn/article/m/policies/201412/20141200822172.shtm。

不难发现，中国虽然是全球教育治理的“后来者”，但是随着中国综合实力的上升，中国开始在全球教育治理这一舞台上扮演的角色越来越重要。最后，我们从中国对外教育援助和与国际组织合作两个方面总结一下中国参与全球教育治理的经验以及挑战。

中国进行的对外教育援助对发展和巩固中国与广大发展中国家的友好关系、经济技术合作以及促进国际教育发展都发挥了重要作用。在这一过程中，通过建设学校帮助发展中国家改善教育基础条件是一直以来中国进行对外教育援助的重点，也是基于自身优势的选择。与此同时，中国开始坚持“投资于人、援助于人、惠及于人”的原则，更多关注教育援助直接作用于发展中国家的普通民众。就具体方案而言，首先，中国已设立专门的“丝绸之路”中国政府奖学金，为“一带一路”沿线国家的青年提供更优质的来华留学教育资源。其次，中国将统筹利用国家和民间资源，加快对外教育培训中心和教育援外基地建设，为“一带一路”国家培养教育管理人员、教师、学者和各级各类技术技能人才。第三，遴选一批具备一定学科专业、国际交流和人才培养、国别研究基础的高校，建设一批援外教育培养基地。第四，支持发展中国家和地区高校的专家学者，来华开展经济、文化、法律等领域讲学交流活动，开展“一带一路”国别教育、语言文字、经济、法律、文化、政策等决策咨询研究。第五，积极开展优质教学仪器设备、整体教学方案、配套师资培训一体化综合教育援助项目。第六，以支持职业教育、促进工业化发展为主题，结合亚非地区重点国家实际需要，设计实施不同主题的职业教育培训计划，如针对建筑施工、器械维修、服装制造等行业为发展中国家培训和培养产业工人。①

进入 21 世纪以来，随着中国经济实力和国际影响力的提高，中国的国际义务和责任迅速增加。在这种背景下，中国对外援助的规模、方式和重点等都出现了一系列的新变化。这些变化正在改变以传统的西方援助国

---

①　王泺等著：《国际发展援助的中国方案》，五洲传播出版社 2019 年版，第 11 页。

为主导的国际发展援助格局。随着中国参与全球治理能力的提高和“一带一路”、周边外交、经略周边等重大战略的提出，中国的对外援助规模必将进一步扩大，如何继续做好援外工作、适应新的援外形式仍将是一项重大挑战。中国政府将着力优化对外援助结构，提高对外援助质量，进一步增强受援国自主发展能力，提高援助的针对性和实效性。中国作为国际社会的重要成员，将一如既往地推进南南合作，在经济不断发展的基础上逐步加大对外援助投入，与世界各国一道，推动实现联合国千年发展目标，为建设持久和平、共同繁荣的和谐世界而不懈努力。

进入 21 世纪以来，中国参与全球教育治理已经进入了决策议程，并且不断得到推进。现联合国教科文组织浙江大学 APEID 联系中心主任和全球大学创新联盟亚太地区中心（GUNI-AP）秘书处执行秘书阚阅教授曾在采访中表示，党的十八大以来，中国为全球教育治理贡献良多，主动性更强，力量更大，从过去的参与者、合作者逐渐变为设计者、贡献者；党的十九大后，中国以更加自信和开放的姿态走向世界，将以更加积极和负责任的态度推动全球教育治理进入新时代。

但目前，中国在通过国际组织参与全球教育治理的过程中仍面临一些现实挑战。

首先，缺乏国际化人才是制约中国参与全球教育治理的关键问题。中国目前在培养能够胜任国际组织的人才方面还存在一些现实问题，其原因有以下几个方面：第一，语言障碍。国际组织总部大多设立在国外，工作语言大多为英语和法语，因此汉语不具备优势。第二，文化障碍。国际组织大多由西方国家主导建立，因此主要遵循西方的话语体系，这就导致中国人难以轻松融入并发挥作用。第三，行政性事务能力不足。国际组织是个巨大的官僚机构，有很深的、庞杂的办事体系，新手要在短时期内摸清楚无疑很困难，需要慢慢消化。国际组织人才的胜任力应以能力产出为导向，而现在的培训班关注更多的是在投入方面。第四，不熟悉国际规则。国际组织和跨国公司一样，都有自己的运行规则，并非是仅仅通过在国外学习就能胜任的。国际组织的人才预备班（培训班）只能增进理论认识，无法真正地指导实践。

其次，国家战略以及操作层面的政策支持还需明确。第一，从参与的时间来看，中国属于全球治理中的“后来者”，参与时间晚，经验不丰富；第二，从参与的能力来看，中国在国际组织中长期以来都是“跟随者”，参与的国际组织数量较少，在已参加的国际组织中的地位和作用还有待提高；第三，从权力结构来看，中国在既定的治理体系框架内是“被动参与者”，缺少规则制定权和议程决定权。目前，我们积极提出“一带一路”倡议，是对现有全球治理体系的一次创新，试图来打造“人类命运共同体”的合作理念。教育也身在其中，荣辱与共，那么如何整合中国在全球教育治理领域的既有优势和资源，制定中国参与全球教育治理的国家战略就成为当务之急。

最后，国内学术研究及创新还有待于进一步提升。在参与全球教育治理过程中，中国目前还比较被动，其中一个关键的原因在于中国的人文社科基础还不够强，缺乏先进的知识生产水平和能力。例如人文社会科学领域，欧洲贡献了教育治理的概念和治理框架，美国贡献了现代化理论，俄罗斯提出了欧亚联通，但是中国学术界的创新力还不够强，因此在国际上的话语权有待提高。

随着中国综合实力的增强，中国参与全球教育治理的角色从最初的旁观者到学习者再到现在的积极参与者，中国不仅承担了一个大国应尽的国际责任，而且也试图在全球教育规则制定中贡献出中国的力量和智慧。中国以全球教育规则的接受者身份参与到全球教育治理中，同时也受益于现有的国际教育规则。但是，随着中国参与全球教育治理的范围逐渐扩大，层次逐渐深入，再加上当前的全球教育治理体系在解决一些全球教育问题上仍不够完善，中国已经认识到在全球教育治理的规则制定上要发出本国声音的重要性。虽然中国作为一个新兴的发展中国家，也是全球教育治理的“后来者”，目前在制定全球教育治理规则上的经验和能力有限，尚未成为真正意义上的规则制定者，但是中国已经作出了参与全球治理的宏伟蓝图，也迈开了改革全球治理规则的步伐。在全球教育治理这个领域，中国若想真正从“局外”到“局内”，实现从“旁观”到“参与”再到“构建”的转变，就需要合理定位中国在全球教育治理中的价值，制定中国参与全球教育治理的战略框架。

第四节 德国与全球教育治理

德国是一个由16个联邦州组成的联邦制民主国家，位于欧洲中部，与九个国家接壤。德国是欧盟的创始国之一，与近200个国家保持外交关系，也是所有重要的多边组织和非正式国际协调小组成员，如“七国集团”和“二十国集团”，在全球治理中扮演着重要的角色。① 两次世界大战的惨痛教训促使德国不断超越狭隘的民族主义和国家中心主义，将推动欧洲联合、参与全球治理与多边合作视为实现国家安全与发展、重获欧洲国家信任、提升自身国际地位、应对全球性挑战的重要途径。第二次世界大战后，德国经济再次复兴，崛起成为欧洲第一大经济体。面对国际社会尤其是欧洲国家对“德国问题”再现的忧虑，德国深刻反思自身在世界体系中的角色定位和在全球事务中的作用方式，选择将本国发展与欧洲联合紧密结合，并把促进欧洲一体化和欧盟发展作为自身义务写入《德意志联邦共和国基本法》，成为区域一体化和经济全球化的支持者和推动者。然而，2008年国际金融危机以来，欧盟的发展面临主权债务危机、难民危机等一系列严峻挑战，德国在全球治理中的战略困境再次凸显。面对全球化的曲折进程和全球问题的复杂挑战，德国力图平衡国家利益与国际责任，在巩固区域主导地位的同时维护欧洲团结，并致力于在区域治理以及全球治理中发挥引领作用。②

---

① 德国外交部：《德国概况：外交政策》，见 https：//www.tatsachen-ueber-deutschland.de/zh-hans/lei-bie/wai-jiao-zheng-ce/ping-min-de-gou-jian-li-liang。

② 第一智库网站：《德国的全球治理——理念和战略》，2017年6月27日，见 https：//card.weibo.com/article/m/show/id/2309404123217143983374。

一、德国参与全球教育治理的历史进程

二战结束以来，德国一直是坚定的多边主义支持者，积极地参与全球教育治理的多边机制，主张通过全球协调来应对全球挑战。尤其是21世纪以来，德国实力上升，在全球教育治理方面正从“韬光养晦”变得更加“积极有为”。对外教育援助在德国参与全球教育治理中占有非常重要的地位和比重。在国际援助体系中，德国以其援助规模大、覆盖面广和专业性突出等特征和优势成为当今世界上最有影响力的对外援助国之一。按不同的特征变化，我们大致可以把德国对外教育援助划分成典型的四个阶段。

（一）创立与起源阶段（1952—1972）

二战后，随着经济复苏，德国总理阿登纳在1961年决定扩大对外援助，包括对外教育援助，并且创建德国发展部。导致这个转折出现的根本原因是，从国际环境来看，美国的艾森豪威尔和肯尼迪政府希望那些已经战后恢复的发达国家，对发展中国家的教育实施援助计划。1961年德国经济发展迅速，肯尼迪总统对德国政府施加了巨大的压力，阿登纳总理被迫答应扩大教育援助规模；从国内来看，政党政治的博弈左右了对外教育援助的走向。1961年阿登纳总理组建新的德国发展部，专门致力于对外援助事务。

（二）巩固与发展阶段（1973—1990）

巩固与发展阶段源自于欧洲社会结构和社会思潮的变化，具体而言是两件大事：1968年开始，欧洲各国的学生和进步青年以及激进分子发起了青年运动。德国青年走上街头，反对政府参与印度支那战争，在和平和发展问题上向政府施压。这些被称为“68一代”的年轻人，之后大都成为国际教育援助计划中的专业人员；同样是在1968年，社民党领导的联合政府上台，任命艾普勒（Erhard Eppler）为新一任经济合作部长（此时的德国发展部已经改成德国经济合作部，以下简称经合部），其上任后不断向勃兰特总理施压，要求由经合部来主管教育援助资金，并于1972年大选后实现了这一主张。根据德国国际发展援助丰碑性人物艾普勒部长

的自述，由经合部来主管财政援助，就可以在援助资金的使用上，较少受到德国商业利益集团的控制，更多地把资金投入到教育援助上。①

（三）紧缩与复兴阶段（1990—2003）

20 世纪 90 年代，德国对外教育援助进入第三阶段，主要特征有两个：第一，增加了新的全球教育治理的目标，致力于全球性教育问题的解决，比如全民教育、环境教育、国际理解教育，以及文盲、复读等问题。第二，本阶段早期教育援助总量迅速上升，尤其是对转型国家；而中后期援助总量大幅下降，并减少了受援国数量。这一阶段德国教育援助总量的大幅波动受国内外一系列因素影响：首先，历史背景是冷战结束、苏联解体和东欧转型产生地缘政治与经济结构的根本改变，而德国与这些国家之间的利害关系密切，因而迅速成为该地区最大的双边援助国；其次，国内背景是两德统一后，每年要大约花费 1000 亿美元的庞大政府预算投入德国东部；再加上德国政府根据 1992 年《马斯特里赫特条约》的规定，到 1999 年要将财政赤字降到国内生产总值的 3% 以内，两者相叠加使得政府面临巨大的财政压力，因而德国从 90 年代中期开始，不得不大幅减少对外教育援助的经费预算。但这个变化与调整仅是短暂的，1998 年，社民党和绿党之间的“红绿联盟”组成联合政府，随即开始复兴对外教育援助。比起之前由基民盟领导的保守联盟，新的联合政府更加关注海外教育发展问题。1999 年起，德国对外教育援助规模重新回升。②

（四）追赶与致力于全球教育治理阶段（2003 年至今）

在 2002 年蒙特雷发展援助峰会上，欧盟承诺到 2006 年为止，其成员国的对外援助水平将达到国民总收入的 0.33%，并在未来长期实现 0.7% 的联合国目标。对于德国来说，这一承诺意味着至少几十亿美元的增量。

① Carol Lancaster，*Germany：A“Middle of the Roader”*，Chicago：University of Chicago Press，2013，p.175.

② Guido Ashoff，“German Development Co-operation since the Early 1990s”，In Paul Hoebink，Olav Stokke（eds.），*Perspectives on European Development Cooperation*，London：Routledge，2005. p. 16.

在接下来数年中，德国确实大幅提升了援助规模，仅 2002—2003 年，就增加了将近 20 亿美元；2007 年，德国作为欧盟轮值主席以及八国集团峰会的东道国，将关注点集中在世界经济、政治、教育和社会发展等关键性全球问题上，德国在此所发挥的作用显示了德国作为援助国的全球影响力。①2010 年，德国对外援助预算总额的 13.34% 用于教育；到 2012 年，德国教育援助的比例达到高峰，接近 15.5% 的援助资金被用于教育援助。2009—2014 年，德国的对外教育援助总额一直居于世界第一位。尽管到 2015 年教育援助比例有所下滑，但是仍然在总体上保持在 10% 以上，并且投入资金额一直保持上升。2016 年德国在教育领域的双边援助净支出高达 16.6 亿欧元，约占各项援助总额的 10%。② 联合国教科文组织指出，德国是过去几年中增加教育支出的四个国家之一，这有助于弥补其他捐助者对教育援助的削减，弥补全球对于基础教育援助的削减。

自 21 世纪以来，德国的官方发展援助（Official Development Assistance，简称 ODA）总量迅速上升，其规模现已稳居世界第二位，位于美国之后。最新的统计数据显示，经过几十年的努力和改革，德国目前已经拥有世界上规模较大、专业性较强的国际教育援助力量，形成了成熟而完善的对外教育援助机制。自德国开始提供对外援助至今，“官方发展援助”这一概念实际上也经历过一个变化：20 世纪 50 年代至 90 年代，此时沿用的是“Entwicklungshilfe（发展援助）”。③ 冷战结束后至 21 世纪初期，由于德国的对外援助经历了曲折发展的过程④，德国的官方文件也开

① OECD，OECD Development Assistance Peer Reviews：Germany 2010，p.27，2011 年 5 月 13 日，见 https：//www.oecd-ilibrary.org/development/oecd-development-assistance-peer-reviews-germany-2010_9789264098299-en。

② 胡怡、姚莉娜：《德国的教育援助以及启示———以对非洲国家的教育援助为例》，《天津中德应用技术大学学报》2018 年第 2 期，第 69—70 页。

③ Craol Lancaster，*Foreign Aid*：*Diplomacy*，*Development*，*Domestics*，Chicago：University of Chicago Press，2007，pp. 173.

④ Paul Hoebink，Olva Stokke（eds），*Perspectives on European Development Cooperation*，London：Routledge，2005，pp.16-18.

始普遍使用“Entwicklungs zusammenabeit”一词（简称 EZ），其字面含义为发展合作。2009 年以后，作为对全球化的回应，德国开始更多地使用“Internationale Zusammenarbeit”（国际合作，简称 IZ），尤其在涉及与新兴国家的发展援助及合作的情况下。① 也就是说，德国认为援助是一种以发展为目的的平等的国际合作关系。这一概念的演变体现了德国的对外援助理念——重视平等互利的合作伙伴关系。

2017 年 3 月，德国政府发布了第 15 个发展援助政策报告《发展援助政策：未来政策与和平政策》（Entwicklungspolitik als Zukunfts-und Friedens-politik），该文件指出，德国已经以消除贫困、教育、民主与人权和经济可持续发展等为主题制定了 20 余个援助战略文件（Strategiepapier）、立场文件（Positionspapier）及行动计划（Aktionsplan），并根据其援助重点制定了若干区域发展政策文件等，这些政策文件构成了德国对外援助工作的基础与框架。② 值得注意的是，虽然德国的法制较健全，对外援助也有较长历史，但到目前为止，德国尚未出台一部像美国那样的对外援助法。

具体到教育领域，2012 年 2 月，经合部发布了《2010—2013 年教育战略：让更多人受教育的十项目标》（Zehn Ziele für mehr Bildung：BMZ-Bildungsstrategie 2010-2013），明确了德国对外教育援助的理念与指导思想。该文件指出：德国在对外教育援助中重视传播终身学习理念，推进受援国的全民教育、全纳教育和性别平等教育，加大对弱势群体的援助力度，且提出十项具体目标，分别是创造更多教育机会、全面促进教育、提高中小学教育质量、大力拓展职业教育、发展高等教育作为未来的责任承担者、男女受教育机会均等、实施创新性教育投资、加强对话并提高影响力、利用企业对教育的潜力及激发教育责任心等。③2015 年 7 月，德国在

① 尤其是涉及与中国的发展援助及合作。2009 年 10 月，时任德国经济合作与发展部长德克·尼贝尔就明确表示结束对中国的发展合作（EZ），而改为国际合作（IZ）。

② 燕环、孙进：《德国对外教育援助：概念、机制、特征》，《德国研究》2019 年第 2 期，第 24 页。

③ 燕环、孙进：《德国对外教育援助：概念、机制、特征》，《德国研究》2019 年第 2 期，第 25 页。

遵循“2030年可持续发展议程”教育目标的基础上提出《创造公平的优质教育机会》（Gerechte Chancen auf hochweitige Bildung schaffen）的教育战略，明确了德国对外教育援助的指导原则、行动领域与援助途径等，并从获取教育资源和计划的途径不足、教学质量偏低和教育治理能力薄弱等方面指出了教育援助中现有的挑战与困难。①

二、德国参与全球教育治理的主要机构

德国参与全球教育治理的主要机构按照类型可分为两类：官方机构和非官方机构。官方机构一直以来都居于德国参与全球教育治理的核心地位，非官方机构在世界各国设立办事处，通过构建校友网络营销德国高等教育，也为德国参与全球教育治理贡献自己的一分力量。

（一）官方机构

1. 德国联邦经济合作与发展部

德国联邦经济合作与发展部（Bundesministerium für wirtschaftliche Zusammenarbeit und Entwicklung，简称BMZ）于1961年11月14日在波恩正式成立，成立初期仅负责协调德国的对外援助工作，技术援助和财政援助计划及其预算等仍由德国外交部和经济部主导制定。

1964年起，经合部逐渐取代外交部成为统筹领导德国对外援助的政府机构。该机构的主要职责包括制定多边、双边发展政策战略，帮助伙伴国家实施发展计划和项目；支持非官方机构和社会组织的发展政策合作项目；考察和评议德国对外发展援助的效果，监督援外物资的使用等。② 在程序管理上，经合部会向联邦议院提交“联邦政府发展援助政策报告”，且在内阁中设有部长席位，联邦议院中的经济合作和发展委员会负责审查和监督德国官方发展援助政策和战略，包括援助渠道和援助形式等，联邦

---

① 燕环、孙进：《德国对外教育援助：概念、机制、特征》，《德国研究》2019年第2期，第25页。

② 南方：《德国社会组织参与政府发展援助的管理体系及其启示》，《学会》2020年第2期，第14页。

预算委员会通过年度预算流程参与到发展合作体系中。①

德国国际合作机构（Deutsche Gesellschaft für Internationale Zusammenarbeit，简称 GIZ）和德国复兴信贷银行（Kreditanstalt für Wiederaufbau Bankengruppe，简称 Kfw）是经合部下设的两个对外援助实施机构，共同负责德国援助政策的贯彻实施。德国国际合作机构下面设有 8 个不同的部门，其中和教育援助直接相关的是部门服务部和执行部：部门服务部主要为援助项目执行提供技术支持服务，按照领域分为内部顾客服务、经济发展和就业、教育健康和社会保护、水和能源及交通、农村发展和农业、环境保护和气候变化、安全和恢复重建等，执行部负责管理和执行在发展中国家进行的发展项目，按照区域进行划分，分别设立非洲办公室、亚太办公室、中欧办公室及中亚办公室等，负责跟进相应区域的援助项目。②

德国国际合作机构作为德国对外援助的执行机构发挥着重要作用。接到教育援助的申请之后，德国国际合作机构通常先派遣调查团奔赴受援国或地区展开预备性调查，与当地办公室一起预先拟定援助方案、对援助项目进行预评估并将评估报告提交经合部。经合部对评估结果作出分析并决定是否值得采取促进措施，如需进行援助，经合部委托相应执行机构具体负责该计划的德方部分。计划实施过程中，德方执行机构是否按照原定计划实施该方案作出考核，经合部对整个进程进行监管，并视情形进行纠正和完善。德国复兴信贷银行专门负责具体实施和协调德国的教育援助。德国复兴信贷银行由 4 个业务本部和 5 个子公司组成，代表经合部承担德国对外教育援助中的融资、贷款等职能，资助开展教育援助与合作计划。

此外，经合部下面还曾设有两个机构，对教育援助承担相应的任务：德国发展服务机构（Deutscher Entwicklungsdienst，简称 DED）负责向发展中国家派遣援助人员，其工作重心主要在职业教育和农业等方面；德

① 燕环、孙进：《德国对外教育援助：概念、机制、特征》，《德国研究》2019 年第 2 期，第 25 页。

② GIZ：Organigramm，见 https：//www.giz.de/de/ueber-die-giz/279.html。

国国际继续教育与发展协会（Internationale Weiterbildung und Entwicklung Gmbh，简称 InWnt）是联邦政府对外援助中人员培训类项目的主要实施者，其主要业务范围是为发展中国家经济界、政界和民间机构的专业人士与管理人员组织国际化、跨文化培训，促进国际对话和经验交流。其实施的项目主要包括：培训课程，知识讲座，与企业研究机构联合举办职业培训班，组织承办专业研讨会、论坛及相关国际会议，专业考察，学术交流，提供在世界各地的实习机会及利用互联网实施远程培训等。德国国际继续教育与发展协会与作为非营利性机构的德国发展服务机构不同，它完全以企业的形式运行。上述两个机构于 2011 年 1 月 1 日与德国技术合作公司（GTZ）合并成为德国国际合作机构（GIZ）①。根据2018年的统计数据，在德国经合部的援助预算中有 11.1 亿提供给私人部门，占其援助总预算的 11.8%。② 尽管如此，德国的对外援助体系整体来看还是呈现出较为明显的碎片化特征。③

2. 德国联邦教育与科研部

联邦教育与科研部（Bundesministerium für Bildung und Forschung，以下简称 BMBF，教研部）现下设 8 个司，分别是：中央司负责人事与财务；一司负责原则问题与战略及合作；二司负责欧洲与国际合作；三司负责职业教育与终身学习；四司负责高等院校与研究机构；五司负责数字化与创新研究；六司负责生命科学与健康研究；七司负责基础设施和可持续研究。④ 其中，中央司是教研部的服务部门，一司负责制定与德国教育相关的所有政策和战略，包括对外教育援助政策等。与对外教育援助直接相关的是二司，主管德国在教育与研究方面的国际合作和发展援助，涉及事

① 燕环、孙进：《德国对外教育援助：概念、机制、特征》，《德国研究》2019 年第 2 期，第 26 页。

② BMZ：Haushalt，见 http：//www.bmz.de/de/service/error/404.php redirect=/de/ministerium/zahlen fakten/ haushalt /index. html。

③ 2001 年、2005 年和 2010 年经合组织发布的发展援助卫生委员会同行评估中对此都有提及。

④ BMBF：Aufgaben und Aufbau，见 https：//www.bmbf.de/die-organisation-des-hauses-192.html。

务从欧盟至世界范围内教育双边关系的维护到多边国际机构的代表，如经合组织和联合国等。① 德国发展研究所的研究结果显示，教研部在对外援助方面投入的预算在 2002 年还相对较低，仅为 950 万欧元。自 2004 年起则大幅增加，2011 年达 7500 万欧元，到 2015 年援助资金更是增加一倍，高达 15 亿欧元。②

3. 德国外交部

自 2008 年以来，外交部在对外援助方面的投入逐年增加，从 2008 年占德国官方发展援助总额比重的 4% 增至 2015 年的 8%，是除经合部以外对德国官方发展援助贡献最多的部门。2012 年，具体到对外教育援助方面，外交部下设对外文化教育司，负责协调和制定德国的对外文化教育政策，出台相关政策文件，于 1975 年、2000 年和 2011 年先后出台了《德国对外文化政策报告》《对外文化政策——2000 方案》和《全球化时代的对外文化教育政策——赢得伙伴、传播价值、代表利益》等。③ 这些对外文化教育政策与德国的对外教育援助与合作政策有诸多重叠之处。

从 1994 年起，外交部启动对外文化教育政策年度报告机制，每年发布一次年度报告，迄今为止已发布 21 份年度报告。该报告旨在汇集德国各部门的信息数据，促进信息共享，使对外文化与教育政策的实施更加有序和透明。外交部确定对外文化教育政策的新重点和新方向，制定工作方针，确保文化教育活动都遵循德国对外文化教育政策的基本原则，通过与各文化中介组织签订合作协议，使文化中介组织独立自主地实施对外文化政策具体项目，企业、私人基金会和社会团体也可参与其中。④

---

① BMBF：Aufgaben und Aufbau，见 https：//www.bmbf.de/die-organisation-des-hauses-192.html。

② 燕环、孙进：《德国对外教育援助：概念、机制、特征》，《德国研究》2019 年第 2 期，第 28 页。

③ 燕环、孙进：《德国对外教育援助：概念、机制、特征》，《德国研究》2019 年第 2 期，第 29 页。

④ 王志强、王爱珊：《德国对外文化政策视角下德语对外传播及其实践》，《德国研究》2014 年第 4 期，第 101 页。

（二）非官方机构——德意志学术交流中心

德意志学术交流中心（Deutscher Akademischer Austauschdienst，简称DAAD）成立于1925年，是一个由241个高校会员和103个大学生团体会员组成的独立协会（2018年数据）。它是德国推行其对外文化政策、高等教育和科技政策以及高等教育领域合作发展的国家媒介，是目前全球范围内规模最大的、资助学生、学者进行国际学术交流的学术机构。DAAD的经费由德国联邦政府提供，是德国文化和高等教育政策的对外执行机构。作为德国高等院校的联合组织，德意志学术交流中心的主要任务是扶持德国和其他国家大学生、科学家的交换项目以及国际科研项目，并以此来促进德国大学同国外大学的联系。它拥有一个广泛的由德语讲师、分支机构以及奖学金学生组成的网络。目前共资助了210多万的国内外学者。目前，DAAD在世界范围内共设立了15个办事处和56个信息中心，为当地提供信息和咨询。

DAAD模式是全球教育营销的典型代表，对德国高等教育国际化起着特殊的作用。DAAD作为德国高校的学术组织拥有众多德国高等学校成员，可为教育援助提供智力支撑；拥有覆盖全学科的国际合作项目，以满足多元需求；拥有来自世界各国的“德国校友”作为联系人①，这些优势使得其得以专注于对外教育援助和国际教育合作。

DAAD致力于三大战略行动领域：第一，以奖学金和项目资助的形式提供资金支持，使未来的专业人才和领导人才在最理想的场所深造，为负责的行为进行自我准备以及实现与全球的持久联系。第二，建立开放性国际化战略结构。通过高校的合作，以提高科研和教学的质量，并与优秀的合作伙伴共同面对未来的挑战；促使更多人出国，成功地学习和研究；使德语继续成为一门重要的文化语言和科学语言；为高校的发展作出贡献，为超越界限和矛盾冲突搭建桥梁；第三，为科研学术合作预备专业知识，以便人们可以在充分掌握信息的情况下决定和制定科研政策。

---

① 缪学超，李钟钰：《走向国际合作的教育援助——德国学术交流中心案例研究》，《比较教育研究》2020年第8期，第82页。

DAAD 主要受到外交部、联邦教育与科研部（BMBF）和经济合作与发展部（BMZ）的联邦预算以及欧盟（EU）的资助。德国的 16 个联邦州承担了外国奖学金生的学习费用。其他的资助者为外国政府、企业、基金会和德国科学促进者协会。①

DAAD 在国内与联邦政府、高校之间进行双向交流合作，促进政治、学术交流发展，对外在世界各国设立办事处，通过构建校友网络营销德国高等教育，它提供的是从有去德国留学的想法开始直到学成归国之后的一整套服务，并且已经形成一套行之有效的经营和管理模式，得到德国政府和高校的普遍支持。

三、德国参与全球教育治理的基本路径

德国参与全球教育治理的基本路径包括：教育国际化、国际教育援助、跨境教育和参与国际组织。

（一）教育国际化

德国是世界上最受国际学生青睐的留学目的地国之一。而目前在世界范围内，德国排在美国、英国、澳大利亚之后，留学生数量居于全球第四位，非英语国家第一位。在对海外科研人员的吸引程度上，德国位列世界第三。该数据来源于 DAAD 和德国高等教育和科学研究中心（Deutsches Zentrum für Hochschul-und Wissenschaftsforschung，简称 DZHW）最新发布的《科学向世界开放 2019 报告》（Wissenschaft weltoffen 2019）。

根据数据，2016 年约有 252000 名外国学生（这里指未在德国参加高考 Abitur 的外国学生）在德国大学学习，比上一年多出 16000 人。这一数据比法国多出整整 6000 人。2017—2018 年冬季学期，德国大学中的国际学生人数又攀升至 282000 人，一年的时间增长了约 3 万人。其中中国

① 德意志学术交流中心：《学习科研教学无边界》，2015 年 9 月，见 https：//www2.daad.de/medien/der-daad/medien-publikationen/publikationen-pdfs/15_chinesisch.pdfhttps：//www.tatsachen-ueber-deutschland.de/zh-hans/lei-bie/wai-jiao-zheng-ce/ping-min-de-gou-jian-li-liang。

学生最多，占到 37000 人。第二位到第四位分别是印度（17300 人），奥地利（11100 人），俄罗斯（10800 人）以及意大利（8900 人）。①

德国的高等教育国际化最早可追溯到 19 世纪下半叶，现代意义上的博士教育在德国诞生后，吸引了大量的国际学生远赴德国攻读博士学位，这些学生归国后创建了本国的博士培养体系。② 其中最有代表性的便是美国学子留学德国，从 1815 年到 20 世纪初，近万名美国学子远赴德国，史学家称作是“高等教育史上文化相互影响的最不寻常的例子之一”③。德国大学重视传授高深的专业知识，学业任务重，完成学业所需的时间长，因学术要求高而致使学生辍学率④ 很高，这让德国大学所颁发的学位被普遍认为具有很高的含金量。国际学生作为理性决策的行为者选择留学德国的一个重要原因，正是因为德国大学所颁发的文凭深得国际认可，可以给他们带来所期待的“收益”。⑤ 进入 21 世纪，为推进本国高等教育国际化，德国政府提出了更加全面的战略目标：到 2020 年，德国的国际学生数量达 350000 人；资助更多的外国学者来德国交流与学习，重点加强同发展中国家之间的科研合作与交流；到 2020 年，50% 的本国学生将拥有出国留学经历，33% 的学生留学时长不低于 3 个月。⑥

德国在促进教育国际化领域积累了较为丰富的经验。首先，积极参与欧盟的教育项目。为了推进本国的高等教育国际化，德国政府积极参与

① DZHW&DAAD：《科学向世界开放 2019 报告》，2019 年 8 月 19 日，见 http：//www.199it.com/archives/925295.html。

② 沈文钦、王传毅、金帷：《博士生跨国学位流动的国际趋势与政策动向》，《高等教育研究》2016 年第 3 期，第 46—55 页。

③ 贺国庆：《西方大学史上的留学潮》，《高等教育研究》2017 年第 2 期，第 67—72 页。

④ 德国大学生在本科阶段的辍学率平均为 28%。工程类学科的辍学率为 36%，个别学科（如建筑工程）的辍学率高达 51%。外国学生的辍学率比德国学生还要平均高出 10 多个百分点。Ulrich Heublein et al.，*Die Entwicklung der Studienabbruchquoten an deutschen Hochschulen*，Hannover：DZHW，2014，pp.3-4.

⑤ 孙进、宁海芹：《德国作为留学目的地国之魅力溯源——兼析德国吸引留学生的国际化政策》，《比较教育研究》2015 年第 12 期，第 2 页。

⑥ Federal Ministry of Education and Research，*Internationalization of Education*，*Science Research*，Bonn：Publikationsversand der Bundesregierung，2016，p.31.

到欧盟高等教育合作项目中去，先后参与了伊拉斯谟项目、博洛尼亚进程等高学教育国际化项目。为了适应高等教育国际化的要求，更好地与国际接轨，进而促进学生的国际流动，德国在博洛尼亚进程中改革了传统的学制，引入了国际上通用的学位体系，德国各类高校在传统学位制度之外逐步引入了“学士—硕士”的国际化学位体系。同时，根据2007年的《伦敦公报》和2009年《鲁汶公报》建立“三级学位体系”（three cycle degree system）的要求，德国大学逐步建立起包括学士、硕士和博士三个层次在内的三级学位制度。改革之后，在国外获得本科或硕士学位的留学生有可能直接进入德国大学的下一阶段学习，而不需像以前那样从头学起；同时采用了“欧洲学分转化系统”（ECTS），这一举措便于欧洲高校之间的学分转换，有助于促进学生国际流动。① 除此之外，德国高校在博洛尼亚改革进程中开始在学位证书之外颁发“文凭补充文件”，即在常规的文凭证书之外的补充说明文件。文凭补充文件用英语和德语撰写，具有统一的格式要求，用来说明毕业生所学专业的录取前提、学业内容、能力目标等。这一补充说明有助于提升德国学历和学位在国际上的认可度，便于留学生毕业后在其他国家就业或继续深造。

其次，大力发展国际合作项目。为了提高高等教育国际竞争力，德国政府和各高校都十分注重与世界各国的合作。截止到2004年，德国高等院校开展的国际合作项目共计1.68万项，其合作伙伴涉及世界上46个国家和地区，遍布世界各大洲。其中，德国与中国高校的各种合作项目就高达638项。② 同时，德国大力发展跨国高等教育，德国已经与世界多个国家建立起了合作办学关系。

最后，注重海外招生，推进人员国际交流。德国政府通过德意志学术交流中心（DAAD）推出一系列促进学生国际交流的项目。2005年，

---

① 孙进、宁海芹：《德国作为留学目的地国之魅力溯源——兼析德国吸引留学生的国际化政策》，《比较教育研究》2015年第12期，第4页。

② 刘京辉：《德国高等教育国际合作广泛活跃》，《高等教育国际化资讯》2006年第2期，第27—28页。

德国在外国的留学生达7.98万人，其中在德国DAAD资助下，就有1.2万名欧洲学生到德国学习，5787名德国学生到欧洲国家学习。① 为了进一步推进学生国际交流，德国联邦教研部与DAAD在2008年共同发出了“大学生要走出去，到国外去留学”的倡议，截止到2008年，德国大约30%的高校毕业生有在国外长期学习或实习的经历，而此次倡议的目的是要将这一比例提高到50%。② 在发展学生国际交流的同时，德国也大力鼓励学者交流。2004年，德国政府为2.89万名国外学者，4067名德国学者提供国际交流资助③；2005年，仅德意志学术交流中心就资助了5300名国外学者、3600名德国学者进行访学交流。

为了促进教育国际化，德国十分重视在海外的招生宣传，除德国的高校之外，由德国政府直接资助的德意志学术交流中心（DAAD）在此扮演着重要的角色。DAAD以不同的方式在海外宣传和推广德国高等教育。例如：(1) 开设暑期学校。DAAD每年都会资助德国高校在国内外开办暑期学校，暑期学校大多使用英语授课，学分亦被认可。DAAD为每个暑期学校提供25000欧元的资助。因此，这一活动的目的并非是盈利，而更多的是为了增进国际学生对德国高校的了解，吸引他们前来德国留学。(2) 资助人员流动和交流。④ 这里面包括众多为德国人和外国人设立的项目。例如BIDS项目⑤ 支持德国高校与国外的PASCH学校⑥ 建立联系，为

---

① Sekretariat der ständigen Konferenz der Kultusminister der Länder，Zweiter Bericht zur Realisierung der Ziele des Bologna-Prozesses von KMK und BMBF，2008年12月28日，见http：www.bmbf.de pub nationaler-bericht-bologna-2007.pdf。

② 曹喆：《德国鼓励大学生出国留学》，《世界教育信息》2008年第2期，第5页。

③ BMBF，*The Education System in the Federal Republic of Germany 2005*，Berlin：Federal Ministry of Education and Research，2006，pp.271-272.

④ 孙进、宁海芹：《德国作为留学目的地国之魅力溯源——兼析德国吸引留学生的国际化政策》，《比较教育研究》2015年第12期，第3页。

⑤ BIDS项目全称为“Betreuungsinitiative Deutsche Auslands- und Partnerschulen”（德国海外及伙伴学校的辅助计划）。

⑥ PASCH学校的德文为“PASCH-Schule”，是“Schulen：Partner der Zukunft”（学校：未来的伙伴）的缩写。这个项目是由德国外交部创立的，由德意志学术交流中心（DAAD）、教育交流中心（PAD）、德国国外学校教育司（ZfA）和歌德学院（GI）共同实施。

这些学校的毕业生到德国留学提供全方位的引导和帮助；另外，外国学生团体在德实习和调研、外国高校教师在德国高校任客籍教师等项目都可以申请 DAAD 的资助。① 这些项目对于吸引更多的学生和教师来德国高校、提升德国高校的国际化水平有很大的促进作用。（3）提供免费咨询和信息材料。DAAD 除了在宣传巡讲、展会活动、德国高校日等活动中为参加活动的学生提供面对面的咨询服务之外，还通过邮件的形式回答外国学生有关留学的问题。此外，DAAD 还制作了内容丰富、形式多样的宣传册，比如《德国作为目的地：国际学生指南》对德国学习和生活的方方面面都提供了详细的信息和建议；《在德留学与科研：带评论的网址链接》详细列举了留学生在德学习和研究可能用到的网址；《在德国学习：为孩子做的正确选择》是一份专门面向家长的咨询材料；此外还有一些有关德国高等教育制度以及具体学科的介绍材料，比如《学在柏林：MBA 与国际硕士项目》为国际学生提供工商管理硕士以及国际商业硕士学位项目的咨询材料。② 这些材料大都配有光盘，有英文版本，部分还有法语、西班牙语、波兰语、阿拉伯语等其他语言的版本。在 DAAD 的网站上，用户可以免费下载这些材料的电子版。③

（二）国际教育援助

按照援助形式的不同，国际教育援助可以分为双边援助和多边援助。双边援助是指在受援国与援助国双边平等层面上进行的援助，双方通过交流协商制定援助计划，但经常带有附加条件，因此也常被称为“限制性援助”，是一种带有强烈目的性的援助。④ 多边援助则指援助国通过多边国际机构（如世界银行和国际货币基金组织等）利用机构成员国捐款、认

---

① DAAD：Informationen für deutsche Hochschulen-Mobilitat und Austausch， 见 https：//www.daad.de/hochschulen/programme-weltweit/mobilitaet/de/。

② DAAD：Study in Berlin--MBA &International Master’s Programme，见 https：//www.daad.tn/en/university-ads/berlin-hwr-ma-mba/。

③ 孙进、宁海芹：《德国作为留学目的地国之魅力溯源——兼析德国吸引留学生的国际化政策》，《比较教育研究》2015 年第 12 期，第 3 页。

④ 左常升：《国际发展援助理论与实践》，社会科学文献出版社 2015 年版，第 27 页。

缴股本、优惠贷款等向受援国提供的援助。[①]德国对外教育援助的双边援助形式包括财政合作、技术合作、职业培训及派遣专家和援助人员等；在多边援助中，德国通常以会费或捐款的形式提供资金，支持有关援助项目。但有时德国联邦政府也提供专项资金，委托国际组织实施某些特定的项目。

德国政府也支持全球教育伙伴关系（GPE）等国际性非官方组织的教育援助项目。目前，德国已为 40 多个国家提供了双边教育援助，尤其是在以下 10 个国家中，教育援助是优先事项：阿富汗、危地马拉、几内亚、洪都拉斯、也门、科索沃、马拉维、莫桑比克、巴基斯坦和塔吉克斯坦。[②]德国对外教育援助的重心在非洲，尤其是撒哈拉以南和中东地区，同时也特别关注危机地区、战乱地区及其他不稳定地区并加大对这些地区的援助力度。[③]

自 20 世纪 50 年代实施对外援助以来，德国已经形成了独特而成熟的援助机制，包括：以德国经济合作部为核心的组织体系，以德国国际合作机构等为代表的执行机构，以及以双边援助为主、以多边援助为辅的援助形式。通过对外教育援助，德国在全球教育治理进程中贡献自己的力量。

（三）跨境教育

二战结束以后，西德开始了国家形象重建工作，政府意识到必须通过文化的力量来重塑德国形象和德国价值，跨境教育机构成为对外文化交流的重要机构。

歌德学院是德国跨境教育机构中的杰出代表，也肩负起传播德国文化的使命。其前身是德意志学院，德意志学院于 1925 年成立，其目标是改善德国在国际上的形象以及帮助德国国民获得统一的文化认同，后来获

---

① 燕环、孙进：《德国对外教育援助：概念、机制、特征》，《德国研究》2019 年第 2 期，第 30 页。

② 燕环、孙进：《德国对外教育援助：概念、机制、特征》，《德国研究》2019 年第 2 期，第 31 页。

③ 燕环、孙进：《德国对外教育援助：概念、机制、特征》，《德国研究》2019 年第 2 期，第 31 页。

得德国政府的资金支持，其任务是培训在德国境内的外籍德语教师。1932年是德国最伟大的诗人歌德逝世100周年，德意志学院专门在慕尼黑成立了一家用于定期培训德语教师的机构，这个机构最终被命名为歌德学院，1945年二战结束后德意志学院被美国强制关闭。1951年联邦德国在慕尼黑再次成立专门培训外籍德语教师的机构，即现在的歌德学院。1953年歌德学院与德国外交部签订框架协定，开始规范学院的地位，虽然歌德学院接受德国政府的资助，但仍然是一个独立的文化机构。

歌德学院的主要任务包括三个方面：其一，在国外推动德语学习。具体包括在国外开设德语课程，支持国外的德语教育，提供德语学习奖学金，扶助相关机构及人员参与德语培训，开发德语学习的讲义、教材和考试系统。其二，推动德国的对外文化合作，具体包括承办国际文化合作活动，在海外推广德国文化。其三，开发德国对外传播的媒介，如办理去德国的访问活动，出版和制作印刷品、电影、书刊、电视等宣传德国文化。歌德学院系统包括歌德学院、歌德中心、文化协会、德语阅览室和德语考试以及学习中心。同时歌德学院也与德国各州政府合作举办丰富多彩的文化交流活动。

德国负责对外文化教育政策的部门为外交部的文教司，但是具体执行德国对外文化交流的主要机构为歌德学院、洪堡基金会、德国之声以及德国学术交流中心等。歌德学院作为分布范围最广的权威德语教学机构，为德语在海外的推广以及帮助外国学生学习德语作出了重要的贡献。除了德语教学之外，歌德学院还举办丰富多样的文化活动，在国外介绍德国文化、社会以及政治生活，推动国际文化交流与合作通过语言学习与文化交流等活动，歌德学院为吸引外国优秀人才到德国留学作出了不容小觑的贡献。

除此之外，德国有许多海外办学项目来促进跨境教育的发展。德国大学的海外办学项目有多种不同的形式，如在海外创办大学，设立海外分校，或在国外的大学中开设学院 / 专业。以就读人数来衡量，德国目前最有影响的海外办学项目是：埃及的德国开罗大学；约旦的德国约旦大学；

中国上海的中德学院、中德工程学院、上海—汉堡国际工程学院；阿曼的德国阿曼科技大学；新加坡的慕尼黑工业大学亚洲分校以及哈萨克斯坦的德国哈萨克斯坦大学。越来越多的德国留学生此前曾经在德国大学的海外办学项目中学习过。①

中国改革开放以后，歌德学院于1980年与同济大学合作设立同济大学留德预备班，为中国的研究人员前往德国留学培训语言。1988年歌德学院在北京正式成立，北京歌德学院设立在北京外国语大学。1999年以后，歌德学院在上海、广州、北京等地先后设立德语资料室和德语自学中心。面对新兴国家的发展，歌德学院加大了在中国、印度、巴西等地国家推广德语的力度，2012年德国出台了"建构全球化、巩固伙伴关系、共同承担责任"的全球化方案，重视在这些新兴国家传播德语。在印度，歌德学院在超过1000家私立学校开设德语课程，在俄罗斯开展全民学德语活动，把德语提升到俄罗斯第二外语的地位。歌德学院的建立为德国推动全球教育治理作出了功不可没的贡献。②

（四）参与国际组织

德国积极参与的与全球教育发展合作有关的国际组织有：欧盟（EU）、经合组织（OECD）、联合国儿童基金会（UNCIEF）和世界银行等。

二战以后，联邦德国一直是欧洲一体化进程积极而主要的参加者。从1957年欧洲经济共同体成立至今60多年来，德国社会生活与欧洲一体化已经紧密融合在一起。德国是欧盟成员国中人口最多的国家，它的人口占欧盟总人口的20%，国民生产总值约占欧盟的30%，德国经济在欧洲稳坐第一把交椅，被称为"欧洲经济的火车头"，其GDP占欧盟的1/3。在全球贸易中欧洲占36.9%，而德国本身就占了欧盟的一半。③德国的教

---

① 孙进、宁海芹：《德国作为留学目的地国之魅力溯源——兼析德国吸引留学生的国际化政策》，《比较教育研究》2015年第12期，第5页。

② 中国社会科学网：《黄岩：歌德学院——德国公共外交平台》，2017年7月25日，见http：//orig.cssn.cn/gj/gj_gwshkx/gj_zhyj/201707/t20170725_3590149_1.shtml。

③ 德国经济概况：《德国经济——欧洲经济的火车头：中国与德国的经贸关系》，见http：//www. chuguo.cn/info/lvyoucountry/economy/2004-06/148.htm。

育援助计划都要遵守欧盟提出的“3C”原则，即Coordination（协调）、Complementarity（互补）、Coherence（一致）。欧盟的存在为德国参与全球教育治理构建了一个和谐发展的平台。从20世纪80年代的伊拉斯谟计划到1998年《索邦宣言》，德国积极参与其中，促进本国高等教育体系与欧洲各国相互协调。1999年，欧洲29国共同签署《博洛尼亚宣言》，旨在消除欧洲国家之间学生的流动障碍，提高欧洲高等教育的世界吸引力，并确定到2010年建立欧洲高等教育区的发展目标。德国通过参与欧洲教育一体化进程，实施欧洲转换学分系统和欧洲研究生课程项目，既推动本国教育体制的改革发展，又为全球教育的发展贡献力量。

德国作为经合组织的会员国之一，早在2000年就参与了经合组织发起的国际学生测评项目（PISA）。首次参测结果处于中游水平，引发社会的震动（PISA冲击）。此后，德国各界展开对教育的讨论，开启了一系列教育改革。2013年PISA结果显示德国学生的数学、阅读和科学表现首次超过OECD国家的平均水平，彰显了德国10多年来的教育改革成就。

放眼全球，德国坚持履行联合国战略框架下的可持续发展战略目标，并向国际组织提供实质性的对外援助。2018年，德国政府向联合国儿童基金会（UNICEF）援助3000万欧元，用于对南苏丹儿童提供营养、庇护和清洁用水。UNICEF驻南苏丹代表摩多称，由于战乱不断、经济崩溃，南苏丹有超过400万儿童面临营养不良、疾病和缺水挑战，许多儿童被杀害、伤残、拐卖、招募进童子军，没有机会接受教育。德国驻南苏丹大使亨德里克称，德国是南苏丹第三大人道主义援助方，可见德国为对外援助付出的努力。①

四、德国参与全球教育治理的经验和挑战

作为欧洲政治大厦的支柱性国家，德国是影响全球教育治理成效的

① 中华人民共和国驻南苏丹共和国大使馆经济商务处：《德国政府向UNICEF援助3000万欧元用于救助南苏丹儿童》，2018年3月21日，见http：//nsd.mofcom.gov.cn/article/jmxw/201803/20180302720862.shtml。

重要力量之一，既积累了一些成功的经验，也面临一系列挑战。

（一）德国参与全球教育治理的经验

第一，从对外教育援助上来看，德国对外教育援助体系的不同部门各司其职。经合部作为一个高级别对外援助机构负责统一管理和协调整体规划，并重视各部门之间的合作。在机构管理与设置上，德国已形成比较完善的组织体系和一套行之有效的运行机制，基本上动员了德国各级政府部门和社会各界的力量。[①] 除此之外，德国对外教育援助具有时代性特征，随国际环境变化而作出相应调整。德国在保持政策连续性和机制相对稳定的前提下，会根据国际形势和德国战略利益的变化，适时对援助发展政策进行调整，做到原则性和灵活性的有机结合。目前，德国的对外教育援助以双边和区域援助为主，通过与受援方签订双边协议（或备忘录）、发布相关声明以规范其对外援助与合作。[②]

第二，加强与国际组织的协调与合作，如与欧盟、联合国系统下的国际援助机构及世界银行等合作，不断扩大多边援助规模。国际组织一般拥有众多会员国，德国试图在与国际组织的合作中发挥领导作用，通过其在国际社会的影响力，呼吁更多的国家和国际组织参与对相关国家的对外援助，加强与非政府组织、研究机构和私营企业等的合作，如不断加强与全球教育伙伴关系的合作。

第三，德国对外教育援助涉及范围广，兼顾幼儿教育、基础教育、中学教育、职业教育、高等教育和成人教育，其重点主要放在基础教育、职业教育和高等教育上。在基础教育方面，德国为援助国提供课程开发、教学材料编制和改善学校管理等方面的建议，还支持学校基础设施建设以及教师教育和培训等。在高等教育方面，为援助国提供大学和研究管理方面的建议，包括从个人支持到为外国留学生设立奖学金的计划，再到大学基础设施等。职业教育援助位于德国对外教育援助的中心，可谓德国对外

---

① 周弘：《对外援助与国际关系》，中国社会科学出版社 2002 年版，第 344—345 页。

② GIZ：Deutsche Entwicklungszusammenarbeit mit Lateinamerika 1985-2005，见 http：//www.giz.de/de/weltweit/suedamerika.html。

教育援助的“金字招牌”。

第四，重视教育国际化。国际合作交流是高等教育国际化的重要途径，德国为推动本国与其他国家的教育交流与合作，不但从政策、资金等多个角度给予支持，而且从参与国际项目、人员互访、合作办学的多个层次融入高等教育国际化中去。为推动本国高等教育国际化，德国高校在推动国际课程的开发和发展工作的同时，努力推进英文教学工作，提升德国在国际高等教育市场上的吸引力。留学生教育及其发展规模是衡量高等教育国际化程度的重要指标，为了发展留学生教育，德国政府和高校每年都在留学生教育上投入大量的人力、物力和财力。

（二）德国参与全球教育治理的挑战

第一，德国对外教育援助现有的管理体制存在着一定的问题，如组织结构“碎片化”，不同的政府部门都会参与到教育援助中，但是彼此间的联系有限。德国目前尚没有建立一个部际协调机制来协调各个部门之间的行动，各个部门在各个国家中的行动主要依托德国设在不同国家的使馆，使馆内负责对外援助事务的官员会协调德国的各项援助活动。

第二，差异化的就业与居留政策使德国高等教育吸引力下降。近年来，德国呈现出移民政策收紧的趋势。2016 年，德国通过了一项新移民政策——“PuMa”计划，即通过打分制确定国际学生或外国学者能否在德国工作。该新政不仅对申请者的年龄、学历、工作经验等提出了新的要求，还提出要对所有申请者的分数进行排名并按照国家需求进行排队候选的新方案，且非欧盟移民在 5 年内不能享受某些社会福利。① 与其他主要留学目的国相比，该政策的实施降低了德国教育的吸引力。

第三，语言障碍。德国是非英语国家，一项针对德国学生辍学率所做的调查显示，语言问题、严格的学业要求以及难以适应的教学氛围是导致众多国际学生辍学的主要原因。② 虽然近年来德国不断在教学和国际合

① 王辉耀、苗绿：《中国留学发展报告 2017》，社会科学文献出版社 2017 年版，第 17 页。

② 杨洲、刘志民：《德国高等教育国际化的特点、路径及挑战》，《高等教育研究》2018 年第 8 期，第 101 页。

作中大力推广使用英语，但是德国的一些官方文件大多仍以德语为主。此前，一项专门针对国际学生满意度的调查显示，大部分国际学生均提出一个问题，即德国的官方文件及相应的申请材料都用德语撰写。①

第四，改革中的学位制度也是德国参与全球教育治理面临的挑战之一。根据“博罗尼亚进程”的要求，虽然德国在传统的两级学位制度基础上引入了学士学位，建立起三级学位制度，并在学生毕业后颁发欧盟国家认可的“文凭补充文件（Diploma Supplement）”，但是许多国际学生表示其在找工作以及升学方面仍存在着不被认可的风险。一方面新的学位制度会削弱德国大学原有的特色与优势，另一方面新旧学位制度的差异也是国际学生需要考虑的现实问题。

第五节 英国与全球教育治理

英国位于欧洲西部，由英格兰、苏格兰、威尔士、爱尔兰岛东北部和一些小岛组成，被称作联合王国（United Kingdom，简称 UK）。英国是世界上第一个工业化国家，科学技术、金融体系在工业革命时期得到了飞速的发展，高等教育也冲破了传统古典大学的桎梏，开启了新的篇章。新式大学在英国各地迅速建立，为英国源源不断地输送具有现代科学技术的人才，进一步加速了英国的发展。19 世纪，英国进入殖民扩张时期，大量的人员、财富、资源向英国汇聚，逐渐确立了其国际金融中心的地位，建立了傲视寰宇的“日不落帝国”。两次世界大战、经济危机和全球货币体系的瓦解给英国带来了沉重的打击，使英国在 19 世纪 70 年代后逐渐丧失了世界金融中心地位和工业垄断地位。为了扭转这一颓势，英国将教育作为其重新崛起、增强国际竞争力的重要战略领域，打造享誉海外的英国教育品牌，既增强了英国的软实力，又带来了巨额的教育收入。在国

① 杨洲、刘志民：《德国高等教育国际化的特点、路径及挑战》，《高等教育研究》2018 年第 8 期，第 101 页。

际政治、经济、文化复杂变化的背景下，2016 年 6 月，英国全民公投决定“脱欧”。这一举措使英国的政治、经济、文化领域受到强烈震动，英国与欧盟及其他国家间的关系相应地发生了变化。为了确保英国的繁荣发展，英国政府组建了新的教育管理部门，提出了“物有所值”的教育理念，逐渐建立起教育领域的新秩序，将教育作为国家政策的关键领域之一。如今，英国是联合国安全理事会常任理事国，是北约、英联邦、西欧联盟等 120 个国际组织的重要成员国，在全球教育治理中发挥着重要的作用。①

一、英国参与全球教育治理的历史

英国参与全球教育治理的历史可以分为 18—19 世纪、20 世纪初到 20 世纪 60 年代、20 世纪 60—80 年代、20 世纪 90 年代、21 世纪五个不同的发展阶段。

（一）起步阶段（18—19 世纪）

英国开展跨境教育的历史可以追溯到 17—18 世纪“日不落帝国”的建立。此时，大英帝国的迅速崛起使得英国的教育和知识殖民政策也在全球广泛推行，主要表现为英国向其他国家单向教育输出和零散的学者交流。英国及其殖民地美国相继建立起一批以英国大学为模型的高等学院，在课程设置、教学语言、教学内容和教学方法等方面几乎完全照搬了英国大学当时的办学模式。② 18—19 世纪是英国参与全球教育治理的起步阶段，此时英国的高等教育成为其他国家争相效仿的模板，美国早期的哈佛大学就是依照英国牛津大学和剑桥大学模式建立的。为了改进印度教育体系，1854 年，英国发布《伍德教育急件》（Wood's Despatch of 1854），依照伦敦大学模式在印度创办了加尔各答大学、孟买大学、马德拉斯大学三

① 中华人民共和国中央人民政府网站：《英国概况》，2008 年 1 月 18 日，见 http：//www.gov.cn/test/2008-01/18/content_861805.htm。

② 邓桦：《20 世纪 90 年代以来的英国高等教育国际化研究》，硕士学位论文，云南师范大学教育学原理专业，2006 年，第 15 页。

所大学，将英国学院模式输入印度，该政策被视为印度的英式教育大宪章。① 19 世纪，英国高等教育国际化趋势愈发明显，与其他国家的教学和科研交流日益增多，与不同国家间教师、学生的流动也更加频繁，一些高校甚至专门为海外留学生设立了奖学金。

（二）初步发展阶段（20 世纪初到 20 世纪 60 年代）

一战到二战期间，英国开始干预非洲殖民地高等教育，建立殖民地教育咨询委员会及其下属委员会，调查殖民地教育发展状况并制定相应政策。② 二战后，英国将发展高等教育作为其恢复社会经济发展的重要战略。在这一时期，英国主要开展服务于国家利益的、有组织的教育援助活动，项目一般由国家机构推行，具有一定的政治色彩。为组织教育国际交流合作活动，英国议会设立了专门机构，即：国际教育研究所和英国文化委员会。英国在这一时期开始投资教育方面的大型发展项目，受援国主要是非洲及南亚的英联邦国家。通过向亚非拉国家输入高等教育发展资金、学术人员、培训或课程等形式以达到英国的政治目的。③ 在英国的教育援助下，黄金海岸（后改称加纳）、尼日利亚、乌干达和苏丹等国纷纷开办了大学，非洲教育跨入了新的时代。④ 与此同时，印度也陆续建立了 6 个“印度理工学院”。此外，欧盟各成员国间也开始了教育方面的交流与合作。1967 年，英国皇家学会与德国研究会签订了第一个合作协议。

（三）调整阶段（20 世纪 60—80 年代）

20 世纪 60 年代至 80 年代，越来越多来自欧洲、非洲、亚洲等世界各地的年轻人前来英国求学。自 20 世纪 80 年代开始，英国高等教育国际

---

① oureducare：Wood's Despatoh of 1854，见 http：//oureducare.com/education/Woods-despatch-of-1854/。

② 高虹瑶：《欧盟援助非洲教育政策的发展演变研究》，硕士学位论文，浙江师范大学教育史专业，2015 年，第 16 页。

③ 谷海玲：《英国高等教育国际化策略研究》，硕士学位论文，华南师范大学比较教育学专业，2005 年，第 6 页。

④ 高虹瑶：《欧盟援助非洲教育政策的发展演变研究》，硕士学位论文，浙江师范大学教育史专业，2015 年，第 16 页。

化的程度大幅提高，海外教育带来丰厚的经济回报极大地鼓励了英国各高校进一步开拓海外教育市场。从 20 世纪 70 年代后期至 90 年代后期，高等教育不断扩张和保守党教育政策的调整导致了政府的生均教育经费资助实际下降了 40%，而海外学生的学费是本国学生学费的 5—6 倍，每年由海外学生带来的收入达十多亿英镑。①

在英国经济的衰退和高昂海外学费的影响下，英国教育国际化进程在20世纪80年代前发展较为迟缓。20世纪80年代，撒切尔夫人提出“撤政府”的教育改革，将市场机制引入教育管理，从此英国教育国际化活动一改从前受到政治因素的支配，开始更多地受到经济因素推动。为了获取足够的教育经费，英国高校纷纷采取措施拓展国际教育市场，吸引大批的留学生赴英学习，海外教育市场产生的经济收入逐渐成为英国各高校重要的收入来源。招收海外学生带来的巨额学费收入也促使了各高校积极拓展海外教育市场，推动了英国高等教育的国际化进程。

80 年代以来，英国与法国、德国和美国高校设立了大量的“联合培养计划”，高校共同开课或相互承认课程，承认文凭或授予两国文凭。例如，英国参与了一系列由英国文化协会发起的帮助发展中国家的活动，为这些国际化活动提供资金，通过直接拨款、奖学金或其他奖励的方式吸引海外优秀学生，通过向英国文化协会、海外发展管理机构间接拨款来援助第三世界国家发展。②

（四）成熟阶段（20 世纪 90 年代）

20 世纪 90 年代，受到教育出口巨额收入的刺激，发展海外教育市场已经成为英国促进本国经济发展的重要策略。1991 年，英国教育与科学部出版《教育的欧洲维度》（*The European Dimension in Education*），鼓励学生与欧洲各国进行教育交流活动。1994 年，国际文凭课程推出中学项

① 邓桦：《20 世纪 90 年代以来的英国高等教育国际化研究》，硕士学位论文，云南师范大学教育学原理专业，2006 年，第 15 页。

② 谷海玲：《英国高等教育国际化策略研究》，硕士学位论文，华南师范大学比较教育学专业，2005 年，第 10 页。

目，继而于1997年又推出了小学项目，把国际关注向下延伸。[①] 1997年，英国政府发表的《学习社会中的高等教育》（又称《迪尔英报告》）标志着英国高等教育国际化进入成熟阶段。该报告对20世纪80年代前的英国高等教育进行了全面回顾和反思，指出目前英国高等教育所提供的教育服务远不能满足在教育国际化背景下学生多元化的需求，并对英国高等教育未来发展的方向进行了规划，引发了英国社会各界的强烈反响。1999年，英国与其他28个欧洲国家签署了《博洛尼亚宣言》，开启了致力于欧洲高等教育一体化的博洛尼亚进程。英国参与了欧盟推出的数千项针对成员国内部的高等教育国际化教育、文化、科技合作与交流项目，积极加入欧盟与世界其他各个地区的教育和文化交流项目。同年，英国政府推出了"国际教育首相计划第一期"（The Prime Minister's Initiative for International Education I），提出到2005年增加招收5万名国际留学生到英国国内高校或英国在海外提供的跨国高等教育项目学习，增加招收2.5万名留学生到英国接受继续教育。[②]

（五）繁荣发展阶段（21世纪）

进入21世纪，英国开展教育国际化活动的系统性增强，国家教育合作和交流活动的经济导向性突出，政府对教育国际化的重视程度加强，进行政策干预的手段也更为多样。在此期间，英国政府及相关部门不断推出国际教育发展战略或规划，并积极协助高校加大海外宣传，英国跨国高等教育进入高速发展阶段。

2001年，英国教育与就业部出版《学校：建基于成功》（*Schools：Building on Success*）绿皮书，详细阐述了与其他国家学校及教师进行交流的必要性，将全球维度融入公民教育。[③] 2004年，英国教育与技能部

① 孙南南：《英国中小学国际教育的历史嬗变及战略动向》，《比较教育研究》2015年第11期，第53页。

② 杨丽辉、黄健如：《英国跨国高等教育的发展动因及策略探析》，《教育与考试》2009年第5期，第82页。

③ Learning and Skills development agency：Schools：Building on Success，见 https：//dera.ioe.ac.uk/9964/1/sohools_building_on_success.pdf。

出台《将世界引入世界一流教育——教育、技能和儿童服务国际战略》（*Putting the World into World-Class Education*：*An International Strategy for Education*，*Skills and Children's Services*），旨在从国际化的视角来考虑英国教育的发展问题，针对英国各级各类教育制定教育国际化总政策。该教育国际化战略提出了三大目标：第一，英国的儿童、青年和成人具备在全球社会中生活和在全球经济中工作的能力；第二，与其他国家和地区合作，实现互惠互利；第三，维持一种教育系统使之进一步推动经济全球化目标。①2006 年，英国政府推出了"国际教育首相计划第二期"（The Prime Minister's Initiative for International Education II），提出到 2010 年增加招收 1 万名外国留学生的目标，并鼓励英国高校与国外高校建立合作关系。② 在继续教育领域，英国的创新、大学和技能部（Department for Innovation，Universities and Skills）在 2008 年制定了一个新的国际化战略《全球化：迎接挑战——英国继续教育国际战略》（*Globalisation*：*Meeting the Challenge*：*An International Strategy for Further Education in England*），以帮助学习者能够更好地为社会做贡献。在国际教育援助方面，英国于 1997 年发布白皮书《消除贫困：21 世纪的挑战》（*Eliminating World Poverty*：*A Challenge for the 21st Century*），为其之后的国际教育援助指明了方向。同年，英国设立了专门负责执行对外援助的执行机构英国国际发展部（The Department for International Development，简称 DFID）。该部门的建立标志着英国对外援助正式由偏向其前殖民地的"海外发展"政策，转变为淡化利己性、面向世界全面展开的"国际发展"③。

---

① 顾建新：《跨国教育发展理念与策略》，学林出版社 2008 年版，第 119 页。

② 杨丽辉、黄健如：《英国跨国高等教育的发展动因及策略探析》，《教育与考试》2009 年第 5 期，第 82 页。

③ Myra Harrison，"Changing Frameworks and Practices：the New Department for International Development of the United Kingdom"，In Kenneth King，Lene Buchert (eds.)，*Changing International Aid to Education*，Paris：UNESC0，1999，pp.78-90.

二、英国参与全球教育治理的主要机构

英国参与全球教育治理的主要机构有英国国际发展部和英国文化教育协会。

（一）英国国际发展部

英国国际发展部成立于1997年，是专门负责管理海外援助事务的政府部门。该部门的目标是促进可持续发展，消除世界贫困，为发展中国家和英国人民建立一个更安全、更健康、更繁荣的世界。①

英国国际发展部在非洲、亚洲、中东的多个国家或地区开展工作，为非洲、亚洲和加勒比地区制定了地区计划，并通过多国全球计划和多边国际组织提供国际教育援助。该部门的职责包括：履行英国的国际承诺并采取行动实现联合国全球教育目标；通过提高透明度，确保教育援助更加有效；将英国国际发展政策的战略重点放在经济增长和财富创造上；提高英国国际发展政策在脆弱和受冲突影响国家的一致性和绩效；通过提供更好的教育和计划生育改善女童和妇女的生活；抵抗在发展中国家对女童和妇女的暴力；帮助预防气候变化，鼓励发展中国家低碳增长。该部门有五大优先事项：第一，强化世界和平、安全与治理；第二，加强对危机的抗风险能力和应对能力；第三，促进全球繁荣发展；第四，消除极端贫困，帮助世界上最脆弱的群体；第五，传播“物有所值”理念，使教育投入产生真正的效益。②

（二）英国文化教育协会

英国文化教育协会（The British Council）是个从事文化交流的国际组织，是一个非政府公共部门，充当政府机构与基层文化团体与个人间的桥梁，也是英国进行文化外交的国际组织。其使命是推广英国文化，获得理解与认同，进而为外交政策和国家利益服务。该组织于1940年10月获得

① UK Government：About DEID，见 https：//www.gov.uk/government/organisations/department-for-international-development/about。

② UK Government：About DEID，见 https：//www.gov.uk/government/organisations/department-for-international-development/about。

皇家宪章授权，成为一个独立组织。英国文化教育协会在其2016—2020年的法人计划中概述了该组织的目标，即：在这个脆弱和充满不稳定性的世界中，促进理解、友谊与联系，创造机会和信任。通过构建理解、友谊和合作，创造各种学习和参与机会，增强安全与稳定、繁荣与发展以及增加英国的国际影响力和吸引力。英国文化教育协会在大部分国家是大使馆或领事馆下设的负责文化和教育事务的部门，其代表为文化专员，拥有外交官身份，英国政府是其重要的财政资助者，外交与联邦事务部是其主管部门和监管部门。① 由此可见，英国文化教育协会是一个拥有半官方身份的国际组织。

英国文化教育协会目前在教育领域帮助英国与世界各国建立教育方面的联系，以提升教育质量、培养世界公民和构建国家间的信任和理解为己任。教育领域的具体工作内容包括为学校领导、语言教师和教育管理者提供支持；为科学研究提供资助；在高等教育领域开展一些国际合作项目、与其他国家建立合作伙伴关系、开展研究生联合培养项目等；为其他国家青年提供技术支持和就业服务；促进英语学习，提供英语作为二语的认证课程；提供教育咨询和培训；提供雅思等英语考试服务；在全球新冠肺炎疫情期间寻找教育的应对策略。②

三、英国参与全球教育治理的基本路径

英国参与全球教育治理的基本路径包括：教育国际化；国际教育援助与合作；跨境教育；通过国际组织参与全球教育治理。

（一）教育国际化

2019年，英国教育部发布的《国际教育战略：全球潜力与全球增长》（*International Education Strategy*：*global potential*，*global growth*）提出了英国教育国际化发展的两大具体目标，即：到2030年将英国国际留学生

---

① 丛霞：《文化外交视角下的英国文化教育协会研究》，博士学位论文，上海外国语大学国际关系专业，2017年，第97—98页。

② The British Council：Our Work in Education，见 https：//www.britishcouncil.org/education。

的人数增加到 60 万人；2030 年扩大国际教育出口规模并创造 350 亿英镑的经济效益。①

一直以来，英国将教育国际化作为其全球战略的重要组成部分。随着教育国际化程度的不断提高，英国推动教育国际化的手段也越发多样化，主要包括以下几个方面：

第一，将教育国际化作为国家发展战略，强化政府在促进教育出口方面的积极作用。2004 年，英国发布《将世界引入世界一流教育——教育、技能和儿童服务国际战略》，从国际化角度讨论英国各阶段教育的发展问题。2008 年，英国发布继续教育领域的国际化战略《全球化：迎接挑战——英国继续教育国际战略》。2019 年，英国发布《国际教育战略：全球潜力与全球增长》。除了这些宏观政策外，英国政府任命了专门的国际教育管理人员（International Education Champion）作为宣传英国教育品牌的重要力量，主要负责开展海外活动，开拓国际机会，在新的市场和成熟市场中建立强大的国际合作伙伴关系，推动英国教育部门与其他国家相关机构合作。② 英国政府与地方政府合作，采取"全政府参与"的方针，确保教育出口、国际研究和创新、教育软实力和海外发展等具体方面有效联合，为教育界提供协调一致的方法；同时，建立教育部门咨询小组，形成英国政府、行政部门、地方合作伙伴与私营部门和公益部门之间强有力的合作伙伴关系，共同确定应对挑战的解决方案并确保方案的实施。③

第二，参与广泛的国际教育交流与合作项目，加强与欧盟成员国、非欧盟国家间的交流合作。作为欧盟的成员国，欧洲"伊拉斯谟计划"对英国高等教育国际化的发展产生了巨大影响。1995 年，欧盟成员国间开始推行"学分互换制"，英国参与欧盟"学分互换制"的高校达 76%，接

① 王敏、董丽丽：《英国国际教育战略分析与启示——基于对〈国际教育战略：全球潜力与全球增长〉报告的探析》，《世界教育信息》2019 年第 10 期，第 16 页。

② 王敏、董丽丽：《英国国际教育战略分析与启示——基于对〈国际教育战略：全球潜力与全球增长〉报告的探析》，《世界教育信息》2019 年第 10 期，第 16 页。

③ 王敏、董丽丽：《英国国际教育战略分析与启示——基于对〈国际教育战略：全球潜力与全球增长〉报告的探析》，《世界教育信息》2019 年第 10 期，第 17 页。

纳欧盟国家的留学生达 8.1 万人（1995—1996）。[①] 1999 年，包括英国在内的 29 个欧盟国家签署“博洛尼亚宣言”，建立欧洲高等教育区，英国与欧盟教育的联系进一步加深。在与非欧盟国家合作方面，英国各级部门设立了上万个高等教育交流合作项目，重视研究人员的国际交流合作，以制度形式支持学者参加国际学术活动，交流研究数据和成果，开展科研合作。

第三，针对不同学习群体的差异提供多样化的教育服务，推进课程的国际化建设。英国通过开展不同形式的教学活动，满足不同学习群体的多样化需求。英国的合作办学模式可具体分为三种类型：一是两所高校新建一所大学；二是高校在境外或与外国大学联合培养学生；三是向国外大学提供网络课程。除此之外，英国还形成了高校与政府、企业境外合作办学的模式。例如：2003 年 10 月，在北京成立的中欧发展研究中心（China-EU Development & Research Centre）是龙比亚大学与中国欧盟协会共同合作的结果。[②] 除此之外，英国高校还开发了学位课程、基础学位课程、文凭与证书课程、语言课程以及国际化课程等[③]，满足不同需求留学生的需要。英国政府设立“海外研究生奖励计划”，并为留学生设置了丰厚的奖学金，以吸引更多的学生留学。同时，英国政府十分重视国际化课程的开发与建设。英国的国际化课程在 20 世纪 90 年代迅速发展，出现了大量带有国际化色彩的课程，如国际贸易、国际经济法、国际政治、世界文化等。这些课程或以专门国际化课程形式出现，或以主题课程、区域研究、国别研究的形式出现，还有些课程是在原有课程的基础上加入了国际化元素。英国还积极与境外高校达成学历证书互认协议，提供为期 2 年的本科课程，以更大程度地吸引留学生赴英求学。

第四，加强境外教育宣传，简化留学程序，吸引学生赴英留学。自

---

① 易红郡：《英国高等教育国际化策略：留学生视角》，《湖南师范大学教育科学学报》2012 年第 1 期，第 8 页。

② 詹春燕：《高等教育国际化策略——英国经验及其启示》，《湖北社会科学》2008 年第 4 期，第 180 页。

③ 易红郡：《英国高等教育国际化策略：留学生视角》，《湖南师范大学教育科学学报》2012 年第 1 期，第 7 页。

20 世纪 80 年代以来，吸引学生赴英留学一直是英国教育国际化政策的重点。《将世界引入世界一流教育——教育、技能和儿童服务国际战略》和《全球化：迎接挑战——英国继续教育国际战略》分别指出要继续推动高等教育和继续教育国际学生规模增长，并将高等教育和继续教育的出口作为英国对外贸易的重要内容。2013 年英国政府发布的《国际教育：全球增长与繁荣战略地图》也将吸引留学生作为英国的五大重要政策。为吸引更多的留学生，大多数英国高校都专门设立了国际事务办公室，向海外学生宣传自己学校的优势。同时，英国文化委员会、英国留学生协会等半官方机构也发挥了重要作用。英国文化教育协会在全球 110 多个国家设有派驻机构①，通过组织各种教育展览、出版宣传刊物，积极推广英国教育，协助英国高校招收国际留学生，为海外学生提供更为直观和翔实的留学项目信息，并提供教育咨询服务。同时，英国对留学制度进行不断完善，更好地满足留学生的需要，为留学生提供更好的服务。大学副校长委员会分别于 1992 年和 1995 年颁布《留学生高级学位管理》和《在英国的留学生：大学副校长委员会工作规范》。英国文化委员会于 1995 年发布《教育机构与留学生工作规范》。同年，高等教育质量委员会发布《高等教育境外合作办学工作规范》。1997 年，英国政府开始对留学生服务进行标准化评估，高等教育质量保障署开始起草包括留学生在内的学生指导和资助法规。此外，英国政府还通过开设签证申请中心、增设短期留学签证等措施，不断简化签证手续，缩短签证时间。

（二）国际教育援助与合作

英国是国际教育援助的领跑者，其教育援助的历史可以追溯到殖民时期，已有百余年的历史。英国是世界主要发展援助国中对外援助资金数额最多的国家之一，对外援助总额达 87.66 亿英镑（2012）②，占国民总

---

① 詹春燕：《高等教育国际化策略——英国经验及其启示》，《湖北社会科学》2008 年第 4 期，第 181 页。

② 张效民、孙同全：《英国对外援助规制体系研究》，《国际经济合作》2014 年第 5 期，第 50 页。

收入的0.7%，仅次于美国，位居世界第二。其中教育援助所占比重较大，每年的平均支出达到9亿英镑，援助重点集中于撒哈拉以南非洲、南亚和中亚等贫困地区。美国布鲁金斯学会和全球发展研究中心（Center for Global Development）曾发表联合评估报告，指出“英国在援助有效性、援助规制建设、援助透明度方面均优于其他援助国家”，对世界人民福祉、国家利益帮扶、国际战略部署、世界格局重构等做出了巨大的贡献。①

1. 英国国际教育援助的重点和目标

二战后英国开始了真正意义上的国际教育援助，援助的对象主要是贫困的发展中国家，特别是前英属殖民地国家，援助方式主要包括双边和多边两种渠道。1997年，英国政府发布白皮书《消除世界贫困：21世纪的挑战》作为其后近30年国际教育援助的指导性政策，该报告指出英国教育援助的首要任务是优先支持受援国儿童和成人的素质教育②，并提出了英国教育援助活动的着力点：第一，确保不论性别、民族、地域、家庭背景，所有人都能获得受教育的机会；第二，从师资、教材、资金、校舍等多方面保障受援国学校教育的质量，降低学生的辍学率；第三，确保教育援助的连续性和完整性，让学生能够在完善的教育体系中构建完整的知识体系；第四，保障女性、女童、残疾者等弱势群体的教育平等，将女性教育作为教育援助的重要目标。2002年，英国政府在《国际发展法案》（*International Development Act 2002*）中将减贫作为英国开展对外援助活动的首要目标。

自2005年起，英国政府实行援助条件限制政策，逐渐显露出英国在对外教育援助方面的政治色彩。援助条件限制政策是指在进行教育援助前与受援国签订相关协议，设置一些限制条件以规范教育援助行为，确保教

① 王小栋等：《英国教育援助的成效、问题与动向》，《比较教育研究》2018年第5期，第53页。

② Andrew Goudie，“Eliminating world poverty：a challenge for the 21st century. An overview of the 1997 White Paper on International Development”，*Journal of International Development*，Vol.2，No.10（December 1998），pp.167-183.

育援助的顺利开展，如对受援国援助资金的使用方式进行限制等。如果受援国在接受教育援助过程中违反了协议中的条款，英国将减少或终止对受援国的教育援助。这些限制政策凸显了英国对外教育援助的外交目的。

2. 英国国际教育援助的具体内容

围绕消除贫困、儿童基础教育、女性教育等主题，英国在非洲、南亚、中亚的贫困发展中国家和地区开展了广泛的教育援助活动，主要通过以下几种途径来实现其国际教育援助使命：

第一，培训优秀教师，吸引世界各地教师支持贫困地区教育。根据联合国教科文组织的全球预测报告《消除不平等：治理缘何重要》（*Overcoming Inequality*：*Why Governance Matters*），世界最贫困国家小学班级的最低师生比为 1∶100，如果要在 2015 年实现普及小学教育的目标，至少还要培养 1800 万名教师。① 为了更好地开展教育援助工作，提高受援国教育质量，英国国际发展部在 2009 年为师资匮乏的贫困地区培训了 700 多名女性教师，而后在 2010—2015 年培训了 19 万名教师。② 此外，英国通过各种宣传活动吸引世界各地的教师支持贫困地区的教育发展。

第二，建设教室和教学楼，为教育普及创设良好环境。英国 1997 年发布的白皮书《消除世界贫困：21 世纪的挑战》强调了教育环境对学生学习的重要性，指出学生在学校中才能更好地进行学习。然而，很多贫困的发展中国家和地区面临着校舍不足的情况，极大程度上限制了教育的发展。基于这样的情况，英国国际发展部在受援国广泛建造教室、教学楼，以帮助受援国的教育更好地发展。例如：2008—2009 年，英国帮助 22 个受援国建造了 9500 间教室和 1300 座教学楼。2015 年，英国政府投入 300 万英镑在约旦、黎巴嫩、叙利亚等国开放了 685 所学校。

---

① UNESCO：EFA Global Monitoring Report 2009：Overcoming Inequality：Why Governance Matters，2009 年 2 月 15 日，见 https：//ishare.iask.sina.com.cn/f/5904461.html。

② DFID：2010 to 2015 government policy：education in developing countries，见 https：//www.gov.uk/government/publications/2010-to-2015-government-policy-education-in-developing-countries。

第三，关注女性教育，促进女性获得平等教育权。英国将女性教育作为其开展国际教育援助的关键领域之一，积极推动女性获得平等的教育权利，帮助发展中国家贫困地区的女童接受教育。在英国的教育援助下，2009 年南苏丹女童的受教育比例较四年前上升了 22%。在巴基斯坦，英国国际发展部设立巴基斯坦旁遮普教育基金会，帮助近 65 万名女童获得教育机会。①

第四，设立奖学金，鼓励优秀人才培养。英国通过设立奖学金，培养了大量的知英、亲英的社会精英。英国外交和联邦事务部（Foreign and Commonwealth ofilce）设立了志奋奖学金（Chevening Scholarships），以资助来自 110 个国家的优秀人才，赴英就读于牛津大学、剑桥大学、伦敦大学、帝国理工学院等高校，为其提供接触国际一流教育资源的机会。例如，赞比亚自 1985 年至今，有 150 多人曾经领取过该奖学金。②

第五，进行国际项目合作。开展国际项目合作是英国进行国际教育援助的重要方式之一，英国积极参与了“千年发展目标”“快车道倡议”（Fast Track Initiative）等国际合作项目，都取得了非常好的成效。

第六，设立技术咨询办公室，向受援国提供技术援助。英国提供的技术援助主要来源于两个方面，一是英国国内的咨询公司，如剑桥教育集团。二是英国文化协会等半官方机构，既负责推广语言和文化，又提供教育援助项目的技术咨询服务。英国文化教育协会是英国提供教育机会与促进文化交流的国际机构，在全球六大洲 100 多个国家开展工作，通过艺术、文化、教育和英语语言在英国和其他国家人民之间建立联系、理解和信任。③

（三）跨境教育

英国跨境教育最早可追溯到 19 世纪中叶伦敦大学设立的校外课程体系。20 世纪 80 年代，撒切尔夫人执政后，英国的跨境教育进入了发展的

---

① 林音、姚丽娜：《英语国际教育援助分析》，《教育经济管理》2018 年第 4 期，第 158 页。

② 林音、姚丽娜：《英语国际教育援助分析》，《教育经济管理》2018 年第 4 期，第 158 页。

③ British Council：About us，见 https：//www.britishcouncil.cn/en/about。

黄金时期。20 世纪 90 年代，英国高校普遍开展了海外办学，国际留学生的学费成为英国高校收入的重要来源。开展跨国高等教育的英国高校大部分来自英格兰地区，以 1992 年升格后的大学为主。据统计，1996—1997 学年，英国至少有 84 所大学在海外提供跨国高等教育项目。到 2005—2006 学年，65% 的高校在海外开展跨国高等教育活动，合作项目总数达到了 1536 个，约 44% 个（670 个）的项目分布于亚洲，约 28%（435 个）的项目分布于欧洲。[①] 作为世界上规模第二以及增长速度最快的高等教育输出国，英国至少在 185 个国家提供跨国高等教育项目，在与英国开展高等教育跨境合作的国家中，亚洲国家就读学生占比最大（49%），其次是欧洲（25%）和非洲（7%）；从合作项目数量上看，亚洲跨境合作项目所占比例为 28%，欧洲占 23%，非洲占 14%，中东地区占 13%。英国大学与科技事务国务大臣乔·约翰逊（Jo Johnson）在 2015 年“国际高等教育走出去”会议中明确表示，英国将继续致力于教育出口，并力争将相关产业的产值从 2012 年的 180 亿英镑增至 2020 年的 300 亿英镑。[②]

2014—2015 年，参与英国跨境教育的学生达到 66.6 万人，这些留学生主要通过以下三种形式开展学习活动：

第一，与海外高校联合办学，有 8% 的学生通过英国高校在他国地方高校联合办学的形式进行了学习。英国高校与他国高校合作开发课程有多种形式，例如：英国高校授权他国高校提供由英国大学设计的课程、英国高校与他国高校共同研发课程、对他国高校开发的课程进行认证等。

第二，在他国设立英国高校的海外分校、学习中心或开展短期培训，参与这一形式学习的国际留学生占 40%。

第三，提供远程教育课程。远程教学是英国跨境教育的主要途径，有 52% 的学生以这样的形式参与了英国的跨境教育。英国高校根据课程

---

① 杨丽辉、黄健如：《英国跨国高等教育的发展动因及策略探析》，《教育与考试》2009 年第 5 期，第 81 页。

② 谢萍、赵曈曈、石磊：《英国与“一带一路”沿线国家合作办学启示》，《世界教育信息》2017 年第 20 期，第 14 页。

项目的具体要求提供符合标准的网络课程，学生无须进入校园学习，而是通过在线学习的形式进行学习。根据不同的项目内容，学生可获得不同类型的学位证书，如英国高校的授权学位、认证学位、联合培养学位，以及英国高校与海外高校提供的双学位等。

（四）通过国际组织参与全球教育治理

英国通过国际组织参与全球教育治理表现在三个方面：

第一，根据国际组织提出的有关政策，英国政府积极响应国际组织的号召，制定政策文件，采取相应的教育行动，协助国际社会应对世界共同的教育挑战。通过设立教育援助项目、承办各类国际会议等来增加其在全球教育治理方面的影响力。例如，联合国教科文组织发布的“千年发展目标”（MDGs）对英国的国际教育援助与合作产生了较大影响。在2009年发布的《消除世界贫困：建设我们共同的未来》中，英国政府将联合国教科文组织的千年发展目标作为该政策文件的重要组成部分，关注性别平等、儿童早期教育以及教育的连贯性，并提出“到2015年所有儿童都能完成小学阶段的课程教育”的目标。① 又如，2014年10月13日英国伦敦积极承办的“商业回馈教育运动”峰会。“商业回馈教育运动”发起于2014年3月在迪拜举行的全球教育与技能论坛，由教科文组织、瓦尔基环球教育集团、迪拜关怀等机构共同举办。在本次峰会上教科文组织总干事伊琳娜·博科娃携伦敦市长约翰逊以及商界领袖们，共同呼吁企业在2020年前将全球企业社会责任预算中的20%用于教育。在峰会上，约翰逊提到，在当今教育体制中，学生无论心理还是所掌握的知识，都没有完全达到就业市场的实际需求。企业应该安排更多实习和学徒项目，良好的企业教育有助于企业自身的发展。在伦敦峰会上发布的早期研究成果显示，26家英国企业的社会责任支出每年约为32亿美元，其中有12家企业有教育相关的投入。如果英国企业将其社会责任预算的20%用于教育，

---

① Department for International Development：Eliminating World Poverty：Building our Common Future，2009年4月29日，见 https：//assets.publishing.service.gov.uk/government/uploads/system/uploads/attachment_data/file/229029/7656.pdf。

将产生深远影响。①

第二，英国高校与国际组织共同开发教育项目，推动世界教育的普及，促进教育水平的提升。例如，2015 年，教科文组织教育信息化研究所与英国伦敦大学联合创建的《基础教育领域教育信息化》慕课课程，该课程是专门为基础教育领域的教师、班主任、学校领导以及政策制定者打造的一门专业发展课程，邀请了来自 8 个国家的教师，通过网络教学的形式对所有教育领域的工作者开放。该课程通过分析来自世界上不同国家的学校案例，解释教师将信息通信技术整合进日常的基础教育的原因和方法。基础教育领域的一些专业教师、班主任，以及政策制定者聚集在一起进行经验分享和头脑风暴，为该课程提供更多的学习材料。该课程采用合作学习的模式进行教学，并且利用短视频和其他交互工具进行辅助教学。课程在慕课平台 Coursera 上免费开放，持续 6 周，每周上传 5 小时的学习内容，学完全部课程可以得到电子结业证书。②

第三，英国高校通过为国际组织培养和输送人才参与到全球教育治理当中。英国高校通过开设丰富多样的带有国际化色彩的课程、组织国际组织专题活动、开设国际组织就业咨询服务等措施，加强学生对国际组织的了解，培养学生的国际眼光和国际交往能力，鼓励学生在毕业后进入国际组织工作。萨塞克斯大学要求研究生在完成专业课程学习之外，在社区组织、非政府组织、政府部门、商业部门和咨询部门等完成 4 个月的“工作本位”行动学习，重要的国际组织、非政府组织也成为该校毕业生的主要就业去向。伦敦大学学院教育研究院下设的教育实践与社会系的教育国际发展中心（Centre for Education and International Development，简称 CEID）为研究生专门设计的巴黎游学计划（Paris Study Tour），通过赴国际教育规划研究所（IIEP）、联合国教科文组织和经合组织等国际组织进

---

① 杨勇：《英国伦敦峰会呼吁企业将社会责任预算的 20% 用于教育》，《世界教育信息》2014 年第 22 期，第 72—73 页。

② 张文丽：《教科文组织教育信息化研究所与英国伦敦大学联合创建免费慕课》，《世界教育信息》2015 年第 11 期，第 77—78 页。

行实地考察，使研究生对国际组织的工作性质、工作内容、主题实践等形成更为深入的了解。伦敦政治经济学院就业中心每年 11 月定期举行“国际组织日”（International Organizations’ Day）活动，邀请国际组织官员向来参加活动的学生介绍各国际组织的使命、用人标准和岗位需求。①

四、英国参与全球教育治理的经验与挑战

多年来，英国在参与全球教育治理的过程中形成了自身的特色，积累了不少经验，也面临着一些挑战。

（一）英国参与全球教育治理的经验

第一，重视教育质量，打造优质教育品牌，发展多元合作教育模式。优质的教育是教育国际化的重要基础。在英国各级教育阶段，教育国际化不仅作为国家战略更被融合进学校、课程以及课程教学中，例如 A-level 课程及其相关考试制度，其严格的学术标准和制度设计，不仅在英国本土，在全球各地的国际学校中也是升入英国大学的必修课程。

第二，注重教育宣传和推广，加强国际教育援助与合作。英国率先保证了对外援助总额占其国民收入总值的 0.7%，其国际教育援助与合作项目不仅重视受援国硬件设施的改进，也注重师资水平以及课堂教学质量的提升，能够考虑到受援国的发展状况和水平，在立足于联合国的千年发展目标、可持续发展目标等一系列全球性目标的同时，提升自己的全球影响力。

第三，发展信息化、网络教育以及跨境教育。由于英语作为世界通用语言的优势、自身丰富的高等教育资源以及殖民历史，英国的远程和跨境高等教育领域在全球高等教育领域具有较强的竞争力。就国际留学生而言，英国是全球范围内吸引力最强的目的国之一，这也为英国带来了客观的经济收益；在线学习和网络教育方面，英国拥有规模最大的开放教育系

① 郭婧：《英国高校国际组织人才培养与输送研究》，《比较教育研究》2019 年第 2 期，第 16 页。

统，面向全球提供本科、硕士等学位课程；合作办学方面，英国大学及其他知名学校机构（如公学）在世界多个国家和地方创办了姊妹学校、设立分校以及合作开展教育项目等。

（二）英国参与全球教育治理所面临的挑战

当然，英国的全球教育治理也面临着一些问题和挑战。第一，忽视教育质量，教育援助产生的效益受到质疑。为了能够完成千年发展目标，各国为保证就学率，虽提高了教育经费的预算，但是这一举措忽视了教育的质量，将援助经费的价值降低。① 根据《2010 至 2015 年政府政策：发展中国家的教育》报道，"全球已有 2.5 亿的受援儿童接受了 4 年以上的教育"②，但他们的基本阅读、写作和算术仍然不能完成。因此，教育援助需深入学生的学习和课堂教学中才能达到促进受援国教育质量提升的最终目的。

第二，女童教育被边缘化。2016 年英国援助影响独立委员会发布的报告《基础教育中的机会、维持与成功——英国援助对边缘化女童的支持：绩效评估》（*Accessing，Staying and Succeeding in Basic Education-UK Aid's Support to Marginalised Girls：A Performance Review*）指出，女童教育易被忽视或遗忘，教育目标被其他目标所替代，且英国国际发展部对受援国政府的教育项目的影响力不足，同时对边缘化女童的干预措施不足，缺乏对女童教育问题的解决能力。一些女童教育的项目由于地理条件，无法提供相应的硬件支持，如肯尼亚的"女童教育挑战"（Girls Education Challenge）项目，不但无法完成教育目标，也不能让受援国受益。③

---

① 王小栋等：《英国教育援助的成效、问题与动向》，《比较教育研究》2018 年第 5 期，第 55 页。

② Department for International Development：2010 to 2015 Government Policy：Education in Developing Countries，2015 年 5 月 8 日，见 https：//www.gov.uk/government/publications/2010-to-2015government-policy-education-in-developing-countries/ 2010-to-2015-government-policy-education-indeveloping-countries。

③ 中国社会科学网：《"全球英国"理念下英国对非洲政策的调整》，见 http：//www.cssn.cn/gjgxx/gj_ttxw/202002/t20200203_5084353_1.shtml。

第三，因受援国国情和制度导致的问题。受援国的实际情况是影响英国国际教育援助效果的重要因素。援助内容过度倾向于模式化的配置学校、教室等硬件设备，缺乏其正常运转必备的电力、道路等基础设施修建，以及教师和学生的教学持续性。同时受援国的财政制度以及政府对援助方的援助经费的使用方面，存在监管缺失和依赖等现象，导致腐败的滋生和社会经济不良增长。

第六节　法国与全球教育治理

法国是一个本土位于西欧的半总统制半议会制国家，海外领土包括南美洲和南太平洋的一些地区。法国为欧洲国土面积第三大、西欧面积最大的国家，东与比利时、卢森堡、瑞士、德国、意大利、西班牙、安道尔、摩纳哥接壤，三面临水，南临地中海，西濒大西洋，西北隔英吉利海峡与英国相望。① 法国独特的地理位置，使得其在欧洲大陆上扮演着主要的角色。自中世纪末期，法国便成为欧洲大国之一，在 17—18 世纪路易十四统治时达到封建社会的鼎盛时期。作为欧洲四大经济体之一，法国是联合国安理会常任理事国、欧盟创始国及北约成员国；同时是联合国教科文组织、国际刑警组织、经合组织、欧洲议会等重要国际和地区组织总部所在地，同 191 个国家建立了外交关系，驻外机构数量居全球第三。

法国是战后国际秩序和全球治理体系的重要创建国与主导国。独特的历史文化、外交传统和大国情怀促使法国积极融入全球治理进程，担当全球治理的重任，甚至主导部分优势领域的治理，以此维护本国国家利益，强化大国地位与认同，应对国际体系的变革风险。教育作为一种软实力，参与全球教育治理是法国不断提升其全球影响力的重要举措。

---

① 中华人民共和国外交部网站：《法国国家概况》，2019 年 12 月，见 https：//www.fmprc.gov.cn/web/gjhdq_676201/gj_676203/oz_678770/1206_679134/1206x0_679136/。

一、法国参与全球教育治理的历史

法国的全球教育治理理念始于文化传播交流与沟通。法国大革命以后，“自由、平等、博爱”的思想广泛深入欧洲其他国家乃至全世界。文化是教育的根基。在文化的全球推广背景下，法国的全球教育治理战略与理念逐渐凸显，呈现出以传播法国文化和价值观为基本定位、以重振大国地位为目标的战略追求和单边与多边主义并行的治理方式等特征。就其发展过程来说，大致分为三个阶段。

（一）早期宗教传播与教育推广

中世纪以后，法国教会及传教士在早期的对外文化教育传播行动中扮演了重要角色。法国方济各会修士于 1553 年进入智利，并开设学校，这可视为法国教会对教育文化传播的雏形。路易十四统治时期，法国掀起了第一波海外传教的热潮，一直持续到路易十五时期。

18 世纪末，法国宗教界开始有组织、有计划、有秩序地派遣教士到中国、日本、朝鲜及奥斯曼帝国等地区传教；这时传教活动的教育性不断增强。1815—1870 年，法国的教会及传教活动进入全盛时期，这极大地扩大了法国在世界各地教育和文化领域的影响。19 世纪末，随着法国殖民活动愈演愈烈，其传教活动也呈现新一轮的迅猛发展势头。20 世纪中叶，法国在全世界的传教规模达到了最高峰。法国的传教士散布于世界各地，他们宣扬法国的思想并创办学校，增进了当地民众对于法国文化的了解与热爱。

（二）战后恢复期

第一次世界大战使法国意识到“国家形象”的重要性。在两次世界大战之间，法国传教士传教活动持续进行，规模也在不断扩大。法国政府外交部对外文化事务办公室也在发展中。1909 年，法国外交部创建“对外法国事务和学校部”，统管法国境外的法语教学。到 1920 年，对外文化办公室进行改革重组，重组后分为三个部门，并更名为法国对外文化服务部。①

---

① 张嘉资：《法国文化外交：历史、特点及启示》，《黑河学刊》2018 年第 4 期，第 83—84 页。

二战的惨败让法国从此跌落为世界“二流国家”。尽管法国在这场战争中取得了胜利，但是不可否认的是法国实力的下降以及战后美苏争霸两极格局的建立，法国和昔日的世界强国之路彻底分道扬镳。为了不受美苏的影响，戴高乐政府积极奉行独立自主的外交方针，综合运用法国各方面实力，牢牢地抓住法语，并将其作为维护民族和国家独立的最后一道防线，认为其具有“神圣的地位”①。

从战后到 20 世纪 80 年代和 90 年代，这段时间是法国文化外交的恢复发展期。为了保持法国独立，法国在二战后专门立法来保护法国历史遗产，这为后来的文化战略铺好道路。1945 年，法国政府成立了对外文化关系总司并将之作为外事工作的重点。该机构成立初期的负责人都是一些非常具有影响力的人，例如法国政府部长路易·约克斯（Louis Joxe）等。该局的预算在当时常常占据了政府预算的一半以上。1959 年 2 月 3 日，法国文化部正式成立，宣告法国在世界范围的文化传播有了自己独立的机构。后来该部门于 1994 年正式更名为“文化与传播部”，其首要任务是“让尽可能多的人了解法国的作品，继而是人类的主要作品”②。从 1959年起，法国便开始制定“关于在国外扩张和恢复法国文化活动的五年计划”。20 世纪中期，法国对外文化政策注入了新的动力。由于失去了对原有殖民地在政治和军事上的控制，法国政府希望能在文化和教育领域加强和原有殖民地的联系。为此，法国政府颁布了一系列与原有殖民地之间的关于科技、文化、教育、技术等方面的交流合作项目。③

二战后，随着科学技术的发展，各个国家之间的联系也逐渐紧密。面对轰轰烈烈的教育改革浪潮，法国也开始对其教育进行改革。近代法国完成工业革命后，经济实力和教育发达，其课程、教材、教学理念、教学方法、教学形式、教学管理制度以及人才培养模式在世界范围内具有先进

---

① ［英］西奥多·泽尔丁：《法国人》，严撷芸等译，上海人民出版社 1989 年版，第 330 页。

② 李谧：《世界大国（地区）文化外交·法国卷》，世界知识出版社 2013 年版，第 116 页。

③ 张嘉资：《法国文化外交：历史、特点及启示》，《黑河学刊》2018 年第 4 期，第 84 页。

水平。法国的教育资源产生剩余，有输出教育资源的能力，因此积极寻求与其他国家的教育合作。

（三）改革发展期

法国政府长期重视对外文化的预算工作，其对文化外交的支持力度在国际上始终处于领先地位。受制于全球金融危机、欧债危机和国内经济形势的影响，法国文化外交自身欠缺发展动力。伴随着欧洲一体化建设日益深化的进程，法国在自己主导的欧盟中与德国既合作又竞争，还要面对新兴大国的崛起，美国的全球霸权等，法国文化外交事业遇到了前所未有的挑战。

20 世纪 80 年代，法国政府开始着手对外文化事业改革。时任蓬皮杜政府的文化部长雅克·里戈曾经提出过改革意见报告。他提出改革的重点在于突出“传统的且有活力的国家在文化方面的优势性；法国文化的独特性；法语语言的世界性”。自 20 世纪 80 年代中期以来，法国也积极与其他国家开展教育和文化合作，并且始终高度重视推广法语教学和运用。例如，在与老挝合作的过程中，法国政府及相关非政府组织在老挝大力开展法语教学，并将法语的继续教育作为一项重要工作来抓。驻老挝的法国大使馆、法语国家与地区国际组织代表处等机构都参与法语培训，并将其作为环境、法律、卫生、金融、信息管理等专业培训的工作语言。法国政府每年都向希望到法国继续深造的老挝学生和官员提供奖学金。此外，法国的非政府组织和企事业单位也都积极参与对老挝的人力资源培训等事务。① 此外，法国的高等教育和研究部门努力促进与老挝国立大学建立稳固的合作伙伴关系，在该校设立和推广法语教学，从而使其成为法老两国间高等教育合作的重要平台和窗口。②

法国文化外交实践十分丰富，同时法国是现代大学的发源地，有着

① Soulisack Luanglad，L environnement professsionnel et la formation médicale au Laos：une situation de plurilinguisme，见 https：//www.bulletin.auf.org/index.php。

② 杨保筠：《法语与法国—老挝教育合作》，《法语国家与地区研究》2018 年第 3 期，第 4 页。

深厚的历史和文化底蕴。法国在高等教育系统面临着越来越多的挑战，法国的高等教育治理模式也在不断寻求变革。法国在拿破仑时期福尔库瓦起草的《国民教育计划》（1802）规定，高等教育由国家兴办，政府将高等教育的权力牢牢掌控在自己手中。在二战后，法国曾对这一高度集权的高等教育体制进行了多次改革，但这些改革都是对原有体制细枝末节的修补，未能撼动原有的根本结构。①1999 年开始的博洛尼亚进程驱动着欧洲高等教育一体化的发展，也推进了法国参与全球教育治理的进程。

对于法国的高等教育系统来说，一方面欧洲层面的博洛尼亚进程对法国高等教育体制的开放性和流动性提出了要求，另一方面法国大学在全球大学排名上的糟糕表现让法国民众大失所望，高等教育的改革迫在眉睫。

2002 年，时任教育部长吕克·费里在其题为《高等教育的新展望》长篇讲话中指出了法国高等教育的改革方向：促进大学等高等教育机构的自治、为高校打开新的研究思路、适应欧洲和世界标准等。②

法国政府也在实践层面上，基于教学自主和行政自治的原则，积极推进用新公共管理主义来塑造大学的治理结构。③然而，这一改革因受到学生团体的激励抵抗而失败。同时，法国大学在全球大学排名上的糟糕表现，不断增强了民众对“失败”的法国大学的感知。这迫使萨科齐政府不断靠向“博洛尼亚进程”，试图借助其同构性压力“跨国迂回”地改变高等教育的治理模式。2007 年 8 月，法国议会通过《综合大学自由与责任法》（Loid'automonie，亦称《贝克莱斯法》）。该法是法国政府 21 世纪高等教育改革的纲领性文件，核心是赋予大学最大限度的自主权，推进综合

① 尹毓婷：《博洛尼亚进程中的法国高等教育改革研究》，《复旦教育论坛》2009 年第 7 期，第 3 页。

② 刘敏：《2000—2010 年法国高等教育改革》，《大学》（学术版）2011 年第 3 期，第 1 页。

③ Michael Dobbins，“Higher Education Governance in France，Germany and Italy：Change and Variation in the Impact of Transnational Softgovernance”，*Policy and Society*，Vol.25，No.1（July 2017），p.40.

大学的现代化，以法律手段保障高等教育改革的顺利推进。①

二、法国参与全球教育治理的主要机构

法国全球教育治理实践具有多渠道、多层面、多部门等特征，既包括国家权力机构的政策引导与财政支持，也包括其他层面的参与和支持。法国参与全球教育治理的官方机构主要有法国外交部、法国开发署、法国高等教育署等，非官方机构包括法语联盟和法兰西学院。

（一）官方机构

1. 法国外交部（Ministfere des affaires etrangeres，简称 MAE）

法国外交部总部是法国对外文化传播行动的领导者、组织者和策划者，在对外事务与行动中起主导作用。20 世纪初，法国政府开始在外交部设立专门的文化推广机构，并进行了 7 次改革，以提升和扩充其职能。1909 年，法国海外学校及作品管理办公室成立，拉开了外交部领导下对外文化传播的序幕。1920 年，海外学校及作品办公室的职能和地位得到提升，并被更名为“法国作品海外推广处”。该“推广处”主要围绕着四个领域开展工作：大学及中小学、文学和艺术、多元化作品、旅游及体育，主要任务是进行法语语言及文化教学，及促进文化与艺术交流。外派法国教师成为当时行动的关键。北美和中欧是最初外派教师的主要区域，随后扩大到世界其他地区。

1940 年，在戴高乐总统的号召下，“推广处”改革成“文化关系及法国作品海外推广事务部”，成为法国文化外交及全球战略的重要组织机构，其使命是重振战后的法国在世界的影响力。1956 年，又转制为“文化及技术事务总局”，并于 1969 年升级成为“文化关系、科学及技术总局”。1981 年，当时的文化部长雅克·朗在上任之初，就把发展法国的对外文化关系作为工作重点，把“文化关系、科学及技术总局”分割成为“国际事务处”，并增设“促进不同文化对话协会”，以促进法国文化与世界文化的互动。1998

① 刘敏：《2000—2010 年法国高等教育改革》，《大学》（学术版）2011 年第 3 期，第 1 页。

年末，“国际事务处”改制成现在的“国际合作与发展总局”并延续至今。① 1990年7月6日，外交部下属的法国海外教育局（Agency for French Education Abroad，简称AFEA）成立，负责为旅居海外的法裔家庭提供公共教育服务、与东道国开展文化语言及学校等领域的国际教育合作、提升法语和法国文化的影响力、为合作伙伴学校的法裔儿童提供奖学金等。②

2. 法国开发署（French Development Agency，简称FDA）

法国开发署在全球五大洲及法国的海外省针对由当地公共权力机构、国有企业，或私营及合营部门运作的经济、社会项目提供资金。法国开发署是法国进行官方发展援助的主要执行者，在法国通过对外教育援助参与全球教育治理的进程中发挥着重要作用。自20世纪80年代起，为检查教育援助项目进展情况及项目实施质量、总结援助经验，法国开发署建立了对外教育援助评估制度。其评估主要由法国开发署的专家组针对各项援助项目，根据国际惯例和法国对外援助国别政策，在资金、技术及环保等方面进行评估。项目完成后，专家组还要进行跟踪评估，以评价项目的经济效益和影响力。无论是评估项目的遴选，评估过程的实施，还是评估报告的撰写，都由评估专家组独立完成。

3. 法国高等教育署（Campus France）

法国高等教育署是法国高等教育国际推广的重要窗口，已在全球范围内设立235个分支机构，覆盖121个国家。其中31%分布在欧洲，在亚洲和美洲的比率分别为24%和19%。法国高等教育署与法国各驻外使领馆合作，利用多种平台推广法国高等教育，管理各国官方项目奖学金生，同时为在法留学生提供学业指导、生活娱乐、文化交流等服务，提升法国高等教育在全球的知名度和影响力。③

---

① Daniel Haize，*L'action culturelle et de cooperation de la France a L'tranger：un reseau，des homes*，Paris：L'Harmattan，2012，p.51.

② AFEA：French Education Abroad 2015-2016， 见 https：//www.aefe.fr/sites/default/files/asset/file/aefe-brochure-enseignement-francais-etranger-2015-2016-anglais.pdf。

③ Campus france：France higher education，见 http：//www.chine.campusfrance.org/zh-hans/france-higher-education-faguo-liuxue。

如今，法国高等教育署由法国外交部和法国教育部共同领导，并与两部门相关直属单位保持密切联系。其在各国的分中心或办事处一般设在法国大使馆文化合作处，除组织活动吸引当地学生赴法留学之外，也负责政府间官方项目派出留学生的管理工作。法国高等教育署与327所法国高等院校和科研机构合作，成立了留学服务论坛（Forum Campus France），致力于制定提升法国高等教育国际影响力的方针政策，增强法国高等教育的国际影响力。与此同时，法国高等教育署在全法五个主要地区成立了区域办事处（Délégation Régionale），并与当地公共服务部门、大学生服务中心以及银行、保险等相关企业建立合作关系，为抵法后的国外学生提供各方面协助，帮助他们更快适应当地生活。①

（三）非官方机构

1. 法语联盟（Alliance français）

法国推行“法语传播”主要依赖于政府大力支持的法语联盟（Alliance français）以及法兰西学院。自1888年法语联盟诞生至今，从原先星星点点地分布在少数国家发展为在世界范围内的法语联盟“网络”。根据法语联盟官网显示，如今，法语联盟已经在132个国家内建立了超过800余所法语教学机构，并拥有超过50万名学生。法语联盟的重要作用除了教授法语课程之外，还具有传播法国以及法语国家的文化，以及推进文化多样性的作用。② 除此之外，法国还欢迎外国法语教师去法国进修，修满再回国教学。

2. 法兰西学院（Institut français）

法兰西学院是第一个法国本土外的文化机构，它被当作法国文化在海外推广至全球的载体。法兰西学院成立于2011年1月1日，是法国外交与欧洲事务部设在法国本土以外的文化执行机构。此后法国文化海外

---

① 任一菲：《法国高等教育署的主要工作及其特色》，《世界教育信息》2017年第16期，第51—54页。

② L’Alliance Française：Informations sur le réseau Le saviez-vous，见 http：//www.fondation-alliancefr.org/？cat=16。

推广的机构设立将统一使用 Institut français 的名称和标识。类似于中国的“孔子学院”，法兰西学院是一个综合性的文化传播机构。法兰西学院在全球范围建立了 96 个分支机构。[①] 该机构（包括其前身）在 160 多个国家有文化项目上的合作，赞助金额总计达 1.8 亿欧元。法兰西学院涉及的内容包括：促进和支持法国文化、当代艺术创意在海外的推广，发展与其他文化的交流，支持创新、发展以及传播发展中国家的艺术表达，推广影视文化在全球的传播，支持法语作家作品的推广。此外，法兰西学院支持对法国思想、知识、文化和科技的推广，在全球范围内推广法语教学并提供支持，对法国文化网络工作人员提供咨询和培训。法兰西学院设立了阿朗贝尔基金，以促进不同思想的交融。该基金每年资助法国驻外文化组织和当地的科研机构（大学）联合开展 50 场以上的学术研讨会。在支持开展学术活动的同时，该基金十分注重向国外大学的师生推荐法国教育领域的最新成果。

三、法国参与全球教育治理的基本路径

法国积极开展教育对外交流与合作，全力参与到全球教育治理的进程中，通过一系列措施促进教育国际化；通过进行国际教育援助，以此提升法国在国际教育事务中的地位；通过开展跨境教育培养国际人才；积极融入全球性国际组织，进行本国教育系统的现代化改革，提升国家在全球教育治理进程中的话语权。

（一）教育国际化

1999 年开始的“博洛尼亚进程”着眼于建设欧洲高等教育区，使得欧洲教育资源特别是高等教育资源形成“制度兼容、资源互通”[②] 的一体化样态。法国积极融入欧洲高等教育区建设，提升法国高校在欧洲的认可

① Institut Francais：Inscrivez-vous à la lettre d’information，见 http：//www.institutfrancais.com/fr/faites -notre -connaissance-0。

② 张地珂、杜海坤：《欧洲高等教育结构性改革及其启示》，《中国高等教育》2017 年第 7 期，第 62—63 页。

度。法国采取各种措施推进教育国际化，日益频繁的学生、学者国际交流和流动、科研与教学合作等积极影响了国际社会与区域发展的教育资源分配与布局调整，加速了新的全球教育治理体系形成。

1. 通过完善法律法规推进国际化进程

追溯法国国际化改革与发展路径，法国的教育国际化战略主要体现在高等教育层面，而且是以区域国际化为始端，进而扩展至全球。在2011年4月欧洲委员会发布的《2011—2014年法国改革国家规划》①中，明确指出当下法国教育发展的主要战略是建设欧洲高等教育区推动区域国际化发展，推动国际学生流动，加快综合大学、专科学校及研究机构的合作重组。为实现这一高等教育国际化改革目标，法国通过出台法律、完善政策、保质扩大规模的发展路径，先后出台并修订完善了2002年4月8日颁布的《完善法国高等教育体制建设欧洲高等教育区的2002—482号法令》，2005年4月23日的《学校未来规划及导向法》，2006年3月31日的《机会平等法》，2006年4月8日的《科研规划法》，2007年8月10日的《大学自由与责任法》，2010年7月29日的《国家对外行动法》，2011年8月1日的《关于学士的通令》，以及2011年12月30日颁布的《关于法国教育服务中心的法令》等教育法案。这些教育法律及制度为高等教育国际化改革奠定了扎实的制度基础，加速了法国高等教育融入欧洲一体化建设的进程，推进了欧洲区域一体化发展进程。②

2. 系统推进教育科研国际合作

为系统推进教育科研国际合作，法国推出优先发展科研国际化的五大核心举措。第一，加强法国在全球科技领域的影响力。包括提升法国在多边组织中的科研"话语权"；提升法国在科研分析及战略评估、预测方面的能力；接受国际科研测评，引导欧洲国际合作战略论坛；号召高校与

---

① European Commission：Programme national de réforme de la France 2011-2014，2011年4月，见http：//ec.europa.eu/europe2020/pdf/nrp/nrp_france_fr.pdf。

② 张丹：《法国高等教育国际化的战略措施及其启示》，《国家教育行政学院学报》2018年第5期，第73页。

科研机构参与国际研究项目。第二，增加法国对科技人才的吸引力。包括提高国际学者的接待质量；改善法国外派学者回国后的发展环境。第三，发展国际层面公私领域研究的增值政策。如促进公、私领域的跨国合作研究；提高增值评估人员的专业性；基于国际专利市场创新经济模式等。第四，加强法国与国际科研伙伴特别是日本、中国、韩国、巴西和印度等科技发展迅速的新兴国家的合作。第五，实现科研为发展服务。如帮助发展中国家提升其研究创新能力；加强政府部门在相关领域的政策引领，维护合作网络，激活科技共同体；依托服务于未来发展的研究，确立国家级科学研究议题。①

3. 通过“互联网 + 教育”，拓展国际化规模

信息技术的快速发展克服了传统资源物理空间配置模式上的弊端，促进了教育资源的空间国际化配置，这为法国提升教育国际化水平提供了便捷的途径。法国首先提出将开放教育理念融入传统教育，有效地推动了教育国际化发展与数字转型。建立信息技术交流（ICT）以及远程教育网络平台已成为国际化的重要模式之一，而掌握数字化手段业已成为国际化人才必备的核心素养。

法国政府于 2017 年发布《高等教育白皮书》，从国家宏观战略规划层面推进数字化社会转型，引入开放教育理念，拓展全球远程教育，并催促教师角色、常规教学活动、新的学习空间、校园环境与国际辨识度等学习生态系统的转型。依托对如 Linkedln 等平台的大数据分析高校服务质量、毕业生离校生活质量、职业价值以及适应性等，做出评价并提出针对性建议，催促毕业生专业技能快速转型。其次，利用慕课替代传统课堂，通过数字化改革扩大法语教育的国际规模。目前全世界拥有超过 2.2 亿法语使用者，占世界人口总数 3%，到 2050 年，这一数字将达到 7.7 亿。而非洲国家有近一半的法语使用者，大量的国际市场仍未被开发，慕课发展速度

---

① 张梦琦、刘宝存：《法国提升高等教育国际吸引力的政策措施及逻辑要义》，《教育科学》2020 年第 1 期，第 59—60 页。

仍较缓慢。① 面对大比例潜在生源与现实稀缺的课程资源，法国通过建立高校数字平台，以鼓励教学创新与数字化资源运用，协助学生学业方向选择与自我评价。在线国际教育主要聚焦于招生政策、学生生活、教学内容及治理方式等，逐步加大力度细化侧重改善学生生活。②

（二）国际教育援助

国际教育援助是全球教育治理的重要组成部分。法国作为世界大国之一，积极地投入到对外教育援助中，极大地增强了法国的国际地位。

1. 对外教育援助战略

法国对外援助涉及的领域非常广泛，每个领域都有相应的援助目标。2005 年，法国政府制定了涉及七个领域的援助战略，其中首要的就是国际教育援助。2008 年，法国确定了对外援助的三大目标：促进增长、减少贫困和提供全球公共物品。在 2000 年联合国千年首脑会议上，世界各国一致通过了包括八个方面的千年发展目标，法国作为发达国家正式作出承诺，通过积极开展对外援助实现千年发展目标。

法国在开展对外教育援助方面，扩大法语使用范围、传播法国文化与保护文化多样性是一项极为重要的内容。这是法国与其他国家在对外教育援助上的一个重大区别。③ 在这一目标指导下，法国将大部分对外援助给予前法国殖民地国家、附属国和其他将法语作为官方语言的国家，而且在几乎每一项援助项目中都设置有"教育"和"文化"方面的内容。法国财政部设立专项资金，大力支持外交部及法语国际组织的海外帮扶行动，以提升落后地区的文化、教育及科技水平。

2. 对非教育援助

由于与非洲的特殊历史联系，法国的对外援助特别侧重于非洲国家。

---

① Nicolas Charles，Quentin Delpech：Investir dans l'internationalisationde l'enseignement supérieure，2015 年 5 月 6 日，见 http：//www.strategie.gouv.fr。

② 张丹：《法国高等教育国际化的战略措施及其启示》，《国家教育行政学院学报》2018 年第 5 期，第 74 页。

③ 纪开胜：《法国对外援助的经验教训及其借鉴意义》，《法国研究》2015 年第 2 期，第 5 页。

“非洲优先”是法国全球治理的基本原则。二战后法国重建非洲超国家金融体系——法郎区，其主要目的也是出于文化方面的考虑。法国通过长期开展大规模对外教育援助，加强了与全球法语区国家的文化联系，维护和提升了法国在这些国家中的形象。在当今许多非洲国家，人们可以像收看本国电视节目一样自由方便地收看法国国际台、法语国家电视台播出的节目，当地电视台的许多节目也来自法国。当地人当天即能在书报亭买到从巴黎空运来的《世界报》《费加罗报》等法国报刊。法国通过对外教育援助传播语言文化，进一步扩大了法国影响，是法国一项具有战略意义的举措。①

3. 设立专门教育基金提供国际教育援助

在法国，国家级对外人文交流战略和重大项目由外交部统筹协调。因此，教育国际化战略中各种新政策、新举措的实施，均在外交部统筹安排下进行，教育部等相关政府部门密切参与，服务于法国的外交工作和科技文化发展两个大局。例如，美国麻省理工学院、芝加哥大学、斯坦福大学、加利福尼亚大学的法国基金会就是由法国外交部建立的。法国驻美国大使馆还设立了专门面向美国学生的夏多布里昂（Chateaubriand）博士生奖学金。法国外交部专设优先联系基金，向老挝、柬埔寨等国家派遣技术专家，进行高等教育医学、健康等专业建设的国际援助。2011 年，优先联系基金拨款额高达 4600 万欧元。提供教育援助以及与高校合作始终是法国参与全球教育治理的重要内容，旨在培养一批对法友好的外国精英。法国政府还通过高等教育署具体落实法国与外国的教育交流合作事项，同时扩大法国在全球的影响力。

（三）跨境教育

跨国人才培养一直是法国参与全球教育治理的重要领域。然而如何引入国际标准，调整学校治理模式、改进教学结构与研究实践，又如何通过改善接待方式，促进法国本土学生与国际学生互动交流，都是法国需要

① 纪开胜：《法国对外援助的经验教训及其借鉴意义》，《法国研究》2015 年第 2 期，第 3 页。

解决的重要问题。

1. 基础教育阶段促进人员流动

在基础教育阶段，法国持续促进人员国际流动，搭建平台，变革学生服务与教学方式，积极开设英语课程，提升多年居住证服务等，革新已有教学方法，共同组建教学团队并设立联合培养文凭。法国教育部发布的最新数据显示，近年来法国基础教育阶段学生国际流动持续增多，参与国际流动的学生从2013—2014年度的9.5%增至2014—2015年度的11.3%。在学校合作层面，超过61%的法国学校（55%的初中和64%的高中）与至少一所国外学校建立了合作关系。①

在欧盟“伊拉斯谟+”计划框架下，2014年，法国基础教育阶段共有4118次短期国际流动（60天以内）和111次长期国际流动（61天至12个月）；2015年，共有5344次短期国际流动（同比增长29.7%）和60次长期国际流动。到2017年，法国所有的初高中都将有国际合作学校，超过一半的小学将被纳入欧洲或世界范围内的学校合作框架内，其合作方式主要有以下四种：一是建立在欧洲框架下（e Twinning欧洲慕课平台，伊拉斯谟+）的合作关系，或在国家、地区层面签订的双边合作协议；二是与能为学生提供职业培训和实习的国外学校或企业合作；三是与能为学生提供全日制教育的国外学校合作；四是与能为学生提供语言或文化类短期交流的国外机构（如旅行社）合作。②

为促进学生国际流动，法国政府出台了有关学生国际流动的文件，为学生国际流动提供更多保障；为家长提供学生国际交流情况跟踪表；对学生国际流动提供更多的认可；提高国际交流经历的地位和价值。此外，法国积极推动职业高中学生国际流动。职业高中学生可以利用职业培训时间（最多7周）到欧盟成员国、欧洲经济区以及欧洲自由贸易联盟内的任

---

① 纪俊男：《法国推动基础教育阶段学生国际流动》，《世界教育信息》2016年第7期，第78页。

② 纪俊男：《法国推动基础教育阶段学生国际流动》，《世界教育信息》2016年第7期，第78页。

何国家实习。在国际流动期间取得的学分，可以通过学区长派发的“职业教育学生欧洲流动证明”（Euro Mobipro）进行认证。[①]

2. 高等教育阶段留学生教育

法国有着悠久的接受外国留学生尤其是非洲学生的历史和传统。但法国高教界对“高等教育市场”这一概念一直持怀疑和保留的态度，1998年以前法国政府也没有从战略高度上认识到推广法国高等教育的重要性，所以并未明确制定出专门吸收外国留学生的宣传政策和措施。

经历了20世纪90年代留学生数量的停滞甚至下降以后，法国高教界、工商界人士逐渐意识到由于其在“营销”方面的相对沉默，法国在国际高等教育市场上的影响力、知名度和吸引力方面已落后于美、英甚至德国。针对这一状况，法国政府从1998年开始采取了一系列旨在吸引外国留学生的补救措施，如加强对外宣传，简化签证程序，提高接待质量，推广法语培训，并成立专门机构——法兰西教育署（EDUFRANCE）来负责在海外推广法国教育。[②]2012年，法国共有28.9万名外国留学生，占法国大学生总人数的12.1%。为吸引更多优秀的国际学生赴法留学，法国推行“一视同仁”政策，在学费、住房、交通、医疗保险等方面，外国留学生与本国学生待遇相同。另外，“一视同仁”政策也体现在各高校的招生方面。为鼓励外国学生赴法留学，法国外交部从质量和数量上都加强了政府奖学金计划的力度。此外，法国外交部还与本国著名跨国企业合作，推行企业奖学金计划，为各领域的外国优秀青年人才提供奖学金。为增强国际吸引力，吸纳国际人才，法国议会于2013年提出“高等教育领域可部分采用外语教学”，特别是英语教学法规的颁布，促进了高等教育国际项目的发展。到2018年，赴法留学生人数达34.3万人，成为仅次于美国、英国、澳大利亚的世界第四大留学目的国和招收留学生数量最多的非英语

---

① 纪俊男：《法国推动基础教育阶段学生国际流动》，《世界教育信息》2016年第7期，第78页。

② 安延：《法国近几年接受外国留学生的新情况与其他国家的比较》，《世界教育信息》2005年第5期，第29页。

国家。[①]同年，法国政府推出旨在增强高等教育国际吸引力和影响力的“欢迎来法国”（Bienvenue enFrance）战略。作为重要的留学目的地国，法国已然处于国际高等教育的核心地带。[②]

3. 跨境合作办学

跨国合作办学是法国参与全球教育治理的重要形式。最常见的形式为“法语系列教学”课程体系，它由一所或多所法国大学与一所当地大学合作，主要培养高等教育第二阶段（即硕士阶段）的学生。2005年，共有11000多名学生在全球167个“法语系列教学”中注册入学。大约有181个法国高等教育分支机构设置在外国大学内部，颁发联合文凭，且部分或全部法语授课。

第二种形式是在国外合资设立法国大学，此类学校完全沿用法国大学的标准和教学方法，颁发在法国和当地都认可的双重毕业证书。埃里温的亚美尼亚大学和开罗的埃及大学就是在得到了政府的大力资助之下创建的，学生的培养从本科一年级开始一直到博士阶段，并为学生颁发法国和当地双文凭。

第三种合作形式是最近才兴起的，主要由一些全球知名的法国大学、法国大学校在国外设立分校。2005年巴黎索邦大学在阿联酋设立分校；2005年法国中央理工大学在北京航空航天大学设立了中法学院。中法学院的课程设置为6年，全部由法国老师执教。2005年9月开始招生，招收的都是中国最顶尖的学生。[③]

第四种，通过高校合作开办相关项目，传播法国优质教育经验。例如，在外交部的支持下，巴黎第一大学、巴黎综合理工学校、巴黎政治学院与美国哥伦比亚大学等合作实施了“联盟计划”，培养高层次双文凭人

① Campus France：Chiffres clés 2018，2018年08月23日，见 https：//www.campus france.org/fr/ressource/chiffres-cies-2019。

② 安延：《法国近几年接受外国留学生的新情况与其他国家的比较》，《世界教育信息》2005年第5期，第29—31页。

③ 赵翠侠：《提升国家软实力：法国高等教育国际化改革经验及启示》，《全球视野》2009年第11期，第143—146页。

才，每年联合举行40场学术会议。法国与越南大学合作的领头项目，即河内科技大学（USTH），目标指向“在新兴亚洲中心建立一所符合国际标准的大学”，预计2020年为3000名学生提供完整的学士教育及生物科技与制药、信息与通讯的科学与技术、材料和纳米技术、水文、环境与海洋、航空、能源等专业硕士教育。

此外，法国也在向新兴国家或发展中国家推广法国工程师培养模式，在中国、匈牙利、越南等国建立了联合培养工程师的学校；同时，注重联合培养商界精英，在非洲、中东、东欧、东南亚的许多国家建立了法国商业学校。法国与其他国家的合作办学战略实施顺利，特别是在海外工程师学校联合办学方面成效显著，如工程师学校联盟项目（N+i）、法国与南美国家合作的信息教育与技术教育项目（Fi Tec）、高校艺术交流合作项目（Campus Art）等都取得了丰硕的成果。①

（四）参与国际组织

法国作为具有软实力优势的西方大国，联合国教科文组织和经合组织的总部都设在法国首都巴黎。在经济全球化和教育国际化的背景下，法国积极融入全球性国际组织，进行本国教育系统的现代化改革，提升本国教育质量，助力国家创新型经济发展，提升国家在全球教育治理进程中的话语权。

1. 联合国教科文组织

联合国教科文组织的创立，法国是其主要的推动者之一，并促成该组织总部落户巴黎。从创建伊始，法国便将该组织视为其软实力构建和展示的重要平台和场所。联合国教科文组织的下属机构之一——国际教育规划研究所也设在法国巴黎，其主要活动是组织教育计划和教育行政管理方面的人员培训，开展有关教育计划、教育改革评价方法、教育与劳动就业关系的合作研究。

① 张丹：《法国高等教育国际化的战略措施及其启示》，《国家教育行政学院学报》2018年第5期，第72—79页。

2. 经济合作与发展组织

经合组织的总部设立在法国巴黎，这为法国积极参与经合组织的大型会议与相关工作提供了极大的便利。2019年5月，OECD周在巴黎举办，期间举办了OECD论坛以及部长级理事会会议。① 法国积极与经济合作与发展组织和国际教育成就评估协会（IEA）合作，开展国际教育质量评估，以国际教育质量标准体系检验法国教育质量。近年来，法国在PISA、PIRLS和TIMSS等国际测试中表现出色。其中在PISA测试中，法国学生的阅读成绩十分出色，为493分，高于经合组织（OECD）的平均水平（487分）。② 这为法国教育体系赢得了国际声誉，同时法国也希望借国际排名提升其教育形象。

3. 欧盟

欧盟的建立源自于法国与德国的倡议，作为欧洲代表性国家，法国在欧盟中占据非常重要的地位。欧盟的很多官员都是来自于法国，法国也为欧盟的成立做出了很大贡献。从1950年5月9日舒曼计划开始到欧盟成立，法国一直都是欧盟的核心成员国。法国作为欧盟的发起国，当欧洲共同市场建立时，在欧盟机构，特别是欧委会中平分大部分重要职位，这使法国从中得到许多实际利益。在近20年中，法国在欧委会中始终保留它自认为"战略性"的职位，从秘书长到农业总司司长都来自法国。

在欧盟框架下法语是第二大语言，法国文化在灿烂的欧洲文化中也是独树一帜的存在。20世纪90年代以来，以法国为首的欧盟成员国为了保护本国和本地区文化产品的国际竞争力提出"文化例外"，法国还倡议发表《共同行动纲领》③，意在以欧盟的名义对抗美国文化霸权。在"促进文化多样性"的旗号下，将"法语作为欧盟的语言"加以推广；如此一

---

① OECD：OECD Week 2019，见 http：//www.oecd.org/general/oecd-week.htm。

② OECD：PISA 2018 Results，Snapshot of Students' Performance in Reading，Mathematics and Sciense，见 http：//www.oecd.org/pisa/PISA-results_ENGLISH.png。

③ 教莹：《法国政府力促文化外交与时俱进》，2015年9月21日，见 http：//www.zjwh.gov.cn/publish/content.php/190289。

来，就将法国的文化推广提升为欧盟的文化推广，将本国的文化利益上升为欧盟的文化利益。此外，作为欧洲联合的倡导者和积极推动者，法国政府对欧盟的框架计划给予特别的关注和支持，并号召科研机构和企业积极参与欧盟框架计划的执行。在欧盟的框架计划中，法国也得到了较多的资金支持。例如，欧盟第四个框架计划的总预算中，法国科研机构和企业总共获得的经费为 109.75 亿法郎，大约占欧盟第四个框架计划总预算的 15%。① 这为法国在欧盟范围内开展教育科研活动提供了保障。

4. 法语国家国际组织（Organisation Internationale de la Francophonie，简称 OIF）

法语国家组织是一个新兴的政府间国际组织。它由成立于 1970 年的法语国家文化及技术合作处发展演变而来，总部设于法国巴黎，由 21 个法语国家领导人在尼日尔共同签署宪章而正式成立。该组织致力于维护和平、民主及人权，推广法语及文化的多样性，促进交流及可持续发展。截止到 2017 年 1 月 11 日，法语国家国际组织拥有 57 个成员国，23 个观察国，总人口将近 8.9 亿，其中有近 3 亿人说法语。② 在该组织的成员国中，有法国、比利时等主要法语国家，还有大部分的前法国殖民地及非法语国家。每年 3 月 20 日，法国联合法语国家组织的成员国举行一年一度的“国际法语国家日”（Journee internationale de la Francophonie）活动，汇聚世界上 2.2 亿法语人及 8.7 亿说法语人的力量，共同推广法语及法语文化。客观来看，在 OIF 中最大的收益国就是法国。OIF 已成为法国展示法国文化与法语教育的重要平台。

国家教育和培训研究所（IFEF）是 OIF 的附属机构，总部设在达喀尔（塞内加尔），其主要任务是为 OIF 成员国和政府及其合作伙伴提供技

① 张天明：《法国积极参与欧盟框架计划的实施》，《全球科技经济瞭望》2001 年第 10 期，第 24—25 页。

② Organisation Internationale de la Francophonie：La Francophonie en chiffres，见 http：//www.francophonie.org/-La -Francophonie -en -chiffres-.html? debut_list_art=0#pagination_list_art。

术支持，以开发、实施监测和评估 OIF 教育政策，确保提供包容和公平的优质教育，并为所有人提供终身学习机会。其使命主要是为教育系统的教师和管理人员提出并组织能力建设活动、加强法语国家组织成员国和政府及其合作伙伴的能力，以提高法语和英语语言教育课程的质量、促进教育领域的创新，特别是在技术教学创新方面、为制定职业和技术教育领域的政策和战略作出贡献、有助于评估 OIF 成员和合作伙伴国家和政府的学生学习情况等。目前，IFEF 包含四项倡议，即法语国家教师远程教育倡议（IFADEM）、非洲"学校和国家语言"倡议（ELAN—非洲）、青年人培训和专业融合（FIPJ）、支持创新和教育改革（PAIRE），这些行动倡议是法国进行全球教育治理的重要领域。①

5. 全球教育伙伴关系（Global Partnership for Education，简称 GPE）

法国于 2005 年加入全球教育伙伴关系，成为其理事会一员，与欧盟委员会、德国、意大利和西班牙共同拥有话语权。据全球教育伙伴关系官方网站 2017 年 2 月 14 日报道，法国近几年对全球教育伙伴关系的资助显著增多，资助额从 2015 年的 100 万欧元增加到 2016 年的 800 万欧元。法国自加入该组织以来，资助全球教育伙伴关系共计 1.07 亿美元。②

四、法国参与全球教育治理的经验和挑战

作为欧洲及世界大国，法国积极开展教育对外交流与合作，全力参与到全球教育治理的进程中，展现法国参与全球治理的大国责任担当，为其他国家参与全球教育事务提供了有益经验。同时，法国自身在应对全球化与国际化的潮流以及国内教育发展时，也存在一些挑战。

（一）法国参与全球教育治理的经验

第一，重视语言文化传播，积极展开法语教学。二战后，法国影响

① 叶丽文：《法语国家组织和法国》，博士学位论文，山西外国语大学国际关系专业，2011 年，第 56 页。

② 董海清、徐平：《法国增加对全球教育合作伙伴关系的资助》，《世界教育信息》2017 年第 7 期，第 79 页。

力不断下降，面对法语地位受到的冲击，法国政府一直坚持将“法语传播”作为重要的文化外交手段，积极推行“法语教学”，还积极组织法语国家首脑会议等组织来加强巩固法语的影响力，通过卫星电视、法语广播、各种类型的沙龙活动以及一系列的法语网站来丰富法语学习的方式方法，共同促进法语传播。

第二，积极推进教育国际化。作为欧洲主要国家，法国积极推进欧洲高等教育一体化，并将其作为保持和提升法国在欧洲乃至国际影响力的重要杠杆；同时确保和继续加强对非洲在内的广大法语国家留学生的吸引力，并继续开拓拉丁美洲留学市场。同时法国面向全球拓展留学教育服务产业，并借助法国高等教育署扩大其高等教育在海外的影响力，从而为外国留学生的管理工作提供了便利。当前，面对英国脱欧、美国大范围挑起贸易战以及退出联合国教科文组织等单边主义做法，法国坚持扩大合作，推出提升高等教育国际吸引力的众多举措，以开放的政策促进高等教育资源的全球流动。

第三，发展留学教育。为保证留学教育质量，法国在人才培养方面，通过支持大学联盟，提供多样化的课程选择，投资 MOOCs 平台，加强跨境知识交流与共享等措施，拓宽留学生学术视野和学术交流通道。同时，法国倡导高校与地方企业、其他国家高校等密切发展伙伴关系，利用企业资源为留学生提供海外实习和创业培训的机会，注重提升学生的实践和就业能力，增强了在人才培养层面国际合作的广度与深度。

第四，在科研方面，法国积极倡导国际团队合作，重视不同学科与专业背景的人员流动与师生互动，聚焦跨学科研究。尤其是在以科研带动国际合作的大战略背景下，法国张开双臂迎接外国科研人才。如积极推动博士生国际化，倡导为其提供优越的国际研究条件。2017 年法国有近 7.5 万名博士生，其中 41% 以上为留学生。①

---

① Campus France：La France est un grand pays de recherche，2018 年 12 月 1 日，见 http：//www.chine.campus france.org/fr/la-france-est-un-grand-pays-de recherche。

第五，在全球教育治理实践中，法国把多边主义国际组织作为拓展国家利益的重要渠道，同时借助国际组织平台开展全球和区域教育治理。一方面，法国积极参与全球层面的国际组织，如联合国教科文组织的教育政策以及实践行动；另一方面，法国注重提升其在欧洲范围的文化与教育影响力和竞争力，试图兼顾区域一体化和全球化是作为欧盟主要成员国的法国和德国共同的战略目标。

第六，借助新技术与新媒体开展全球教育治理。在全球化进程不断深入，科技水平日益提高的今天，传统的教育方式也随之进行了相应的变革。法国一方面通过慕课与在线课程等方式吸纳潜在国际生源；另一方面，数字化平台为精准提升高校教育与学生服务质量提供数据支撑工具。法国运用信息技术扩大教育对外开放，不断扩大教育国际化的规模并改进法语教育。

（二）法国参与全球教育治理的挑战

法国在参与全球教育治理的过程中也遇到一些挑战。

第一，法国国内面临着经济低增长、就业困难、欧债危机等，政府难以通过税收来平抑赤字和债务，普通百姓通过非正常途径表达其利益诉求，法国政府需要对内直面现实困境，对外捍卫国家利益和欧盟立场；在人类世界存在着越来越多的不确定、不稳定因素的今天，一国之力毕竟是有限的，这一点不仅对于法国适用，对其他国家也同样如此，仅凭一国之力难以撼动全球问题的根本，尤其是在内外交困的现实情形之下。

第二，在欧盟多层治理的政治和权力格局中，法国与德国扮演着重要角色。法国寄希望于通过欧洲区域一体化实现自己的全球战略，教育与文化尽管是法国传统的优势领域，但是在英美文化的冲击下，法国要实现自身的大国认同以及欧盟层面的欧洲意识和欧洲认同依然任重而道远。

第三，同样是由于受到历史、语言、文化传统等因素的影响，法国学生在欧盟范围内的流动比例虽然不断增加，但法国教学与科研人员在欧洲范围内流动活跃度仍较弱，与境外高校行政技术人员间的交流仍不够充分。这一点与法国人根深蒂固的民族自豪感有关，在教育领域依然表现得十分明显。法国学校教育是欧洲大陆国家教育制度的典范，但是他们过分依赖集权于巴黎的教条主义的官僚机构以及其他几个文化上的神经中枢，很少体现来自更广泛的劳动群众凭经验的见识和较敏感的事物。① 遇到问题时拘泥于理性的反应与"实用主义"和"经验主义"的主张相遇，法国势必需要更多的改革和开放以适应不断变化的国际国内乃至全球形势。

第七节　日本与全球教育治理

日本是位于东亚地区的一个岛国，领土面积不大却是一个高度发达的资本主义国家，被列为世界第三大经济体。日本经济发展的两次飞跃都与大力发展教育密切相关。第一次飞跃是在明治维新后到二战前，经济的增长很大程度上得益于小学义务教育的普及，培养了大批具有初等文化的产业劳动者。第二次经济起飞是二战后的 20 年，日本采取赶超战略大力发展教育，使国民受教育水平大幅度提高。日本前首相吉田茂在《激荡的百年史》一书中所说："利用教育事业来促进现代化的实现，这是日本近代化发展的重要特点。"②

日本教育在日本近现代国家发展中始终居于极为重要的地位。进入 21 世纪，日本政府进一步确立了"教育立国"的国家战略。可以说，在近现代的亚洲乃至世界，日本是最重视教育、并将教育的作用发挥到"极致"的国家。③ 从 20 世纪 60 年代以来，日本充分发挥本国教育的优势和特色，在国际教育援助领域始终处于领先位置。随着全球化的发展，世界各国的关系越来越紧密，日本教育也面临着新的形势和格局。日本在不断推动本国教育国际化发展的同时，积极调整教育战略布局，主动参与到全球教育治理当中。

---

① ［英］埃德蒙·金：《别国的学校和我们的学校——今日比较教育》，王承绪等译，人民教育出版社 2003 年版，第 115 页。

② ［日］吉田茂：《激荡的百年史》，李杜译，陕西师范大学出版社 2010 年版，第 26 页。

③ 臧佩红：《日本近现代教育史》，世界知识出版社 2010 年版，第 8 页。

一、日本参与全球教育治理的历史

日本参与全球教育治理可以从日本进行国际援助的历史说起。日本以教育援助为出发点，参与全球教育治理的历程先后可以大致划分为两个阶段：成形期（二战后—20 世纪 90 年代）与变革期（20 世纪 90 年代至今）。日本参与全球教育治理的成形期，是日本教育援助逐渐发展壮大的阶段。伴随着日本发展为世界领先的国际援助大国，其教育援助在以亚洲为首的广大地区有着重要的影响力。日本参与全球教育治理的变革期，则与国际形势的激变有着重要的关联。全球化背景下，全球教育治理的理念逐渐深入人心，日本参与全球教育治理的形式和内涵突破了传统的教育援助，在各方面得到了新的发展。

（一）成形期（二战后—20 世纪 90 年代）

日本参与全球教育治理的历程与其开展国际援助的历史是分不开的。第二次世界大战后，日本作为战败国依据 1951 年签署的旧金山条约对遭受日本侵略的韩国、新加坡、泰国、马来西亚等亚洲国家进行经济赔偿，这也是日本参与国际经济援助最初的形式。1954 年，日本作为正式加盟国参与了世界第一批援助计划之一的“科伦坡计划”（Colombo Plan），标志着日本政府开始从赔偿向国际援助的立场转变。日本外务省下组织成立了“政府开发援助”（Official Development Assistance，简称“ODA”）负责向亚洲发展中国家提供技术支持，这其中也包括针对教育的援助工作。“（日本政府）实施教育援助，是以本国民间企业技术专业和人才培养为目的接受研修生、针对高等教育和职业技术教育的援助为主流；此外以教育硬件设施援助为重点，在参与提供教育设施建设和教育设备生产等服务方面进行了大量投入”，这与同时期美国等实施的旨在抑制共产主义和社会主义发展的“政治化”“民主化”教育援助是截然不同的，日本的教育援助包含拉动国内经济增长的目的性，投资高等教育和职业教育对于保障日本的产品出口和资源进口有所帮助。①

① 佐藤眞理子：《1990 年代における先進国の教育援助の特質—アメリカ、スウェーデン、日本の比較分析—》，《比較教育学研究》2005 年第 31 期，第 28—37 页。

此后，日本伴随着经济快速发展，在国际援助领域方面的工作不断深化。1958 年，日本首次开始向他国提供政府借款；1961 年，日本加入了经济合作与发展组织（OECD）下辖的“开发援助委员会”（Development Assistance Committee，DAC），逐步扩大国际援助的领域和范围①；1965 年，日本成立“青年海外协力队”（Japan Overseas Cooperation Volunteers，JOCV），开始向海外派遣青年志愿者进行技术援助和志愿活动；1974 年，成立“日本国际协力事业团”（Japan International Cooperation Agency，简称 JICA，现合并为“日本国际协力机构”，后文详述）以统合对外经济和技术等各种类型的援助，成为负责日本“政府开发援助”项目的主要执行机构；1978 年，“政府开发援助”（ODA）第一期中期目标公布，宣布三年内实现规模倍增，并将国际援助从亚洲地区扩展到全球范围；1987 年，日本出台了关于派遣国际紧急救援队的法律文件；1989 年，日本超过美国成为 DAC 加盟国中援助规模最大的国家。② 在日本泡沫经济崩坏的前夕，1991 年日本的国际援助总规模达到 110.3300 亿美元之多。③

特别在教育援助方面，1954 年日本加入科伦坡计划后，日本文部省（现文部科学省）以向发展中国家提供技术援助为中心，启动了日本政府国费留学生招生项目；20 世纪 60 年代，日本参与了联合国教科文组织（UNESCO）组织的“关于亚洲免费初等义务教育的工作计划（1960—1980）”（卡拉奇计划，Karachi Plan），加速了国际教育援助的脚步；1971 年，日本文部省设立了亚洲教育援助协议会以推动教育援助的相关政策讨论；此后日本继续扩大教育援助的形式与内容，加强留学生接收、推动发

---

① 日本作为成员国正式加入 OECD 是在 1964 年，但在 OECD 成立之初，日本已经加入其名下的 DAC 当中。

② 日本外务省：《ODA の歩み》，见 https：//www.mofa.go.jp/mofaj/gaiko/oda/about/oda/page23_000407.html。

③ 海外経済協力基金：《海外経済協力基金三十年史》，东京：海外経済協力基金 1992 年版，序言。

展中国家教育建设、推广日本语和受援国本地语教学等。①

20 世纪 90 年代，日本的国际援助规模与美国并肩位于 DAC 加盟国的前两位，成为名副其实的国际援助强国。但是与之相对的是，日本在国际援助当中的教育援助规模比例却相对较低。90 年代，DAC 将教育领域作为重点援助方向，加盟国平均教育援助规模占总援助规模的 10.2%，然而与日本在经济领域援助规模占比超过 4 成相对应，在教育领域的平均援助规模仅仅为总援助规模的 6.8%，甚至低于 DAC 加盟国的平均水平。② 此外值得一提的是，1979 年以后，日本通过“政府开发援助”对中国的环境、农业、经济基础设施、医疗保健、人才培养等领域进行了大量援助。在教育方面，通过提供教育所需设备和协助教育设施建设推动基础教育的普及和完善，通过派遣专家和接受研修生等方式协助培养了中坚技术人员和管理人员等。③

日本最初参与全球教育治理的主要途径是依托于“政府开发援助”当中的教育援助部分，其中又以教育基础设施建设、教育设备生产等与国内进出口相关项目为主。伴随着日本发展成为国际数一数二的国际援助大国，日本的教育援助在量上得到了长足的发展，但是相比于其他类型的援助，教育援助的地位仍然相对较低。即便如此，长期以来日本重视本国教育的发展，重视对发展中国家的教育援助所取得的成果是巨大的。日本从二战结束后快速发展成为资本主义强国与其一以贯之地坚持教育立国理念是分不开的。在此基础上，日本积极推动国际教育援助工作，使得亚洲不少发展中国家也获得了快速发展的机会。

（二）变革期（20 世纪 90 年代至今）

20 世纪 90 年代，国际形势激变，全球化的浪潮席卷了各个国家。日

① 斉藤泰雄：《我が国の国際教育協力の理念及び政策の歴史的系譜——草創期から 70 年代初頭まで》，《国立教育政策研究所紀要》2008 年第 137 期，第 161 页。

② 佐藤眞理子：《1990 年代における先進国の教育援助の特質—アメリカ、スウェーデン、日本の比較分析—》，《比較教育学研究》2005 年第 31 期，第 28—37 页。

③ 日本外务省：《国別援助実績 1991 年～ 1998 年の実績［7］中国》，见 https：//www.mofa.go.jp/mofaj/gaiko/oda/shiryo/jisseki/kuni/j_99/g1-07.htm。

本受到国内外形势的冲击与压力，积极调整教育战略布局，广泛参与到全球教育治理当中。

国际背景下，20 世纪 90 年代初，经历了东欧剧变、东西德统一、苏联解体，国际两极冷战格局解体，这给国际援助工作带来了巨大的冲击。前文提到的“科伦坡计划”以及 OECD 的 DAC，在冷战期间除了完成国际援助的主要目的之外，一定程度上也承担了维持阵营霸权、巩固资本主义意识形态的作用。然而随着冷战结束，国际援助所附加的政治性和经济性目的都需要重新进行洗牌。与此同时，伴随着西方资本主义市场自由化发展以及被誉为“第四次产业革命”的信息技术革命到来，国际贸易率先串联起各个国家，将世界各国引入了全球化的时代。全球化发展带给了世界各国前所未有的发展机遇的同时，同样蕴含着危机。1997 年亚洲金融危机，2001 年“9・11”恐怖袭击事件，2008 年环球金融危机等给全球化发展敲响了警钟。与全球化趋势相悖的反全球化和霸权民粹主义抬头等，这都对日本社会整体带来了巨大的影响。①

日本国内，投射世界格局的动荡和发展，变革也成为 20 世纪 90 年代至今的关键词。泡沫经济后日本的国际影响力下降，屡次受到国际经济危机的冲击之下，日本经济难以恢复以往空前盛况。为了应对全球化浪潮，日本积极尝试行政体制改革，推动治理体系的建立与完善。在教育领域，20 世纪 80 年代后日本推进落实新自由主义教育改革，主要包括公立学校民营化改革、国立大学法人化、地方教育行政改革、义务教育费国库负担制度改革等一系列举措调整日本教育系统的结构，为日本教育改革带来了新的局面。当代日本教育改革，是在继承传统教育理念的基础上不断进行革新的过程，以日本人口减少为契机寻求教育改革的新路径，蕴含了政治背景和目的，受到了行政财政改革的重大影响。② 在国内外的大背景之下，日本参与全球教育治理的形式和内涵都发生了重大转变。

---

① 独立行政法人国際協力機構：《国際協力機構史》，东京：独立行政法人国際協力機構 2019 年版，第 4—12+74—81 页。

② 德永保编著：《現代の教育改革》，ミネルヴァ書房 2019 年版，第 18—21 页。

曾经在国际教育援助领域风生水起的日本教育迎来了挑战和改革，能够大力推进国际教育援助的前提是本国不仅重视教育，而且本国的教育在世界范围内处于领先水平并得到广泛认可。然而随着经济泡沫崩坏，日本教育和教育体制出现了巨大的危机。有日本学者也指出，日本教育的危机实际上是被长期以来的经济蓬勃发展所遮掩了。日本教育学者矢野真和认为，日本对于20世纪70年代开始出现的全球化趋势并没有充分的认识，日本制造业的发达掩盖了日本金融、建设、交通等国内产业中的弊病，形成了国内外非对称的经济评价；而教育领域同样存在非对称的评价认识，受到日本经济快速发展和制造业闻名海外的形势，尽管日本国内对于教育质量问题已经提出了深刻的讨论，国外对于日本教育还是给予了极高的评价，倾向于将日本经济发展的功劳归结于日本优质的教育给产业界输送了大量优秀人才。① 国外对于日本教育的推崇给日本大力推进国际教育援助提供了可能性与必要性，然而被掩盖当中的日本教育危机却随着泡沫经济的崩坏逐渐浮出水面。日本教育所面临的困难在经历了 2000 年"PISA② 危机"后得到了日本社会广泛而深刻的认识，日本也加快了参与全球教育治理的进程。

日本突破了传统国际教育援助的单一路径，在全球教育治理的形式与内涵上作出重大改革。第一，日本十分重视本国教育的国际化发展。受到 PISA 影响而暴露出的日本教育"学力问题"，引发了日本对基础教育质量的重视；日本经济产业发展所必需的国际化人才培养工作也依赖于日本教育的贡献。日本将教育国际化改革放在了教育改革的前列，推动外语教育改革、理科教育改革；推行大学国际化发展和接收留学生事业；提高日本大学的国际竞争力和影响力、加快与国际一流大学的合作等。如：2017 年新学习指导要领颁布，将小学五六年级的"外国语"确定为正式

① 矢野眞和：《グローバリゼーションと教育》，《教育社会学研究》2000 年第 66 期，第 5—20 页。

② 指 OECD 组织开展的国际学生评估项目，The Program for International Student Assessment（PISA）。

教学科目，在小学三四年级新设“外语活动”项目①；高等教育方面实施的“留学生30万人计划”“超级校园”计划等。第二，日本关注跨境（高等）教育的展开。吸收引进国际一流大学的国内分校，在海外拓展日本大学的办学据点，积极导入MOOCs（慕课、大型开放式网络课程，Massive Open Online Courses）与开展网络在线教学，参与国际课程、学分和学位认证等。第三，日本进一步推动国际教育援助和协作工作。完善国际援助制度和体制，调整应对国际全球化发展的形势。1992年日本出台了“政府开发援助”（ODA）大纲，以支撑日本安全与繁荣的基础上为国际社会和平和发展作出贡献为目的，以尊重发展中国家自主性、确保公平性、灵活运用日本国内的经验、协调国际社会等为方针，以消灭贫困、可持续发展、应对全球问题、构筑世界和平为主题。② 建立国际开发教育研究体制，探寻国际教育援助和协作的新局面。1990年，日本外务省与文部科学省联合成立“国际开发高等教育机构”（FASID）进行国际开发协作的研究开发和人才培养工作；先后在广岛大学、名古屋大学、神户大学等设置国际开发研究生院，并形成了国际开发研究的博士课程③；日本教育学界参与到国际教育援助以及相关全球教育治理的研究工作当中，例如日本比较教育学会先后组织开展了1996年的“女性、开发、教育”，1999年的“比较教育学研究中国际教育协作的位置探讨”，2001年的“21世纪教育开发与国际教育协作的伙伴形式”，2003年的“构筑发出日本声音的国际教育协作”，2005年的“国际教育协作的现状和课题”，2006年的“高等教育国际化和市场化”，2008年的“国际教育合作中日本式教育实践的可运用性”和“教育与语言”，2010年的“学力调查的国际比较”和“留学生政策比较分析”等，2011年的“跨境高等教育项目”，2014年的“亚洲的大

---

① 日本文部科学省：《幼稚園教育要领、小・中学校学習指導要领等の改訂のポイント》，见https：//www.mext.go.jp/content/1421692_1.pdf。

② 日本外务省：《政府開発援助（ODA）大綱》，见https：//www.mofa.go.jp/mofaj/gaiko/oda/seisaku/taikou.html。

③ 黒田則博：《日本における国際教育協力研究の展開》，《比較教育学研究》2005年第31期，第3—14页。

学与国际合作”，2015年的“外国人儿童的教育问题”等主题研究，为日本探寻国际教育援助和协作的新方式、开展全球教育治理的新内涵等提出了重要的理论支持。① 第四，日本不断加强与国际组织间的联系。长期以来，作为国际援助大国的日本在OECD下属DAC当中占据着重要的地位。日本与联合国教科文组织（UNESCO）也长期保持着合作关系。1990年在泰国召开的“世界全民教育大会”（Education For All，EFA）强调了以基础教育为中心的国际教育协作的重要性，在此影响之下，日本国际教育援助也从传统的高等教育和职业技术教育领域开始向基础教育方向延伸。20世纪90年代，联合国又出台了“联合国千年发展目标”（MDGs），强调普及初等教育和推进男女性别平等教育。2002年，日本响应联合国的号召出台了“为了成长的基础教育倡议”（Basic Education for Growth Initiative：BEGIN）计划，展示出日本在进一步推进国际教育援助和协作方向上的明确态度和战略规划。② 2015年，联合国可持续发展峰会又提出了新的“联合国可持续发展目标”（Sustainable Development Goals，SDGs），提出了可持续发展、包容公平、优质的终身教育等理念。日本坚持贯彻联合国SDGs的理念，提出了“为了和平与发展的学习战略”，着重强调构建和扩大国际和区域范围内的教育合作网络。③

20世纪90年代以来，国际形势的突变和日本国内状况的动荡对日本参与全球教育治理的形式和内涵都造成了重大的影响。应对国内外环境的变化，日本在全球教育治理方面顺应时代潮流进入了变革期。这不仅包括日本本国教育制度、教育行政财政体制、教育理念目标的全方位改革，也包括日本长期实行的国际教育援助和协作方式上的变化。为了适应

① 日本比较教育学会：《学会紀要『比較教育学研究』》，见http：//www.gakkai.ne.jp/jces/kiyou.html。

② 黒田則博：《日本における国際教育協力研究の展開》，《比較教育学研究》2005年第31期，第3—14页。

③ 日本外务省：《平和と成長のための学びの戦略 ~学び合いを通じた質の高い教育の実現~》，见https：//www.mofa.go.jp/mofaj/gaiko/oda/bunya/education/pdfs/lspg_ful_jp.pdf。

全球化发展，日本重视本国教育的国际化发展、推动国际教育援助和协作工作、加强与国际组织间的联系，逐渐形成了今天日本全球教育治理的格局。

二、日本参与全球教育治理的主要机构

日本参与全球教育治理是一项系统工程，这需要多方面的协作与配合，既包括以日本政府为核心的管理层，也包括具体独立行政法人、非政府组织与民间组织等执行层。日本政府形成了一套全方位的全球教育治理实施体制，其中内阁作为最高指导机构负责宏观战略的制定工作；外务省和文部科学省作为核心管理机构负责教育外交活动的推动和实施工作；政府其他部门作为参与机构负责与外务省和文部科学省合作交叉业务；社会各界作为参与者和合作伙伴负责向政府部门提供资金、智力和人力支持。① 这里主要从两个方面介绍日本参与全球教育治理的主要机构：日本外务省下辖官方执行机构 JICA（独立行政法人日本国际协力机构）和以日本文部科学省为代表的其他重要机构。

（一）日本参与全球教育治理的官方机构—日本国际协力机构(JICA)

长期以来，日本参与国际教育援助始终是其全球教育治理的主要途径之一。在以日本政府为首，国际组织、非政府组织、民间企业等各种组织的相互合作之下，日本对发展中国家提供了资金援助、技术援助以及无偿资助等各种援助。其中，尤其将日本政府对其他发展中国家提供的资金和技术等援助统称为“政府开发援助”（ODA）。依托于国际援助项目的教育援助多为政府主导，由外务省“政府开发援助”项目牵头发起，而具体负责执行“政府开发援助”项目的组织现名为“日本国际协力机构”(Japan International Cooperation Agency，JICA)②。

---

① 房文红、周英：《日本教育外交的演变、内涵与特点》，《国家教育行政学院学报》2018年第9期，第89—95页。

② 日本外务省：《ODA と JICA》，见 https://www.jica.go.jp/aboutoda/jica/index.html。

1. JICA 的组织历史

日本的政府开发援助主要包括日元贷款、无偿援助和技术合作三部分。在有关海外资金援助方面，1962 年日本外务省与日本输出入银行牵头成立了“海外经济协力基金”（OECF）；1999 年，OECF 与日本输出入银行整合成为“日本协力银行”（JBIC），从 OECF 到 JBIC，该机构是日本政府对外经济政策与经济协助的主要政策金融机关。① 另一方面，日本政府开发援助实施初期进行的技术合作是由各种不同机构和法人团体负责实施。此后，日本政府于 1962 年 6 月将所有机构进行合并，设立了“海外技术合作事业团”（OTCA）。1963 年 7 月，又设立了“海外移住事业团”（JES）主管移居海外方面的业务。1965 年 4 月，在 OTCA 内设立了“日本青年海外协力队”（JOCV），派遣日本青年到发展中国家开展技术合作。1974 年 5 月，日本公布了《国际合作事业团法》；8 月，将 OTCA 与 JES 合并，成立了“特殊法人国际合作事业团”（JICA）。1978 年，日本修改

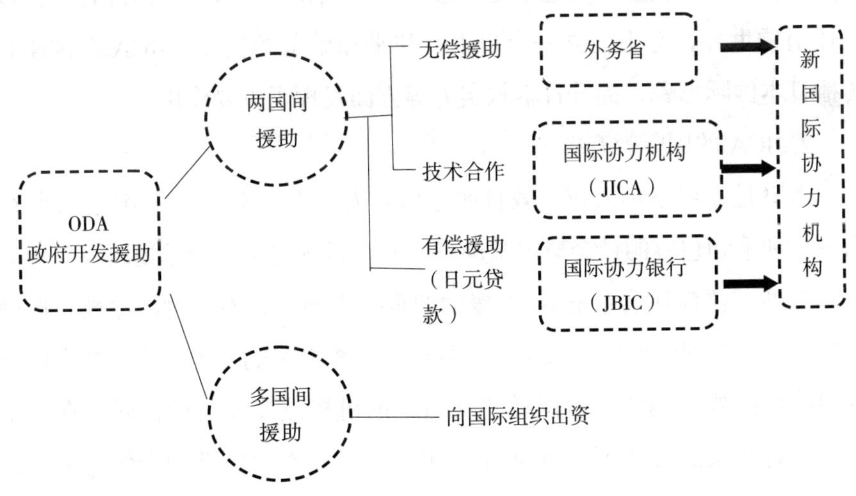

图 4–1 新国际协力机构（新 JICA）示意图

资料来源：JICA ホーム：3 つの援助手法を一体的に担う新 JICA 誕生の背景，见 https://www.jica.go.jp/aboutoda/jica/index.html；作者根据日文原图绘制。

① 国際協力銀行：《海外経済協力基金史》，东京：国際協力銀行 2003 年版，序言。

了《国际合作事业团法》，将无偿资金合作业务也交由 JICA 负责。[①] 2001 年 12 月，日本行政改革推进事务局决定依据《特殊法人等整理合理化计划》，将 JICA 改为独立行政法人。2002 年 12 月，日本公布了《独立行政法人国际合作机构法》，翌年 9 月解散了“特殊法人国际合作事业团”，10 月重新设立了“独立行政法人国际协力机构”，即新 JICA。2008 年 10 月，新 JICA 合并了国际合作银行（JBIC）的海外经济合作业务及外务省的无偿资金合作业务，成为日本政府开发援助的综合实施机构。[②]

JICA 在开展国际援助方面，还强调要与地方政府、大学、非政府机构、私立部门、公民个人等建立广泛的合作伙伴关系，以共同搭建日本与发展中国家之间的友好桥梁。主要援助模式是提供技术援助的计划或项目以帮助当地发展能力和制度；评估研究项目可行性和总体规划；派遣专家。援助领域广泛，涉及教育健康、资源环境、能源矿产、农业渔业、信息技术、社会保障、区域管理等各个方面等。日本国际协力机构使命是致力于人类安全和发展质量，其愿景是通过分享知识和经验来推进国际合作，以信任引领世界，努力建立一个自由、和平和繁荣的世界。JICA 在构建和传播日本国际形象，提升日本软实力等方面发挥了重要作用。[③]

2. JICA 的国际教育援助

教育是一项基本人权，教育通过培养人对不同文化和价值观的理解，为一个和平和包容的社会奠定基础。因此，日本向来十分重视教育领域的国际援助，教育领域也是 JICA 援助的重要方面，日本通过国际教育援助对提高日本的国际形象和软实力有着长远的积极影响。为解决当今全球教育面临的问题，响应联合国教科文组织的可持续发展目标，同时在日本政府教育政策的影响下，JICA 制定了未来五年教育援助和合作的“教育

① 国際協力事業团：《国際協力事業团二十五年史》，东京：国際協力事業团 1999 年版，序言。

② 独立行政法人国際協力機構：《国際協力機構史》，东京：独立行政法人国際協力機構 2019 年版，第 60—72 页。

③ JICA ホーム：《JICA のビジョン》，见 https：//www.jica.go.jp/about/vision/index.html。

合作立场文件”。教育合作立场文件提出了JICA教育合作的新愿景：学习的连续性。这一愿景旨在确保在日本教育援助和协作之下，不论国家情况或教育水平如何，所有人都能继续学习。此外，教育合作立场文件表明了JICA的教育援助将借鉴其以往在设计方案和实施项目方面的经验，高度重视三个指导原则：①信任；②知识创造的相互学习；③公平和包容。在与不同伙伴的密切合作下，JICA在新时期把重点放在以下四个优先领域：①提高学习质量的教育；②促进公平和可持续增长的教育；③社会共同创造知识的教育；④建设包容与和平的社会的教育。[①]

根据JICA的国际教育援助三条指导原则和四个优先领域，教育合作立场文件当中具体提出了一系列国际教育援助计划，其国际教育援助活动可以分为以下三类：提高孩子们的学习；开发人力资源，加强创新和产业；通过教育建设包容和平的社会。

（1）提高孩子们的学习

JICA在尊重发展中国家社会理念的前提下，向其提供教育援助，以确保儿童不仅获得基本技能，而且获得独立学习和思考的能力，并增强继续学习的动力。JICA关注课程、教材、课堂、评价的一致性和连贯性，为提高儿童的学习提供全面的解决方案。此外，JICA为每个伙伴国家进行教育部门诊断并提供综合援助，包括设计教育政策和创建教育体制，改善学习环境和校本管理，优化教学师资队伍建设。[②]

（2）开发人力资源，发展创新产业

在全球化和向知识型社会转型的大背景下，高等教育机构希望能够培养创新人才，以解决社会日益复杂的一系列问题。为了培养创新人才，JICA协助建立和建设了一批在伙伴国家中发挥关键作用的重点大学，加强了大学间的联系，建设了一批确保教育质量的研究所。主要援助建设的

---

① JICA ホーム：《JICA 教育協力ポジションペーパー》，第5页，见https：//www.jica.go.jp/activities/issues/education/ku57pq00002cy6fc-att/position_paper_education.pdf。

② JICA ホーム：《JICA 教育協力ポジションペーパー》，第6—9页，见https：//www.jica.go.jp/activities/issues/education/ku57pq00002cy6fc-att/position_paper_education.pdf。

重点放在日本有丰富经验的工程技术教育。为了培训工业生产人员以及工程师和技术人员，让其可以满足社会需求，JICA 利用日本的教育经验帮助发展中国家促进产学研合作，增加职业技术培训机会和提高职业技术培训质量。此外，JICA 还援助人力资源开发，以加强公共行政职能，为社会经济发展奠定更坚实的基础，促进日本与伙伴国之间的和谐关系。①

（3）通过教育建设包容和平的社会

可持续发展目标内容所指是没有一个人会被落下，JICA 加紧努力帮助社会和文化上易受伤害的和处于不利地位的人群，将性别和残疾等敏感问题以及有助于扶贫的方式，纳入到教育部门所有的项目设计中。JICA 援助的重点放在加强女童教育以及从有形和无形的方面处理残疾儿童全纳包容的教育。JICA 协助受灾和受冲突影响的国家，为学生提供安全的学习环境，并帮助管理者设置奖学金项目发展学生能力，JICA 的教育援助成为受援国灾后恢复发展的推动力。在有大量失学儿童和文盲的地区，JICA 会扩展与其他部门的合作关系，在识字和生活技能方面提供非正规教育援助。②

（二）日本参与全球教育治理的其他重要机构

日本外务省所制定的“政府开发援助”（ODA）及其实施机构 JICA 在日本开展国际教育援助方面起到了主要的作用。日本参与全球教育治理的形式和内涵在 20 世纪 90 年代进入变革期以后有了多样化的发展。在此背景之下，日本文部科学省等组织机构也开展了丰富的全球教育治理实践活动。例如 JICA 下属还设置了进一步落实推广国际援助的“本地 ODA 工作小组”。本地 ODA 工作小组是由日本大使馆、JICA 在各国当地设置的事务所等组成，以提供日本对受援国援助政策立案、与受援国政府开展政策协议、促进与其他援助国、日本企业、非政府组织等之间的相互合作

① JICA ホーム：《JICA 教育協力ポジションペーパー》，第 9—11 页，见 https：//www.jica.go.jp/activities/issues/education/ku57pq00002cy6fc-att/position_paper_education.pdf。

② JICA ホーム：《JICA 教育協力ポジションペーパー》，第 11—12 页，见 https：//www.jica.go.jp/activities/issues/education/ku57pq00002cy6fc-att/position_paper_education.pdf。

为主要工作，是为了体现受援国实际需求、提高“政府开发援助”实行质量而设置在受援国的组织。[①] JICA之外，正是依赖于本地ODA工作小组、非政府组织、国际组织和民间企业等各方的力量，日本的国际援助以及教育援助工作才能得以顺利开展。这当中日本文部科学省也起到了不可忽视的作用。本小节仅以日本文部科学省在日本参与全球教育治理当中的主要经验为例进行简要介绍。

1. 日本文部科学省的作用

日本的全球教育治理自然离不开日本的文部科学省，尤其是在日本全球教育治理进入新阶段，不仅包含对外输出的教育援助等工作，而且有必要推进本国教育国际化发展的局面之下，日本文部科学省在日本全球教育治理的总体布局当中占据了至关重要的地位。一方面，在全球教育治理发展趋势背景之下，日本教育改革当中体现了全球教育治理的相关活动。例如，孙进等（2020）将全球教育治理的机制简要概括为：基于国际法和国际公约的全球教育治理；基于教育新思想和新理念的全球教育治理；基于国际会议及多边论坛的全球教育治理；基于国际教育指标和标准的全球教育治理等四个维度。[②] 日本当代教育改革当中所主张的终身教育、男女平等教育、教育国际化、多元文化国际理解教育等思潮都是符合全球教育发展的新思想与新理念；日本教育改革当中积极采纳的核心素养、大学治理和评价体系、国际课程和学分标准等也都是遵循国际教育指标等。这些体现全球教育治理的教育改革需要在日本文部科学省的领导之下逐步实施。另一方面，在日本推进国际教育援助和合作方面，也需要日本文部科学省对具体内容和策略进行规划。针对前者，日本教育国际化改革等有关政策需要经过文部科学省审批通过才能正式施行。这包括日本教育国际化改革当中的例如“留学生30万人计划”“超级校园计划”、新学习指导要

① 日本外务省：《現地ODAタスクフォース》，见https：//www.mofa.go.jp/mofaj/gaiko/oda/seisaku/taskforce.html。

② 孙进、燕环：《全球教育治理：概念·主体·机制》，《比较教育研究》2020年第2期，第39—47页。

领修订增加外语学习时间等等具体政策措施。针对后者，日本文部科学省与日本外务省紧密合作，响应全球教育治理理念以及日本国内各种相关顶层设计，取得了一系列切实有效的成果。

2. 日本文部科学省的活动成果

日本文部科学省在日本参与国际教育援助和合作当中取得了不少成果。在 1990 年“世界全民教育大会”（EFA）、联合国 MDGs 以及 2002 年日本政府提出的“为了成长的基础教育倡议”计划（“BEGIN”计划）和 2003 年日本 ODA 大纲修订等号召之下，日本文部科学省积极响应新时期国际教育合作的趋势，组织开展了“国际教育协力恳谈会”，并于 2006 年形成了恳谈会的最终报告。最终报告当中强调了 MDGs 中提出的完全普及初等教育和推及男女平等的目标，对日本进一步开展国际教育合作的战略进行了规划。①

该最终报告指出，日本教育合作的基本方向将旨在促进发展中国家的教育全面改善和可持续发展。为此，在基础教育领域的教育合作，着重发挥日本教育成果和经验当中在国际范围内领先的部分以适应不同地区和国家，构建促进发展中国家教育质量提高和可持续发展的知识技术积累与分享、重视人员交流合作的框架体系；在高等教育和职业技术教育方面，以亚洲地区为中心，通过扩大大学间合作和整合的角度出发进一步促进教育合作战略。此外，最终报告还对日本大学在国际教育合作当中的作用进行了新的认识。不仅需要将大学产出的新知识运用推广到国际教育合作当中，更要让大学成为国际开发合作的执行和研究据点，充分发挥大学“知”的作用。

基于日本文部科学省组织的“国际教育协力恳谈会”最终报告的精神，2007 年文部科学省正式开始了“国际教育协力据点系统构筑事业”。“国际教育协力据点系统构筑事业”是以强化合作发展中国家初等中等教

① 日本文部科学省：《国際教育協力懇談会報告 2006》，见 https：//www.mext.go.jp/b_menu/shingi/chousa/kokusai/003/gaiyou/attach/1415497.htm。

育、提高日本国际教育合作质量为目的，以国际教育合作研究领先的广岛大学和筑波大学为中核，其他国立、公立、私立大学以及非政府组织、民间企业等组成网络系统，在 JICA、JBIC 等相关机构的协助之下开展的具体项目，也是“BEGIN”计划延伸的具体体现。①

“国际教育协力据点系统构筑事业”主要包括三方面的具体内容。第一，充分运用日本教育积累的经验。对日本教育经验、教育合作经验等进行整理、实证等，开发新的教育合作模式；完善形成与其他援助机构、非政府组织等相互联系的实施体制。具体包括教师研修、女子教育、学校保健、生涯技能训练等活动项目。第二，改善撒哈拉以南地区各国的教育。开展日本大学与非洲地区大学之间的合作，通过与发展中国家大学之间的对话形成大学间网络。第三，通过青年海外协力队派遣在职教师对当地进行支援。对派遣教师进行全程支援，协助在职教师在回到日本后开展国际理解教育的有关实践活动等。②

此外，文部科学省在推动全球教育治理尤其是国际教育合作方面还有不少努力。例如，文部科学省与外务省、广岛大学和筑波大学共同组织筹备，从 2004 年起每年开展了“国际教育协力日本公开讨论会”，就发展中国家自主教育开发以及促进其实现的国际合作模式，让发展中国家、日本国内外的援助机构等相关人员有机会进行意见交换等。2009 年，日本文部科学省组织开展了“国际教育交流政策恳谈会”以及“国际交流政策恳谈会”，就推进全球化背景下国际教育交流与合作的必要方针和具体措施，回顾了日本国际教育合作长期以来的政策措施和事业项目，结合日本教育振兴基本计划展开了讨论和提议。③2012 年与 2013 年，文部科学省又组织了“国际协力推进会议”，对日本国际教育合作的现状与课题、未

① 日本文部科学省：《国際教育協力拠点システムとは》，见 http：//kyoten.criced.tsukuba.ac.jp/intro.html。

② 日本文部科学省：《拠点システム構築事業「国際教育協力イニシアティブ」概要》，见 http：//kyoten.criced.tsukuba.ac.jp/intro2.html。

③ 日本文部科学省：《国際教育交流政策懇談会》，见 http：//kyoten.criced.tsukuba.ac.jp/intro2.html。

来发展的方向性等问题进行了深入讨论。① 日本文部科学省在推动日本参与全球教育治理方面起到了重要作用。

三、日本参与全球教育治理的基本路径

日本从 20 世纪 60 年代起，始终在国家教育援助乃至全球教育治理的范畴内不断寻求发展。从最初的以保证资源、拉动出口等带有经济目的的教育援助，到响应 MDGs 和 SDGs 不断深化全球教育治理，日本参与全球教育治理的路径值得深思。下面从教育国际化、国际教育援助与合作以及与国际组织合作三个方面对日本参与全球教育治理的基本路径进行分析。

（一）推进教育国际化

放眼全球，教育国际化成为各个国家参与全球教育治理的关键举措。日本的教育水平、教育国际化程度有目共睹，这与日本政府长期重视和推行教育的国际化政策密切相关，特别是近年来日本政府着眼全球化战略，主导并推行了一系列教育国际化战略。

韩涛在《日本教育国际化战略评述》一文中总结了日本教育国际化战略的三大重点。第一，"留学生 30 万人接收计划"。其目标是到 2020 年前接收 30 万人留学生，以扩大亚洲与世界间的人、物、钱以及信息的流动，使日本成为面向世界的、更加开放的国家。为此，日本政府从留学动机、信息提供，到调整考试、入学入国的门槛、完善大学等教育机构以及社会接收留学生的体制、毕业后的就业支援等方面，推行相关政策，以确保该计划的实施。第二，"超级校园计划"。其目的是强化国际通用性、改善国际竞争力、优化教育环境。"超级校园计划"是日本政府提升本国、特别是大学国际化程度的重要举措。通过实施"超级校园计划"，可以让大学发挥引领性作用，进而带动整个社会的国际化。第三，日本的大学改

---

① 日本文部科学省：《国際協力推進会議中間報告書》，见 https：//www.mext.go.jp/b_menu/shingi/chousa/kokusai/010/toushin/__icsFiles/afieldfile/2013/01/31/1319219_01.pdf。

革。为了提升日本高等教育的国际竞争力以及培养国际化人才，加速与世界一流大学之间的交流与合作，日本政府加大对大学治理体系的改革，并对推进国际化改革的大学进行重点扶持。具体举措包括：组建具有人才、教育体系全球化视野的世界一流的大学群；从根本上强化大学的创新机制、培养理工科人才；通过人事工资体制的改革，扩大青年和外国人研究员的发展空间；强化大学改革的基础等。①

此外，在教育国际化改革背景下，跨境（高等）教育作为重点之一受到各国广泛关注。跨境高等教育，又叫作跨国家高等教育（Transnational Higher Education），是近年来出现的新的高等教育发展潮流，也是全球教育治理的重要活动之一。跨境高等教育突破了传统“留学”概念的限制，从学生移动转向了教育机构移动（海外分校 Offshore Branch、合作办学等）和教育课程移动（partner-college delivery，cross-border distance education 等）发生转变。然而由于课程费用高昂、高校管理组织困难、国家之间法律限制等种种原因，跨境教育在当前国际环境下还没有得到充分的发展。近年来，跨境教育主要尝试通过合作办学的方式开展并取得了一定的发展，然而跨境教育所面临的教育质量保证、资格认证等困难仍然存在。日本学者杉本均等在跨境高等教育的理论与实践研究当中进行了诸多尝试，但实际上日本在跨境高等教育发展方面还做的相对不足。2005年日本学者就国际范围内领先性的大学教育改革当中指出，日本对于以跨境高等教育为代表的高等教育国际化新模式还缺乏足够的关注与重视。②

日本当代教育改革中始终坚持将教育国际化作为教育改革的重点之一，为此，日本文部科学省在宏观政策制定以及推动政策落实方面起到了重要的作用。日本教育国际化改革紧跟国际教育发展趋势，反映国际教育发展的新理念、新思想，重视国际理解教育、多文化共生教育、外国人子

---

① 韩涛：《日本教育国际化战略评述》，《教育现代化》2019 年第 97 期，第 198—200 页。

② 日本文部科学省：《先導的大学改革推進委託事業調査研究報告書一覧》，见 https：//www.mext.go.jp/component/a_menu/education/detail/__icsFiles/afieldfile/2015/06/22/1257659_002.pdf#page=0017。

女教育、特殊教育等，与教育的国际标准接轨等改革措施，体现了日本参与全球教育治理活动的努力和决心。

（二）开展国际教育援助与合作

日本长期以来持续进行国际教育援助和协作活动，通过无偿赠予和技术援助向发展中国家提供教育软硬件支持，包括研修人员接收、专家派遣、教育政策制定、教师培训、校舍修建等。日本是国际上教育立国的成功典型，对外教育援助活动是日本政府最早开展的也是最重要的教育外交活动之一。在开展国际援助外交方面，日本充分注意到了教育的价值，日本认为，日本教育的百年历史经验可以与今天的发展中国家共享，并且为发展中国家所用。因此，教育援外是日本开展国际合作与交流的重要形式之一，也是其利用“软实力”开展全方位外交和实施国际援助的一个重要领域。2017 年，日本对外教育援助总额为 8.45 亿美元，占对外援助总额的 4.2%。①

顾红等（2018）对日本开展国际教育援助的模式进行了总结。首先，通过投入资金帮助受援国发展教育。在基础教育领域，鉴于发展中国家的基础教育存在着师资不足、教学设施落后、学习资料短缺、管理薄弱等问题，日本政府通过推广本国的教育理念、管理方法、增建教育设施、培训教师等方式，改善受援国家基础教育条件，确保这些国家儿童享有受教育权力。在职业技术教育领域，日本的教育援助主要包括向受援国提供设备，帮助其建立职业培训中心；派遣专家，为受援国培训技术人员；协助开发课程，提高学校管理水平等。在高等教育领域的援助通过日元贷款等方式帮助受援国家完善高等教育设施、提升高等教育水平等。其次，派遣志愿者，参与受援国建设。通过青年海外协力队等方式将具有专业技术的青年派遣到发展中国家开展志愿工作。接收各类研修生，为受援国培养人才。此外，根据受援国的需要，日本接收研修生到日本参加各类进修

① 日本外务省：《2017 年の日本の政府開発援助実績》，见 https：//www.mofa.go.jp/mofaj/gaiko/oda/files/000458072.pdf。

培训，培训时间、参训人员、培训内容视项目而定，一般包括青年研修、专业对口研修、课题研修、地域研修、国别研修、人才培养奖学金等项目。① 日本政府开展的国际教育援助和协作活动还呈现出以亚非国家为工作重点、兼顾其他地区的特点。②

时至今日，日本参与国际教育援助和协作活动仍然是其全球教育治理的重要组成部分之一。国际教育援助无论从援助国和受援国的利益方面，还是从全球化发展背景下人类共同的和平和发展方面，都是至关重要的。

（三）与国际组织合作

与国际组织的合作是日本政府参与全球教育治理的主要手段，既扩大了日本全球教育治理的覆盖面，又加强了日本与国际组织的关系。日本在教育领域受到了国际组织的强烈影响，其全球教育治理理念与活动显示出对国际组织的理念的追随与发展。

日本政府与国际组织的合作方式主要包括：加盟会员，日本目前是联合国教科文组织、联合国儿童基金会等教育相关国际组织的成员国和观察员国；提供技术和资金支持以及举办或参与国际会议等。③ 通过与国际组织的合作，日本更加紧密地追寻世界教育发展的趋势，实现全球教育治理。上文中提到的日本参与全球教育治理成形期当中的 OECD 下辖 DAC、联合国教科文组织的“卡拉奇计划”，变革期当中的“世界全民教育大会”（EFA）、联合国 MDGs 与 SDGs 等，都得到了日本政府积极的反应，并落实到具体的政策措施和执行计划当中。日本政府敏锐地追随着世界教育发展的趋势以及国际组织提倡的新想法和理念，这对于日本发展本国教育，推动全球教育治理无疑起到了重要的作用。

值得注意的是，日本当今的全球教育治理观深受国际组织的影响。

① 顾红、王雪莲：《日本对外教育援助及其对我国的启示》，《经营与管理》2018 年第 3 期，第 147—149 页。

② 房文红、周英：《日本教育外交的演变、内涵与特点》，《国家教育行政学院学报》2018 年第 9 期，第 92—93 页。

③ 房文红、周英：《日本教育外交的演变、内涵与特点》，《国家教育行政学院学报》2018 年第 9 期，第 93 页。

上文中提到，日本教育当中的诸多问题在PISA结果公布后引发了日本国内的强烈反响，PISA结果对日本教育改革造成了巨大影响。“PISA危机”引发了日本对于“宽松教育”“学历低下”等问题的广泛思考与讨论，建构了日本新时期的学习观和素质观。PISA的影响甚至直接反映在了日本的教育评价当中，例如山本（2017）就指出，日本全国学力学习状况调查当中的题目就明显参考了PISA试题的特点。① 国际组织对日本教育的影响可见一斑。除了PISA和TIMSS（国际数学与科学趋势研究，Trends in International Mathematics and Science Study）等学力测验对日本教育的影响之外，国际大学排名、OECD的DeSeCo（Definition and Selection of Competencies）项目所提倡的核心素养（Key Competencies）、国际文凭组织IBO（International Baccalaureate Organization）提供的IB课程（International Baccalaureate）等都对日本教育改革乃至日本进行全球教育治理的模式产生了影响。日本对于国际组织所提倡的教育新理念和新思想以及国际教育发展的共同标准等保持着敏锐性，其全球教育治理理念与活动显示出对国际组织的理念的追随与发展。

四、日本参与全球教育治理的经验与挑战

日本作为世界上最发达的国家之一，在参与全球教育治理方面已经积累了丰富的经验，并积极向全球其他国家分享其经验。与此同时，日本也面临着一些问题与挑战。

（一）日本参与全球教育治理的经验

第一，注重全球教育治理中的合作关系。鉴于全球越来越多的组织机构都加入到全球教育治理的行列之中，因此日本格外注重与各种伙伴（如国际组织、非政府组织以及民间组织等）之间的合作，共同开展全球教育治理，努力发挥各个合作者各自的优势与专长。国际组织方面，日本

① 山本はるか：《国語科教育の変遷》，田中耕治編著《戦後日本教育方法論史》下卷，ミネルヴァ書房2017年版，第34页。

尤其注重与世界银行、联合国儿童基金会、联合国教科文组织等的合作，并积极提供各种信托资金以及一般的捐赠等；在与非政府组织合作方面，日本设立了“面向草根和人类安全的补助金援助”，向那些积极参与教育发展的地区或者一些国际的非政府组织提供资助，同时通过“面向日本国内的非政府组织的补助金援助”支援日本的非政府组织参与海外的教育合作事业；另外，日本还注重民间层面的参与，充分调动民间组织的积极性。日本的海外合作志愿者向很多发展中国家提供了教育发展上的帮助，如派遣大量日本在职教师作为志愿教师到一些发展中国家工作，以帮助发展中国家提升教育质量。

第二，注重教育治理手段的有效整合。日本在全球教育治理的基本框架下，将“教育国际协力”与“技术协力”“资金协力”等打包输出，通过政府开发援助主渠道实施全球教育治理战略。① 基本做法是将各种治理手段进行有效整合，如捆绑式提供无偿资金、无息贷款、设备技术、专家指导等援助，援建各级各类学校和教育设施，向受助国派出青年志愿者、退休专家、日语教师，以及日方合作学校共同管理者。在输出日本技术的同时，开发“日本式课程”、传授日本式管理经验和教育理念，输出日本文化与价值观，并以此来扩大日本的国际影响力。

第三，发展教育援助时充分重视受援国的实际参与。在吸收以往开展教育援外实践经验的基础上，日本现在越来越注意受援者的参与。日本认为，如果没有发展中国家自己的努力，教育援助就可能不会发挥显著的效果，也不会具有可持续发展效应。因此，日本尊重发展中国家的自主权并支持他们自身的努力，将教育援助的优先权放在人才培养和能力建设上，努力使日本的援助最有效地发挥作用，同时追求项目在援助国的可持续发展。日本试图提供与合作国家自己国家教育部门计划保持一致的教育援助。②

① 田辉：《新时期日本教育“走出去”的“南美战略”——教育国际协力背景下的教育渗透与输出》，《世界教育信息》2017 年第 5 期，第 67—71 页。

② 沈雪霞：《日本国际教育援助的发展现状》，《世界教育信息》2009 年第 10 期，第 26—30 页。

第四，将推动本国教育国际化发展作为全球教育治理活动的基础。全球教育治理是国际社会各利益相关方通过多种方式共同管理全球教育事务的活动。① 日本参与全球教育治理首先立足于本国教育的国际化，以此获得与全球教育事务互动的条件。日本基础教育改革当中重视外语教学，高等教育改革当中重视增设英文课程、招收引进留学生、拓展知名日本高校的海外分校等措施都体现了其教育国际化改革的全面性和彻底性。只有让本国教育得到充分的国际化发展，才能真正参与和实现全球教育治理。与此同时，日本文部科学省在推动教育国际化改革方面，从政策引领到监督实施等各个方面逐步落实，强有力的政策保障和监管体系对于推动国际化发展显得十分重要。

（二）日本参与全球教育治理的挑战

第一，日本在参与全球教育治理过程中，部分举措因带有强烈的政治色彩而受到批判。二战后，日本作为西方盟友的一员，逐渐与各国恢复外交关系与政治联络。随着经济发展，在 20 世纪 80 年代日本提出要提高国际影响力之后，日本的国际行动就与其政治崛起紧密配合在了一起。2015 年，日本《开发合作大纲》则可以看出日本对自身政治地位提高的自信。而在新大纲中日本表露的希望发挥自身软实力作用、塑造国际规则的宣告则进一步展示了日本在政治上的抱负。② 根据日本现行规定，一旦某个国家不再作为官方发展援助的对象国，就无法确保其国际协力的资金来源，也无法借用 JICA 的援助途径。日本希望从战略层面去评判和考虑需要向哪个国家和地区提供政府援助，而非依据对象国经济发展水平。③ 因此可以看出，日本在参与全球教育治理中的大部分举措都是基于想要改变国家负面形象，成为政治大国。

① 孙进、燕环：《全球教育治理：概念·主体·机制》，《比较教育研究》2020 年第 2 期，第 39—47 页。

② 赵剑治、欧阳喆：《战后日本对外援助的动态演进及其援助战略分析——基于欧美的比较视角》，《当代亚太》2018 年第 2 期，第 92—125 页。

③ 田辉：《新时期日本教育“走出去”的“南美战略”——教育国际协力背景下的教育渗透与输出》，《世界教育信息》2017 年第 5 期，第 67—71 页。

第二，如何在参与全球教育治理过程中同步提升经济水平也是日本面临的一大挑战。日本参与全球教育治理从不放弃经济利益。一直以来，日本参与全球教育治理时始终谋求自身经济发展，正如日本将ODA大纲中的“援助”重新改为“合作”所暗示的那样，日本将自己从一个援助的单向提供者的角色变成了从援助中获得双赢的一方，并在对外援助中将经济基础设施与服务作为主要援助领域。2015年日本《开发合作大纲》发布以后，对外援助的经济目标真正在制度化的文件中进一步得到强调，经济利益得到空前重视。当前国际经济形势严峻，加之日本国内经济长期低迷，老龄化问题突出，在这样的国内外严峻形势下，如何同步促进经济发展仍是日本在参与全球教育治理中面临的一项重大挑战。

第三，教育国际化对于本国教育发展能起到何种作用仍然值得探讨。虽然教育国际化发展是全球范围内的总体趋势，但对于本国教育而言，教育国际化带来的人才流失、教育质量下降等问题未尝不是新的挑战。日本教育发展当前所面临的本土问题，例如：少子高龄化现象造成的生源不足、以信息技术发展为基础的教育技术革新等，以及教育国际化发展带来的新问题，例如：外国（少数群体）学生教育、多元文化共生和国际理解教育、大学国际排名降低等问题，都需要重新反思和审视教育国际化对于本国教育发展的影响。从PISA热以来，日本坚决实施教育国际化改革的举措显得更像是被国际教育趋势所左右，对于本国教育的稳定发展而言并不一定能有所贡献。尤其是近年来日本大学招生考试改革当中尝试导入托福等英语民间测试以与国际接轨，结果在政策出台后遭到了强烈抵制而最终被迫撤回。① 对于教育国际化的国际趋势与本国教育内涵式发展的关系，还需要更加批判地来看待。

① 日本文部科学省：《萩生田光一文部科学大臣記者会見録（令和元年11月1日）（「大学入試英語成績提供システム」の導入の延期）》，见 https：//www.mext.go.jp/b_menu/daijin/detail/1422393.htm。

第八节　本章总结

无论是孕育了东西方文明的轴心时代、大航海时代、大英帝国称霸全球、美国优先，还是改革开放之后的中国崛起……放眼全球，主权国家都是据于各自沉重的历史遗产与前辈已确定的路径选择，在有限范围内作出制度选择，以缓解各自面临的重重危机。①

毫无疑问，在现代世界和全球秩序的构建中，主权国家占据着突出的核心地位。从美、俄、中、德、英、法、日本等世界主要国家参与全球教育治理的进程来看，尽管战略目标各不相同，我们可以清晰地看到主权国家对于全球教育秩序构建所发挥的重要作用。从路径选择来看，主权国家参与全球教育治理有着不同的发端：有的源于文化、宗教，有的源于经济扩张，有的源于改善国家地位和形象，但是通过人员流动、跨境教育等提升其教育国家化水平，引进来，走出去，对外提供国际教育援助等一系列全球教育治理的具体举措成为主权国家共同的路径选择。随着国际形势以及全球格局的变化，为了建立新的秩序，主权国家推动国际组织的创立，积极参与并全面影响国际组织的全球教育理念、政策以及实践，成为其全球教育治理路径升级替代的共同行动。展望未来，联合国可持续发展目标、《教育 2030 行动框架》等一系列新的战略目标的提出，为未来 10—15 年的全球教育发展铺陈了明确的发展道路，主权国家进行全球教育治理的制度和实践也将在此战略框架下继续凸显各自的制度和文化优势，并不断完善。

当然，主权国家参与全球教育治理的进程并非一帆风顺。就主权国家自身而言，理念与实力，硬实力与软实力必须是一个国家在参与全球教育治理时首先需要理性思考和面对的根本问题；面对全球共同问题，全球

---

① ［美］托马斯·埃特曼：《利维坦的诞生：中世纪及现代早期欧洲的国家与政权建设》，上海世纪出版集团 2016 年版，第 16 页。

教育治理最终的落脚点在于多方主体的集体行动，"人类命运共同体"的构建需要多元主体共同努力，这就需要主权国家处理好国家与国际社会的关系，通过协商、对话的方式协调冲突和分歧，既要考虑"国家利益"，又要兼顾全球整体利益；鉴于文化、理念、价值观对于主权国家具有重要的塑造功能，主权国家需要努力克服不平等不均衡和强制性的权力和道德局限，为实现教育作为全球共同利益的目标发挥积极作用。

第五章　非国家行为体与全球教育治理

在全球教育治理中，除了备受关注的国际组织和主权国家之外，其他一些非国家行为体也发挥着重要的作用。它们一方面与各类国际组织及主权国家合作、在其项目框架下参与全球教育治理，另一方面也会独立开展一些全球教育治理的活动。本章分析了智库、学术界、跨国公司和大众媒体这四类全球教育治理主体，介绍了它们在全球教育治理中的作用及其参与全球教育治理的基本路径。就其性质和关系而言，智库属于非政府组织[①]，与学术界一样都属于是市民社会行为体，两者之间存在很多交流与合作，并共享部分成员。跨国公司属于私营部门。大众媒体与市民社会和私营部门的关系比较复杂，存在多重交叉[②]，但又不完全属于两者，因此单独作为一节进行分析。

---

① 绝大多数智库属于非政府组织，特别是在欧美等西方国家。在有些国家，也存在一些作为政府附属机构的智库。

② 大众媒体与市民社会的交叉体现在大众媒体的使用者、消费者和生产者同时也是市民社会的组成部分，特别是随着因特网的出现，原来单纯的信息消费者变成了信息生产者和传播者，可以比较容易地通过不同的网络渠道发布和传播信息，参与政治生活和社会生活。大众媒体与私营领域的交叉体现在大众媒体遵循市场营利的逻辑，有些媒体以传媒公司的形式存在，例如英国培生集团。此外，公民社会和私营领域的行为体都在借助大众媒体发声和产生影响。参见 Alexander Filipovic，Michael Jäckel，Christian Schicha (Hrsg.)，*Medien-und Zivilgesellschaft*，Weinheim Basel：Beltz Juventa Verlag，2012，pp.10-12.

第一节　智库与全球教育治理

智库（Think Tanks）也被称为“思想库”或“智囊团”[①]。保罗·迪克森（Paul Dickson）把智库界定为一种社会组织，指那些稳定的、相对独立的政策研究机构，其研究人员运用科学的研究方法对广泛的公共政策问题进行跨学科的研究，并就政府、企业以及与大众密切相关的政策问题提出咨询建议。[②] 布鲁金斯学会前主席斯特普·塔尔博特（Strobe Talbott）认为智库就是开展关于公共政策问题的研究，从事向政策制定者（policymakers）、思想领袖（opinion leaders）和公民群体（citizenry）提出可行建议的机构。[③]

作为学术界、政界和社会公众之间的桥梁，智库凭借其高质量的研究和咨政能力赢得了相关行动者的认可与合作，在全球教育治理中扮演着不可或缺的角色。

参与全球教育治理的智库有两种主要的形式[④]，一种是综合类智库下设教育研究机构，负责全球教育事务，例如美国布鲁金斯学会（Brookings Institution）的环球教育中心（Center for Universal Education）和兰德公司（RAND Corporation）的教育劳工研究部（RAND Education and Labor）；另一种是专门的教育研究智库，根据经费来源不同，大致可分为依托于政府、高校和国际组织的智库等，如日本国立教育政策研究所（National Institute for Educational Policy Research）、哈佛大学教育政策研究中心（Center for Education Policy Research at Harvard University）和

① James McGann，Kent Weaver (eds.)，*Think Tanks and Civil Societies*：*Catalysts for Ideas and Action*，New Brunswick，NJ：Transaction Publishers，2000，p.4.

② Paul Dickson，*Think Tanks*，New York：Atheneum，1971，p.1.

③ James G. McGann，*Think Tanks and Policy Advice in the United States*：*Academics*，*Advisors and Advocates*，New York：Routledge，2007，p.82.

④ 穆晓莉、黄忠敬：《美国教育政策研究中心运行机制研究——以威斯康辛大学麦迪逊分校为例》，《现代教育科学》2009 年第 3 期，第 88 页。

联合国教科文组织下属的国际教育规划研究所（International Institute for Educational Planning）等。这些智库在组织形式和管理架构上虽有所不同，但在功能上并没有很大的差异。下面介绍智库在全球教育治理中的作用及其参与路径。

一、智库在全球教育治理中的作用

智库在全球教育治理中发挥的作用表现在以下四个方面：

（一）提出或确立政策议题与方案

智库探求和产生新的政策思想，并坚持和倡导这些思想和理论，以期得到社会的认同，继而被确认为政策或法规。智库举办的研讨会和活动等一般均对公众开放，这样既可以提升自身的知名度和扩大影响力，又能潜移默化地影响社会公众接受和认可自己的政策和理论。例如，日本的国立教育政策研究所（National Institute for Educational Policy Research）将自身的使命定义为有助于基于中长期观点的战略性教育政策的规划、制定，以教育为中心的国内外状况进行科学的调查、分析及预测，为国家教育政策决策提供专业的建议，通过进行共同研究、召开会议、实施国际教育合作活动等，产生新的政策思想，推进与国内外各类教育研究相关机构的信息交流。① 近年来，国立教育政策研究所每年定期举办国际教育改革研讨会，针对选定的会议主题，邀请来自英国、美国和韩国等国的专家学者发言②，就政策成果和执行中的挑战进行深入讨论。

兰德公司每年会发布大量研究报告并且免费向公众提供研究成果及分析报告，同时向学者和大众免费提供兰德公司档案库中的材料与数据。具有代表性的教育研究报告有“不让一个孩子掉队”（No Child Left Behind），出台该报告以后，兰德公司一直对该法案的实施进行追踪，不

---

① 吴轶：《日本教育智库：历史、现状、特点》，《外国中小学教育》2017 年第 5 期，第 75—76 页。

② NIER：NIER NOW〈about us〉，见 https://www.nier.go.jp/English/now/20171212.html。

断更新提出改善报告的建议。①

自 2010 年以来，国际教育政策与合作网络（NORRAG）围绕和紧扣"后 2015 的教育"（post-2015）及"全球教育治理（与培训）"等议题举行了数次学术研讨会、工作坊和宣传活动，并定期发布新闻通讯集（NORRAG News）与工作文集。②

（二）培养、储备和输送专业人才

智库的核心是研究人员，人才是决定智库生存与发展的关键因素。不管是知识的生产创造还是知识成果的转化应用，都离不开人才。一方面，各类智库为政府和国际组织输出具有丰富专业知识的人才，使这些学术精英转变为政策决策者；另一方面，智库又为政府换届后的去职官员提供重要栖身之处，充分利用其丰富的专业知识、实践经验和社会网络。智库与政府之间频繁地交流人员，智库向政府输送人员，同时吸纳前政府官员加入，形成了特有的"旋转门"现象。③

例如，兰德公司建立了完善的人才选用与培养机制，利用"士、政、商"三种渠道广纳人才。其中"士"包括刚毕业的硕士和博士、高校的专家以及其他智库的专家，"政"则主要来自政府卸任的官员，"商"是指企业界的精英。④ 对于拥有相异经历背景的各类人才灵活采用不同的选拔任用机制。首先，对于初入社会的高校毕业生，设置实习生制度来选苗培优。兰德公司设立了专门从事实习生招募、培养和管理工作的管理部门，每年挑选一些优秀博士来兰德公司实习，遴选出优异人士，作为未来的研究人员储备；其次，针对有过任职经历的成熟精英，通过"旋转门"机

---

① Rand Corporation：No Child Left Behind Act of 2001，见 https：//www.rand.org/topics/no-child-left-behind-act-of-2001.html。

② Kenneth King，Robert Palmer，*Post-2015 and the Global Governance of Education and Training*，Working Paper #7，Geneva，Switzerland：Norrag，2014.

③ 杨尊伟、刘宝存：《美国智库的类型、运行机制和基本特征》，《中国高校科技》2014 年第 7 期，第 57 页。

④ 韩佳燕等：《美国高端智库的政策专家储备及其人才吸引机制研究——以兰德公司为例》，《情报研究》2019 年第 4 期，第 20 页。

制，广泛吸纳各界智囊进入智库工作。经由“旋转门”，广涉政治实务、洞察政治时事、政治触觉敏锐的政府官员加入智库学者团队，注重人才的多样性与平衡性。此外，兰德公司1970年成立了由教授和研究生组成的帕蒂兰德研究生院（Pardee RAND Graduate School）①，致力于培养新一代的政策领袖和公共政策领域的高层次人才，也为自身储备了大量青年人才，以此帮助其屹立于创新领域的前沿。据统计，兰德公司现职政策专家中有20余人毕业于帕蒂兰德研究生院，一半的助理政策专家（79人）是帕蒂兰德研究生院的在读博士研究生。②

（三）搭建和提供交流平台

在如今的信息化时代，智库为宣传成果，构建了灵活多样的线上和线下交流平台。一方面，智库没有放弃传统媒体，如通过纸质媒介中的研究报告、工作文件、政策简报和期刊文章等将其研究成果以书面形式传递并分享给受众，同时组织和参与研讨会；另一方面，智库利用线上平台如官方网站、社交媒体和博客等及时更新智库的动态与新闻，发布和出版研究成果；就热点教育问题举办网络研讨会和提供网络课程，邀请专家进行讨论，为教育决策者、政策制定者、政策分析者和思想领袖、社会公众搭建意见交流和分享见解的平台，并使其之间建立和保持联系，从而提升自己的影响力。③

智库举办的交流活动通常采取以下几种形式：一是面向普通群众的社区讲座与论坛等。以美国教育政策中心为例，1996—1998年间它曾与一个家长—教师协会合作（Phi Delta Kappa International and the National PTA）在全美范围内举办了80多场社区论坛，讨论美国公立学校存在的意义、当地学校在实施“不让一个孩子掉队”法案后的发展状况，以及如

① Rand Corporation：Pardee RAND Graduate School，见 https：//www.prgs.edu。

② 韩佳燕等：《美国高端智库的政策专家储备及其人才吸引机制研究——以兰德公司为例》，《情报研究》2019年第4期，第19页。

③ 谷贤林、邢欢：《美国教育智库的类型、特点与功能》，《比较教育研究》2014年第12期，第4页。

何促进公立学校更加有效地发展等，为重新授权或停止“不让一个孩子掉队”法案收集信息。二是专业性研讨会或高端论坛，这主要面向与政策有关的各种专业人员及社会精英，如政策分析人士、教育专业组织与教育机构的成员、行政管理人员、基金会的领导、媒体从业者等。三是餐会或小型研讨会，参加者包括政府教育行政部门负责人与工作人员、议员、国会内专业委员会的负责人和国际组织的政策制定者及学者。这类活动规模较小，但举办得比较频繁。① 如布鲁金斯学会经常举办研讨午餐会，一般形式为与会人员一边吃着午饭，一边进行信息共享和讨论，但一般而言能吸引政府高官参加这类餐会的仅是少数具有影响力的智库。

（四）塑造和引导社会公共舆论

在当今全球化时代，智库已不再像以往那样满足于关起门来搞研究，将生产的“思想产品”局限在小范围内使用，只影响少数人。越是成熟的智库越注意利用各种信息传播渠道来传播自己的研究立场和研究成果，主动引导舆论，扩大自身的影响力和公信力。② 智库的思想产品需要通过一定的舆论媒介向社会进行信息传递，影响公众参与政策的过程。

以布鲁金斯学会下属的环球教育中心为例，截至 2020 年 6 月，在它发布的 137 份研究报告中几乎都会以新闻通讯或博客文章的方式传播给公众。③ 其他的智库几乎也都是如此，如兰德公司在 2019 年共发布了 53 篇新闻稿，平均每月 4 篇以上。④ 智库除以新闻稿的形式增加在媒体上的曝光率，对公众产生持续的影响外，其研究人员还会担任各大报纸的专栏作者，如美国教育政策中心主席约翰 · 詹宁斯（John F. Jennings）及其顾问南茜 · 科博尔（Nancy Kober）都是《华盛顿邮报》“展望”栏目的专栏作

---

① 谷贤林、邢欢：《美国教育智库的类型、特点与功能》，《比较教育研究》2014 年第 12 期，第 4—5 页。

② 石伟：《着力发挥智库在舆论引导中的作用》，《学习时报》2019 年 2 月 18 日。

③ Brookings：Search，见 https：//www.brookings.edu/search/？ s=&post_type=research&topic=&pcp=center_center-for-universal-education&date_range=&start_date=&end_date=。

④ Rand Corporation：News Releases for 2019， 见 https：//www.rand.org/news/press/2019.html。

家。借助于具有覆盖率高、信息量大、影响面广、冲击力强等特点的大众媒体，智库不仅让更多公众开始关注并参与到教育问题的讨论中来，进一步扩大了自身的声望与影响。①

二、智库参与全球教育治理的基本路径

智库通过不同的方式参与全球教育治理。这里总结出三种基本路径：通过影响思想领袖参与全球教育治理，通过影响政治制定者参与全球教育治理和通过与国际组织合作参与全球教育治理。下面，主要以布鲁金斯学会下属的环球教育中心为例进行分析。环球教育中心拥有专门从事全球教育研究的专家，提供高质量的研究、政策建议以及对一系列教育政策问题的分析。② 环球教育中心重点关注全球教育、特别是发展中国家的教育质量问题。成立至今，环球教育中心与国际组织密切合作，积极倡导全球教育理念并解决相关问题，向各国教育政策制定者和教育思想领袖施加影响。该中心学者的研究与实践行动使布鲁金斯学会在全球教育事务中占据一席之地，是参与全球教育治理的重要部门。

（一）通过影响政策制定者参与全球教育治理

智库的目标是丰富公共领域的政策讨论，为决策者提供完善的政策建议或创新性的政策理念。智库希望影响政策，并为此目的采取各种策略。主权国家是全球教育从倡议到政策制定和实施的主体，也是全球教育理念的保障者。 因此，来自各国政府的教育政策制定者是智库施加影响的重要对象。

通过对布鲁金斯学会官方网站的检索不难发现，环球教育中心定期组织论坛与研讨会，发布政策倡议与研究报告。通过这些形式，布鲁金斯学会将其政策理念进行推广和传播，并呼吁各方的积极参与，希望其观点

---

① 谷贤林、邢欢：《美国教育智库的类型、特点与功能》，《比较教育研究》2014 年第 12 期，第 5 页。

② Brookings institution：Experts Center for Universal Education，见 https：//www.brookings.edu/center/center-for-universal-education/。

可以被国家政府部门及相关国际组织所采纳。下面以布鲁金斯学会发布的全球学习协定倡议为例，分析布鲁金斯学会如何通过举办国际论坛和发布政策报告的方式传播其政策理念和价值诉求。

2011 年 6 月，布鲁金斯学会环球教育中心发布了《全球学习协定：在发展中国家采取行动》（*A Global Compact on Learning*：*Taking Action on Education in Developing Countries*），为实现全民学习愿景提供了初步框架和步骤。该倡议旨在推动和维持各国教育的合作行动，为所有人提供优质教育。① 同年 9 月，布鲁金斯学会汇聚了来自 40 余国家的思想领袖，讨论发展中国家面对全球学习危机应采取的行动和策略。全球有数亿儿童身陷学习危机之中，缺乏学习的机会，无法学习最基本的识字、算数和生活技能。在布鲁金斯学会召开的这次会议上，参会的各组织机构及专家深入探讨了如何通过共同努力和利用各自的优势，提高和改善贫困国家和地区儿童的学习机会和质量。②

布鲁金斯学会提出全球学习协定倡议，在一定程度上可被视为其在全球教育治理领域的完善与成熟。2012 年 5 月，布鲁金斯学会进一步出台了《全球学习协定：发展中国家教育总动员》③。它被视为布鲁金斯学会对全球教育议题给出的首次政策倡议。这个倡议报告与其他报告文件不同之处在于，它以联合国工作语言呈现，即英文版、法语版、中文版、西班牙语及阿拉伯语版本，体现了该倡议的全球性与国际性，凸显了布鲁金斯学会在全球教育问题上的引领作用。

除此之外，另一个影响政策制定者的机制为“旋转门”机制。在美

---

① Brookings institution：A Global Compact on Learning：Taking Action on Education in Developing Countries，见 https：//www.brookings.edu/wp-content/uploads/2016/06/global-compact-policy-guide_english.pdf。

② Brookings Institution：Investing Strategically in Global Education. A Corporate and Foundation Roundtable on Learning. 见 https：//www.macfound.org/media/article_pdfs/Global_Compact_on_Learning_Outcomes.pdf。

③ Brookings Institution：A Global Compact on Learning：Policy Guide，https：//www.brookings.edu/wp- content/uploads/2016/06/global-compact-policy-guide_english.pdf。

国政府机构中，“旋转门”是十分普遍的现象，具有从政经验的前政府雇员凭借其任职期间积累的“关系资本”为日后智库的实践工作创建了可供利用的关系网。“旋转门”机制可以将智库的研究者输送至政府机构和全球权威组织，也可以反过来将权威人士输送至智库进行研究，从而提升智库的影响力。这种人员流动机制不仅是智库发挥影响力的最直接的方式，而且也为智库长远发展起到积极的促进作用。

由此可见，智库在跨国倡议网络中，为追求自身影响力，必须利用其拥有的信息、政策理念和策略力量，从而对网络中的行为体施加影响。

（二）通过影响思想领袖参与全球教育治理

所谓思想领袖（Opinion Leaders），有时候也被称为“意见领袖”，指的是社区、团体或社会中有影响力的成员，其他人会向他们寻求建议和意见。[①] 思想领袖是沟通政策制定者和群众的桥梁，他们可以将制定者的思想更好地传播，从而获得群众的理解；同时，他们也可以广纳民意，将现实社会中存在的问题变成提案，以获得政策制定者的关注与采纳。全球教育事务具有广域性，各国教育思想领袖对于本国教育发展具有更直接的推动作用。

根据保罗·拉扎斯菲尔德（Paul Lazarsfeld）和伊莱休·卡茨（Elihu Katz）的观点，信息不是直接传向所有个人，人与人之间也不是相互隔绝，而是相互影响的，信息和观念常常是一个从广播与报刊流向思想领袖，然后经由思想领袖流向人群中不太活跃的其他部分的过程。即：大众媒介→思想领袖→一般受众。[②] 与政策制定者相比，思想领袖与媒体和大众的关系更为密切，往往对社会公众具有更直接的影响。布鲁金斯学会环球教育中心对全球教育领域的思想领袖施加影响的一个典型案例是2012年启动的厄喀德娜全球学者项目（Echidna Global Scholars Program）。[③] 该

---

① Anastasia Belyh：Who Are Opinion Leaders and Why Do They Matter，2019年9月24日，见 https：//www.cleverism.com/opinion-leaders-matter/。

② Elihu Katz，Paul F. Lazarsfeld，*Personal Influence*，New York：Free Press，1957，p.3.

③ Brookings Institution：Echidna Global Scholars Program，见 https：//www.brookings.edu/echidna-global-scholars-program/。

项目由私人基金会（Echidna Giving）资助，该组织专注于为教育资源和预算有限的国家改善女孩教育，有以下两个主要目标：第一是制定以地方为导向的解决方案和政策，关键着眼点在于提高女孩在过渡期获得经验的机会并完成高质量教育；第二是建立一个由当地女孩教育领袖组成的全球网络。①

参与厄喀德娜全球学者项目的成员一般为来自非洲、中亚和南亚等地区的访问学者，从2012—2018年该培训项目参与学者的国别来看，共涵盖以下国家：巴基斯坦、中国、秘鲁、津巴布韦、肯尼亚、尼泊尔、埃塞俄比亚、印度、尼日利亚、马拉维、约旦、南非、不丹、孟加拉共和国、斯里兰卡、乌干达、牙买加、墨西哥。该项目围绕着女孩教育，涉及的主要议题包括：促进基础教育中女孩教育的入学率、留校率和学术表现；注重女孩的教育质量与公平；农村女孩教育；女性早婚和意外怀孕；女性社会心理健康等。②

总体来说，参与厄喀德娜全球学者项目的学者主要有三个共同特征：第一，项目成员大多是非营利性社会组织的成员或是各国教育部门的职员，如参加2014年8—12月项目的约旦研究员马亚达·阿布·贾比尔（Mayyada Abu Jaber）是约旦教育部相关知识经济项目的重要人员，同时还是约旦拉尼娅·亚辛王后（Queen Rania Abdullah II of Jordan）的教育顾问。第二，参加厄喀德娜全球学者项目的学者大多在国际组织承担过工作，如参加2013年8—12月项目的尼日利亚学者阿德芬克·凯恩（Adefunke Ekine）是国际早期教育协会（ACEI）在尼日利亚地区的联系人；再如参加2015年8—12月项目的斯里兰卡研究员迪莱尼·冈瓦德纳（Dileni Gunewardena）为联合国开发计划署（United Nations Development Programme）、世界粮食计划署（World Food Program）、世界银行提供咨

① Brookings Institution：Echidna Global Scholars Program，见https：//www.brookings.edu/echidna-global-scholars-program/。

② Brookings Institution：Echidna Global Scholars Program，见https：//www.brookings.edu/echidna-global-scholars-program/。

询服务。第三，参与厄喀德娜全球学者项目的学者大多拥有较高的学历和基层的教学或管理经验。①

通过厄喀德娜全球学者项目，布鲁金斯学会将来自世界各地的教育思想领袖聚集起来，有利于全球女孩教育的经验交流，使各地思想领袖能够丰富自己的经历，从而更好地面对地方教育发展的挑战，为全球教育治理贡献力量。

除培训项目之外，召开会议是布鲁金斯学会影响思想领袖的另一个重要方式。例如，2014 年 12 月 12 日，布鲁金斯学会环球教育中心举办了以“争取儿童权利，支持地方领袖，提高女孩教育水平”为主题的研讨会。②此次召开的研讨会也通过线上会议的形式同步召开，以覆盖更广泛的受众群体。大众媒体对此次会议进行宣传，通过视频和文字等形式在网络中传播，使未能亲临现场的人也能够了解到学界专家对全球教育现状和未来发展的解读，体现着布鲁金斯学会对信息的推广。③ 通过这次会议，布鲁金斯学会环球教育中心学者再次强调地方思想领袖对教育发展具有重要意义。随着世界经济、政治的发展，为了营造更好的社会环境，女孩教育必将成为世界各国面对的重要议题。对于国家和地区发展而言，支持和听取当地思想领袖的意见，包括以社区为基础的解决复杂障碍的办法非常重要。

（三）通过与国际组织合作参与全球教育治理

国际组织分为政府间国际组织和非政府国际组织。智库通过与其合作或者在其框架下参与全球教育治理。为了分析的方便，下面分开进行介绍。在实践中，合作经常同时发生在它们之间。

---

① Brookings Institution：Echidna Global Scholars Program，见 https：//www.brookings.edu/echidna-global-scholars-program/。

② Brookings Institution：Mobilizing for Children's Rights，Supporting Local Leaders and Improving Girls' Education， 见 https：//www.brookings.edu/events/mobilizing-for-childrens-rights-supporting-local-leaders-and-improving-girls-education/。

③ Brookings Institution：Mobilizing for Children's Rights，Supporting Local Leaders and Improving Girls' Education， 见 https：//www.brookings.edu/events/mobilizing-for-childrens-rights-supporting-local-leaders-and-improving-girls-education/。

1. 与政府间国际组织开展合作

政府间国际组织是全球教育治理领域的关键主体，其中联合国教科文组织、经合组织和世界银行最具有代表性，受学者关注也最多。智库通过与政府间国际组织合作，最典型的案例是与联合国教科文组织和世界银行等合作参与全球教育治理。

2012 年 7 月，布鲁金斯学会环球教育中心发起了“学习指标工作小组”（Learning Metrics Task Force，简称 LMTF）项目，旨在通过更加完善的教育测量工具广泛收集数据，呼吁全球对学习问题的广泛和深入关注。该项目由布鲁金斯学会环球教育中心和联合国教科文组织统计研究所（UNESCO’s Institute for Statistics）共同领导，合作方还包括世界银行、全球教育伙伴关系、印度教育部、女性教育运动组织（Camped）和国际教育成就评估协会（International Association for the Evaluation of Education Achievement）等。①

学习指标工作小组项目分为两个阶段：学习指标工作小组项目 1.0 的目标主要集中在促进全球之间的教育对话，确定全球学习评估的衡量指标；学习指标工作小组项目 2.0 则是在 1.0 目标基础上的深化，即注重改进国家和地方层面的学习评估体系。该项目注重帮助各国改进其评估体系，有效获取和使用评估数据，从而对教育评估起到积极的作用。学习指标工作小组项目建立了一个包括政策制定者和教育相关团体在内的协商与对话论坛，为学前教育、小学及小学后教育（如中学和职业教育等）建立一套可测量学习能力的指标体系。学习指标工作小组项目希望在未来与更多的教育行动者、各国政府、区域和国际组织进行合作，通过学习能力测量促进全球儿童和青少年学习成果的提高。

在该项目中，布鲁金斯学会环球教育中心主要利用其作为智库的优

---

① Kate Anderson，Silvia Montoya：At the dawn of Sustainable Development Goal 4，the Learning Metrics Task Force Sunsets（Part 1），见 https：//www.brookings.edu/blog/education-plus-development/2016/05/16/at-the-dawn-of-sustainable-development-goal-4-the-learning-metrics-task-force-sunsets-part-1/。

势，在教育政策与思想研究和倡议中发挥作用，出台政策报告，对实施过程和结果进行追踪。联合国教科文组织统计研究所的工作重点将侧重于制定技术框架，并确保产生学习指标所需的数据是可用和可靠的。在多国设立学习成果观察站，并促进学习指标在全球各国的传播。总之，二者的合作既推动了全球教育测量的发展，又使布鲁金斯学会在全球教育治理中的地位得到了强化。

2. 与国际非政府组织开展合作

国际非政府组织（INGOs）是非政府组织在全球事务中发展的产物。国际非政府组织通过宣传、游说和咨询等方式，深入国际人道主义援助、环境保护、医疗卫生和教育扶贫等领域，同时与联合国等政府间国际组织有着广泛的联系和合作，通过参与联合国会议、参与联合国的活动与工作等方式执行和监督联合国决策，逐渐成为政府和市场体系之外的一个庞大的社会组织体系。

布鲁金斯学会环球教育中心与全球教育伙伴关系组织的合作是一个典型案例。二者就落实可持续发展目标 4（SDG 4）开展合作，在发展中国家的教育问题上发挥着重要的作用。全球教育伙伴关系组织于 2002 年成立，其前身是世界银行带头发起的全民教育快速通道倡议（Education for All-Fast Track Initiative），成立的目的是为了在 2015 年之前加速实现普及初等教育千年发展目标，通过提供财政和技术支持、举办国际会议及构建合作伙伴关系的方式在全球范围内积极参与教育治理。布鲁金斯学会环球教育中心研究员、原澳大利亚总理朱莉亚 · 吉拉德（Julia Gillard）于 2014 年担任全球教育伙伴关系主席。联合国教科文组织 2018 年在汉堡举办的全球学习检测联盟会议决定成立一个能力发展工作组（Capacity Development Task Force），由布鲁金斯学会和全球教育伙伴关系共同领导，其关注重点在于工作组所作的决定对国家执行的影响，以及对这些国家国内教育需求的影响。① 由此可见，布鲁金斯学会和全球教育伙伴关系

---

① Ramya Vivekanandan，Esther Care：Progressing on Defining the New Learning Indicators for SDG 4，见 https：//www.globalpartnership.org/blog/progressing-defining-new-learning-indicators-sdg-4。

在教育 2030 以及促进 SDG 4 实现中的重要地位得到联合国教科文组织的认可。

布鲁金斯学会与国际非政府组织的工作相辅相成，智库使国际组织提出的关于全球教育的理念和目标更具权威性。布鲁金斯学会虽然已涉足全球教育领域近十年，但是与上述国际组织和非政府组织相比，仍然具有受众面狭窄、权威性较低等局限性。对于布鲁金斯学会自身而言，与国际组织合作，一是能够拓展其研究的深度，使研究受到大多数国家的关注，拓展研究成果的推广范围；二是能够凭借更为知名的国际组织，提高其知名度和影响力。

在宾夕法尼亚大学发布的《全球智库指数报告》中，有对“涉及两家以上机构合作的最佳智库”（Best Institutional Collaboration Involving Two or More Think Tanks）的排名。在这一排名中，布鲁金斯学会始终位居前列。① 由此可见，布鲁金斯学会一直都十分重视与其他组织机构的合作共赢。

除国际组织以外，布鲁金斯学会环球教育中心还与基金会和慈善组织合作，如威廉和弗洛拉·休利特基金会（William and Flora Hewlett Foundation）和克林顿基金会（Clinton Foundation）等，以此为自身开展学术研究及其他实践项目获得充足的资金来源。数据显示，布鲁金斯学会环球教育中心 2011—2016 年发起的四个关于发展中国家女孩中等教育项目共获得 161.5 万美元的外部资助。② 雄厚的资金使布鲁金斯学会在参与全球教育治理中更加主动，多元化的资金来源对于智库保持独立性具有重要意义，是开展理论研究以及实践活动的有力保障。

三、总结

作为全球教育治理中不可忽视的行为体，智库提出、确立政策议题

① 2017 年排在第一名，2018 年排在第四名，2019 年排在第四名。

② MacArthur Foundation：Center for Universal Education， 见 https：//www.macfound.org/grantees/917/。

与方案，培养、储备和输送专业人才，为各界搭建和提供交流平台，同时塑造和引导社会公共舆论，为全球教育发展提供了重要的智力支持。智库参与全球教育治理的方式多种多样，其基本的路径是通过影响思想领袖、政治制定者以及通过与国际组织合作等。需要指出的是，智库为追求自身影响力，必须利用其拥有的信息、政策理念和策略力量，从而对网络中的行为体施加影响。智库在全球教育治理中所做之事在很大程度上都是限于交往与说服，因此，智库在全球教育事务方面的影响虽然是广泛的，但同时其发挥的作用也有一定的局限性。

总的说来，当代智库的定位逐渐明晰，随着决策科学化的重要性日益提升，智库建设的重要性也逐渐显现。目前，国外智库的发展经验可以为我国智库建设提供以下几点启发。

首先，智库要做到独立、高效与担当。学界一般将独立性视为智库实现其政策影响的必要条件。美国智库的高质量与独立性是各国智库学习的榜样，但在探讨智库的独立性时应以国情为前，不可盲目推崇美国智库的独立性。虽然我国权威智库大多是以政府为主导的，但这与智库保持研究领域的独立性并不矛盾。此外，智库还需要像企业一样树立社会责任感，为促进社会发展作出贡献。

第二，广纳贤士与培养人才。对于智库而言，学者是其竞争力的第一指标。强大的人才队伍是智库拥有强大号召力、吸引力的关键。布鲁金斯学会十分擅长利用“旋转门”机制，其凭借自身的吸引力以及对人才的重视，吸纳了在国家政府部门、高校、知名国际组织的人才，这些学者具有专业的学术背景，他们所做的研究在学术界具有高度影响力，这也是布鲁金斯学会“没有学生的大学”美誉的体现。兰德公司研究员多元的学科专业背景以及丰富的实战经验，为他们作出高水平、高质量的研究奠定了基础。

第三，智库要营造良好的研究环境。布鲁金斯学会为研究者营造了一种启人心智的良好研究环境，学者可以自如讨论、修正和探讨新观点，从而利于提升学者的研究动机，并激励其作出高质量的研究。

第四，既要扎根本土文化，又要具有全球视野。布鲁金斯学会在美国已有百年历史，其形成与发展都离不开美国政治文化的土壤。就我国智库而言，也必须从本国出发，要坚持为国家事务服务，为科学决策提供高水平的智力支撑。另外，拥有全球视野和关怀是智库在全球化时代发展与成功的前提。布鲁金斯学会的新百年目标即凸显了紧跟时代潮流、与时俱进的先进性。因此，我国智库要加快国际化步伐，从研究领域、研究视角、人才队伍到传播方式及影响力等方面与国际接轨，与世界同步。我国智库既要关心国内社会发展，又要放眼全球，具有国际视野。

正如布鲁金斯学会前主席斯特普·塔尔博特所言："对于那些可能对美国和世界构成重大挑战的新问题，智库都应该保持警惕性，创造性地将智库的政策理念和建议纳入到辩论和政策过程的主流中去。"① 从某种意义上来说智库是具有"前瞻性"的，如同塔尔博特所说的"警惕性"，智库的关注点不应该仅拘泥于某个已经存在问题上，而是将眼光放宽、放远，要对国内与国外的重要问题保持敏感，积极参与本国和全球发展的重要议题，找到问题并提出建设性的解决方案。

第二节　学术界与全球教育治理

随着全球化的深化、知识经济时代的到来以及全民教育运动的开展，教育的发展逐渐超越民族国家的界限，被视为全球共同利益，成为世界各国普遍关注的议题。全球教育治理成为不可逆的发展趋势。在这一过程中，学术界的成员通过直接或间接的方式参与全球教育治理，为各项国际议程的设定、国际规则的制订、教育理念的提出和推广等，提供科学的知识基础，成为全球教育治理中的一个重要行为体。

---

① ［美］詹姆斯·麦甘恩：《美国智库与政策建议：学者、咨询顾问与倡导者》，肖宏宇、李楠译，北京大学出版社 2018 年版，第 125—126 页。

这里所说的学术界由学者、专家、知识分子①、教授、研究人员、意见领袖②等群体组成，他们经过长时间的积累和学习，具备专业的知识与技能，能够进行研究、创造文化和知识。也有的研究者使用“认知共同体”（epistemic community）的说法。③鉴于全球教育治理涉及教育理念、原则和发展战略等一系列具有高度专业化的知识体系和制度，作为知识的生产者与解释者的学术界成员无疑在其中发挥着重要的作用。不过，学术界在全球教育治理中的作用及其参与方式目前尚未得到专门的研究。本节重点介绍学术界在全球教育治理中的作用以及其参与全球教育治理的基本路径。

一、学术界在全球教育治理中的作用

学术界为人类社会发展提供基本的理念与知识，对社会发展起着十分重要的作用。不依靠专家、专业人士、知识分子，一个现代社会就难以运转。④从社会分工的角度来说，知识分子的任务就在于建构、传播和发展科学文化知识。⑤随着知识经济时代的到来，学术界的社会作用更加凸显。正如托马斯·索维尔（Thomas Sowell）所说：“历史上大概从未有过

---

① 知识分子是指“所有创造、传播、应用文化的人，这里的‘文化’即人类的象征世界，包括艺术、科学与宗教”。［美］西摩·马丁·李普塞特《政治人—政治的社会基础》，郭为桂等译，江苏人民出版社2013年版，第273页。

② 意见领袖指的是“接受大众传播媒介传递的信息，再将其传递给其他公众，并对他们态度，观点的形成施加舆论影响，起引导作用的人物”。刘海藩等主编《现代领导百科全书·领导科学与领导艺术卷》，中共中央党校出版社2008年版，第423页。

③ “认知共同体”是“一个由某一特定领域有公认的专业知识和能力的专家所组成的网络，并且他们在该领域中对与政策相关的知识拥有权威性的解释”。Peter M. Haas，“Introduction：Epistemic Communities and International Policy Coordination”，*International Organization*，Vol.46，No.1（Winter 1992），p.3. 孙凯《国际环境政治中的“认知共同体”理论评述》，《华中科技大学学报》（社会科学版）2010年第2期，第106—107页。

④ ［美］汤姆·尼科尔斯：《专家之死：反智主义的盛行及其影响》，舒琦译，中信出版社2019年版，第45页。

⑤ 张锡金：《知识分子的角色：学术与政治之间》，《学术界》2001年第5期，第166页。

哪个时期像当今时代这样，知识分子在社会中扮演着如此重要的角色。”① 在全球教育治理中，学术界主要发挥知识生产、知识运用、知识传播和知识批判的作用，是全球教育治理有效开展的重要保障。

（一）知识生产

学术界最重要的社会功能之一，也是其主要特征，即知识生产功能。教育是复杂的人类活动，在全球教育治理中，各利益行为主体需要经过充分的协商达成共识，从而促进全球教育的发展。尽管学术界的意见并不是唯一有价值的信息来源，但有理由认为，通过考虑专家意见，将增强信息基础，政策可能会变得更有效和更持久，政策失败的可能性会降低。② 在全球教育治理这一过程中，学术界通过对当前教育现象的分析、教育信息与教育数据的收集与整理，提出关于教育发展与教育规律的新观点、新理念，解决教育问题的新方法，并呼吁某项教育政策的制定。这些知识是全球教育治理的重要推动力量，让全球教育发展更具科学性。

（二）知识运用

除了生产知识外，学术界成员在全球教育治理中也发挥着运用知识的功能。全球治理是主要行为体通过制定一系列的规则、程序、规范来规范国家和非国家行为体的行为，目的是促成国际合作、应对全球性问题。③ 全球治理机制的有效性取决于是否存在具有约束力的国际规则。国际规则的制定又对知识的依赖度很高，对专业知识有多方位的需求。④ 学术界的成员掌握多方面的专业知识，能够为当前的社会发展提供建议，参

---

① ［美］托马·斯索维尔：《知识分子与社会》，张亚月等译，中信出版社 2013 年版，第 11 页。

② Martin Lundin，PerOla Öberg，“Expert knowledge use and deliberation in local policy making”，*Policy Sciences*，Vol.47，No.1（March 2014），p.26.

③ 任琳：《专家型全球治理：从实力到影响力的转化》，《战略决策研究》2014 年第 5 期，第 19 页。

④ 杨剑等著：《科学家与全球治理——基于北极事务案例的分析》，时事出版社 2018 年版，第 24 页。

与决策。[①] 在全球教育治理中，学术界在生产基本知识的基础上，将知识转化为一系列的规则、程序等，提出具有可行性的制度与举措，帮助全球教育治理其他行为主体形成国际规则与国际制度。同时，学术界积极发表建议和宣言，积极向本国政府传递新思想和观念，或接受政府委托，成为政府的智囊团，作为专家起草和制定教育政策，把知识转化为政策，运用到实践之中。

（三）知识传播

传播观点与知识，影响社会氛围和舆论是学术界的第三个重要社会功能。作为知识的生产者，科学家没有政治资源优势，有的只是知识优势，他们能做的首要事情是依靠独立的见解和知识的优势去影响决策者和公众。[②] 具体来说，学者可以借助专业的知识和能力，对公共议题和特定政策进行解读和讨论，影响和引导公众的观念，影响普遍的舆论氛围。[③]

治理必须建立在多数人的共识和认可之上，没有多数人的同意，治理就很难发挥真正的效用。[④] 所以，全球教育治理需要借助学术界人士的帮助来形成共识。学术界人士可以基于自身价值导向或者受委托方为全球教育治理政策进行辩护，对其合法性进行论证，扮演"观点辩护者"[⑤] 的角色。此外，在全球教育治理中提出的一些教育议程、国际教育规则以及新理念等常常具有较强的专业性或超前性，需要学术界人士通过各种渠道向各国政府及民众进行解释与说明，便于其理解与接受，促进民众教育观念的转变和政府教育政策的实施。

---

① Peter M. Haas，"Introduction：Epistemic Communities and International Policy Coordination"，*International Organization*，Vol.46，No.1（Winter 1992），p.4.

② 杨剑等著：《科学家与全球治理——基于北极事务案例的分析》，时事出版社2018年版，第24页。

③ ［美］托马·斯索维尔：《知识分子与社会》，张亚月等译，中信出版社2013年版，第337页。

④ 俞可平：《全球治理引论》，《马克思主义与现实》2002年第1期，第22页。

⑤ ［美］小罗杰·皮尔克：《诚实的代理人——科学在政策与政治中的意义》，李正风等译，上海交通大学出版社2010年版，第15页。

（四）知识批判

知识批判也是学术界的一项重要的社会功能。在爱德华·W. 萨义德（Edward W. Said）看来，知识分子“不是调节者，也不是建立共识者，而是这样的人：全身投注于批评意识，不愿接受陈腔滥调，或迎合讨好、与人方便地肯定权势者或传统者的说法或做法。其职责是时时维持着警觉状态，永远不让似是而非的事物或约定俗称的观念带着走。”[①] 在全球教育治理中，学术界也在发挥着批判的作用。专家和学者会对全球教育治理的有些政策与实践进行批判，指出其问题所在，例如，对 PISA 测试及全球大学排名等全球教育治理举措进行批判。举例来说，尤安·奥尔德（Euan Auld）和保罗·莫里斯（Paul Morris）批评经合组织根据 PISA 测试结果建构和推广“最佳实践”，支持政策转移，是将测试结果与某些具体政策和实践建立简单的因果关系，忽视了学生不同学习成就背后复杂的原因。[②] 芭芭拉·M·科姆（Barbara M. Kehm）对世界大学排名的方式和服务对象提出质疑，指出排名的测量方法具有很强的争议性，排名对高等教育机构的实际情况和本身发展没有什么意义，带来了许多负面影响，如，排名导致高等机构垂直分层，影响政府的决策，会使资源分配趋向于实力最强的高等教育机构，牺牲了实力较弱的高等教育机构；会使名次较低的高等教育机构模仿较高排名的机构，出现同质性的发展态势等等。[③] 此外，专家和学者也作为中立的“科学的仲裁者”[④] 受委托对现有的政策或实践进行过程性或终结性评估，将结果反映给决策者。例如，联合国教科文组织是专门负责教育、科学和文化的联合国机构，每年发布《全球教育监测报告》（*Global Education Monitoring Report*），该年度报告旨在监测政府、

---

① ［美］爱德华·W·萨义德：《知识分子论》，单德兴译，三联书店 2016 年版，第 40 页。

② Euan Auld，Paul Morris，“PISA，policy and persuasion：Translating complex conditions into education ‘best practice’”，*Comparative Education*，Vol.52，No.2（May 2016），p.202.

③ Barbara M. Kehm，“Global university rankings—Impacts and unintended side effects”，*European Journal of Education*，Vol.49，No.1（March 2014），pp.102-108.

④ ［美］小罗杰·皮尔克：《诚实的代理人——科学在政策与政治中的意义》，李正风等译，上海交通大学出版社 2010 年版，第 16 页。

社区、公民社会等组织或机构在实现2030年可持续发展目标框架内各项教育具体目标的进展情况，由一个独立的全球教育监测报告小组编写。① 小组目前共24位成员，其中85%具备硕士或硕士以上学位，是国际研究、政策分析或出版传播等相关领域专业人员。②

总之，学术界在当前全球治理过程中发挥着重要的作用，通过对相关知识的生产、应用、传播和批判影响到全球教育政策的制定、实施、评价和批判，促进全球教育的科学发展。

二、学术界参与全球教育治理的基本路径

目前，学术界主要通过四个平台、框架或媒介参与全球教育治理，即：主权国家、国际组织、智库以及大众媒体。下面的区分主要是为了便于展开分析。实际上，学术界参与全球教育治理的层面和路径存在交叉，是在一种相互交织的网络中发挥其作用。

（一）在主权国家的框架下参与全球教育治理

主权国家既是全球教育治理的参与者和实施者，也是接受全球教育治理的主要对象。所有全球教育治理举措都需要依托主权国家来推动和落实。③ 由于教育事务历来都被视为主权国家的内部管辖事务，在全球教育治理中，主权国家的核心地位尤其突出。学术界参与全球教育治理的研究与实践活动与主权国家密不可分。

学术界一方面通过在主权国家内部解释和传播全球教育理念和政策影响国家的教育政策。学术精英对国际组织的观念的认同与接受，是国际规范对国家发挥影响的重要路径之一。④ 另一方面，主权国家希冀在包括

① UNESCO：Global Education Monitoring Report—About Us，见 https：//en.unesco.org/gem-report/about。

② UNESCO：Global Education Monitoring Report—The Report Team，见 https：//en.unesco.org/gem-report/the-report-team。

③ 孙进、燕环：《全球教育治理：概念 · 主体 · 机制》，《比较教育研究》2020年第2期，第41页。

④ 谢喆平：《中国与联合国教科文组织的关系演进——关于国际组织对成员国影响的实证研究》，《太平洋学报》2010年第2期，第39页。

教育领域在内的全球治理平台上拥有更多的话语权，要求本国学术界相关人士参与全球性教育活动。无论从哪个方面出发，学术界参与全球教育治理主要是以服务国家为目的，依托国家这一主要平台。

学术界成员根据国家的需要参与全球教育治理，研究全球教育治理相关领域或参与全球教育治理的实践，理清本国利益、提供建议和意见、参与制定政策。具体来说，主权国家主要通过对外教育援助、学生与教师的国际交流、跨境教育、开展国际理解教育等多途径参与全球教育治理，相关学者与专家积极参与其中，发挥了指导性和基础性作用。以对外教育援助为例，自 20 世纪 50 年代以来，教育援助日益成为各国教育合作的重要方式，对不发达国家和发展中国家的教育发展起到了一定的促进作用。随着对外援助的有序开展，援助国的援助方式从最初的硬件设施投入逐渐转向软件投入，越来越重视受援国教育政策与理念制定、人才的培养、相关人员的培训等方面，这些工作的开展均需专家的参与。我国在对外教育援助过程中不仅为受援国建设教育基础设施，也派遣大量专家赴海外进行“软援助”，如 2001—2012 年，在与埃塞俄比亚联合开展的农业职业技术教育培训中，累计派出 400 余人次教师，培训当地农业职业院校教师 1800 名、农业技术人员 35000 名。① 再如 2013 年与苏丹开展的职业技术合作项目，结合教学指导和教育理念培育的方式，派遣十余名专家赴苏丹指导学校教学和运营管理。②

（二）以国际组织为主要平台参与全球教育治理

自全球教育治理兴起以来，无论是政府间国际组织还是国际非政府组织，都已成为全球教育治理的重要主体之一，在引领全球教育方向方面发挥了不可替代的作用。这与当前教育活动的科学性特征密切相关。当前，教育发展领域的大多数活动以一种科学的观点为特征，即教育可以转化为可以测量和归纳的知识，大多数领导人认为，专家可以将这些知识在

① 国务院新闻办公室：《中国的对外援助（2014）》，2014 年 7 月 10 日，见 http：//www.scio.gov.cn/zfbps/ndhf/2014/document/1375013/1375013_1.htm。

② 王泺等著：《国际发展援助的中国方案》，五洲传播出版社 2019 年版，第 238 页。

不同的背景下进行国际传播。因此，追求科学的、专家的、基于知识的活动的国际组织和专业人员已成为强大的国际性力量并日益成为塑造全球教育发展政策和实践的核心。①

参与全球教育治理最为活跃的国际组织有教科文组织、经合组织、世界银行等。这些国际组织之所以能够在全球教育治理中占据一席之地，离不开所具有的跨国网络和强大的专业支持系统。国际组织能够更加全面地把握世界发展趋势，对共同的挑战作出更为有效的回应。而且，国际组织拥有显著的智力优势，可以利用高技能专业人员的革新思想和创新思维，为国家教育问题提供客观有效的解决方案。②

以世界教育的引领者教科文组织为例，教科文组织作为国际组织，亦拥有三种类型的基础权威：授予性权威、道义性权威和专家权威。③ 教科文组织的专家权威来自于庞大的专家团队，它汇聚了世界各国教育界的决策者、一流的教育专家与研究者的智力资源，提出的诸如终身教育等具有前瞻性的教育理念和原则，在全球范围内得到了广泛的认同、肯定和接受，影响到各国的教育改革、教育政策与规划的制定以及实施。④ 教科文组织主要机构包括大会、执行局和秘书处，并设有 52 个性质不同的地区办事机构和 8 个研究机构，是其决策和工作的主要执行者。每一研究机构都有数十名甚至是数百名专家学者组成的专家团队。迄今为止，经过教科文组织的多位专家学者和其他参与者的共同努力，教科文组织提出了一系列教育思想、教育理念，发表决议、建议、宣言、公约等，影响了世界各国教育的发展方向。例如，教科文组织每 25 年委托专家编写一份全球教

---

① Patricia Bromley，"The rationalization of educational development：Scientific activity among international nongovernmental organizations"，*Comparative Education Review*，Vol.54，No.4 (November 2010)，p.577.

② 杜越：《联合国教科文组织与全球教育治理——理念与实践探究》，教育科学出版社 2016 年版，第 28 页。

③ ［美］迈克尔·巴尼特等：《为世界定规则：全球政治中的国际组织》，薄燕译，上海人民出版社 2009 年版，第 31 页。

④ 杜越：《联合国教科文组织与全球教育治理——理念与实践探究》，教育科学出版社 2016 年版，第 30 页。

育报告，目前已有三份报告发行，分别是《学会生存：教育世界的今天和明天》《教育：财富蕴藏其中》《反思教育：向“全球共同利益”的理念转变?》①，三份报告中提出的终身教育、终身学习、学习型社会等教育思想在世界范围内引起了广泛关注，促进世界教育的大变革。以第一份报告为例，《学会生存：教育世界的今天和明天》由法国前总理埃德加·富尔（Edgar Faure）主持的委员会在1971—1972年间编写完成，委员会成员共有7人，7人均是来自各国教育或教育相关领域的高级官员或资深专家。委员会在编撰此书时实地到各国考察，并与各国高层领导、学者、专家等人士开展交流与商讨。② 再如，在联合国教科文组织第40届大会上通过的《全球高等教育学历学位互认公约》（*Global Convention on the Recognition of Qualifications concerning Higher Education*）是第一个具有法律约束力的联合国高等教育条约，由多位专家学者历时三年共同合作完成。2016年4月教科文组织任命了由18位教科文组织会员国推荐的专家以及5位总干事提名的独立专家共同组成的全球公约起草委员会。委员会由来自世界各个地区的专家组成，并于2017年6月完成了初稿。浙江大学阚阅教授应邀成为委员会成员，参与起草工作。随后，经过反复讨论与修改，在2019年3月举行的政府间会议上，由来自约150个会员国的260多名技术和法律专家批准了该草案。最终，草案在第40届大会决议通过。③

经合组织也是学术界参与全球教育治理的主要平台。随着教育在社会发展中的作用日益凸显，经合组织逐步扩大对教育的关注，尤其是自2000年开展的PISA测试引发了世界范围内的基础教育改革，成为经合组

---

① 三份报告的中文译本分别为：联合国教科文组织国际教育发展委员会主编：《学会生存：教育世界的今天和明天》，华东师范大学比较教育研究所译，教育科学出版社1996年版；联合国教科文组织主编：《教育：财富蕴藏其中》，联合国教科文组织总部中文科译，教育科学出版社2014年版；联合国教科文组织主编：《反思教育：向“全球共同利益”的理念转变?》，联合国教科文组织总部中文科译，教育科学出版社2017年版。

② 联合国教科文组织国际教育发展委员会主编：《学会生存：教育世界的今天和明天》，华东师范大学比较教育研究所译，教育科学出版社1996年版，第340—342页。

③ UNESCO：What is the Global Convention on higher education，2019年11月7日，见https：//en.unesco.org/news/what-global-convention-higher-education。

织参与全球教育治理的重要举措之一。PISA 是一项涉及多国的学生测评项目，2018 年 PISA 测试涉及 80 个国家和经济体，目前主要由国际学生测评项目治理委员会（PISA Governing Board）进行决策与统筹，委员会由经合组织成员国和准成员国派出的代表组成，这些代表均是具有教育政策与实践方面丰富的经验的官员、学术和研究机构的人员。同时，经合组织为科学地开展与分析 PISA 测试设置了多个专家小组，如，由世界知名专家组成的技术咨询小组（Technical Advisory Group）以确保技术的稳定性；由世界多领域专家组成的 PISA 主题事务专家组（PISA Subject Matter Expert Groups）负责阅读、数学、科学素养及其他领域的测试，为 PISA 测试设计理论框架；以及 PISA 问卷调查专家组（PISA Questionnaire Expert Group）领导并指导问卷调查的建构。[①] 没有这些专家的参与和支持，PISA 测试就不可能达到今天的质量水平。

世界银行作为面向发展中国家的世界最大的资金和知识来源，[②] 同样也是发展中国家最大的教育资金支持机构，在 80 多个国家开展教育项目。[③] 自 20 世纪 90 年代以来世界银行提出“知识银行”战略，成为全球研究领域最具生产力的科学机构和数据生产机构[④]，从而以“金融银行”和“知识银行”双重角色服务于全球教育发展，是全球教育治理的积极参与者。目前，世行在“知识银行”框架内通过知识生产、知识管理和知识传输对世界教育活动施加影响。2009 年组建了全球教育专家组，致力于通过参与世行全球战略相关领域的工作，确保全球最佳知识能够迅速且灵活地被应用，以满足借贷国家的客户需求。[⑤] 同时，多国教育研究者通过世界银行这一平台，公开发表论文、书籍、著作和报告等，参与世行组织

---

① OECD：How is PISA governed，见 http：//www.oecd.org/pisa/pisafaq/。

② World Bank：Who we are，见 https：//www.worldbank.org/en/who-we-are。

③ World Bank：Education，见 https：//www.worldbank.org/en/topic/education。

④ 孔令帅、李超然：《全球教育治理中的世界银行“知识银行”战略：发展、实施及局限》，《教育与教学研究》2019 年第 9 期，第 81 页。

⑤ 马文婷：《世界银行全球教育治理角色研究》，硕士学位论文，上海师范大学比较教育学专业，2019 年，第 33 页。

的教育研究与实践活动，影响各国尤其是发展中国家的教育政策。例如，1997 年世行曾邀请我国张民选教授作为决策咨询项目的国际专家为柬埔寨进行调查研究。张民选经过实地考察与访问为柬埔寨撰写了政策咨询报告。[①] 再如，世界银行出版的《2018 年世界发展报告：学习以实现教育的承诺》(*World Development Report 2018*：*Learning to Realize Education's Promise*)，分析了全球教育面临的学习危机，并为此提出举措与建议。数百名专家学者参与了这份报告撰写工作，包括核心专家组、研究分析人员等工作组，并且在撰写过程中，工作组与来自 20 多个国家的政府官员与研究人员等进行磋商交流。[②]

由此可见，一方面，学术界成员以国际组织作为参与全球教育治理的平台；另一方面，国际组织借助学术界成员的专业知识和能力开展全球教育治理活动，二者相辅相成。

（三）以智库为平台参与全球教育治理

智库是当前全球教育治理中一个重要的行为体。专家通过智库这一平台对全球教育发展发挥影响。例如，美国著名智库布鲁金斯学会（Brookings Institution）被评为全球最好的智库，2019 年在“教育政策领域”排名位列全球第三。[③] 布鲁金斯学会下设布朗教育政策中心（Brown Center on Education Policy）和环球教育中心（Center for Universal Education）两个教育中心，其中环球教育中心是参与全球教育治理的重要部门，致力于发展中国家的优质教育普及，在为制定全球教育相关政策以及为政府、公民社会和私营企业开发行动战略方面发挥了重要作用。[④] 环球教育中心由 23 名专家成员组成，这些专家均毕业于世界知名大学，

---

① 张民选：《国际组织与教育发展》，上海教育出版社 2009 年版，第 235—236 页。

② World Bank，*World Development Report 2018*：*Learning to Realize Education's Promise*，Washington，DC.：World Bank，2018，pp.14-16.

③ James G. McGann：2019 Global Go To Think Tank Index Report，2020 年 1 月 27 日，见 https：//repository.upenn.edu/cgi/viewcontent.cgi？article=1018&context=think_tanks。

④ Brookings Institution：About the Center for Universal Education，见 https：//www.brookings.edu/about-the-center-for-universal-education/。

长期从事教育及教育相关专业领域研究，而且多数曾担任过国际组织官员或高校教授，如塔马·曼努言·阿蒂克（Tamar Manuelyan Atinc），客座资深研究员（Nonresident Senior Fellow），毕业于哈佛大学，曾任世界银行人类发展部副主席；戴维·贝克（David Baker），客座资深研究员，约翰·霍普金斯大学社会学博士，宾夕法尼亚州立大学教授等。① 专家学者除了通过在此任职参与全球教育治理研究以外，布鲁金斯学会通过开发项目和举行学术会议等方式，邀请世界知名专家学者参与其中。其中厄喀德娜全球学者项目（Echidna Global Scholars Program）较有代表性，该项目旨在培养与发展中国家有密切联系的非政府组织领导人和学者的研究和分析技能。获得项目资助的专家将在布鲁金斯学会对全球教育问题开展四到六个月的研究，并特别关注改善发展中国家女童的学习机会和成果，并将在此期间与环球教育中心的同事共同开发研究项目。2019 年共有三位专家参与该项目，分别是来自印度、尼泊尔和孟加拉国的萨穆克塔·萨布曼尼亚（Samyukta Subramanian）、安尼尔·鲍德尔（Anil Paudel）、纳斯林·西迪卡（Nasrin Siddiqa），三人均是本国儿童/青少年相关非政府组织的领导者。我国北京师范大学池瑾副教授曾于 2018 年参与该项目。②

（四）以大众媒体为媒介参与全球教育治理

除了通过以上平台参与全球教育治理之外，学术界也积极利用学术期刊和大众媒体发出自己的声音，发表自己对全球教育治理的研究成果，提出自己对全球教育治理的构想，或者对当前的发展情况提出批评和建议。

随着全球教育治理实践的影响上升，国内外学者也开始越来越多地

---

① Brookings Institution：Experts，见 https：//www.brookings.edu/experts/？s=&topic=&pcp=center_center-for-universal-education&language=en&status=current&start_date=&end_date=。

② Brookings Institution：Echidna Global Scholars Program，见 https：//www.brookings.edu/echidna-global-scholars-program/。

关注全球教育治理的问题，并在学术期刊上发表了一些相关的研究成果。国外的代表性研究者比如有：D. 布伦特·爱德华兹（D. Brent Erdwards）（美国），弗朗辛·梅纳什（Francine Menashy）（美国），海因茨·迪特尔·迈耶尔（Heinz Dieter Meyer）（美国），艾伦·比内沃特（Aaron Benavot）（美国），鲍勃·林加德（Bob Lingard）（澳大利亚），萨姆·塞勒（Sam Sellar）（澳大利亚），威廉·C. 布雷姆（Willian C. Brehm）（日本），卡伦·芒迪（Karen Mundy）（加拿大），安东尼·弗格（Antoni Verger）（西班牙）。① 国内研究全球教育治理的代表性学者比如有：王晓辉、张民选、周洪宇、杜越、刘宝存、阚阅、孔令帅、乔鹤、滕珺、丁瑞常、段世飞、付睿、孙进、王建梁等。②

随着新兴媒体的发展，学者表达观点的渠道日渐丰富与便捷。除了发表学术论文与出版专著外，学者通过各种媒介就全球教育治理的议题发表观点、评论与建议。例如，2014 年世界范围内 83 位专家与学者在英国的《卫报》（The Guardian）刊登了一封联名信，这封信写给经合组织主管 PISA 主任安德烈亚斯·施莱歇尔（Andreas Schleicher），旨在呼吁停止测试，并指出 PISA 测试作为一项标准化测试所带来的诸多负面影响。③

总的来说，学术界参与全球教育治理的路径多样，主要依托主权国家、国际组织、智库与大众媒体等平台来进行。这些平台作为全球教育治理的主体，也凭借学术界的知识力量和专业权威提高了自身的权威性和影响力。因此，这种合作也是一种双赢的合作。

---

① Web of science：“Title：(global educational governance) or Title：(global governance of education)” Results Analysi-s， 见 http：//apps.webofknowledge.com/summary.do? product=UA&search_mode=GeneralSearch&qid=3&SID=6Er8X2PZJTlJJm3rSpM。

② 中国知网：“题名 = 全球教育治理”计量可视化分析—检索结果，见 https：//kns.cnki.net/kns/Visualization/VisualCenter.aspx。

③ Paul Andrews et al.：OECD and Pisa tests are damaging education worldwide – academics，The Guardian，May 6，2014， 见 https：//www.theguardian.com/education/2014/may/06/oecd-pisa-tests-damaging-education-academics。

三、总结

全球教育治理在近年来的影响进一步增加，其原因之一是，随着知识社会的发展，文化力量与政治力量不断下移，不同知识背景的人希望并且逐渐有能力参与教育，进而促使各公共主体能够参与到教育事业中，并希冀借助此种举措提升自身的全球影响力。因而，全球教育治理的兴起既是学术界群体影响力提升的体现，他们逐渐获得途径发表自己的观点和看法，同时也进一步加强了学者在世界教育领域内的话语权与力量。

当前学术界依托主权国家、国际组织、智库与大众媒体等平台参与全球教育治理，在其中发挥了基础性和决定性的作用。当然，在此过程中，不是学术界单个人士的研究与实践活动，而是各国的教育专家、学者、官员通过多种渠道交流与合作，塑造了全球教育治理的机制，推动了全球教育治理的进程。

值得注意的是，国家教育政策从根本上讲具有政治性质，教育领域的全球治理更具争议①，因而全球教育治理并不意味着全然的协商与合作，而是另一种形式的权力博弈。学术界作为权力来源之一，也是链接个人利益、群体利益、国家利益、全球利益的桥梁②，在全球教育治理中成为各国进行利益博弈的砝码。目前，发达国家的学者占据了全球教育治理理论与实践过程中的主要话语权，掌握基本的知识生产活动。例如，世界银行产出的“知识产品”由世行智囊团团队开发，包括论文、著作与报告等，其中，美国和欧洲的作者占比分别达 61.46% 和 18.6%，仅有 9.3% 的作者来自发展中国家。③ 由此可见，在全球教育治理中，话语权在发达国家和发展中国家的分布也不平衡。未来应有更多来自发展中国家（包括中国）的学术界成员参与到全球教育治理中来。

---

① 联合国教科文组织主编：《反思教育：向“全球共同利益”的理念转变?》，联合国教科文组织总部中文科译，教育科学出版社 2017 年版，第 59 页。

② 任琳：《专家型全球治理：从实力到影响力的转化》，《战略决策研究》2014 年第 5 期，第 17 页。

③ 孔令帅、李超然：《全球教育治理中的世界银行“知识银行”战略：发展、实施及局限》，《教育与教学研究》2019 年第 9 期，第 86 页。

第三节　跨国公司与全球教育治理

跨国公司[①]（Transnational Corporations，简称 TNCs）是指“在两个或两个以上国家（地区）设立分支机构，由母公司统筹决策和控制，从事跨国界生产经营活动的经济实体”[②]。在全世界规模最大的100个经济体中，有一半是国家，另一半是公司。许多跨国公司的财富超过了所投资的国家。[③]根据经合组织的分析，跨国公司占有全球生产的33%、全球出口的50%和全球GDP的28%，其雇员人数占全球就业量的四分之一。[④]作为全球化最重要的推动者和载体，跨国公司在全球经济治理、全球环境治理、全球发展治理中都发挥着至关重要的作用，许多全球治理规范和治理目标都必须经由跨国公司才能落地。[⑤]在全球教育治理领域，跨国公司也发挥着十分重要的作用，以多种不同的方式参与全球教育治理的活动。

一、跨国公司在全球教育治理中的作用

跨国公司是解决当前所面临的全球教育问题的重要伙伴。根据联合国教科文组织全民教育全球监测报告（2014），全球有5800万适龄儿童没有上小学，另有6300万青少年没有参加中等教育。2012年的报告指出，

① 与跨国公司相近的一个概念是“多国公司”（Multinational Corporation）。有些学者将其用作同义词，有些学者则进行了区分，将“多国公司”定义为跨国公司的一种早期组织形式，侧重于公司的国际化，即大型企业为了打破政治分割性的市场，绕过高关税和贸易壁垒，在国外建立体系完备的分公司。（参见 Tim Büthe，“Governance through Private Authority：Non-State Actors in World Politics”，*Journal of International Affairs*，Vol.58，No.1（January 2004），p.288.）

② 黄河等著：《跨国公司与全球治理》，上海人民出版社2018年版，第3页。

③ 黄河等著：《跨国公司与全球治理》，上海人民出版社2018年版，第23页。

④ OECD：Multinational Enterprises in the Global Economy：Heavily Debated but Hardly Measured. Policy Note，2018，见 https：//www.oecd.org/industry/ind/MNEs-in-the-global-economy-policy-note.pdf。

⑤ 蔡拓、杨雪冬、吴志成主编：《全球治理概论》，北京大学出版社2016年版，第119页。

全球有2亿15—24岁的青少年没有完成小学教育，2.5亿儿童不能读或写，7.74亿成年人（其中三分之二为女性）不能读或写。要确保所有人都能接受基础教育，每年需要290亿美金；如果要实现公平和有质量的初级中等教育，会再需要每年130亿美金的额外资助。每年的资金需要就将整体上升至420亿美金。①

跨国公司有着强大的资金实力，可以为填补教育经费的缺口作出贡献。此外，跨国公司拥有遍布全球的生产和销售网络，与发展中国家的社区和政府有密切的联系，可以就地提供支持。作为创新的冠军，跨国公司有着先进的技术和知识，所开发的产品能够用来提高教学与学习的质量。跨国公司的员工有着诸多领域的专业知识，这些专业知识和能力能够让教育获益。跨国公司直接在发展中国家提供就业的机会。它们深知社会需要什么类型的技能来促进经济发展，同时也拥有所需要的内部专业人才、专业知识和资源来促进社区的发展。② 因此，跨国公司被认为“具有对教育产生变革性影响的潜力，能够成为改善全球教育体系和学习的有效合作伙伴”③。

正因为认识到跨国公司应对全球教育挑战的潜力，所以，国际社会一直要求和呼吁跨国公司更多地参与全球教育治理。为了帮助企业更好地参与教育，联合国教科文组织（UNESCO）、联合国儿童基金会（UNICEF）、联合国全球契约（UNs Global Compact）以及联合国全球教育特使（UN Special Envoy for Global Education）于2013年联合发布了《企业参与教育框架》（*The Smartest Investment*：*A Framework for Business*

① Pratik Dattani，Adam Still，Vikas Pota，*Business Backs Education. Creating a baseline for Corporate CSR Spend on Global Education Initiatives*. London：Varkey Foundation，2015，p.12.

② Justin W. van Fleet，*A Global Education Challenge*：*Harnessing Corporate Philanthropy to Educate the World's Poor*. Working Paper 4，Washington，DC：Center for Universal Education，2011，p.5.

③ 联合国教科文组织等：《最聪明的投资：企业参与教育框架》，2013，见 https：//d306pr3pise04h.cloudfront.net/docs/issues_doc%2Fdevelopment%2FBusiness_Education_Framework_ZH.pdf.。

Engagement in Education)。该框架旨在为初次考虑投资教育事业并需要商业方案的跨国公司提供指导，也能帮助那些已经参与到教育中的跨国企业。[①] 全球教育商业联盟（Global Business Coalition for Education，GBCE）也同样致力于将商业界的专业知识和资源用于解决全球教育危机。[②]

在知名跨国公司的带动下，在国际组织的大力推动下，积极参与全球教育治理成为跨国公司履行社会责任的一部分。它们不仅通过捐献资金和实物补充所在国家、特别是发展中国家的教育经费，捐建学校，改善教育基础设施，帮扶贫困儿童和女童等弱势群体，促进教育公平，还利用自己的技术优势和能力专长推动各国的学生培养、教师培训、课程与教学创新、科学研究、教育信息化建设乃至教育政策的制定和评估等。

跨国公司参与全球教育治理的领域和议题几乎覆盖了从学前教育、中等教育到职业教育、高等教育再到成人和继续教育的各个阶段，从学生和教师发展的个体层面到学校改进的机构层面再到教育制度完善的系统层面，从创新性教育理念、学习文化等“软件”到教育技术装备、学校基础设施等硬件，从传统的课堂教学到数字化教学和在线教育等方方面面。

这尤其适用于类似培生集团（Pearson）这种以提供教育产品和服务为主的跨国公司。培生不仅为学前教育和中小学教育提供教材和课程资源、测试测评、信息技术应用及数字化教学服务，还亲自提供从 K–12 到大学预科的国际教育全科课程，包括美式教育、英式教育、IB 国际文凭、澳加教育、双语教育体系、SAT、ACT、GED 等备考课程、大学先修 AP 课程及国际教育评测服务。[③] 在高等教育领域，培生集团不仅出版各学科所用的教材，还作为全球高等教育的创新引领者，积极与多个国家的教育

① 联合国教科文组织等：《最聪明的投资：企业参与教育框架》，2013，见 https://d306pr3pise04h.cloudfront.net/docs/issues_doc%2Fdevelopment%2FBusiness_Education_Framework_ZH.pdf。

② Global Business Coalition for Education：About Us，见 https://gbc-education.org/about-us/。

③ 培生集团：《业务概览》，见 https://www.pearson.com.cn/edu/k12overview。

机构、跨国企业合作，致力于课程内容创新、教学模式探索，提升高等教育质量和效率，帮助老师和学生实现可衡量、有保障的学习效果。[①] 除了帮助美国、英国和澳大利亚等国的高校推出或扩大在线学位教育的规模，培生还开办了自己的学校，例如伦敦培生学院（Pearson College London）提供一系列本科和硕士学位以及学徒学位（Degree Apprenticeships）和短期课程等。[②] 培生公司还在南非拥有自己的私立高等教育机构（CTI Education Group of South Africa），有 9000 名学生，12 个校区。[③] 根据培生集团的介绍，世界各地每天都有数以百万的教师与学习者在使用培生集团的产品和服务。[④] 每年，全球有超过千万的学生在使用培生集团提供的 MyLab 在线学习辅导系统。[⑤]

跨国公司作为资助者、实施者、推广者和促成者参与并推动全球各国的教育发展，成为全球教育治理领域的一个重要的行为体。

二、跨国公司参与全球教育治理的基本路径

跨国公司参与全球教育治理的方式多种多样。笔者在这里总结了四种基本路径，即：资助者路径、实施者路径、推广者路径和促成者路径，分别对应着跨国公司在其中扮演的四种角色：资助者、实施者、推广者和促成者。

（一）作为资助者为各国教育发展提供资金和物质支持

跨国公司通过向国际组织、东道国政府及其教育机构、各国的慈善

① 培生集团：《高等教育—业务概览—培生中国》，见 https：//www.pearson.com.cn/edu/highoverview。

② Pearson College London：About us，见 https：//www.pearsoncollegelondon.ac.uk/about-us.html? intid=SB_6。

③ Pearson：Our Impact on Society， 见 https：//www.pearson.com/content/dam/corporate/global/pearson-dot-com-v2/files/csrs/Full-Pearson_CR_2010_web-04-07-2011.pdf。

④ 培生集团：《培生简介》，见 https：//www.pearson.com.cn/About。

⑤ 培生集团：《高等教育—业务概览—培生中国》，见 https：//www.pearson.com.cn/edu/highoverview。

和公益组织提供资金和实物（捐赠或赞助）支持其教育活动。跨国公司在此扮演的角色是资助者，只负责提供资金或实物支持，不用亲自参与项目的设计和实施。当跨国公司的业务远离教育领域时，或者所涉及的教育活动仅仅需要来自外部的资金支持时，多选择这种参与方式。

跨国公司可以直接捐助或者通过公司的基金会和信托基金间接捐助。① 例如，H&M 基金会在 2017 年决定捐赠约 650 万美元以支持联合国儿基会的儿童早期发展项目，惠及东帝汶、埃及、马里、越南四国的 14.5 万儿童、父母、教师。② 巴塞罗那足球俱乐部关注体育运动对儿童与青少年发展的重要性，向巴西、中国、加纳及南非的 16000 所学校捐赠体育运动器材及设施。③ 肌肤之钥（Clé de Peau Beauté）承诺捐款 870 万美元以支持“性别平等行动计划”，包括促进女童的 STEM 教育。④

通过这种参与方式，跨国公司为缓解全球教育的经费匮乏问题作出了重要的贡献。联合国儿基会在 2018 年共获得 67 亿美元的资金捐助，其中来自私人领域（企业、基金会、个人等）的捐赠金额大约为 15 亿美元。⑤

（二）作为实施者参与设计并实施全球教育项目

跨国公司利用自己的技术和能力专长设计并实施与自己业务活动密切相关的教育项目，服务全球各国的教育发展。

例如，英特尔公司（Intel）致力于利用信息通信技术改善全球各国的课程、教学、教师专业发展、科研与评价等，全球已有 70 多个国家采

---

① 联合国：《联合国与企业界之间合作准则》，见 https：//www.un.org/zh/business/guildlines.shtml。

② UNICEF：H&M and the H&M Foundation，见 https：//www.unicef.org/corporate_partners/index_handm.html。

③ UNICEF：UNICEF Corporate and Philanthropic Partnerships-FC Barcelona，见 https：//www.unicef.org/corporate_partners/index_fcb.html。

④ UNICEF：UNICEF Corporate and Philanthropic Partnerships-Clé de Peau Beauté，2019 年 10 月 11 日，见 https：//www.unicef.org/corporate_partners/index_cle-de-peau-beaute.html。

⑤ UNICEF：Funding to UNICEF，见 https：//www.unicef.org/partnerships/funding。

用了英特尔的数字化学习项目（eLearning programs），有800多万教师接受了英特尔教学项目（Intel®Teach program）的培训。[①] 芬兰的诺基亚公司（电信）与南非政府和其他公司合作在南非开发了名为“诺基亚手机数学”（Nokia Mobile Mathematics）的创新性教育解决方案，利用移动技术支持学生学习数学。这一免费的教育方案支持学生们使用手机应用来学习数学，允许学生按照自己的进度在任何地点学习数学，并将答案提交给教师，得到教师的反馈并继续学习。教师可以通过远程服务器访问学生的成绩数据。相关的研究显示，这项服务的使用者相比未使用者显示出了更强的数学能力，并且教师对学习者的关注程度也有了提高。一个类似的项目已经在塞内加尔与联合国教科文组织合作启动。[②] 菲律宾的阿亚拉集团通过阿亚拉基金会（Ayala Corporation）与诺基亚、培生和美国国际青年基金会合作，为80所资源不足的公立学校提供科学视频[③]，还将311所菲律宾高中接入了互联网，为63名高中领导组织了第一次“青年领袖”夏令营，并委托开展教育研究，包括对影响公立和私立高中毕业生学业成绩的社会经济因素进行比较研究。[④]

在这里，跨国公司所扮演的角色不只是资助者，更是实施者。就项目实施方式而言，跨国公司有时可以独立完成落实，但更多的时候需要与东道国政府、国际组织和相关机构合作完成。这是跨国公司参与全球教育治理最主要的一种方式，也可以说是最理想的一种方式，因为它能够最充分地利用跨国公司的资源优势来推动教育的发展。

---

① Intel in Education：Transforming Education：Creating Classrooms Where Students Connect，Learn and Thrive， 见 https：//www.intel.com/content/dam/doc/white-paper/education-transforming-education-creating-classrooms-where-students-connect-paper.pdf。

② 联合国教科文组织等：《最聪明的投资：企业参与教育框架》，2013，见 https：//d306pr3pise04h.cloudfront.net/docs/issues_doc%2Fdevelopment%2FBusiness_Education_Framework_ZH.pdf。

③ World Economic Forum：Partnering for Success：Business Perspectives on Multi-stakeholder Partnerships，见 www.wef.org。

④ Ayala Corporation：Ayala Foundation's Social Commitment 2007，见 www.ayala.com.ph/businterests/ social_commitment.asp。

（三）作为推广者在全球倡导和宣传教育项目或议题

跨国公司擅长营销，并且拥有遍布全球的销售网络，因此常利用这些优势在全球开展宣传和倡议活动，提醒人们关注特定教育项目或议题，引起教育决策者、公司、教育机构和教育者的观念和行为的转变。这里所说的转变既包括低层次的变化，如引发人们对特定议题的关注，也包括更为实质性的改变，如说服人们亲自参与问题的解决。这种宣传活动有时会结合外部筹款活动进行，被称作善因营销。①

例如，宜家利用其遍布全球的销售网络发起“毛绒玩具支持教育”（The Soft Toys for Education）的宣传活动：在2003—2016年的每年假期期间，顾客在宜家每购买一件毛绒玩具，宜家基金会便向救助儿童会（Save the Children）和联合国儿童基金会捐赠1欧元。通过这个活动，宜家不仅唤起了消费者对儿童教育议题的关注，还赢得了消费者的支持，向联合国儿基会捐赠了3500万美元。② 古驰公司也高度认可在全球宣传教育的重要性。近年来，古驰公司利用其在商业和创意方面的领导力来开展“善因营销”活动，帮助联合国儿童基金会的“非洲助学计划（Schools for Africa）”和“亚洲助学计划（Schools for Asia）”获得关注和资源，让超过550万儿童获得了优质教育并向联合国儿基会捐款1380万美元。③

跨国企业在这里扮演的是推广者的角色，宣传和推广合作伙伴的教育项目。这种活动将引发对教育议题的关注与提高品牌知名度结合起来，实现了商业利益和社会公益的双赢。

（四）作为促成者推动各国教育政策的讨论与教育改革

跨国公司及其联合会具有很大的政治影响力，可以通过指出自己面

---

① UN：UN-Business Partnerships：A Handbook，见 https：//en.unesco.org/system/files/private_documents/UNBusinessPartnershipHandbook.pdf。

② UNICEF：UNICEF Corporate and Philanthropic Partnerships-IKEA Foundation，2019年4月23日，见 https：//www.unicef.org/corporate_partners/index_ikea.html。

③ 联合国教科文组织等：《最聪明的投资：企业参与教育框架》，2013，见 https：//d306pr3pise04h.cloudfront.net/docs/issues_doc%2Fdevelopment%2FBusiness_Education_Framework_ZH.pdf。

临的现实问题和挑战（如后备人才缺乏、员工子女基础教育缺乏，或不安全的学习环境等），促使教育决策者关注和解决问题。① 跨国公司可以根据自己的用人需求对人才培养的目标和规格提出要求，根据自己认同的教育理念提出教育改革的方向，推动相关教育政策的讨论和完善。

培生集团（Pearson）是世界上最大的跨国教育和出版公司，总部位于伦敦，业务遍及全球 70 多个国家，几乎在每一个教育领域都有业务。② 除了面向学生和教师的教育服务之外，培生公司积极推动教育政策的讨论，参与教育政策的制定，与世界各地的教育决策者和领导人建立联系，提出和分享新的教育理念。例如，培生政策和学习中心（The Pearson Centre for Policy and Learning）的成立目的就是推动英国有关教育如何推动知识经济的政策讨论，通过世界一流的政策信息和分析以及举办会议和论坛推动讨论、合作和思想交流。③ 因为认为培生公司对美国和英国的教育政策影响过大，《卫报》（*The Guardian*）也曾发表过一篇题为《培生作为一个跨国公司巨头应该影响我们的教育政策吗?》的文章，对培生公司所代表的私营部门对教育政策的影响表示了担忧。④

这种担忧也从一个侧面反映出跨国公司的影响力。正如班吉所说，跨国公司和企业基金会正在作为"全球治理者"在教育政策领域发挥着越来越大的作用。它们提出新的教育议题，设置政策议程，在教育主管部门内外提出解决教育挑战的新方案。它们通过开展研究活动发现并分享新的教育思想和观念，开辟新的政策方向，组织全球教育决策者的网络，把

---

① 联合国教科文组织等：《最聪明的投资：企业参与教育框架》，2013，见 https：//d306pr3pise04h.cloudfront.net/docs/issues_doc%2Fdevelopment%2FBusiness_Education_Framework_ZH.pdf。

② Michael Barber，Saad Rizvi：The Incomplete Guide to Delivering Learning Outcomes，见 https：//assets.pearsoncanadaschool.com/asset_mgr/current/20194/the-incomplete-guide.pdf。

③ Pearson：Our Impact on Society，见 https：//www.pearson.com/content/dam/corporate/global/pearson-dot-com-v2/files/csrs/Full-Pearson_CR_2010_web-04-07-2011.pdf。

④ Warwick Mansell，Should Pearson，a Giant Multinational，Be Influencing Our Education Policy? The Guardian. 2012，见 https：//www.theguardian.com/education/2012/jul/16/pearson-multinational-influence-education-poliy。

政府内外的决策者汇集在一起，讨论教育问题，确定教育发展的优先事项。① 跨国公司在此扮演的角色是倡导和引领系统性变革的促成者。

当然，跨国公司参与全球教育治理的路径和方式非常多样，这里总结的只是四种比较主要的路径。跨国公司有时会同时采取多种参与路径。此外，跨国公司与所在地区 / 社区的教育机构有着多种形式的合作，参与其教学和科研活动，为其提供各方面的人力和物力支持。有些跨国公司还开办了自己的教育机构，作为办学者直接提供教育服务。例如培生集团在伦敦开办了伦敦培生学院（Pearson College London）②，在南非设立的私立高等教育机构（CTI Education Group）有 9000 名学生和 12 个校区。③ 除了公司层面的参与之外，跨国公司也常鼓励和支持其雇员为社区提供志愿服务，例如在工作时间为教育机构开发创新产品和服务，利用自己的专业能力为所在社区的个人和非营利组织提供免费服务等。④

三、总结

教育不仅能为个体提供生存和发展所需的知识和技能，为企业输送合格的劳动力，也能够促进社会、经济和环境的可持续发展，有助于实现更加和平、稳定、没有冲突的社会，为企业创造良好的运营环境。⑤ 因此，

---

① Zahra Bhanji. "The Business Case for Transnational Corporate Participation, Profits, and Policy-Making in Education", In Karen Mundy, Andy Green, Bob Lingard, Antoni Verger (eds.), *The Handbook of Global Education Policy*, West Sussex, UK: Wiley, 2016, pp.428-429.

② Pearson College London: About us，见 https://www.pearsoncollegelondon.ac.uk/about-us.html? intid=SB_6。

③ Pearson: Our Impact on Society，见 https://www.pearson.com/content/dam/corporate/global/pearson-dot-com-v2/files/csrs/Full-Pearson_CR_2010_web-04-07-2011.pdf。

④ Justin W. van Fleet, *A Global Education Challenge: Harnessing Corporate Philanthropy to Educate the World's Poor*, Working Paper 4, Washington, DC: Center for Universal Education, 2011, pp.7-8.

⑤ 联合国教科文组织等：《最聪明的投资：企业参与教育框架》，2013，见 https://d306pr3pise04h.cloudfront.net/docs/issues_doc%2Fdevelopment%2FBusiness_Education_Framework_ZH.pdf。

跨国公司参与并促进全球教育的发展符合跨国公司自身的利益，还能为企业赢得良好的社会声誉。跨国公司既有实力也有动力参与全球教育治理，并且已经参与到各国教育发展的方方面面，成为全球教育治理中的一个重要的非国家行为体。

跨国公司对全球教育发展的贡献不容忽视，但是其潜力尚未得到完全发挥。与其他领域（如健康卫生领域）相比，跨国公司目前对教育领域的社会责任投入占比还比较低。① 另外，作为营利性机构，跨国公司的教育活动有其特定的问题和局限。例如，跨国公司难以完全顾及最贫困和边缘化群体的教育需求。② 因为公司的目标是利润最大化，并在市场上竞争，许多公司觉得和其他公司合作是困难的，因此在提供教育捐赠时各行其是，缺少协调。③ 作为营利性的机构，跨国公司的教育活动也常受到质疑，例如，跨国公司代表和维护的是谁的利益，学生的还是股东的？什么知识或者谁的知识得到了推广？资助课程和教师培训项目时遵循的是谁的价值观？④

有鉴于此，国际社会一方面要呼吁跨国公司更多地投入全球教育治理，充分利用其在资金、技术、知识、人员、网络等方面的优势资源助力全球教育问题的解决；另一方面，也要认识到，跨国公司有其特有的局限性，缺少主权国家的权威性和国际组织的公益性和中立性，因此，需要与

---

① Justin W. van Fleet，*A Global Education Challenge*：*Harnessing Corporate Philanthropy to Educate the World's Poor*，Working Paper 4，Washington，DC：Center for Universal Education，2011，p.24.

② Pratik Dattani，Adam Still，Vikas Pota，*Business Backs Education. Creating a baseline for Corporate CSR Spend on Global Education Initiatives*. London：Varkey Foundation，2015，p.15.

③ Justin W. van Fleet，*A Global Education Challenge*：*Harnessing Corporate Philanthropy to Educate the World's Poor*，Working Paper 4，Washington，DC：Center for Universal Education，2011，p.38.

④ Zahra Bhanji. “The Business Case for Transnational Corporate Participation，Profits，and Policy-Making in Education”，In Karen Mundy，Andy Green，Bob Lingard，Antoni Verger (eds.)，*The Handbook of Global Education Policy*，West Sussex，UK：Wiley，2016，pp.428-429.

主权国家政府和国际组织等其他伙伴合作，才能产生良好的协同效应，惠及全球教育发展。

第四节　大众媒体与全球教育治理

大众媒体（Mass Media）是大众传播媒体（Media of Mass Communication）的简称，又称大众传媒。根据研究目的、视角和侧重点的不同，学界对大众媒体的定义、功能界定和分类有所不同。本节所分析的是受众较多的全球教育治理领域，故将大众媒体定义为运用一切技术手段向广大受众传播信息的所有媒介形态。大众媒体由两部分组成：一是物质技术形态的媒介，譬如报纸、杂志、广播、电视、网络等；二是社会技术形态的媒介组织，如广播电视台、报社等。[①] 大众媒体是与“个人媒介”相对的概念，其特点是可在较大范围内同时传播相同的信息。[②]

全球教育治理是指国际社会各利益相关方通过协商、合作等多种方式参与全球教育事务的管理、推动世界各国教育交流与发展的活动。从传播学视角看，全球教育治理离不开相关信息的交流，因此也就离不开大众媒体。大众媒体在此除了充当其他全球教育治理主体的媒介和平台之外，也在根据自己或利益相关者的价值取向和目标积极主动地制造和传播信息，其本身也是一个不可或缺的全球教育治理主体。

一、大众媒体在全球教育治理中的作用

哈罗德·拉斯韦尔（Harold D. Lasswell）认为大众媒体有三个功能：守望环境、协调社会各部分以回应环境、使社会遗产代代相传。[③] 查尔

① 胥莉：《善待媒体，善用媒体，善管媒体：大众传媒与政府政策的互动解读》，中国时代经济出版社 2010 年版，第 4 页。

② 冯一粟主编：《大众传媒导论》，科学出版社 2010 年版，第 5 页。

③ ［美］哈罗德·拉斯韦尔：《社会传播的结构与功能》，何道宽译，中国传媒大学出版社 2017 年版，第 37 页。

斯·赖特（Charles R. Wright）在拉斯韦尔三功能的基础上又补充了一个娱乐功能。[①] 保罗·拉扎斯菲尔德（Paul F. Lazarsfeld）和罗伯特·默顿（Robert K. Merton）将大众媒体的社会功能分为三种：社会地位赋予功能、社会规范强制功能以及"麻醉剂作用"。[②] 在全球教育治理中，大众媒体发挥着以下三个功能：监测教育环境、协调国际社会各部分以回应环境功能（包含"阐述与宣传""地位赋予与规范强制"和"话语权再分配"）和全球教育文化传承功能。

（一）监测教育环境功能

拉斯韦尔提出"守望环境"这一功能，认为自然与社会环境都是不断变化的，大众媒体能帮助人们通过获取相关信息及时把握并适应内外环境，起到"哨兵"的作用。[③] 在全球教育治理中，大众媒体的环境监测功能是指：全球教育治理行为体通过媒体及时了解自己以及对方的教育发展动态。大众媒体将全球教育动态及时传播给相关群体，并提供讨论交流的平台，促进全球教育信息的共享。

大众媒体会报道本国内部以及其他国家的教育发展情况，揭示目前存在的问题，引起教育决策者的关注，推动相关问题的解决。在全球教育治理中，其他治理主体的活动都需要借助大众媒体才能充分发挥其影响。例如，经济合作与发展组织（OECD）需要依靠大众媒体将所实施的国际学生评估项目（PISA）的结果传播至全球各国，引发各国的关注，便于各国相互学习和借鉴，推动各国教育的改革和完善，由此实现全球教育治理的目标。

---

① Charles R. Wright，"Functional Analysis and Mass Communication"，*The Public Opinion Quarterly*，Vol.24，No.4 (December 1960)，p 609.

② Paul F. Lazarsfeld，Robert K. Merton，"Mass Communication，Popular Taste and Organized Social Action"，In Lyman Bryson (Ed.)，*The Communication of Ideas*，New York：Harper & Row，1948，pp.101-105.

③ ［美］哈罗德·拉斯韦尔：《社会传播的结构与功能》，何道宽译，中国传媒大学出版社2017年版，第39页。

（二）协调国际社会各部分以回应环境的功能

拉斯韦尔最早提出“协调社会各部分以回应环境”这一功能，“任何生命体要想维持内部的平衡，都要以特定的方式回应环境的变化”。① 各国要想实现内部教育生态的稳定也需要以特定的方式回应国际社会的变化。大众媒体是执行联络、沟通与协调社会关系的重要途径。全球教育治理目标的实现离不开各治理主体的分工合作，大众媒体的协调国际社会功能是指：大众媒体提供平台和桥梁以协调各方，使全球教育环境向好发展。

大众媒体协调国际社会各部分以回应环境的功能体现在“阐述与宣传”“地位赋予与规范强制”及“话语权再分配”三个方面。

第一，阐释与宣传。赖特认为大众媒体的协调功能包括“解释有关环境的信息和对这些事件作出反应的行为规定。在某种程度上，这些活动被普遍认为是新闻或宣传。”② 可见大众媒体“阐释与宣传”反映着各治理主体作出积极的内外教育治理行为以回应全球教育大环境。比如联合国教科文组织（United Nations Educational，Scientific and Cultural Organization，以下简称 UNESCO）运用多种物质技术媒介阐释与宣传其全球教育治理的行动与成果。

第二，地位赋予与规范强制。拉扎斯菲尔德与默顿将“社会地位赋予功能”与“社会规范强制功能”视为大众媒体的两种社会功能。“社会地位赋予功能”是指公共议题、个人、组织和社会运动通过大众传媒的广泛报道得以获得很高的知名度和社会地位，因获得大众传媒的支持而被社会正统化③；“社会规范强制功能”是指大众媒体将偏离社会规范和公共

---

① ［美］哈罗德·拉斯韦尔：《社会传播的结构与功能》，何道宽译，中国传媒大学出版社 2017 年版，第 38 页。

② Charles R. Wright，“Functional Analysis and Mass Communication”，*The Public Opinion Quarterly*，Vol.24，No.4 (December 1960)，p 609.

③ Paul F. Lazarsfeld，Robert K. Merton，“Mass Communication，Popular Taste and Organized Social Action”，In Lyman Bryson (Ed.)，*The Communication of Ideas*，New York：Harper & Row，1948，p.101.

道德的行为公开，造成强大的社会压力，从而强制原本偏离社会规范和公共道德的成员遵守社会规范。① 但是，在拉斯韦尔三功能的框架下，两者本质上都属于“协调社会各部分以回应环境”这一功能，因此在全球教育治理的语境中，将“社会地位赋予功能”与“社会规范强制功能”合并为“协调国际社会各部分以回应环境”的同一个子功能——“地位赋予与规范强制”。“地位赋予与规范强制”贯穿全球教育治理的始终：大众媒体对治理主体进行“地位赋予”，使得某个国家、国际组织或者跨国公司等影响力得以提升、话语权得以增强；大众媒体对治理内容进行“地位赋予”使得某一教育问题、教育理念与主张，甚至教育实践成果得以在全球发酵，进而影响全球教育进程；大众媒体对存在问题和不足的国家和机构的报道会给其带来舆论压力，起到“规范强制”的作用。比如，芬兰因PISA 测试中的突出表现而成为全球关注和学习的对象，各国媒体的报道赋予了芬兰在教育领域的领先地位；德国和加拿大根据 PISA 测试成绩暴露出来的问题，举国反思并改进原有教育政策，正是大众媒体“地位赋予与规范强制”的体现。

第三，话语权再分配。“意见领袖”最早由拉扎斯菲尔德提出，指为他人提供信息与评论，并对他人施加影响的“活跃分子”，是大众传播效果形成过程的中介或过滤环节。② 随着互联网的出现与发展，尤其是社交媒体的兴起，传统意见领袖分化为“精英意见领袖”与“草根意见领袖”。前者仍指拥有专业的知识与技能，对事件总体有较为客观的认知把握而进行信息传播的精英们，后者指不具备社会地位和知名度却在网媒上受关注的草根阶层。③ 草根意见领袖的崛起意味着社交媒体具有话语权的再分配、

---

① Paul F. Lazarsfeld，Robert K. Merton，“Mass Communication，Popular Taste and Organized Social Action”，In Lyman Bryson (Ed.)，*The Communication of Ideas*，New York：Harper & Row，1948，p.102.

② 刘坤、尤永：《“意见领袖”理论研究综述》，《青年记者》2009 年第 24 期，第 42 页。

③ 段念青、冯小满：《微博“意见领袖”的发展与演变》，2012 年 11 月 7 日，见 http：//media.people.com.cn/n/2012/1107/c150619-19520719.html。

赋权发声、社会监督机制的再调整等社会协调功能。①

在传统媒体时代，“精英意见领袖”发表言论与观点，与公众之间是单向传播；在互联网时代，学术人才和智库专家等精英意见领袖获得更强大的生命力，不但利用传统媒体进行先进思想的传播，更是活跃在微博、推特、微信公众号、豆瓣社区和知乎平台上，形成与受众互动的环境。②这意味着，精英意见领袖对全球教育问题或者事件的主张可通过大众媒体影响到草根意见领袖，该主张将在短时间内被大量传播，辐射出极大影响力。在“地球村”时代，影响力小至国家，大至全球，对国家教育治理的舆情环境乃至全球教育治理环境的影响不容小觑。

（三）全球教育文化传承功能

拉斯韦尔认为大众媒体具有“使社会遗产代代相传”的功能。赖特在解读该功能时强调“文化传播活动旨在传播一个群体的社会规范、信息、价值观，通常，它被确定为教育活动。”③大众媒体能够影响人们的思维，在潜移默化中对大众进行教育。在全球教育治理语境下，大众媒体的全球教育文化传承功能是指：大众媒体通过传播特定的全球教育文化和观念，潜移默化地发挥“育人”作用，影响和塑造受众的教育观念。

例如，大众媒体通过报道和宣传国际组织提出的一些教育理念和教育方案，让社会公众熟悉并接受这些具有创新性的教育理念和方案，为其落实创造一种支持性的舆论环境。例如，联合国教科文组织所提出的“终身教育”（1965）和“全民教育”（1990）等概念或理念如今已经广为人知，并被普遍接受，这其中媒体的不断报道起到了积极的推动作用。自2015年以来，联合国教科文组织又开始倡导将教育视为是“全球共同利益”的

① 王斌：《社交媒体对于社会运动的推动作用研究——以“MeToo”运动的传播为例》，《社科学论》2019年第15期，第153页。

② 李皓明：《互联网时代意见领袖影响下的大众媒体传播转型》，《新媒体研究》2019年第6期，第13页。

③ Charles R. Wright，“Functional Analysis and Mass Communication”，*The Public Opinion Quarterly*，Vol.24，No.4（December 1960），p.609.

理念。[①] 这一教育理念要产生广泛的影响，也需要大众媒体的传播来助力。

总之，大众媒体监测教育环境、协调国际社会各部分以回应环境和全球教育文化传承这三个功能在全球教育治理中都有体现，其实现程度反映出大众媒体对于全球教育治理的作用和影响。

二、大众媒体参与全球教育治理的基本路径

大众媒体一方面作为其他全球教育治理主体的信息媒介参与全球教育治理；另一方面，大众媒体也独立或者与其他治理主体合作参与全球教育治理，发挥自己作为全球教育治理主体的作用。

（一）作为其他治理主体的信息媒介参与全球教育治理

主权国家、国际组织、跨国公司、学术界、智库等全球教育治理主体都需要借助大众媒体的帮助来实现其目标，或是通过大众媒体来展示和宣传其全球教育治理的项目和活动，或是通过大众媒体获取所需要的信息，或是将大众媒体用作开展在线教育的媒介。在这种参与路径中，大众媒体主要是作为物质技术形态的角色发挥作用，具有一定的被动性。下面，按照各个治理主体分别举例说明。

主权国家所开展的全球教育治理活动包括对外教育援助、教育国际化、跨境教育以及参与国际组织的相关活动。主权国家既需要借助大众媒体将相关的信息传播至关心这些问题的国内外社会公众，也需要通过大众媒体了解世界上其他国家在这一领域的发展动态，作为相互交流和借鉴的基础。

国际组织通过大众媒体来展示和宣传其全球教育治理的活动。例如，联合国教科文组织通过纸媒或网媒宣传和推广其可持续发展教育的目标，呼吁各国将其转化为教育政策、改革与行动。截至 2020 年 6 月，联合国教科文组织在可持续发展教育领域的出版物超过 10 种，如《全球可持续发展教育行动计划》《塑造明天的教育》《仁川宣言》等。[②] 除了发布报告

---

① 联合国教科文组织主编：《反思教育：向“全球共同利益”的理念转变?》，教育科学出版社 2017 年版，第 69 页。

② UNESCO：Latest Publications，见 https：//en.unesco.org/node/250055/publications。

与刊物之外，教科文组织在可持续发展的教育板块加入脸书（Facebook）链接，方便感兴趣的人及时跟进可持续发展教育进程。经合组织也利用大众媒体推广其 PISA 测试、教师教学国际调查（TALIS）和《教育概览》（*Education at a Glance*）等。① 除了利用纸媒或者网媒发布教育研究成果外，经合组织也召开媒体发布会公布调查数据与结果。

跨国公司利用网媒宣传其参与全球教育事务的成果。例如，在皇家荷兰壳牌集团官网上以“教育”为关键词进行检索，可以看到 114 条有关教育的新闻，搜索结果列表的前四条新闻都与该公司在全球教育治理领域所做的事务相关，即：“为不断变化的世界发展关键技能”（Developing critical skills for a changing world），“支持巴西的 STEM 教育教学”（Supporting the teaching of STEM subjects in Brazil），“塑造埃及未来领袖”（Shaping Egypt's leaders of the future），“未来的领导者学会解决全球性问题”（Future leaders learn to solve global problems）。②

学术界与智库也需要借助大众媒体将其思想、建议、主张等传播给教育决策者和社会公众。这也是其参与全球教育治理的主要方式。学术界的成员主要是利用学术著作和在专业期刊发表文章来发挥其影响。部分专家和学者也会在报刊上发表其见解和主张。越来越多的人开始利用推特、微博、微信等新媒体推广自己的成果。传统上，智库的对外传播主要是借助报纸和电视等传统媒体。不过，随着信息技术的发展，智库越来越重视在新媒体上的话语权。③ 权威的智库评估项目，如美国宾夕法尼亚大学的“智库与公民社会计划”（Think Tanks and Civil Societies Program）把全媒体传播能力作为评价智库建设发展水平的重要标准。④

---

① OECD iLibrary：OECD Education Working Papers，见 http：//www.oecd-ilibrary.org/education/guidelines-for-quality-provision-in-cross-border-higher-education_5k9fd0kz0j6b-en。

② Shell Global：Search，见 http：//www.shell.com/service/search.html#q=education。

③ 张骥、方炯升：《中国外交安全智库国际话语权分析》，《国际展望》2018 年第 5 期，第 82 页。

④ 肖飞、李习文：《智库全媒体传播能力建设路径浅析》，《新闻爱好者》2014 年第 1 期，第 21 页。

除了以上合作方式以外，有些治理主体将大众媒体用作开展在线教育的媒介。全球远程教育网是世界银行（World Bank）积极推动世界教育公平的重要工具，该项目通过网络给资源匮乏的中等教育学校带来可利用的教育资源。[①] 参加在线开放大学（Open Learning Campus）的人们可以通过播客、视频和网络研讨会等形式探索兴趣爱好并学习知识。[②] 以“构建万物互联的智能世界”为口号的跨国公司华为，为解决非洲埃塞俄比亚教育资源不均衡的问题，为当地师生提供 MOOC、Live TV 等线上技术课程。[③]

UNESCO 第 36 届大会上宣布将 2 月 3 日作为世界无线电日，因为广播是世界上受众最广的大众媒体，它被认为是功能强大的沟通工具和低成本的媒介。[④] 广播对受众的教育水平要求不高，因而在偏远贫穷的地方传播教育理念和教育内容具有独特优势，在促进全球教育公平方面发挥特殊作用。

（二）独立或与其他治理主体合作参与全球教育治理

大众媒体不只是充当其他治理主体的信息媒介。大众媒体本身有自己的立场和利益需求。麦奎尔认为“媒介本身”就是一种机构，有自己的目标、规则、惯例及控制机制。“媒介的目标不一定与社会的主要目标相符，甚至也不与传递某些关于现实的客观事实的目的相符。”[⑤] 大众媒体的目的既有可能是为了自身赢利或者提升自身的影响力，也有可能是追随其他社会机构的目的。大众媒体作为行为主体，会积极主动地按照自己的价

---

① 王晓辉：《全球教育治理——国际教育改革文献汇编》，教育科学出版社 2008 年版，第 199 页。

② 世界银行：《在线开放大学》，见 http：//olc.worldbank.org。

③ 华为：《远程教育》，见 https：//e.huawei.com/cn/solutions/industries/education/distance-education。

④ 联合国教科文组织：《为什么举办世界无线电日》，见 http：//www.unesco.org/new/zh/unesco/events/prizes-and-celebrations/celebrations/international-days/world-radio-day-2014/about-world-radio-day/。

⑤ ［英］麦奎尔：《麦奎尔大众传播理论》，崔保国、李琨译，清华大学出版社 2006 年版，第 56 页。

值导向和目标发起或参与全球教育治理的活动。

媒体会根据自己的立场和需要制作一些媒体节目，推动有关教育的讨论和变革。例如，英国广播电视台 BBC 出品的《我们的孩子足够坚强吗？中式学校》（*Are Our Kids Tough Enough? Chinese School*）及《中国学校》（*BBC Chinese School*），丹麦广播电视台出品的《9 年 z 班 VS 中国初三 13 班》（*9.z Mod Kina*），美国风险投资家自费拍摄的比较中国、美国和印度教育的《两百万分钟：一次跨国考察》（*Two Million Minutes: A Global Examination*），2013 年韩国广播公司（Korean Broadcasting System，简称 KBS）的比较八国的文化教育纪录片《学习的人》（*Homo Academicus*）等。这些教育电影纪录片以更为直观的形式影响全球公众，设置全球教育议题，促使各国对本国教育进行反思，进而推动相关的教育改革。

教育纪录片不仅告诉人们跨越国界的教育信息，而且激励人们团结起来进一步发展教育事业。[①] 它们促使全球公众关注不同国家内部以及世界性教育问题。除了电影纪录片，电视与多种媒体相结合的融媒体电视节目也是大众媒体在潜移默化中“育”人的重要途径。《直播联合国》是 2018 年由新华网和咪咕视讯联合出品的系列融视频节目。第六集《通信的秘密》科普通讯从电报到如今 5G 时代的发展，有利于提高全球观众的媒体与信息素养；第三十九集《联合国的民间使者》揭秘国际化的人才是如何培养出来的。“国际化人才”“媒体与信息素养”这些话题与全球教育密切相关。这种融媒体形式有利于科普前沿教育信息，传播先进教育理念，充分调动个体、家庭、社会乃至全世界的力量助力教育的向好发展，营造有利于全球教育治理的舆论环境。

在全球教育治理中，媒体能发挥监督和批判的作用。以 QS 大学排名（QS World University Rankings，简称 QS rankings）为例。Quacquarelli Symonds（QS）作为商业教育机构，专门提供需要收费的海外升学顾问服

---

① 郭婧：《教科文组织支持通过影视作品传播全球教育发展情况》，《世界教育信息》2014 年第 6 期，第 72 页。

务，靠商业化的运作出品模式盈利。早在 2012 年，《纽约时报》刊登了记者古藤普兰（Don David Guttenplan）的文章抨击 QS 推出让大学付费来获取评级的机制，质疑其排名中大学的质量。①PISA 测试成为经合组织参与全球教育治理的一个重要工具之后，媒体也对其不利影响进行了批判。2019 年，美国《华盛顿邮报》上刊发文章抨击该成绩并不能反映一个国家的真实基础教育水平。② 在 2014 年，英国《卫报》刊登了一份由 83 名专家签署的联名信，呼吁停止这项测试。③ 有时，对于同样的教育事件，不同国家媒体报道的侧重点各异，体现出大众媒体的“立场性”。

主权国家是全球教育治理的最重要的主体，也是全球教育治理的主要对象。促进主权国家的教育发展和进步是全球教育治理的一个主要目标。例如，联合国大会在 2015 年通过了《2030 年可持续发展议程》，为世界各国确定了 17 项可持续发展目标，其中第四个目标是专门针对教育的：“确保包容和公平的优质教育，让全民终身享有学习机会。”（可持续发展目标 4）④ 大众媒体也能为这一目标的实现起到促进作用。具体来说，大众媒体可以通过为政策制定者提供信息提高教育决策的科学性，支持教育预警体系的运行，也可以通过营造舆论推动国家教育变革。

在与国际组织和跨国公司的合作中，大众媒体不只是扮演信息媒介的角色，同时也作为合作伙伴一起与其发起全球教育治理的活动。例如，推特在 2018 年全球媒体和信息素养周（Global Media and Information Literacy Week）全体特别会议的开幕式上，宣布与联合国教科文组织建立

---

① Don David Guttenplan：Ratings at A Price for Smaller Universities，2012 年 12 月 30 日，见 https：//www.nytimes.com/2012/12/31/world/europe/31iht-educlede31.html。

② Valerie Strauss：Expert：How PISA Created an Illusion of Education Quality and Marketed It to the World，2019 年 12 月 3 日，见 https：//www.washingtonpost.com/education/2019/12/03/expert-how-pisa-created-an-illusion-education-quality-marketed-it-world/。

③ Paul Andrews et al：OECD and Pisa Tests Are Damaging Education Worldwide-Academics，2017 年 5 月 6 日，见 https：//www.theguardian.com/education/2014/may/06/oecd-pisa-tests-damaging-education-academics。

④ 联合国教科文组织：《引领 2030 年教育》，见 https：//zh.unesco.org/education2030-sdg4。

合作关系。联合国教科文组织希望联手推特进一步宣传媒介和信息素养，为培养更多拥有媒体和信息素养的网络公民注入动力。[①] Pearson VUE 是国际媒体公司培生的业务，包括金融时报集团（Financial Times Group），培生教育（Pearson Education）和企鹅集团（Penguin Group）。[②] 培生教育集团在 2011 年被 OECD 选中，负责开发 PISA 2015 年的测试框架。[③]

在与学术界和智库的合作中，大众媒体还发挥着培养人才的功能，是学术人才与智库专家培养和成材的孵化器。以中国学术期刊为例，根据《国家社会科学基金学术期刊资助管理办法》第七条的规定，期刊的职责包括引导学术共同体建设，"发现培育一批具有学术潜质的优秀中青年学者，推出一批德业双馨的新时代哲学社会科学家"[④]。这说明，大众媒体也在有意识地培养特定的人才。有许多学术界和智库的成员通过大众媒体的宣传成为影响比较大的知名人士。

三、总结

大众媒体一方面作为其他全球教育治理主体（主权国家、跨国公司、学术界、智库）的信息媒介参与全球教育治理，帮助其实现各自的全球教育治理目标；另一方面，大众媒体也独立或者与其他治理主体合作参与全

---

① 联合国教科文组织：《教科文组织与推特在 2018 全球媒介和信息素养周牵手》，2018 年 10 月 25 日，见 http：//zh.unesco.org/news/jiao-ke-wen-zu-zhi-yu-tui-te-zai-2018quan-qiu-mei-jie-he-xin-xi-su-yang-zhou-qian-shou。

② Pearson：DSA And DVA Extend Agreement with Pearson for the Delivery of U.K.Driving Theory of U.K.Driving Theory Tests，2009 年 9 月 30 日，见 https：//www.pearson.com/content/dam/one-dot-com/one-dot-com/global/Files/news/news-annoucements/2009/DSA30sept090.pdf。

③ Pearson：Pearson to Develop Frameworks for OECD's PISA Student Assessment for 2015，2011 年 10 月 7 日，见 https：//www.pearson.com/news-and-research/announcements/2011/10/pearson-to-develop-frameworks-for-oecds-pisa-student-assessment-f.html。

④ 全国哲学社会科学工作办公室：《关于印发〈国家社会科学基金学术期刊资助管理办法〉的通知》，2020 年 1 月 9 日，见 http：//www.cssn.cn/sjxz/gzdt/zxdt/202001/t20200109_5074188.shtml? COLLCC=3533198517&。

球教育治理，以自己的价值导向和目标定位推动和影响全球教育治理，发挥治理主体的作用。大众媒体在全球教育治理中有三大主要功用：第一，监测教育环境，指全球教育治理主体通过媒体及时了解自己以及对方的教育发展动态，使自身适应全球化的教育生存环境。第二，协调国际社会各部分以回应环境以及全球教育文化传承的功能，其中协调国际社会以回应环境功能包括阐述与宣传、地位赋予与规范强制和话语权再分配三项子功能。"阐述与宣传"是指各治理主体运用多种物质技术媒介阐释与宣传其全球教育治理的行动与成果；"地位赋予与规范强制"是指大众媒体对治理主体和治理内容等进行"地位赋予"，使治理主体、教育问题、教育理念与主张，甚至教育实践具有"权威性"。大众媒体对存在问题和不足的国家和机构的报道会给其带来舆论压力，起到"规范强制"的作用；"话语权再分配"是指随着多种媒体形式的发展，精英意见领袖对全球教育问题或者事件的主张可通过社交媒体等影响到草根意见领袖，某一主张将通过各种媒体形式在短时间内被大量传播，在国内外辐射出极大影响力。第三，全球教育文化传承功能是指大众媒体通过传播特定的全球教育文化和观念，潜移默化地发挥"育人"作用，影响和塑造受众的教育观念。

当然，在认识到大众媒体通过各种路径参与全球教育治理发挥积极作用的同时，要清醒地意识到大众媒体本身以及其参与全球教育治理的局限性。由于作为物质技术形态的大众媒体具有"被动性"，容易完全失去独立性。教科文组织的报告指出，"太多的政府只将新闻视为宣传工具，或充其量只是可选的附加手段"。① 全球教育治理意味着一个动态和双向的沟通过程，信息自由而行为独立的媒体对实现全球教育"善治"（Good Governance）十分重要，善治的特征包括尽可能多的人口的参与、问责制和透明度。"只有当记者有自由监督时，调查和批评公共行政部门政策和行动可以使善治扎根。"② 由于作为社会技术形态的大众媒体有"主动性"，

① UNESCO，*Media and Good Governance*，Paris：UNESCO，2005，p.11.

② UNESCO，*Media and Good Governance*，Paris：UNESCO，2005，p.15.

如何规范媒体对教育事件的报道迫在眉睫。澳大利亚资深记者菲利普·奈特利（Phillip Knightley）认为，“曾经，读者相信报纸提供公共服务，告诉他们正在发生的事情以及他们如何在民主进程中发挥自己的作用。而现在，‘失真’更有可能来自报纸本身。我们必须恢复新闻事业的原始公共服务职能。”①

另外，大众媒体本身的议程设置功由伯纳德·科恩（Bernard Cohen）概括为：“多数时候，或许在告诉人们该怎样想时不那么成功，但在告诉人们该想什么时总是惊人的成功。”② 大众媒体通过频繁的对某一事件的报道引导着公众的关注。比如，安德森（Gary L. Anderson）认为，1999 年哥伦比亚高中发生枪击事件以及随之而来的媒体的疯狂报道，使公众认为学校暴力正在增加，学校对儿童的暴力和不安全的地方越来越多。媒体关注的焦点夸大了这一事件的普遍性，并助长了学校的道德恐慌（moral panic）。③ 大众媒体在一定程度上影响了教育生态的稳定。随着信息科技的发展，如今的教育治理越来越需要被理解为数字教育治理。④ 大众媒体将在这一过程中发挥更加重要的作用。如何在全球教育治理中规避大众媒体的负向功能，发挥其积极作用，是我们面临的严峻挑战。为保障大众媒体在全球教育治理中发挥积极作用，联合国教科文组织鼓励成员国和媒体专业人士朝打造自由与多元的媒体努力，主张消除对新闻自由的一切障碍。⑤

---

① UNESCO，*Media and Good Governance*，Paris：UNESCO，2005，p.13.

② Bernard C.Cohen，*The Press and Foreign Policy*，Princeton：Princeton University Press，1963：13.

③ Gary L. Anderson，“Media's Impact on Educational Policies and Practices：Political Spectacle and Social Control”，*Peabody Journal of Education*，Vol.82，No.1（December 2007），p.113.

④ Ben Williamson，“Digital Education Governance：An introduction”，*European Educational Research Journal*，Vol.15，No.1（January 2016），p.3.

⑤ UNESCO，*Media and Good Governance*，Paris：UNESCO，2005，p.8.

第五节　本章总结

本章重点介绍了智库、学术界、跨国公司和大众媒体的全球教育治理情况。这其中，智库是非政府组织的代表，跨国公司则是私人领域的代表；学术界和大众媒体则是与其他全球教育治理主体（包括在第三章和第四章介绍的国际组织和主权国家）存在着多重的交叠，难以截然分开。

智库在全球教育治理中发挥的作用表现在以下四个方面：通过提出或确立政策议题与方案，培养、储备和输送专业人才，搭建和提供交流平台，塑造和引导社会公共舆论。智库参与全球教育治理的基本路径是：通过影响思想领袖、政治制定者参与全球教育治理和以国际组织为平台参与全球教育治理。

学术界在全球教育治理中主要发挥着知识生产、知识运用、知识传播和知识批判的作用。当前学术界依托主权国家、国际组织、智库与大众媒体等平台参与全球教育治理，在其中发挥了基础性和决定性的作用。

跨国公司是全球教育治理领域一个十分重要的非国家行为体，可以为全球教育治理活动提供资金和技术支持。跨国公司参与全球教育治理的路径包括：作为资助者为各国教育发展提供资金和物质支持，作为实施者参与设计并落实全球教育项目，作为推广者在全球宣传教育政策或议题，作为促成者推动教育政策讨论和教育改革。

大众媒体在全球教育治理中发挥着以下三个功能：监测教育环境、协调国际社会各部分以回应环境功能和全球教育文化传承功能。大众媒体一方面作为其他全球教育治理主体的信息媒介参与全球教育治理，另一方面，大众媒体也独立或者与其他治理主体合作参与全球教育治理，发挥自己作为全球教育治理主体的作用。

这里的区分是为了便于展开分析。在全球教育治理中，这些行为体在多数情况下有着密切的合作与互动，在人员和项目方面也存在着部分重叠，充分体现出全球教育治理主体多元性和协作性的特点。

本章介绍的这几类全球教育治理的行为体在目前的全球教育治理研究中尚没有得到应有的关注，国内外对这些行为体的研究很少，因此，本章的内容在这一领域具有一定的开创性。作为开创性的研究，也难免存在一些缺陷和不足，希望能够对学界对这一方面的深入研究起到抛砖引玉的作用。

第六章　中国参与全球教育治理的战略

当历史的车轮驶入 21 世纪 20 年代，持续演变的各类全球性问题使得我们曾经无比期待的 21 世纪依然充满不确定性。幸运的是，信息技术的飞速发展、各国各民族之间愈加密切的交流与融合，为人类共同应对不确定性、化机遇为挑战提供了契机。在过去的 40 年中，中国教育各项事业取得了显著成就，这与中国积极与他国和国际组织交流、学习与合作有着密切关系。然而，随着中国综合国力的不断提高，世界各国纷纷希望中国以“负责任的大国”的姿态，更积极地参与全球教育治理。而全球教育治理也是中国实现教育现代化、推动“一带一路”倡议的必然选择。那么，中国参与全球教育治理有哪些经验或基础？面对不确定的未来，中国又该采取何种战略参与全球教育治理呢？本章将从战略层次、主体、对象和举措四个方面分析当前中国参与全球教育治理的特点，并在此基础上，就未来战略选择提出建议。

第一节　中国参加全球教育治理的战略层次

全球治理理论的创始人詹姆斯·罗西瑙（James N. Rosenau）认为，我们正处在一个“边界迁移、权威重构、民族国家衰落和非政府组织在地区、国家、国际和全球等诸层次上的激增为特征和标志的时代”①。这一表

① ［美］罗西瑙·詹姆斯：《面向本体论的全球公民社会治理》，载俞可平编《全球化：全球治理》，社会科学文献出版社 2003 年版，第 55 页。

述暗示着全球治理是一个涵盖多个层次的治理空间。但是，学界对于这一空间具体有哪些层次以及如何界定这些层次众说纷纭。① 鉴于一国之上的空间构成较为复杂，而过分追究细节也无益于描述和解释当前中国参与全球教育治理的具体情况，因此，笔者将治理空间划分为"对内的"和"对外的"两个层面。

谈及全球教育治理，人们的第一反应总是走出去，面对国际社会，这当然没有错。但国内和国际本为一体，国际社会的教育政策、实践会影响国内教育政策与实践，同时当我们要走出去面对国际社会时，更需要参与国际交流的话语资本，这些资本从何处来，当然是中国本土的经验与思考，也就是当下常说的"讲好中国故事"，发现"中国模式"，这是中国参与全球教育治理的根本。因此，在讨论中国参与全球教育治理这一问题时，本研究首先强调"对内"这个容易被忽视的层面。

"对内"层面的全球教育治理是将本国国内具有全球性特征的教育问题作为治理对象，换句话说，这些问题是国内的，但意义却是全球的。中国在对内层面的全球教育治理上拥有丰富的经验。例如，新中国成立以来，一直非常重视普及初等教育和扫除文盲工作，这与联合国教科文组织等国际组织推动的全民教育运动十分契合。1990 年，中国政府官员和专家学者亲身参与了全民教育的国际会议，并将全民教育思想传到国内，进一步对国内教育改革产生了巨大影响，促进了两基任务（基本普及九年义务教育，基本扫除青壮年文盲）、农村基础教育、农村职业教育和成人技术培训、女童教育、少数民族教育和特殊教育的全面发展。② 在这期间，中国接受了来自多类全球治理主体的援助，包括世界银行、联合国儿童基金会、联合国教科文组织、联合国开发计划署等国际组织，英国、日本政府，以及福特基金会、香港乐施会等非政府组

---

① 朱天祥：《多层全球治理：地区间与次国家层次的意义》，《国际关系研究》2014 年第 1 期，第 42—51 页。

② 丰向日：《全民教育：中国的解读与实践》，《山西师范大学学报》（社会科学版）2007 年第 3 期，第 119—122 页。

织。[①] 借助这些国际资源，我国全面推动了教育公平进程，解决了一些发展中的棘手问题。又如，自 2009 年起，中国部分省市参与经济合作与发展组织（OECD）发起的国际学生评价项目（PISA），并取得了不错的成绩，这种借助国际组织开发的工具来评估本国教育质量、了解与其他国家差距的方式，也可看作一种对内的全球教育治理，评估的结果可供国际组织和他国参考，具有全球性意义。

对外的全球教育治理，是两国及以上国家汇集各类主体，以彼此共同关注的具备全球性特征的教育问题作为治理对象，通常采用教育援助的形式，也可以是国际教育交流与合作。中国对非洲的教育援助是一种典型的对外层面的全球教育治理。新中国对于非洲的援助始于 20 世纪五六十年代，中国政府常常用"合作"和"交流"等字眼来描述援助行为。2000 年，中非合作论坛的成立使得中非教育援助迅猛发展。[②] 自 2016 年起，对外的全球教育治理的区域扩大到"一带一路"沿线地区。在共建"一带一路"教育行动中，教育部陆续与 18 个省（区、市）签署了部省（区、市）共建备忘录。仅三年时间，我国就与 24 个"一带一路"沿线国家签署高等教育学历学位互认协议，有 60 所高校在 23 个沿线国家开展境外办学，16 所高校与沿线国家高校建立了 17 个教育部国际合作联合实验室。[③] 此外，随着"人类命运共同体"理念逐渐深入人心，如何将对外的全球教育治理扩展到全球层面，以教育推动人类命运共同体的建设，也成为研究和实践的重点。

总的来看，新中国自成立起就非常重视参与全球教育治理，在对内层面和对外层面均起步较早。中国自身的教育发展中积累了丰富的经验，

---

① 赵玉池：《国际教育援助研究》，博士学位论文，西南大学比较教育学专业，2010 年，第 131—146 页。

② 滕珺、李笑旭、陈柳：《中国：一个新兴教育援助国的历史基础与未来挑战——基于"中非教育合作与交流"的批判性文献分析》，《北京师范大学学报》（社会科学版）2016 年第 1 期，第 17—30 页。

③ 中华人民共和国中央人民政府：《教育部：全面推进共建"一带一路"教育行动》，2019 年 2 月 20 日，见 http：//www.gov.cn/xinwen/2019-02/20/content_5367017.htm。

取得了丰硕的成果，获得了国内外的一致肯定。这为中国进一步走向世界，在对外层面的全球教育治理中发挥更大的作用，奠定了坚实的基础。因此，当下亟须正视中国自身的教育发展，不断总结和提炼在那些具有全球性意义的教育问题上，中国是如何思考并实践的。当然，这里同时存在话语对接的问题，中国总结的经验和故事，要用国际社会通用的话语体系表达出去，要用别国文化能够接受的方式表达出去。

第二节　中国参与全球教育治理的战略主体

主体（行为体）的多元化是全球治理的根本特征。① 在全球教育治理体系中，既包括政府和国际政府间组织，也包括学校、教育公益组织等行为体，他们相互联结、作用和影响，共同应对全球性教育问题。中国要根据不同主体的优势特色，充分调动、发挥和协调不同主体的作用，搭建一个多元的平台，使彼此之间相互支持、形成合力，共同推进中国参与全球教育治理的进程。

政府是中国参与全球教育治理的领导者和协调者。在全民教育领域，中国政府通过法治建设、政策引领、资源调配，带动社会各界加入到普及义务教育、提升教育质量的改革中。中国政府官员还多次赴国际组织参加会议，就实现全民教育目标向世界作出郑重承诺。② 为了加强与国际组织的联系，教育部牵头特设了一个跨部门政府机构——中国联合国教科文组织全国委员会，归口负责中国与联合国教科文组织之间的合作事务。③ 此外，外国政府也为中国教育工作作出了贡献。例如，英国政府自1999 年开始对中国西部地区基础教育进行双边援助，而日本政府则在 21

---

① 蔡拓、杨雪冬、吴志成主编：《全球治理概论》，北京大学出版社 2016 年版，第 94 页。

② 翟博：《人类教育发展史上的奇迹——改革开放 30 年中国推进全民教育的奋进历程》，《教育研究》2009 年第 1 期，第 5—13 页。

③ 中华人民共和国教育部：《中国联合国教科文组织全国委员会秘书处介绍：教科文全委会的性质和组成》，见 http：//www.moe.gov.cn/s78/A23/moe_557/201805/t20180516_336255.html。

世纪头几年提供了优惠贷款以改善中国中西部高等教育水平。不过，随着近几年中国中西部教育情况的改善，来自他国政府的双边援助已大幅度减少。①

国际政府间组织是中国参与全球教育治理重要的支持者和平台。在对内的全球教育治理中，国际政府间组织是重要的援助者。新中国接受国际政府间组织的援助早于双边援助。世界银行和联合国儿童基金会分别于 1981 年和 1982 年开始与中国合作，开展教育发展项目。随着中国经济的飞速发展、教育水平的不断提高，国际政府间组织的教育援助在 2000 年后逐渐减少。但是，这并不意味着国际政府间组织逐渐退出中国参与全球教育治理的进程。实际上，在对外层面的全球教育治理中，国际政府间组织为中国提供了国际合作的平台，而之前通过对华援助通道建立起来的合作网络也在继续发挥作用。② 例如，设在我国的联合国教科文组织二类国际中心——国际农村教育研究与培训中心，这是联合国教科文组织设立的唯一从事农村教育研究和培训的国际机构。中心在全民教育框架下开展国际农村教育经验推广交流，开展国际农村教育人力资源培训，广泛服务于联合国教科文组织会员国，特别是亚太地区和非洲的发展中国家。2009 年起，上海利用经合组织的平台，在 PISA 测试中连年取得了较好的成绩，引起了全球的关注。随后，上海又深度地参与经合组织的教师教学国际调查（TALIS），基于项目总结发现上海的优势在于建立了一支专业水平过硬的教师队伍，同时，通过教研制度不断保障和提升着教师队伍的专业水平，这是一个具有全球意义的问题。因此，上海及时抓住这一历史契机，成立了联合国教科文组织教师教育研究中心这一二类中心，并充分利用这一平台，向包括英国在内的不同国家分享中国经验。

在中国参与全球教育治理的进程中，远不止政府和国际政府间组织

---

① 赵玉池：《国际教育援助研究》，博士学位论文，西南大学比较教育学专业，2010 年，第 132 页。

② 周宏、张浚、张敏：《外援在中国》，社会科学文献出版社 2007 年版，第 188 页。

两类主体。学校、教育公益组织乃至先进个人的角色亦不容忽视。学校是中国参与全球教育治理的主要推动者。中小学特别是广大农村地区和中西部地区的学校，是中国对内的全球教育治理的一线，是全民教育取得巨大进展的关键。近几年，在“一带一路”倡议下，一些中小学通过国际校长论坛或会议①，将“一带一路”相关知识纳入课程等形式，进一步走向世界，与国内外中小学交流与合作，推动了中国对外的全球教育治理进程。各类高等院校和职业院校则在中国几十年的对外援助中培养了大量来自发展中国家的留学生。据《中国的对外援助（2014）》白皮书统计，仅在2010—2012年间，中国政府就资助了76845名留学生来华学习。②“一带一路”倡议提出后，一些高校又发起了“一带一路”高校战略联盟，共同探索跨国培养与跨境流动的人才培养新机制，培养具有国际视野的高素质人才。③

教育公益组织是中国参与全球教育治理的先锋力量。《国家中长期教育改革和发展规划纲要（2010—2020年）》提出要“扩大社会资源进入教育的途径”。在这一背景下，教育公益组织获得了更大的发展机会，产生了诸如美丽中国、大学生志愿服务西部计划、希望工程等直击教育难点、引起社会广泛关注的教育公益项目。从数量来看，仅以基金会为例，2015年，教育领域基金会数量已多达2078家，居于首位，较之第二位到第五位的其他类别基金会的总数还要更高。④从活动领域来看，教育公益组织与全民教育息息相关，涵盖支教助学、公益学校、素质教育、教师培训、

① 北京师范大学基础教育合作办学平台：《“一带一路”中小学校长代表圆桌会议举行》，2017年12月4日，见https：//hzbx.bnu.edu.cn/xwsd/bmkx/40948.htm；甘肃省文化和旅游厅：《2019“一带一路”中小学校长国际论坛召开》，2019年7月19日，见https：//baijiahao.baidu.com/s？id=1639469867918633011&wfr=spider&for=pc。

② 国务院新闻办公室：《中国的对外援助（2014）》，2014年7月10日，见http：//www.mofcom.gov.cn/article/i/jyjl/k/201407/20140700661190.shtml。

③ 张玉洁：《47所中外高校共建“一带一路”高校战略联盟》，2015年10月17日，见http：//education.news.cn/2015-10/17/c_1116855419.htm。

④ 匿名：《教育公益组织应彼此“听见和看见”》，2015年11月17日，见http：//cppcc.people.com.cn/n/2015/1117/c34948-27822107.html。

领袖培养、政策影响等方面，弥补了学校教育、家庭教育的不足。[①]

事实上，全球教育治理中最不可小觑的主体是工作在政府、国际政府间组织、学校、公益组织等机构或独立的“个人”。上述机构型主体发挥作用与工作在其中鲜活的个人息息相关。以全民教育为例，其思想是由参加全民教育国际会议的官员和专家通过出版专著、论文传入中国的；[②]而全民教育的实施离不开教师特别是乡村代课教师的奉献；还有许多社会知名人士发起了教育公益项目，如邓飞联合500名记者发起的“免费午餐”计划、马云发起的“乡村教师计划”等。

另外，谈及中国参与全球教育治理这一话题，学界和公众舆论通常将目光聚焦于政府和国际政府间组织，这使得许多草根实践者以为全球教育治理只是“遥远的存在”，可谓身在其中而不自觉。事实上，中国参与全球教育治理，尤其是在对内的治理层面上，各级各类主体都有着丰富的实践经验。而在对外层面的治理上，目前仍以政府直接参与、主导为重，或借由政府间国际组织发声及行动。这不仅使得外界误认为中国参与全球教育治理带有明显的政治目的，也掩盖了大量草根组织及个人的智慧和积极性，难以展现中国参与全球教育治理多样而又活跃的一面。

第三节　中国参与全球教育治理的战略对象

全球治理的对象或客体是“已经影响或者即将要影响全人类的跨国性问题”。[③]中国参与全球教育治理的跨国性问题覆盖中小学教育、职业技术教育、高等教育、中国语言与文化教育等多个领域。

---

① 陈蕾、任祓、张夏沫：《探索中国基础教育公益组织发展新路径》，2017年5月5日，见https：//www.mckinsey.com.cn/%e6%8e%a2%e7%b4%a2%e4%b8%ad%e5%9b%bd%e5%9f%ba%e7%a1%80%e6%95%99%e8%82%b2%e5%85%ac%e7%9b%8a%e7%bb%84%e7%bb%87%e5%8f%91%e5%b1%95%e6%96%b0%e8%b7%af%e5%be%84/。

② 丰向日：《全民教育：中国的解读与实践》，《山西师范大学学报》（社会科学版）2007年第3期，第119—122页。

③ 俞可平：《全球治理引论》，《马克思主义与现实》2002年第1期，第26页。

首先，中小学阶段的教育问题是中国参与全球教育治理中的重点内容。具体来看，新中国自成立以来，十分重视工农大众的教育，这为推动教育公平创建了很好的基础，但随着中国社会经济的快速发展，一方面中国已基本解决了孩子有学上的问题，但因资源分配不均，又出现了与质量问题交织在一起的新“公平”问题。当下，我们的中小学教育面临着来自国内和国外的双重挑战。一方面，中西部、薄弱校的教育质量亟待提升，而劳务迁移带来的流动儿童、留守儿童问题又为教育公平带来了新挑战；另一方面，开放的中国需要大批具有国际视野、通晓国际规则、能够参与国际事务和国际竞争的国际化人才，而这样的人才需从小开始培养。这样一来，在中小学教育阶段，治理对象就从致力于教育公平的“有学上”变成了同时包含教育公平与教育质量双重元素的“上好学”。在思考如何才是“好”学校的过程中，各类主体将目光投向了全球教育治理中的比较有影响力的理念或工具，例如核心素养、国际理解教育等，试图借助这些理念或工具了解“好”的教育应该培养什么样的人以及如何培养人。以国际理解教育为例，该理念自 1990 年左右引入中国后，产生了极大影响。2010 年发布的《国家中长期教育改革和发展规划纲要（2010—2020 年）》提出，要“加强国际理解教育，推动跨文化交流，增进学生对不同国家、不同文化的认识和理解”①。在政策推动下，北京、上海、深圳、成都等城市都进行了国际理解教育的实践探索。②而这些原本源自国际社会的教育理念在中国教育的一线又不断生长出更为丰富的理论和实践经验，值得与不同文化背景的国家交流分享。

其次，高等教育和职业教育因牵涉的问题通常与人才培养和人才流动有关，同样是中国参与全球教育治理不可或缺的重要组成部分。如为了

---

① 中华人民共和国教育部：《国家中长期教育改革和发展规划纲要（2010—2020 年）》，2010 年 7 月 29 日，见 http://www.moe.gov.cn/srcsite/A01/s7048/201007/t20100729_171904.html。

② 高维：《中国大陆国际理解教育研究：历程、进展与展望》，《基础教育》，2017 年第 4 期，第 89—99 页。

使中国更全面和深入地参与全球教育治理，在政策支持下，高等院校特别重视国际区域问题研究人才、外语高层次人才和国际组织人才的培养。在外国人才培养方面，高等院校通过接纳受援国留学生、举办多种形式和主体的研修班等形式，培养了大批知华友华的外国人才。据统计，2018年，“一带一路”沿线64国来华留学生人数共计26.06万人，占总人数的52.95%。① 为了减少国际学生在留学和就业中的障碍，近年来，人才流动问题逐渐成为中国参与对外全球教育治理时的重点。自教育部于2016年印发《推进共建“一带一路”教育行动》提出要“推动学历学位认证标准连通”之后，2017年4月我国就与“一带一路”沿线46个国家和地区签订了学历学位互认协议。②

第三，中国语言与文化的推广是中国参与全球教育治理的重点对象。《文明冲突论》的作者塞缪尔·亨廷顿（Samuel Huntington）提出，世界格局的决定因素表现为七大或八大文明，即中华文明、日本文明、印度文明、伊斯兰文明、西方文明、东正教文明、拉美文明，还有可能存在的非洲文明。③ 作为中华文明的主要载体，中国在传承、推广和创新中华文明，减少中华文明与其他文明之间的冲突，以及加强各文明之间的交流方面，有着不可推卸的责任。从2004年开始，我国在借鉴英、法、德、西等国推广本民族语言经验的基础上，开始探索在海外设立以教授汉语和传播中国文化为宗旨的非营利性教育机构“孔子学院”。尽管孔子学院的办学方式正受到来自国际的质疑，但并不能因此削减中国语言与文化在中国对外的全球教育治理中的重要性。但特别值得反思的是，我们究竟要通过中国语言向世界传递什么？换而言之，我们究竟要选择什么样的内容通过语言

① 胡浩：《“一带一路”沿线国家来华留学人数持续增加》，2018年4月30日，http：//www.gov.cn/xinwen/2018-04/30/content_5287005.htm。

② 中华人民共和国教育部：《与46个国家和地区学历学位互认！“一带一路”教育在行动》，2017年4月19日，http：//www.moe.gov.cn/s78/A20/moe_863/201706/t20170620_307369.html。

③ Samuel P. Huntington，The clash of civilizations?，Foreign Affairs，Vol.72，No.3（Summer，1993），pp.22-49.

传递给世界？研究者认为，文化的多样性是构成世界和平稳定和繁荣的重要条件，不必强求他国认同我国的文化，相互了解、彼此尊重即可。如果我们过分地强调“语言”的文化功能，反而容易引起国际社会的质疑。另外，过分地强调古代悠久的文明，也容易让国际社会形成对中国的刻板印象，甚至误以为中国社会没有当代文明。恰恰相反，如果我们选择当代中国的科技创新、人们丰富多彩的现代生活方式等内容，在国际社会更具有共情交流的基础，也更具有可学习交流的价值。

此外，值得注意的是，上述跨国性教育问题与中国的发展和需求密切相关。诚然，通过参与全球教育治理解决国内问题、参加与中国对外开放整体策略有关的全球合作无可厚非，且中国教育问题的复杂性和多样性的确为积累全球治理经验提供了丰沃的土壤。但是，在对外的全球教育治理空间中，不同国家和地区因经济、政治、社会和文化差异，在合作兴趣、条件上可能与对内层面全球教育治理的经验大相径庭，需要不断地交流和磨合。

第四节 中国参与全球教育治理的战略举措

实现全球治理目标的主要路径是供给和管理全球公共物品，以达到全球合作的目的。而在全球公共物品中，最关键的莫过于国际规则和国际援助。国际规则是全球合作的基础，而国际援助是克服全球合作障碍的重要手段。①

“国际教育规则是指各国在相关国际组织的制度框架下，基于相似的教育理念，吸纳某些国家成功的教育实践经验，通过专家调研、议程起草、会议讨论和表决、条约签订等程序就某些特定的教育问题所达成的共识，包括体现了人类教育发展规律的理念、规范和评判各国教育实践的

① 蔡拓、杨雪冬、吴志成主编：《全球治理概论》，北京大学出版社2016年版，第125—127页。

准则。”① 中国在参与全球教育治理时学习了许多国际教育规则，例如全民教育、全纳教育、终身教育、可持续发展教育、国际理解教育、国际教育标准分类法、OECD 和 UNESCO 的教育指标统计体系以及国际教育成就评估（PISA、PIRLS 等）。学习过程一般是从接触、接受到融会和创造性转换，② 有时也伴随一些批判性的思考。如近年来，国际学生评估项目（PISA）也得到了国内学者的质疑，认为其各个环节强调教育的工具性、突出教育绩效、提倡全球主义，以传播新自由主义的教育理念，值得国内实践者警醒。③ 虽然中国在学习国际教育规则方面逐渐走向成熟，但在参与制定国际教育规则上仍是后来者，这极大地限制了中国在对外的全球教育治理上的进展。不过，一些学者已逐渐加入国际教育规则制定的过程中。例如，浙江大学教育学院阚阅教授被联合国教科文组织任命为专家，参与起草承认高等教育资历全球公约的起草工作。④

国际教育援助是援助方对受援国在教育领域的发展提供贷款、无偿赠款或其他资源（如教师、专业技术、知识、设备、奖学金等）的援助，以帮助这些国家和地区改善教育，并最终促进生产、经济、卫生和公共福利的改善。⑤ 中国对非教育援助始于 20 世纪五六十年代，但更倾向于将教育援助称为教育“合作与交流”。⑥ 而中国正式接受来自西方国家、国

---

① 王晓辉、谷小燕、翁绮睿：《国际教育规则与全球教育治理》，《中国人民大学教育学刊》2012 年第 1 期，第 126 页。

② 谢喆平、张小劲：《传授与学习：中国参与联合国教科文组织的经验研究》，《外交评论》2011 年第 1 期，第 52—63 页。

③ 马健生、蔡娟：《全球教育治理渗透：OECD 教育政策的目的——基于 PISA 测试文献的批判性分析》，《比较教育研究》2019 年第 2 期，第 5—13 页。

④ 浙江大学教育学院分会：《教育学院阚阅博士被联合国教科文组织任命为承认高等教育资历全球公约起草委员会专家》，2016 年 5 月 30 日，见 http：//zuaa.zju.edu.cn/aa_home/newsDetail？id=139&nid=6260。

⑤ 赵玉池：《国际教育援助研究》，博士学位论文，西南大学比较教育学专业，2010 年，第 1 页。

⑥ 滕珺、李笑旭、陈柳：《中国：一个新兴教育援助国的历史基础与未来挑战——基于“中非教育合作与交流”的批判性文献分析》，《北京师范大学学报》（社会科学版）2016 年第 1 期，第 17—30 页。

际政府间组织和非政府组织的教育援助始于 20 世纪 80 年代初。[①] 作为受援国的中国早已从国际教育援助体系中毕业，当前的中国主要是以国际教育援助提供者的身份参与对外的全球教育治理。在国际援助中，中国以平等互利、应其所需、量力而行、注重实效、双边为主兼顾多边为原则；但也面临诸多挑战，如双方参与主体单一、合作的不平衡现象、中国对非洲学研究积极性不高、执行机制模糊、评价机制缺失、西方国家对中国参与非洲建设频频作出负面报道等问题。[②]

在对外的全球教育治理中，不管是更积极深入地参与国际教育规则的制定，还是应对国际教育援助中的问题，根本在于打造一支素质过硬的全球教育治理人才队伍。全球教育治理人才不局限于国际组织人才，也不仅指教育学专业人才。凡是能够在全球教育治理中作出贡献的各行各业的人才均可称为全球教育治理人才。但是，在国际组织中从事全球教育治理的人才是全球教育治理人才的重要组成部分。目前，我国在联合国系统的职员人数虽然在不断增长，但中高级职员依旧缺乏。此外，一些从事教育工作的企业、公益组织在走向世界的过程中，同样需要全球教育治理人才，因此，仍需全力以赴发掘、培养和输送各类人才。

第五节　中国参与全球教育治理的战略建议

在当前教育对外开放的改革浪潮中，对外的全球教育治理通常被作为研究和实践的焦点。但从上述分析可见，中国参与全球教育治理的过程实际上不仅是一个对外开放的过程，更是一个对内开放的过程。简言之，从中国的实践情况来看，全球教育治理是“内外相通”的。与对外的全球

---

① 赵玉池：《国际教育援助研究》，博士学位论文，西南大学比较教育学专业，2010 年，第 131 页。

② 滕珺、李笑旭、陈柳：《中国：一个新兴教育援助国的历史基础与未来挑战——基于“中非教育合作与交流”的批判性文献分析》，《北京师范大学学报》（社会科学版）2016 年第 1 期，第 17—30 页。

教育治理相比，对内的全球教育治理参与主体更加多元，治理举措更趋成熟，虽然目前在治理对象即关注的全球性教育问题上略有差异，但并不能因此忽略其战略意义。事实上，无论是在过去、现在还是将来，对内的全球教育治理不仅是中国教育改革的助推器，也是中国积累全球教育治理经验的试验场、资源库，是中国进一步走向世界、以更积极的姿态参与对外的全球教育治理的底气之所在。那么，如何在全球教育治理中“立足国内，走向世界”呢？综合中国在全球教育治理的主体、对象以及举措上的特点，笔者在此提出以下战略建议：

一、树立“共商共建共享”的全球教育治理道德观

全球治理委员会（Commission on Global Governance）在1995年联合国成立50周年之际发表了题为《我们的全球家园》（*Our Global Neighborhood*）的行动纲领，被翻译成15种语言在世界范围内广泛流传。纲领指出，“要提高全球治理的质量，最为需要的，一是可以在全球之家中指导我们行动的全球公民道德，一是具备这种道德的领导阶层”[①]。可见，在道德层面加以引导，是全球治理的关键。

习近平总书记在十九大报告中提出，“中国秉持共商共建共享的全球治理观，倡导国际关系民主化，坚持国家不分大小、强弱、贫富一律平等”[②]。共商共建共享的全球治理观，是中国针对全球治理问题提出的解决思路和方案，与《我们的全球家园》中提出的“对生命、自由、争议和公平的尊重，相互的尊重、爱心和正直”[③]遥相呼应。有学者认为，共商共建共享的全球治理观也可以作为中国参与全球教育治理的根本指导思想，具体来看：“共商是前提，即全球各国、国际组织等利益相关方共同协商、交流，加强互信，在全球共同的教育问题上达成共识，化解矛

---

① 俞可平：《全球治理引论》，《马克思主义与现实》2002年第1期，第25页。

② 习近平：《决胜全面建成小康社会 夺取新时代中国特色社会主义伟大胜利——在中国共产党第十九次全国代表大会上的报告》，《人民日报》2017年10月18日。

③ 俞可平：《全球治理引论》，《马克思主义与现实》2002年第1期，第25页。

盾；共建是基础，即与各国、国际组织寻求合作结合点，共同分享成功的教育经验，共同通过发展教育为建设全球命运共同体而努力；共享既是过程也是结果，全球教育共同发展，包括国家和国际组织共同分享教育的成果，每个人享有平等接受教育的权利，每个人都得到充分和自由的发展。”①

树立“共商共建共享”的全球教育治理道德观需从对内和对外两个层面着手。在对内层面，一些人对于中国对外教育援助的理解和支持还不够，还有一些活跃在一线的实践者并没有意识到自己是全球教育治理主体中的一员，因此，可以通过宣传中国参与对外全球教育治理的意义，表彰和推介在全球教育治理中作出突出贡献的学校、教育公益组织、企业以及先进个人等方法，在全社会营造鼓励和支持中国参与全球教育治理的氛围，提升民众参与国际事务的意识和积极性，涵养大国心态。在对外层面，应将“共商共建共享”作为中国参与全球教育治理的行事准则与宣传核心，“既要规避自大自满的骄傲情绪，也要提防充满陷阱的各种捧杀”②。

二、鼓励民间主体积极参与对外全球教育治理

教育部2016年印发的《推进共建“一带一路”教育行动》曾提出“政府引导，民间主体”的合作原则，强调“发挥学校、企业及其他社会力量的主体作用，活跃教育合作局面，丰富教育交流内涵”③。民间主体是中国对内的全球教育治理的最主要实践者，在其中发挥着决定性作用，得到了国内外的认可。但是，在对外的全球教育治理上，中国民间主体的力

① 周洪宇、付睿：《参与全球教育治理：从教育大国走向教育强国的必由之路》，《世界教育信息》2018年第3期，第4页。

② 王磊：《习近平总书记外交思想与新时代中国的世界定位》，2018年3月23日，见http：//theory.gmw.cn/2018-03/23/content_28086651.htm。

③ 中华人民共和国教育部：《教育部关于印发〈推进共建“一带一路”教育行动〉的通知》，2016年7约15日，见http：//www.moe.gov.cn/srcsite/A20/s7068/201608/t20160811_274679.html。

量尚未得到完全发挥。①

民间主体因具有一定的独立性和灵活性，更容易得到其他国家政府和公众的信任，在对外沟通上具有天然优势。国外非政府组织常常通过向相关国家和国际组织提交陈述和咨询、出席会议进行游说、举行宣讲会、发表报告等多种形式发挥影响力，吸引国际舆论关注。② 但是，中国民间主体整体上国际化程度较低，参与国际事务的能力也有待提高。

笔者建议，教育类公益组织应进一步拓宽视野，在更广阔的全球视角下思考其业务范围，努力学习国外有影响力的公益组织在机构运营和管理方面的经验。私人企业则可以结合其海外发展战略，通过提供培训机会、国际交流奖学金等形式，促进中外人才与技术交流，将企业社会责任与全球教育治理融为一体。此外，建议相关政府部门和专家以资金、专业知识、人脉资源，协助民间主体加入或成立与全球教育治理有关的国际性组织，或支持民间主体直接与国外主体在全球教育治理方面的交流与合作。

三、完善中国参与全球教育治理的内外协调机制

有学者认为，"当前全球治理结构的一个最致命制度漏洞，或者许多全球性问题不能长治的根本，在于缺乏一个沟通国内制度与国际制度的机构"③。长久以来，中国虽然积极参与全球教育治理，但总体上还是被动地参与。研究还发现，以中非教育交流与合作为例，在组织上多头负责的特点使中国在全球教育治理实践中常常出现混乱。④ 从前文中美国、英国、

---

① 滕珺、李笑旭、陈柳：《中国：一个新兴教育援助国的历史基础与未来挑战——基于"中非教育合作与交流"的批判性文献分析》，《北京师范大学学报》（社会科学版）2016 年第 1 期，第 25 页。

② 王辉耀：《鼓励更多非政府组织参与全球治理》，《北京青年报》2018 年 8 月 19 日。

③ 苏长和：《中国与全球治理——进程、行为、结构与知识》，《国际政治研究》2011 年第 1 期，第 43 页。

④ 滕珺、李笑旭、陈柳：《中国：一个新兴教育援助国的历史基础与未来挑战——基于"中非教育合作与交流"的批判性文献分析》，《北京师范大学学报》（社会科学版）2016 年第 1 期，第 26 页。

法国等国家的经验来看，若要更主动地参与全球教育治理，必须要有与国际接轨的机制，全面统筹与协调各类主体，持续推动相关工作的开展。鉴于主权国家在很长时间内仍将是全球治理中能量最大、资源汲取能力最强、行动最坚决，以及最能给予全球治理以支持的行为体，① 这个机制最好由官方主导。

改革开放以来，中国已进行了八次规模较大的政府机构改革。在2018年的国务院机构改革方案中，新设立了“国家国际发展合作署”，这与中国积极参与全球治理的大趋势十分契合，也更适应中国参与全球治理的需要，对于统筹和协调中国的国际合作和对外援助工作具有十分重要的意义。② 该机构的主要职责包括拟订对外援助战略方针、规划、政策，统筹协调援外重大问题并提出建议，推进援外方式改革，编制对外援助方案和计划，确定对外援助项目并监督评估实施情况等。而援外的具体执行工作仍由相关部门按分工承担。③ 为了配合国家国际发展合作署的工作，还设置了“北京大学南南合作与发展学院”和“南南合作援助基金”，分别从人才与研究、资金方面给予全面支持。

但是，从国家国际发展合作署主要人才与研究支撑机构——“北京大学南南合作与发展学院”的学科特点来看，目前仍主要以经济学、管理学、政治学和人口学为主，除教育经济学外，其他与全球教育治理相关的教育类学科仍待发展。因此，国家国际发展合作署在对外教育援助的统筹和协调上仍有很大的完善空间。建议中国教育学会、中国教育国际交流协会发挥自身优势，联合国内外相关教育机构、专家及相关民间主体，加强与国家国际发展合作署和南南合作与发展学院的联络和协作，为国家国际发展合作署提供全球教育治理的智力和人才资源。

---

① 苏长和：《中国与全球治理——进程、行为、结构与知识》，《国际政治研究》2011年第1期，第41页。

② 李永辉：《从全球治理视角看党和国家机构改革》，《中国机构改革与管理》2018年第10期，第18页。

③ 国家国际合作发展署：《机构职能——主要职能》，见 http：//www.cidca.gov.cn/zyzz.htm。

四、支持各类主体以多样身份参与国际组织全球教育治理工作

国际组织，尤其国际政府间组织，是各类主体参与全球治理的重要平台。依据在国际组织中地位和承担的权利和义务的不同，国际组织的参与资格分为完全会员、部分会员、准会员和观察员四种情况。完全会员又称正式成员，正式成员又分为创始成员和组织成立后的纳入成员。正式成员参加国际组织的全部活动并拥有代表权、表决权和收益权等完全的权利，承担国际组织的全部义务，例如遵守组织章程、缴纳会费等。部分会员是指仅参加国际组织的部分活动的成员。部分会员只享有部分权利、承担部分义务。准会员又称联系会员，在国际组织中的权利和义务受到限制，不能在国际组织的大会、理事会等主要机关中担任要职，也无权被选入主要机关任职。准会员一般尚未达到正式成员资格，或只同意在一定程度上参与组织活动。观察员并非国际组织成员，但可以通过被邀请或接纳参加活动。观察员除了在与自身有直接利害关系的问题之外，一般不能在正式会议上发言，也没有表决权。但实践中观察员往往可以通过会议内外的活动对国际组织成员施加影响，进而间接参与国际组织的决策。在这四类参与资格中，完全会员或正式成员通常为主权实体，但总的来说，四类资格都向非主权实体开放。① 这不仅为各类主体参与国际组织活动提供了机会，也提供了多样化的选择。

目前，中国参与国际组织全球教育治理的主体主要是官方机构，但也有官方背景的民间组织，例如中国教育国际交流协会获得了“联合国经社理事会特别咨商地位”“联合国教科文组织咨商地位”，是“联合国新闻部非政府组织合作伙伴”和“联合国学术影响力”项目成员。② 其中，获得“咨商地位”是民间主体参与国际组织活动的主要方式。《联合国宪章》第 71 条规定经社理事会可以同非政府组织作出适当的咨商安排。非政府组织有三类咨商地位：全面咨商地位授予庞大的国际非政府组织，其工作

---

① 郑彬琳：《国际组织中的观察员制度研究》，硕士学位论文，外交学院国际法专业，2012 年，第 8—9 页。

② 中国教育国际交流协会：《概况》，见 http：//www.ceaie.edu.cn/guanyuxiehui/14.html。

领域涵盖经社理事会议程上的大多数问题；专门咨商地位授予在经社理事会活动的一些领域中具有专门能力的非政府组织；第三种类别，即列入名册的类别，是给那些在其专门领域内有能力对联合国的工作作出贡献，并且在应请求时可以提供咨商的非政府组织。具有全面咨商地位的非政府组织有权要求将项目列入该议程和理事会附属机构的议程。具有全面咨商地位和专门咨商地位的组织可以指派授权代表以观察员身份列席理事会及其附属机构的公开会议，在理事会某些会议期间作出口头陈述，还可提出书面简要说明，并作为联合国文件印发，分发理事会或附属机构各成员。列入名册的非政府组织也可派代表出席与其主管领域内的事项有关的各种会议，也可应邀提出书面说明。①

民间主体的力量和声量一般相对较小，加强与国际组织的合作，有助于提升影响力和自身国际化水平。所以，民间主体，特别是那些在对内全球教育治理层面发挥过重要作用的民间主体，应该更积极地参加国际组织的全球教育治理活动。像中国教育国际交流协会那样，获取国际组织咨商地位，是民间主体参与国际组织全球教育治理工作的好方法。

五、依托小多边机制提升全球教育治理效率和灵活性

全球化时代，一方面国家与国家之间联系更加紧密，另一方面差异和分歧也逐渐放大，因此，多边主义合作时常面临诸多阻碍。一些崛起的发展中国家认识到了西方主导的旧秩序对于自身利益的损害，要求建立更公平公正的国际新秩序，再加上某些多边主义机构在议事时采取“一致同意原则”的表决机制，使得多边主义合作的难度越来越大。② 这时，小多边机制凭借较高的合作效率和灵活性，成为推动全球治理不可或缺的模式。

① 中国联合国协会：《经社理事会咨商地位介绍》，2010 年 9 月 25 日，见 http：//www.unachina.org/article/content/view？ id=1148。

② 杨路：《小多边主义视角下的国际合作路径比较》，硕士学位论文，对外经济贸易大学国际关系专业，2016 年，第 8 页。

中国目前参与的与全球教育治理有关的小多边机制呈现鲜明的区域性特点。例如，亚太经济合作组织（APEC）、中俄及中亚四国组成的上海合作组织（SCO）、东北亚合作机制均为区域性合作组织。但中国也非常重视与发展中国家的合作，构建了金砖国家（BRICS）教育合作机制。上述机制均由官方搭台，学校及民间主体借助平台进行国际交流合作。除官方机制外，亚洲太平洋国际教育协会（APAIE）、环太平洋大学联盟（APRU）、金砖国家大学联盟、上海合作组织大学这样的非官方小多边合作机制在全球教育治理中也颇具影响力。不过，中国在通过小多边合作机制参与全球教育治理的过程中，还面临诸如复杂的国际政治经济环境，文化差异和民族宗教冲突，教育体制差异，地方政府、民间机构及学校参与力度不大，① 单兵作战，② 影响力微弱，对于重大宏观、制度层面的问题关注较少③ 等问题。

为了解决上述问题，笔者建议：首先，各成员国政府需协调一致，继续加快机制化建设进程，坚决落实已签署的相关协定，提升小多边合作机制在教育领域的影响力。第二，在现有基础上，进一步加强和完善地方政府、学校及民间主体的合作机制，特别是加强双方多层次领导定期会晤、互访机制和对话、磋商机制。鼓励高校积极参与国际大学联盟的活动，并形成合力，共同发声。第三，加强对小多边合作机制中其他成员国的研究，开设更多如北京师范大学“亚太经合组织高等教育研究中心”这样的研究机构，为了解他国特点、减少冲突提供智力支持。

六、重视全球教育治理理论创新与规则制定

前文提到，实现全球治理目标的主要路径是供给和管理全球公共物

① 郑刚：《上海合作组织框架内开展教育合作与交流的思考》，《河北师范大学学报》（教育科学版）2013 年第 10 期，第 45—50 页。

② 巫雪松：《浅论中国高校如何在区域性国际教育组织合力发声——以亚洲太平洋国际教育协会为例》，《课程教育研究》2017 年第 10 期，第 8 页。

③ 刘宝存、刘强、荆晓丽：《亚太经济合作组织教育领域优先发展议题及其展望》，《比较教育研究》2015 年第 3 期，第 3—11 页。

品。[①] 国际规则就是一种全球公共物品，是全球合作的基础。因此，参与全球教育治理，必须从规则制定上着手。但是，制定国际规则并非能一蹴而就，也绝不是获得了在国际组织的发言资格，就拥有了制定规则的发言能力。[②] 事实上，国际规则的制定需要大量的思想与理论准备工作。[③]

全球治理理论，本质上是一种"共有知识"，即行为体之间就某个事实形成共同理解的知识。这种知识帮助行为体形成共识，保障行为体采取自发集体行动。[④] 但是，不可否认的是，全球治理理论，就像其他社会科学知识一样，更是一种以权力和"正当性赋予"为基本实质的话语。这些话语通过各种制度化安排而渗透和潜入了我们的生活，并影响着社会秩序及其制度的建构过程。[⑤] 然而，长期以来，我们常忽视对于西方社会所推行的新自由主义话语的批判，也缺乏以中国视角建构新的全球性话语。

从当前全球治理体系来看，仍然存在着以西方大国为中心、没有及时反映当今世界变化、排他性治理和单一治理的特点。[⑥] 受中国文化和实践的影响，中国提出了"人类命运共同体"理念，"强调世界的整体性、关联性和包容性，与传统的全球治理理念和治理路径相比，在此视阈下的全球治理更强调共同与平等治理、关联治理、过程治理和发展治理"。[⑦] 这在理论层面为全球教育治理提供了新的思路。但是，参考复旦大学特聘

---

① 蔡拓、杨雪冬、吴志成主编：《全球治理概论》，北京大学出版社 2016 年版，第 125—127 页。

② 邓正来：《全球化与中国社会科学的"知识转型"——在常熟理工学院"东吴讲堂"上的讲演》，《东吴学术》2011 年第 1 期，第 21 页。

③ 王晓辉、谷小燕、翁绮睿：《国际教育规则与全球教育治理》，《中国人民大学教育学刊》2012 年第 1 期，第 135 页。

④ 苏长和：《中国与全球治理——进程、行为、结构与知识》，《国际政治研究》2011 年第 1 期，第 43 页。

⑤ 邓正来：《全球化与中国社会科学的"知识转型"——在常熟理工学院"东吴讲堂"上的讲演》，《东吴学术》2011 年第 1 期，第 26 页。

⑥ 孙吉胜：《"人类命运共同体"视阈下的全球治理：理念与实践创新》，《中国社会科学评价》2019 年第 3 期，第 124—125 页。

⑦ 孙吉胜：《"人类命运共同体"视阈下的全球治理：理念与实践创新》，《中国社会科学评价》2019 年第 3 期，第 121 页。

教授邓正来的建议，① 在全球教育治理上真正的理论创新还需要在知识生产上完成转型。

首先，突破“西方化倾向”，从“人类命运共同体”的理念出发，提升概念化能力，确立中国全球教育治理理论区别于西方文化的主体性。第二，全球教育治理研究应打破狭隘的知识地方主义，走向知识的全球化，从对于中国情况与中国利益的过分关照转向关注更多的全球性问题和全球性利益。第三，突破“唯学科化倾向”，鼓励教育学与国际政治学、教育学与世界民族学等学科的交叉，尝试以全球性教育问题为导向的知识传授和生产方式。

七、丰富中国参与全球教育治理的宣传方式

有效的宣传方式是凝聚各方力量、达成全球教育治理目标的有力工具。但当前中国参与全球教育治理的宣传方式不管是从主体还是渠道来看，都需要更加丰富化。

官方媒体是宣传中国对内和对外两个层面的全球教育治理的主要机构。官方媒体在宣传的权威性、广泛性甚至是专业性上具有难以替代的优势，是确立中国参与全球教育治理宣传基调的根本保障。与官方媒体相比，民间媒体能够使视角和观点更加多元化，有时在紧跟热点、提供交流平台上具有特别的优势。尤其是在对外的全球教育治理宣传中，民间媒体因不具备官方背景，能够以更加平和的方式被西方受众认可。但是，不可否认的是，民间媒体在融资和人才方面的挑战严峻，② 因此宣传质量容易参差不齐。值得注意的是，无论是官方媒体，还是民间媒体，都应重视培育精英意见领袖，鼓励专家学者除了发表刊物和撰写专著之外，重视通过官方或个人推特、微博、微信公号等国内外社交媒体发声，影响草根意见

---

① 邓正来：《全球化与中国社会科学的“知识转型”——在常熟理工学院“东吴讲堂”上的讲演》，《东吴学术》2011 年第 1 期，第 26 页。

② 饶谨、裴培：《民间媒体在对外传播中的机遇和挑战》，《对外传播》2012 年第 3 期，第 19—20 页。

领袖，进而扩大中国在全球教育治理方面的影响。

在宣传渠道上，除了运用多样化的大众媒体，还应重视借力于小多边机制和国际组织搭建的平台。目前，金砖国家论坛、中非合作论坛等小多边机制都专门设置了一系列配套活动，在国际组织中依据参与资格的不同也有发放材料或会场发言的机会，各类主体特别是民间主体应该积极与这些机构或组织建立沟通协作关系，尤其要提高设置议题的能力，充分发挥中国在全球教育治理上的主动性和影响力。在对外宣传时，还可以采用分众式传播策略，避免对内传播老少咸宜式的一般化传播特点，确定关键受众，特别是18—40岁年龄段的受众，因为这些人在价值取向上仍然具有可塑性，较易认同外来的新思维和新话语。①

除此之外，在全球教育治理相关中英文文章、演讲中，应尽量避免使用战争性词汇，例如桥头堡、阵地、打硬仗等，以免使国外译者或读者产生误解。

八、在基础教育阶段注重学生责任担当和实践创新等核心素养的培养

中国参与全球教育治理的关键在人才。培养全球教育治理人才，在短时间内拔尖培优，给一部分人“吃小灶”，并不符合人才成长规律。俗话说，十年树木，百年树人。培养全球教育治理人才，必须从长远出发、面向全体，必须从基础教育做起，培养学生适应终身发展和社会发展需要的必备品格和关键能力。

为了回答“立什么德、树什么人”问题，2016年，受教育部基础教育二司委托，北京师范大学牵头的课题组发布了《中国学生发展核心素养》总体框架。② 该框架提出全面发展的人需具备文化基础（包括人文底蕴和科学精神）、社会参与（包括责任担当和实践创新）以及自主发展

① 莫凡、李惠斌：《当代中国价值观念对外话语体系建构与传播研究》，《中国特色社会主义研究》2014年第6期，第87页。

② 一帆：《〈中国学生发展核心素养〉总体框架正式发布》，《上海教育》2016年第27期，第8—9页。

（包括学会学习和健康生活）三大方面共计六大素养，每类素养又包括三个要点。在六大素养中，社会参与层面的责任担当（包括社会责任、国家认同、国际理解）和实践创新（包括劳动意识、问题解决、技术应用）两大素养与全球教育治理关系最为紧密，这两大素养分别从道德层面和能力层面阐释了全球（教育）治理人才应具备的核心素养。

在不断变化的外部环境下，培养学生责任担当和实践创新等核心素养，需应时而变、顺势而为，创新基础教育培养理念和方式。例如，在责任担当素养的培养上，要注意融合国外先进理念、引进优质教育资源，也要注意把国外教育的精华与本民族特色、本土教育有机地结合起来，还要注重阐释传统文化中“天下兴亡匹夫有责”“天下为公”等社会责任感的现实意义。就实践创新素养的培养而言，应打破学校教育、家庭教育和社会教育的界限，为培养学生实践创新的态度和能力打造全方位的支持环境，注重培养学生对于全球性（教育）问题的关注，鼓励学生了解和思考如何采用技术手段解决全球性（教育）问题，并依据能力付出一定行动。

其实，从全球（教育）治理的角度改革基础教育，本身也是参与全球教育治理的过程。基础教育阶段的学校应抓住我国大力倡导对外开放的大好机遇，将全球治理相关核心素养理念融入学校管理、课程建设、师资培育、对外交流、境外办学等工作中，打造中国基础教育的全球影响力，为塑造更平衡、更多元的全球（教育）治理环境积聚人才。

九、在高等教育阶段注重全球教育治理复合型人才培养

推动全球教育治理，需要的是在各个方面都有一定能力，在某一个具体的方面又能出类拔萃的复合型人才。高校是培养复合型人才的核心基地，因此也是培养全球教育治理人才的关键场所。

提升高校培养全球治理人才的能力，首先要形成双师型师资队伍。除了擅长理论的各学科专职教师外，还要邀请来自相关实践领域（包括政府间国际组织、基金会、智库、跨国企业、媒体等）的卓越实践者担任特聘讲师，通过授课、讲座、实习指导等方式向学生传授相关实践领域的经

验与方法。[①] 其次，打造国家级精品课程，以培养全球教育治理所需要的人才素养（价值观、胜任力）为目标，设计和实施课程，提高国际化人才培养的质量和专业化水平。最后，加强与校外机构合作，为学生提供全球教育治理实习机会。目前已经有不少关于到国际组织实习的项目，但是总体来说机会还是非常有限。其实，能够为学生提供全球教育治理实习机会的不仅是国际政府间组织，事实上，许多国际组织高官都有在企业、政府部门工作的经历。[②] 高校应主动与从事对内与对外全球教育治理工作的政府机构、民间组织、基金会、智库甚至媒体合作，设立"全球教育治理人才实习基地"，为学生提供多元化的实践机会，同时，也为急需人才的民间主体提供人才资源。

十、创新全球教育治理人才的选拔和运用方式

首先，应拓宽全球教育治理人才的类型。虽然在国际组织中从事全球教育治理相关的人才数量较少，但中国几十年面向国内外的全球教育治理锻炼了许多工作在各类岗位上的人才，他们与国际组织人才一起，共同构成了中国的全球教育治理人才库。笔者建议对各类全球教育治理人才进行深度挖掘，鼓励其分享经验，同时，应树立在各类岗位上培养全球教育治理人才的意识，并采取相应支持措施。

第二，建立国家跨部门协作的全球治理人才培训和管理专门机构。具体来说，该机构应负责出台相关政策，对全球治理人才的培养、选拔、培训、配送以及回国安置、福利待遇等作出系统性的制度安排，鼓励和支持全球治理人才的成长。完善信息提供服务，提供赴国际组织等实习机构的工作信息，以及各类国际组织考试形式、面试技巧、试题集和资料等信息。实施非外语专业人员培养计划，推进实施青年专业人员（Junior

① 阚阅：《全球治理视域下我国的国际组织人才发展战略》，《比较教育研究》2016 年第 12 期，第 20 页。

② 张汉、赵寰宇：《中国大学如何培养全球治理人才？——美国研究型大学的经验及其启示》，《经济社会体制比较》2019 年第 1 期，第 83—93 页。

Professional Officer，简称 JPO）项目，鼓励参与青年专业人员考试（Young Professionals Program，简称 YPP）。①

第三，打造全球教育治理人才团队。近年来，因国际组织中缺少中国籍中高级人才，政府和高校设立了许多国际组织人才培养和输送机制。但是，人才的培养周期是漫长的，而中国对外开放的加速又需要大量国际化人才。如何解决这一矛盾成为摆在实践者面前的难题。笔者建议，可从"培养全球教育治理人才"转变为"培养全球教育治理人才团队"。具体来讲，例如，在不违反保密协定的条件下，将进入国际组织中从事全球教育治理工作的中高级人才看作团队"代言人"，为其组织包含来自各类机构、具有一定全球教育治理经验的人才团队。一方面，人才团队可以作为"代言人"的智囊团，群策群力，全力支持"代言人"在国际组织中的工作；另一方面，多元化的人才团队不仅可以盘活国内全球教育治理人才资源，也可以为培养和挖掘国际组织人才提供机会。

① 阚阅：《全球治理视域下我国的国际组织人才发展战略》，《比较教育研究》2016 年第 12 期，第 19—20 页。

第七章　总结与展望

全球教育治理是一种复杂的、多元的、多层次的社会现象，因为其问题域的广阔性而令相关的学术研究有点类似于盲人摸象。研究者从不同的角度进行观察或选择观察不同的方面，往往会有不一样的发现。因此，对于全球教育治理的研究而言，多元视角的结合至关重要。在前六章中，不同的研究者从不同的角度展示了全球教育治理的多个不同的方面。在这最后一章里，笔者想总结一下本书对全球教育治理的核心认识，指出目前在全球教育治理实践和研究方面存在的主要问题，并面向未来提出一些改进和发展建议。

全球教育治理是指国际社会的利益相关方（国际组织、民族国家、跨国公民社会、跨国公司、大众媒体及其他非国家行为体）为了实现自身和全球共同利益，通过各种正式和非正式的机制和方式应对和解决全球教育问题，提升教育治理能力和影响力，促进各国教育发展与交流的活动。

全球教育治理的主体包括政府间国际组织、主权国家、跨国公民社会（国际非政府组织、跨国社会运动、跨国倡议网络、基金会、智库、认知共同体）、跨国公司、大众媒体等行为体。从这个意义上来说，全球教育治理也可以被定义为国际组织、民族国家与非国家行为体以实现自身利益和全球共同利益为目的的互动。

全球教育治理的目标因主体的不同而有所区别。当前，最具有共识性的全球教育治理目标可以说是联合国所有会员国于2015年一致确定的可持续发展目标 4："确保包容和公平的优质教育，让全民终身享有学习机会。"所有的治理主体都在为这一目标的实现而努力。

全球教育治理的客体覆盖了从学前教育到继续教育、从普通教育到职业教育、从正规教育到非正规教育的各级各类教育中需要国际社会共同努力解决的问题。不过，因为全球教育治理的主体不同，其在治理对象和领域上既有交叉，亦有不同的选择和偏重。

全球教育治理的机制指的主要是全球教育治理主体参与和开展全球教育治理的方式、路径或程序，既包括正式的机制，如法律、规章、协议、宣言、协定、条约、目标约定、伙伴关系等，也包括非正式的机制，如通过共识性的目标和理念进行治理，通过全球典范和最佳实践进行治理，通过财政方面的"胡萝卜加大棒"进行治理，通过数字监测来治理，通过影响社会舆论及各层面的教育决策者进行治理等。全球教育治理的主体不同，所选择或参与全球教育治理的方式和路径也有别。

全球教育治理的效果是指全球教育治理所产生的影响。这样的影响既包括积极影响，也包括消极影响；既包括对治理客体的影响，也包括对治理主体的影响；既包括实践领域的影响，也包括理论方面的影响。

全球教育治理代表着一种应对和解决全球教育问题的新的模式，因为参与的主体多元，可以形成优势互补，产生更大的协同效应，有助于弥补一国治理和政府作为单一管理主体的不足。全球教育治理的多元主体参与以及平等协商和合作的模式让教育政策的制定更加科学和合理，不仅有助于提高教育决策的科学水平，也为教育政策的有效实施打下了坚实的基础。

全球教育治理为教育发展确定了更具可持续性的发展目标和理念，并为其实现和落实提供智力、财力、物力和人力支持，为世界各国发展教育提供了可以参考和借鉴的最佳实践案例，同时也形成了系统的监测体系来衡量学生、教师、成人等群体的教育成就以及学校和教育系统的工作效率，对于全球范围内的教育发展起到了积极的推动和促进作用。

全球教育治理通过对发展中国家及其落后地区的援助和支持，通过对妇女和女童、土著人、残疾人、移民、老年人以及受冲突影响国家的民众、少数民族等社会弱势群体的帮扶，让世界各国以及各社会群体的发展更加趋于平衡，有助于通过教育促进社会公平和公正。

全球教育治理所倡导的教育理念和所采取的教育测评等实践措施不仅改善了教育实践，也推动了全球范围内教育科学与研究的发展，对相关领域的学术研究和创新也起到了积极的促进作用。

总之，全球教育治理的积极影响不容忽视。不过，在另一方面，全球教育治理也推动了西方模式在世界各国的扩散，带来了教育领域的标准化和同质化，令民族文化传统的多样性受到削弱，最终维持了西方发达国家主导地位。全球教育治理虽是一个积极的存在，但并非是完美的，也有其问题和局限性。

目前，全球教育治理在实践中存在着以下的一些问题，涉及全球教育治理的各类主体。

联合国教科文组织、世界银行和经合组织作为全球教育治理的重要主体都在实践中存在着或面临着一些问题。联合国教科文组织在协调国际社会各行为体的过程中，通过召开会议和形成公报呼吁各国采取行动，但其倡议对成员国没有足够的约束力，各国会根据自己的情况有选择地落实或不落实，因此在治理效果方面存在达不到预期的问题。① 此外，因为联合国教科文组织的成员（193 个成员国、7 个观察员国）很多，因而难以避免有些成员国"搭便车"的问题。因为每个成员国都有着自己的国家利益考虑，希望利用联合国教科文组织这个平台提升本国国际影响力和国际话语权，各国利益的矛盾有时会令教科文组织陷入"众口难调"的权力博弈困境。例如，20 世纪 80 年代，教科文组织因对发展中国家政策倾斜招致发达国家的不满，美国等国相继退出教科文组织。2017 年，美国、以色列以教科文组织围绕巴勒斯坦问题所作出的决定损害了本国利益为由退

① 孔令帅、张民选、陈铭霞：《联合国教科文组织全球高等教育治理的演变、角色与保障》，《教育研究》2016 年第 9 期，第 133 页。

出了教科文组织。[①]

经合组织在全球教育治理中的问题一方面表现为作为其核心治理工具的 PISA 测试的设计和影响问题，另一方面表现为其功利主义的经济导向问题。有研究者指出，PISA 测试设计无视各国的文化差异，用相同的测试题目来测试和评估不同国家的学生，用同样的标准解释结果，对国家得分高低的情况不能提供令人信服的解释。[②] 因为经合组织的成员国大多数都是经济发达国家，因此 PISA 测试的题目更为适合发达国家的社会，对发展中国家的学生不公平。例如，在科学测试中出现的"温室效应""酸雨""防晒霜"等题目，对西方发达国家的学生来说是熟悉的东西，但对很多发展中国家的学生来说却可能是陌生的存在。[③] 以 PISA 为代表的国际测试带来的一个消极影响是让很多国家过于关注教育的短期效应，追求迅速提升国际排名。[④] 另一个消极影响是，让人们过于关注教育过程的结果，而往往忽视了学习的过程。"关注结果，主要是指学习成绩，也就是最容易被衡量的知识和技能，因而往往忽视了学习成果的其他更多方面，其中包括对于个人和社会发展具有重要意义的知识、技能、价值观和态度，而理由是这些成果无法被（轻易）衡量。"[⑤]

作为一个为成员国经济发展服务的组织，经合组织看重的是教育的工具性，即把教育作为培养为经济发展服务的人力资本的重要手段，甚至把技能视为 21 世纪经济中的"全球货币"(global currency)。[⑥] 这种功利

① 段世飞、刘宝存：《联合国教科文组织参与全球高等教育治理的目标、维度与权力博弈》，《高校教育管理》2019 年第 2 期，第 63—64 页。

② 马健生、蔡娟：《全球教育治理渗透：OECD 教育政策的目的——基于 PISA 测试文献的批判性分析》，《比较教育研究》2019 年第 2 期，第 6 页。

③ 郤江波：《PISA 与全球教育治理：路径、影响和问题》，《全球教育展望》2016 年第 8 期，第 107 页。

④ 马健生、蔡娟：《全球教育治理渗透：OECD 教育政策的目的——基于 PISA 测试文献的批判性分析》，《比较教育研究》2019 年第 2 期，第 8 页。

⑤ 联合国教科文组织主编：《反思教育：向"全球共同利益"的理念转变?》，联合国教科文组织总部中文科译，教育科学出版社 2017 年版，第 72 页。

⑥ 马健生、蔡娟：《全球教育治理渗透：OECD 教育政策的目的——基于 PISA 测试文献的批判性分析》，《比较教育研究》2019 年第 2 期，第 9 页。

主义导向是对教育的窄化，忽视了教育的公民教育功能以及教育作为民主参与实践的功能。[①]此外，有论者指出，经合组织通过 PISA 隐蔽地实现了对当前国际市场秩序和西方优势地位的维护，导致欠发达国家的优秀学生放弃本国的学校，选择前往文凭价值更高的西方发达国家求学。西方发达国家通过对欠发达国家精英进行价值传递让欠发达国家接纳西方的价值体系。另有研究者指出，经合组织通过测评所描述的事实并不是教育本身的质量，而是教育对于经济发展的适应与贡献能力。因此，在此基础上的教育治理最终也并非站在教育的角度来提高全球教育质量，而是站在经济立场上通过教育推动当前全球市场的稳定与繁荣，其背后隐藏着对代表西方立场的全球主义和新自由主义的维护，以及对代表异质思想的多元文化主义和后现代主义的排斥。[②]

世界银行在全球教育治理中的问题在于各国决策权和话语权的非对称性分配问题。从决策权来看，世界银行受到西方发达国家的支配性影响，主要为发达国家服务。这首先反映在世行行长的任命上。世行行长全部来自美国。这是当初在“布雷顿森林会议”上英美两国达成的协议，即：由欧洲人出任国际货币基金组织主席，由美国人担任世行行长。其次反映在世行表决权的比例构成上。世行各个国家的表决权由各成员国认缴的股本来确定，其中美国占了所有份额的 16.4%，加上其他发达国家的份额，发达国家在世行所占的股份超过 50%。这不可避免地会影响世行的政策决议，使得世行发布的各项政策向发达国家倾斜，在教育领域也是如此。世行在通过“知识银行”战略对发展中国家进行教育政策制定以及教育基础项目投资时，更多的是按照发达国家的需求进行教育规划与人才培养，而不是根据发展中国家的现实需求。这不仅导致其教育规划不完全适用于发展中国家的现实，而且造成了发展中国家的人才

① Heinz-Dieter Meyer，Aaron Benavot (eds.)，*PISA*，*Power*，*and Policy. The Emergence of Global Educational Governance*，Oxford：Symposium Books，2013，p.12.

② 吕云震、龚凡舒：《经合组织三十年教育实践与治理经验述评》，《教育导刊》2020 年第 4 期，第 19 页。

外流。①

从话语权来看，世行的各类知识产品（如论文、著作、报告）的作者绝大多数来自西方国家：来自美国的作者比例高达 61.46%，来自欧洲的作者比例是 18.6%，来自加拿大的占 2.33%，来自澳大利亚的占 1.66%，只有 9.3% 的作者来自发展中国家。若是从这些作者获得最高学位的地点来看，这种不平衡性就更加突出了：63.12% 的作者的最高学位从美国获得，20.6% 的作者从欧洲获得，3.66% 和 0.66% 的作者分别从加拿大和澳大利亚获得，只有 1.33% 的作者从发展中国家和地区（巴基斯坦、印度、中国香港、委内瑞拉）获得。这说明，作为“知识银行”，世界银行的知识主要来源于西方发达国家，其知识产品在价值观和思想上都受到西方精英的影响。②

此外，与其他“二战”后成立的国际组织相似，世界银行也是以新自由主义理念为导向的：要求教育改革与经济结构保持同步，认为教育的首要目的是满足经济发展对合格劳动力的要求。从教育战略来看，世界银行通过教育促进经济自由化的倾向明显，从结构性贷款到通过削减公共部门教育经费来完善教育体系，世界银行始终支持教育市场化改革；它主张通过发展职业教育、基础教育来发展人力资本，并强调要培养适应劳动力市场的技能。③

世界银行的以上问题反映出世界各国在全球治理格局中固有的权力不平等与不平衡问题。全球性的国际政府组织基本上都是由西方国家依据其价值观建立并主导的，其运行的游戏规则和制度必然着力维护少数西方大国的利益。④ 以美国为首的西方发达国家掌握着全球治理的目的、结构

---

① 孔令帅、李超然：《全球教育治理中的世界银行“知识银行”战略：发展、实施及局限》，《教育与教学研究》2019 年第 9 期，第 87 页。

② 孔令帅、李超然：《全球教育治理中的世界银行“知识银行”战略：发展、实施及局限》，《教育与教学研究》2019 年第 9 期，第 86—87 页。

③ 阚阅、陶阳：《向知识银行转型——从教育战略看世界银行的全球教育治理》，《比较教育研究》2013 年第 4 期，第 80—81 页。

④ 邵鹏：《全球治理：理论与实践》，吉林出版集团有限责任公司 2010 年版，第 87 页。

和优先权等。[①] 与西方发达国家相比，新兴大国（如金砖国家）和发展中国家无论在参与全球治理的深度与广度、在全球治理机制中的发言权和代表性以及设置国际议题的能力方面，都相对不足。[②]

鉴于西方发达国家与发展中国家在全球治理中权力格局不平衡的问题，雅库布·哈拉比（Yakub Halabi）甚至认为，全球治理实质上是发达国家"驯服第三世界国家的一种方式。全球治理通过在第三世界国家建立与西方秩序规则相一致的制度，推动它们遵守全球规则"[③]。按照这种理解，发达国家帮助发展中国家建立符合国际规则的制度，不是基于价值中立的原则来扩张全球治理的，也不是只想帮助发展中国家改善生活水平[④]，而是想要用国际规制来约束发展中国家，以免这些国家各行其是，损害发达国家的利益。[⑤]

除了国家之外，全球教育治理中还存在着不同群体之间的不平等问题。有学者指出，政治精英、商业精英和知识精英掌握着话语权，操控和制定全球性事务中的各种规则，令全球治理成为其专属领地，普通公民和其他弱势群体的发言权和参与性都有限，带来全球治理的合法性问题和民主赤字问题。[⑥]

跨国公民社会（国际非政府组织、跨国社会运动、跨国倡议网络、基金会、智库）是全球教育治理的重要参与方。不过，就跨国公民社会而言，也存在着国与国之间不平衡的问题。这种不平衡性具体体现为：非政府组织基本上都集中在北半球的发达国家，大部分以伦敦和纽约这样的城

---

① 邵鹏：《全球治理：理论与实践》，吉林出版集团有限责任公司 2010 年版，第 252 页。

② 蔡拓、杨雪冬、吴志成主编：《全球治理概论》，北京大学出版社 2016 年版，第 62 页。

③ [以] 雅库布·哈拉比：《全球治理扩展至第三世界：利他主义、现实主义还是建构主义?》，载杨雪冬、王浩主编《全球治理》，中央编译出版社 2015 年版，第 273 页。

④ [以] 雅库布·哈拉比：《全球治理扩展至第三世界：利他主义、现实主义还是建构主义?》，载杨雪冬、王浩主编《全球治理》，中央编译出版社 2015 年版，第 272 页。

⑤ [以] 雅库布·哈拉比：《全球治理扩展至第三世界：利他主义、现实主义还是建构主义?》，载杨雪冬、王浩主编《全球治理》，中央编译出版社 2015 年版，第 255 页。

⑥ 邵鹏：《全球治理：理论与实践》，吉林出版集团有限责任公司 2010 年版，第 253 页。

市为总部所在地。[①] 第三世界国家的公民社会较薄弱，在这些国家只有为数不多的公民组织，甚至是没有这样的组织。[②] 此外，全球公民社会还有自身固有的缺陷。全球公民社会主要依靠倡议和呼吁发挥影响，不是正式的国际制度和规则的安排，不具有强制性的手段去制约不符合全球治理的行为，并依赖于各民族国家政府给予的空间和支持，因此，在一些问题上难以保持自身的独立性。[③]

跨国公司对全球教育发展的贡献不容忽视，但是问题在于其潜力尚未得到完全发挥。跨国公司目前对教育领域的社会责任投入占比还比较低。另外，作为营利性机构，跨国公司的教育活动有其特定的问题和局限。例如，跨国公司难以完全顾及最贫困和边缘化群体的教育需求。有研究显示，中国、印度、巴西和墨西哥等新兴经济体是获得跨国公司教育资助最多的国家，但是最需要支持的国家主要在撒哈拉以南的非洲和东南亚。[④]

全球（教育）治理的问题不仅表现为各类治理主体的问题，也表现为它们相互之间的冲突问题，例如联合国教科文组织的人文主义导向和经合组织与世界银行的实用主义经济导向之间就存在着矛盾和张力。各主权国家、全球公民社会和国际组织各有自己的利益和价值，有时难以在一些重大的全球性问题上达成共识，令全球治理的效果受到影响。[⑤]

由此可见，全球教育治理并非是一首完美的和谐乐曲，其中并非只有和谐的合作，也存在着国家权力不平等、决策不民主、治理规制不完善、治理主体权威性和约束力不足、搭便车、利益冲突和隐形的剥削与压

---

① 杨雪冬：《全球化进程中的权力与等级》，《欧洲研究》2000 年第 4 期，第 13 页。

② 雅库布·哈拉比：《全球治理扩展至第三世界：利他主义、现实主义还是建构主义?》，载杨雪冬、王浩主编《全球治理》，中央编译出版社 2015 年版，第 271—272 页。

③ 邵鹏：《全球治理：理论与实践》，吉林出版集团有限责任公司 2010 年版，第 97 页。

④ Pratik Dattani，Adam Still，Vikas Pota，*Business Backs Education. Creating a baseline for Corporate CSR Spend on Global Education Initiatives*. London：Varkey Foundation，2015，p.15.

⑤ 俞可平：《全球治理引论》，《马克思主义与现实》2002 年第 1 期，第 31 页。

迫等问题。这些问题制约着全球教育治理目标的实现，并削弱其合法性，因此必须正视和予以解决。

除了实践中的问题之外，在有关全球教育治理的研究中也存在着一些不足，主要表现在以下三个方面：第一，研究主题和领域覆盖度尚低，有很多方面和领域尚没有得到专门的研究，例如对全球教育治理产生历史的研究，对跨国社会运动、跨国倡议网络、基金会参与全球教育治理的研究，对更多政府间国际组织的研究。此外，目前的研究关注的主要是全球教育治理的政策内容与实施，对于相关政策制定过程的微观研究比较少。① 第二，理论研究薄弱。全球教育治理的研究者至今既没有提出用于全球教育治理研究的专门理论，也很少在自己的研究中运用来自其他相关领域的理论。第三，在研究方法上，研究者主要是使用文献法，较少使用实证性方法（质性或定量）。这一问题在国内的相关研究中表现得更为突出。

有鉴于此，未来的重点应是解决全球教育治理实践中的问题，弥补相关研究中的不足。

在全球教育治理研究方面，一是要逐步填补现有研究中的空白点，开展有关更多行为体参与全球教育治理的研究以及有关全球教育治理的微观研究，例如研究全球教育治理中的相关决策如何作出，在这一过程中参与方如何合作和博弈。二是要重视在研究中使用相关领域的分析性和解释性理论，并在此基础之上发展全球教育治理的专门理论。这也是让全球教育治理研究逐步发展成为成熟研究领域的必由之路。三是在现有文献法的基础上，更多地使用实证方法，注重定量研究和质性研究相结合，提高研究的原创性和科学性。

在全球教育治理实践方面，首先，世界各国要致力于构建更加公平

---

① 美国研究者弗朗西内·梅纳希（Francine Menashy）所完成的一项研究可以说是个例外，她以全球教育伙伴关系为案例，采用过程追踪分析方法（包括分析会议记录和访谈）研究了非国家行为体在全球治理中的角色。这既是一项实证研究，也是一项微观研究：Francine Menashy，“Understanding the roles of non-state actors in global governance：evidence from the Global Partnership for Education”，*Journal of Education Policy*，Vol.31，No.1（October 2015），pp. 98-118.

和公正的全球教育治理秩序。目前存在的国家之间的权力不平等以及西方发达国家的支配性地位是短时间内难以改变的深层结构性问题，因为这种改变是以发展中国家综合实力的上升为前提的。中国目前正在经历这种上升的过程，即从以前的全球教育治理的旁观者、追随者逐渐转变为积极参与者和推动者，并进一步向引领者迈进。为此，中国计划“培养大批具有国际视野、通晓国际规则、能够参与国际事务和国际竞争的国际化人才”①，大幅提升“参与教育领域国际规则的制定能力”②，“深度参与国际教育规则、标准、评价体系的研究制定，推进与国际组织及专业机构的教育交流合作，健全对外教育援助机制”③。中国的经验对于其他新兴大国和发展中国家具有重要的借鉴和参考价值。只有新兴大国和发展中国家共同努力，才有可能改变发达国家主导全球教育治理的局面，改革现有的国际机构，制定更加民主、公正、更符合发展中国家利益和需要的国际教育规制，构建更加公正和合理的全球教育治理秩序。

其次，非政府组织、基金会、智库等公民社会行为体和跨国公司应积极参与全球教育治理，在全球教育治理中发挥更大的作用。各国政府也要为其创设一种支持性的环境。这要求政府要充分认识到非国家行为体的重要作用：“在秩序重构和民众动员方面，跨国的非政府组织、市民社会、教会和其他宗教组织、跨国企业、其他商业组织以及各利益方的表现即便未能比国家更为有效，至少也是起到了同等作用。”④市民社会对于政

① 中华人民共和国教育部：《国家中长期教育改革和发展规划纲要（2010—2020年）》，2010年7月29日，见http：//www.moe.gov.cn/srcsite/A01/s7048/201007/t20100729_171904.html。

② 中央人民政府：《中共中央办公厅、国务院办公厅印发〈关于做好新时期教育对外开放工作的若干意见〉》，2016年4月29日，见http：//www.gov.cn/home/2016-04/29/content_5069311.htm？from=groupmessage&isappinstalled=0。

③ 教育部：《中共中央、国务院印发〈中国教育现代化2035〉》，2019年2月23日，见http：//www.moe.gov.cn/jyb_xwfb/gzdt_gzdt/201902/t20190223_370857.html。

④ 美国国家情报委员会（NIC）、欧盟安全问题研究所（EUISS）编：《全球治理20205：关键的转折点》，载杨雪冬、王浩主编《全球治理》，中央编译出版社2015年版，第323页。

府来说是一种有益的补充，与市民社会的良性互动有助于政府主导作用的发挥。[①] 联合国教科文组织在对未来的建议中也强调了市民社会参与全球教育治理的重要性："在当前局势下，务必要促进民间社会在教育领域起到更重要和更明确的作用。应与社区团体和非营利性组织建立更紧密的伙伴关系，以此来抵御目前公立教育商品化的趋势。事实上，教育的多种职能不仅是政府的责任，同时也是整个社会的责任。在教育部门实现良好治理，需要政府与民间社会建立多种多样的伙伴关系，国家教育政策应是在社会上进行广泛协商和取得全国共识的结果。"[②] 可见，在全球教育治理中充分发挥非国家行为体的作用已经成为国内外的共识。

最后，参与全球教育治理须在国家中心主义取向和全球主义取向这两种取向中找到平衡，寻求国家利益和全球利益的结合。正如蔡拓所言，当今世界，日益紧密的相互依存，使得国家主义的思维与理念受到质疑与挑战，片面追求一国利益最大化几乎成为不可能。世界上的很多问题需要通过协商、对话，甚至妥协、让步才能解决，共存共赢已成为时代的新理念与新选择。在这一背景下，需要形成一种理性的国家利益观，在维护本国合理利益的同时，寻求人类共同利益。[③] 这也是中国政府为构建人类命运共同体所确定的原则：努力构建人类命运共同体，要倡导合作意识、和平发展思想和共同利益观。在追求本国利益时兼顾他国合理关切，在谋求本国发展中促进各国共同发展，建立更加平等均衡的新型全球发展伙伴关系，同舟共济，权责共担，增进人类共同利益。[④] 这应该成为世界各国政府和非国家行为体遵循的全球教育治理原则和理念。

为了让这种理念落到实处，各国须大力推进全球公民教育，提升全球公民意识，让年轻一代成为具有全球责任感的世界公民，能够站在全人

---

① 邵鹏：《全球治理：理论与实践》，吉林出版集团有限责任公司 2010 年版，第 232 页。

② 联合国教科文组织主编：《反思教育：向"全球共同利益"的理念转变?》，联合国教科文组织总部中文科译，教育科学出版社 2017 年版，第 73 页。

③ 蔡拓：《中国如何参与全球治理》，《国际观察》2014 年第 1 期，第 8—9 页。

④ 中央人民政府：《努力构建人类命运共同体》，2019 年 3 月 25 日，http：//www.gov.cn/xinwen/2019-03/25/content_5376700.htm。

类角度思考问题。年轻的一代人应该既是国家公民，也是全球公民，不仅关心本国的利益，更要关心全球的利益。唯其如此，他们才能提出具有全球共识的目标和观念。全球教育治理需要一个更加公平、更加民主、更加合理的全球治理秩序，这种秩序需要由具有全球公民意识和全球责任感的人来构建和维系。

最后需要指出的是，全球教育治理如今已经成为全球教育发展中的一个引人注目的现象，在国内外也得到了一些研究。但是，现有的研究数量还太少，且分散在不同的方面，像是投向一个巨大物体的一束束光，照亮了一个个局部的点，但还无法让人们看清楚整体，还有很多地方尚处在黑暗之中。从这个意义上来说，全球教育治理研究尚处于起步阶段。本书在这一领域作出了一些总结性和开创性的工作，但尚有很多问题等着我们去研究，还有很多方面有待我们去发现。

主要参考文献①

一、中文文献

1. [荷] 亨克・奥弗比克：《作为一个学术概念的全球治理：走向成熟还是衰落?》，《国外理论动态》2013 年第 1 期。

2. [加] 卡伦・芒迪：《全球治理与教育变革：跨国与国际教育政策过程研究的重要性》，《北京大学教育评论》2011 年第 1 期。

3. [美] 亨利・基辛格：《世界秩序》，胡利平等译，中信出版社 2015 年版。

4. [美] 罗伯特・基欧汉、约瑟夫・奈：《权力与相互依赖》，门洪华译，北京大学出版社 2012 年版。

5. [美] 罗伯特・基欧汉：《霸权之后：世界政治经济中的合作与纷争》，苏长和、信强等译，上海人民出版社 2001 年版。

6. [美] 玛格丽特・E. 凯克、凯瑟琳・辛金克：《超越国界的活动家：国际政治中的倡议网络》，韩召颖、孙英丽译，北京大学出版社 2005 年版。

7. [美] 迈克尔・巴尼特、玛莎・芬尼莫尔：《为世界定规则：全球政治中的国际组织》，薄燕译，上海人民出版社 2009 年版。

8. [美] 约瑟夫・奈、约翰・唐纳胡主编：《全球化世界的治理》，王勇、门洪华等译，世界知识出版社 2003 年版。

9. [美] 约瑟夫・奈：《软力量：世界政坛成功之道》，吴晓辉、钱程译，东

---

① 因文中已经标注了参考文献，这里仅列出部分主要文献。

方出版社 2005 年版。

10.［美］詹姆斯·麦甘恩：《美国智库与政策建议：学者、咨询顾问与倡导者》，肖宏宇、李楠译，北京大学出版社 2018 年版。

11. 蔡拓、杨雪冬、吴志成主编：《全球治理概论》，北京大学出版社 2016 年版。

12. 蔡拓：《全球治理的中国视角与实践》，《中国社会科学》2004 年第 1 期。

13. 蔡拓：《中国如何参与全球治理》，《国际观察》2014 年第 1 期。

14. 丁瑞常：《经济合作与发展组织参与全球教育治理的权力与机制》，《教育研究》2019 年第 7 期。

15. 杜越：《联合国教科文组织与全球教育治理——理念与实践探究》，教育科学出版社 2016 年版。

16. 段世飞、刘宝存：《联合国教科文组织参与全球高等教育治理的目标、维度与权力博弈》，《高校教育管理》2019 年第 2 期。

17. 付睿、周洪宇：《G20 与全球非正式教育治理》，《清华大学教育研究》2019 年第 8 期。

18. 谷贤林、邢欢：《美国教育智库的类型、特点与功能》，《比较教育研究》2014 年第 12 期。

19. 顾建新：《跨国教育发展理念与策略》，学林出版社 2008 年版。

20. 黄河等：《跨国公司与全球治理》，上海人民出版社 2018 年版。

21. 阚阅、陶阳：《向知识银行转型——从教育战略看世界银行的全球教育治理》，《比较教育研究》2013 年第 4 期。

22. 阚阅：《联合国教科文组织对高等教育国际化全球治理：质量保证和文凭互认的视角》，《比较教育研究》2012 年第 7 期。

23. 孔令帅、张民选、陈铭霞：《联合国教科文组织全球高等教育治理的演变、角色与保障》，《教育研究》2016 年第 9 期。

24. 联合国教科文组织国际教育发展委员会主编：《学会生存：教育世界的今天和明天》，华东师范大学比较教育研究所译，教育科学出版社 1996 年版。

25. 联合国教科文组织主编：《反思教育：向“全球共同利益”的理念转变?》，

联合国教科文组织总部中文科译，教育科学出版社 2017 年版。

26. 联合国教科文组织主编：《教育：财富蕴藏其中》，联合国教科文组织总部中文科译，教育科学出版社 2014 年版。

27. 吕云震、龚凡舒：《经合组织三十年教育实践与治理经验述评》，《教育导刊》2020 年第 4 期。

28. 马健生、蔡娟：《全球教育治理渗透：OECD 教育政策的目的——基于 PISA 测试文献的批判性分析》，《比较教育研究》2019 年第 2 期。

29. 欧阳光华、胡艺玲：《全球命运与国家立场：全球教育治理中的美国高校智库探析》，《高教探索》2010 年第 8 期。

30. 庞中英：《全球治理的中国角色》，人民出版社 2016 年版。

31. 乔鹤：《联合国儿童基金会的教育政策及其实践研究——儿童权利认同的视角》，博士学位论文，北京师范大学比较教育学专业，2011 年。

32. 邵鹏：《全球治理：理论与实践》，吉林出版集团有限责任公司 2010 年版。

33. 沈俊强：《中国与联合国教科文组织教育合作关系的研究——以“全民终身教育”为视角》，博士学位论文，华东师范大学中外教育关系专业，2009 年。

34. 沈蕾娜：《隐形的力量：世界银行的高等教育政策及其影响》，高等教育出版社 2011 年版 。

35. 沈伟：《人文主义与工具理性的张力：国际组织在全球教育治理中的价值导向和政策实践》，《华东师范大学学报》（教育科学版）2019 年第 1 期。

36. 孙进、燕环：《全球教育治理：概念 · 主体 · 机制》，《比较教育研究》2020 年第 2 期。

37. 滕珺：《价值理性与工具理性的抉择——联合国教科文组织教育政策的话语演变》，《教育研究》2011 年第 5 期。

38. 王建梁、单丽敏：《全球教育治理中的“全球教育伙伴关系组织”：治理方式及成效》，《外国教育研究》2017 年第 8 期。

39. 王晓辉：《全球教育治理：国际教育改革文献汇编》，教育科学出版社 2008 年版。

40. 王晓辉：《全球教育治理——鸟瞰国际组织在世界教育发展中的作用》，

《北京大学教育评论》2008 年第 3 期。

41. 邵江波：《PISA 与全球教育治理：路径、影响和问题》，《全球教育展望》2016 年第 8 期。

42. 俞可平、［美］阿里夫・德里克主编：《中国学者论中国与全球治理》，重庆出版社 2018 年版。

43. 俞可平：《全球治理引论》，《马克思主义与现实》2002 年第 1 期。

44. 俞可平主编：《全球化：全球治理》，社会科学文献出版社 2003 年版。

45. 张民选：《国际组织与教育发展》，上海教育出版社 2009 年版。

46. 赵玉池：《国际教育援助研究》，博士学位论文，西南大学比较教育学专业，2010 年。

47. 周洪宇、付睿：《参与全球教育治理：从教育大国走向教育强国的必由之路》，《世界教育信息》2018 年第 3 期。

48. 周满生、熊建辉：《密切大学与跨国公司合作，促进国际化人才培养》，《世界教育信息》2011 年第 2 期。

49. 周一、熊建辉、张鹤：《全球教育治理：联合国教科文组织的作用与中国的参与：联合国教科文组织教育助理总干事尼古拉斯・伯内特专访》，《世界教育信息》2009 年第 3 期。

二、外文文献

1. Anthony McGrew，“Power Shift：From National Government to Global Governance?”，In David Held（ed.），*A Globalizing World? Culture*，*Economics*，*Politics*，New York：Routledge，2004.

2. Karen Mundy，Andy Green，Bob Lingard，Antoni Verger（eds.），*The Handbook of Global Education Policy*，West Sussex，UK：Wiley，2016.

3. Bong Gun Chun，In Sun Jeon，Rebekah H. Lee et al.，“Global Governance of Education and Training：As Reviewed from Jomtien via Incheon to New York”，*Asia Pacific Education Review*，Vol.19，No. 3（June 2018）.

4. Clara Morgan，Riyad A. Shahjahan，“The Legitimation of OECD’s

Global Educational Governance：Examining PISA and AHELO Test Production”，*Comparative Education*，Vol. 50，No. 2（April 2014）.

5. Clive Archer，*International Organizations*，London：George Allen and Unwin，1983.

6. Commission on Global Governance：Our Global Neighbourhood-The Report of the Commission，1995，见 http：//www.gdrc.org/u-gov/global-neighbourhood/chap1.htm。

7. David F.J. Campbell，Elias G. Carayannis，*Epistemic Governance in Higher Education. Quality Enhancement of Universities for Development*，New York：Springer，2013.

8. Euan Auld，Paul Morris，“PISA，policy and persuasion：Translating complex conditions into education ‘best practice’”，*Comparative Education*，Vol. 52，No. 2（May 2016）.

9. Francine Menashy，“Understanding the roles of non-state actors in global governance：evidence from the Global Partnership for Education”，*Journal of Education Policy*，Vol. 31，No.1（October 2015）.

10. Geoffrey Allen Pigman，*World Economic Forum. A Multi-Stakeholder Approach to Global Governance*，New York：Routledge，2007.

11. Heinz-Dieter Meyer，Aaron Benavot（eds.），*PISA，Power，and Policy. The Emergence of Global Educational Governance*，Oxford：Symposium Books，2013.

12. Henrik Enderlein，Sonja Wälti，Michael Zürn（eds.），*Handbook on Multi-level Governance*，Cheltenham：Edward Elgar，2011.

13. Herbert Altrichter，“Governance-Steuerung und Handlungskoordination bei der Transformation von Bildungssystemen”，In Hermann J. Abs et al.（Hrsg.），*Goverance im Bildungssystem*，Wiesbaden：Springer VS，2015.

14. Ian Bache，Matthew Flinders，Multi-level Governance，Oxford：Oxford University Press，2004.

15. James G. McGann，*Think Tanks and Policy Advice in the United States*：

Academics，*Advisors and Advocates*，New York：Routledge，2007.

16. James McGann，Kent Weaver（eds.），*Think Tanks and Civil Societies*：*Catalysts for Ideas and Action*，New Brunswick，NJ：Transaction Publishers，2000.

17. James N. Rosenau，"Governance in the Twenty-First Century"，*Global Governance*，Vol. 1，No. 1（July 1995）.

18. James N. Rosenau，Ernst-Otto Czempiel，*Governance Without Government*：*Order and Change in World Politics*，Cambridge：Cambridge University Press，1992.

19. John W. Meyer，Francisco O. Ramirez，"The world institutionalization of Education"，In Jürgen Schriewer（ed.），*Discourse Formation in Comparative Education*，2nd edition，Frankfurt am Main：Lang，2003.

20. John W. Meyer，*Weltkultur. Wie die westlichen Prinzipien die Welt durchdringen*，Frankfurt am Main：Suhrkamp，2005.

21. Joseph Nye，"Soft Power"，*Foreign Policy*，No. 80，Twentieth Anniversary（Autumn，1990），pp. 153-171.

22. Joseph Nye，"What New World Order"，*Foreign Affairs*，No. 71（Spring，1992）.

23. Joseph Nye，*Bound to lead*：*The Changing Nature of American Power*，New York：Basic Books，1990.

24. Joseph Nye，*Power in the Global Information Age*：*From Realism to Globalization*，London：Routledge，2004.

25. Joseph Nye，*Understanding international conflicts*，New York：Longman，2008.

26. Joseph Nye，"The Changing Nature of World Power"，*Political Science Quarterly*，Vol. 105，No.2（Summer 1990）.

27. Julia von Blumenthal，"Governance-Eine kritische Zwischenbilanz"，*Zeitschrift für Politikwissenschaft*，Jg.15，H.4（2005）.

28. Julian Huxley，*UNESCO*：*Its Purpose and Its Philosophy*，Washington，D.C.：The Public Affairs Press，1948.

29. Karen Mundy, “Educational Multilateralism and World (Dis) Order”, *Comparative Education Review*, Vol.42, No.4 (November 1998).

30. Karen Mundy, “Global Governance, Educational Change”, *Comparative Education*, Vol.43, No.3 (August 2007).

31. Karen Mundy, Antoni Verger, “The World Bank and Global Governance of Education in a Changing World Order”, *International Journal of Education Development*, Vol. 40 (January 2015).

32. Kazuo Kuroda: Globalization and Development of Global Governance in Education: Implications for Educational Development of Developing Countries and for Japan's International Cooperation. 11th Japan Education Forum: International Cooperation toward self-reliant educational development, 2014 年 2 月 19 日, 见 https://home.hiroshima-u.ac.jp/cice/wp-content/uploads/2015/09/JEF-E11-8.pdf。

33. Kenneth King, Robert Palmer, *Post-2015 and the Global Governance of Education and Training*, Working Paper #7, Geneva, Switzerland: Norrag, 2014.

34. Kerstin Marterns, Alessandra Rusconi, Kathrin Leuze (eds.), *New Arenas of Education Governance: The Impact of International Organizations and Markets*, New York: Palgrave Macmillan, 2002.

35. Marcelo Parreira Amaral, “Der Beitrag der Educational Governance zur Analyse der Internationalen Bildungspolitik”, *Bildung und Erziehung*, Vol. 68, No.3 (September 2015).

36. Mike Zapp, “The World Bank and Education: Governing (Through) Knowledge”, *International Journal of Educational Development*, 2017.3 (53).

37. Miriam Henry, Bob Lingard, Fazal Rizvi, SandraTaylor: *The OECD, Globalisation and Education Policy*, Oxford: Pergamon, 2001.

38. Patricia Bromley, “The rationalization of educational development: Scientific activity among international nongovernmental organizations”, *Comparative Education Review*, Vol. 54, No. 4 (November 2010).

39. Paul Andrews et al: OECD and Pisa tests are damaging education worldwide –

academics，*The Guardian*，2014 年 5 月 6 日。

40. Paul Dickson，*Think Tanks*，New York：Atheneum，1971.

41. Paul F. Lazarsfeld，Robert K. Merton，"Mass Communication，Popular Taste and Organized Social Action"，In Lyman Bryson（Ed.），*The Communication of Ideas*，New York：Harper & Row，1948.

42. Peter Haas，"Introduction：Epistemic Communities and International Policy Coordination"，*International Organization*，Vol.46，No.1（Winter 1992）.

43. Phillips Herbert Moore，*UNICEF in Education*：*A Historical Perspective*，New York：UNICEF，1987.

44. R. Edward Freeman，Jeffrey S. Harrison，Andrew C. Wicks，Bidhan L. Parmar，Simone de Colle，*Stakeholder Theory*：*The State of the Art*，Cambridge University Press，2010.

45. Renate Mayntz，*Über Governance*：*Institutionen und Prozesse politischer Regelung*，Frankfurt am Main：Campus Verlag，2009.

46. Richard Price，"Transnational Civil Society and Advocacy in World Politics"，*World Politics*，Vol. 55，No. 4（July 2003）.

47. Richard Woodward，*The Organisation for Economic Cooperation and Development*，London：Routledge，2009.

48. Robert Keohane，"International Institutions：Can Interdependence Work?"，*Foreign Policy*，No. 110（Spring 1998），pp. 82–194.

49. Robert Keohane，Joseph Nye，"Globalization，What's New? What's Not（And So What?）" *Foreign Policy*，No. 118（Spring 2000）.

50. Robert Keohane，Joseph Nye，*Transnational Relations and World Politics*，Cambridge：Harvard University Press，1972.

51. Robert O. Keohane，Joseph S. Nye，*Transnational Relations and World Politics*，Cambridge，MA：Harvard University Press，1971.

52. Roman Langer，"A Multi Purpose Tool? On the Genesis of the "Governance" Concept and Some Consequences for Theorizing Educational Governance"，In

Roman Langer，Thomas Brüsemeister (Hrsg.)，*Handbuch Educational Governance Theorien*，Wiesbaden：Springer VS，2019.

53. S. Karin Amos (ed.)，*International Educational Governance*，Bingley，UK：Emerald Group，2010.

54. Sam Sellar，Bob Lingard，"The OECD and Global Governance in Education"，*Journal of Education Policy*，Vol. 28，No. 5 (April 2013).

55. Sam Sellar，Bob Lingard："The OECD and the Expansion of PISA：New Global Modes of Governance in Education"，*British Educational Research Journal*，Vol.40，No. 6 (December 2014).

56. Samuel P. Huntington，The Clash of Civilizations?，*Foreign Affairs*，Vol.72，No.3 (Summer，1993).

57. Stephen P. Heyneman，"The history and problems in the making of education policy at the World Bank 1960-2000"，*International Journal of Educational Development*，Vol. 23，No.3 (May 2003).

58. Steven Bernstein，Benjamin Cashore，Complex Global Governance and Domestic Policies：Four Pathways of Influence，*International Affairs*，Vol. 88，No.3 (May 2012).

59. Thomas G. Weiss，*Global Governance：Why? What? Whither?* Cambridge：Polity Press，2013.

60. Tim Büthe，"Governance through Private Authority：Non-State Actors in World Politics"，*Journal of International Affairs*，Vol.58，No.1 (January 2004).

61. UNESCO，*Media and Good Governance*，Paris：UNESCO，2005.

62. Zahra Bhanji. "The Business Case for Transnational Corporate Participation，Profits，and Policy-Making in Education"，In Karen Mundy，Andy Green，Bob Lingard，Antoni Verger (eds.)，*The Handbook of Global Education Policy*，West Sussex，UK：Wiley，2016.

责任编辑:郭星儿
封面设计:源　源

图书在版编目(CIP)数据

全球教育治理:国际组织、民族国家与非国家行为体的互动/孙进 等著.
—北京:人民出版社,2020.12(2022.1 重印)
ISBN 978-7-01-022667-5

Ⅰ.①全…　Ⅱ.①孙…　Ⅲ.①教育管理-研究-世界　Ⅳ.①G51

中国版本图书馆 CIP 数据核字(2020)第 227663 号

全球教育治理

QUANQIU JIAOYU ZHILI

——国际组织、民族国家与非国家行为体的互动

孙　进　等著

人民出版社 出版发行
(100706　北京市东城区隆福寺街 99 号)

北京兴星伟业印刷有限公司印刷　新华书店经销

2020 年 12 月第 1 版　2022 年 1 月第 2 次印刷
开本:710 毫米×1000 毫米 1/16　印张:32　字数:473 千字

ISBN 978-7-01-022667-5　定价:96.00 元

邮购地址 100706　北京市东城区隆福寺街 99 号
人民东方图书销售中心　电话 (010)65250042　65289539